Dylan Goes Electric!

Newport, Seeger, Dylan,
and the Night That Split the Sixties

Elijah Wald

ボブ・ディラン
裏切りの夏

イライジャ・ウォルド
高波創太 訳

K&B
PUBLISHERS

目次

ボブ・ディラン　裏切りの夏

DYLAN GOES ELECTRIC!

ボブ・ディラン　裏切りの夏

イントロダクション

1965年7月25日の夜、ボブ・ディランはニューポート・フォーク・フェスティヴァルのステージに立った。黒のジーンズ、黒のブーツ、黒のレザージャケットを身に着け、使い慣れたアコースティック・ギターの代わりにフェンダー・ストラトキャスターを携えて。ディランがチューニングを確かめ、バックバンドの4人が加わると、観客は落ち着きなく体を動かす。そして、バンドは生々しいシカゴ・ブギの演奏に突入する。ニューポートで鳴り響くこれまでで最大の音量に、自分の歌声がかき消されないように必死になりながら、ディランは〈マギーズ・ファーム〉の冒頭の歌詞をうなり声で歌う――「もうマギーの農場で働くつもりはない!」

その後の出来事は、混沌とした印象の渦の中に埋もれている。『ニューヨーク・タイムズ』紙は、ディランは「彼の革新を最悪の異端とみなしたフォーク純粋主義者から、激しいブーイングを受けた」と報じた。フォーク界の優しい巨人ピート・シーガーが、斧で音声ケーブルを切ろうとしたという逸話もある。喜んでダンスする者もいれば、泣く者もいた。落胆して怒る者、歓声を上げる者も多数いた。音楽の猛烈な衝撃に圧倒された者、否定的な反応に驚愕した者も多かった。

疑念を抱く者たちに挑戦するかのように、ディランはラジオでヒット中の新曲〈ライク・ア・ローリング・ストーン〉をがなり立て、何度も「どんな気分だ？（"How does it feel?"）」と聴衆に問いかける。彼らは混乱しながら叫び返し、わずか3曲を歌ったところでディランはステージを去った。聴衆はこれまで以上に叫び始めた――ディランの裏切りに怒るファン、そして、崇拝するディランを観に訪れたのに、彼が数曲しか演奏しなかったことに憤る何千もの聴衆。ピーター・ポール＆マリーのメンバー、ピーター・ヤーロウは彼らを静めようと試みたが、無駄だった。最後にディランはその場で借りたアコースティック・ギターを持って再び登場し、ニューポートの聴衆に対し、「これですべて終わりだ、ベイビー・ブルー（"It's All Over Now, Baby Blue."）」と歌い、きっぱりと別れを告げた。

これがニューポートにおけるディランの伝説であり、その多くは真実だ。シーガーは斧を持っていなかったが、その話はあまりにも広まったがゆえに、結局は、「斧を持っていたら、マイク・ケーブルを切ってやるのに」と叫んだと言って、自身の回想の中にもぐりこませている。確かにブーイングをする人もいたが、多くの人は拍手喝采し、後にファンはコンサートの映像をじっくりと調べて聴衆の反応を整理しようとしたが、無駄な努力だった。映像のほとんどは伝説に合うように編集されているからだ。ディランがステージを去った後の聴衆の悲痛な叫びを、他の演奏部分につなぎ合わせて、伝説的な対決がテープに記録されたという幻想を作り出しているのだ。

この出来事はなぜ重要だったのか？　なぜ、一人のミュージシャンがある晩に演奏したものが、半世紀後も鳴り響き続けるのか？　その答えの一つは、ディランが反抗の10年として知られる時代を象徴する声であり、ニューポートが、若きロッカーと彼を受け入れない古い社会が決別した画期的な出来事だったということだ。ディランはすでに、気まぐれな天才、究極のアウトサイダーとして認識されており、『ギターをとって弦をはれ』

（75年晶文社／原題は*Bound for Glory*で、映画邦題は『わが心のふるさと』）のウディ・ガスリー、『路上』のジャック・ケルアック、『乱暴者《あばれもの》』のマーロン・ブランド、『ライ麦畑でつかまえて』のホールデン・コールフィールド、アルベール・カミュ『異邦人』の社会から疎外されたムルソー、そして何よりも『理由なき反抗』のジェームズ・ディーンと同格に扱われていた。彼は、西部からぶらぶらと出てきて、真夜中のグリニッチ・ヴィレッジの通りをさまよい、混雑したカフェの傷だらけのテーブルで角張った言葉を書き留め、轟音を立てながら通りをバイクで走り、準備ができていようがいまいが、ステージにふらっと現れ、大股で立ち去っていく、激動の10年間を象徴する実存主義的なヒーローだった。

　ニューポートでのディランは、ルールを無視し、それによる結果など気にも留めない先駆的なアーティストとして記憶されている。それ以来、パンク、ラップ、ヒップホップ、エレクトロニカといった新しい音楽トレンドの支持者たちは、批評家たちのことを、時代が変わりつつある（the times were a- changing）ことを理解しない退屈なフォーク・ミュージシャンになぞらえてきた。そして、複雑な時代に、ある複雑なアーティストが成し遂げた複雑な選択は、一つの寓話を作り上げた。それは、古いファンの嘲笑にもかかわらず、自分の道を進む新時代の預言者の物語だ。

　彼は体制に異議を唱えた――「ここで何かが起きているけれど、それが何なのか、あなたは知らないでしょう、ジョーンズさん？」（〈やせっぽちのバラッド〉より）。彼は自身の変容に意味を与えた――「あの頃の私はずっと年をとっていて、今の私はあの頃よりも若い」（〈マイ・バックページズ〉より）。彼は、自身と彼のことを所有しようとする人々との間に線を引いた――「俺はありのままの自分でいようとベストを尽くしているが、誰もが俺に彼らと同じであってほしいと思っている」（〈マギーズ・ファーム〉より）。そして、新たな道に踏み出すことに慎重な人々へ警告を発した――「生まれることに忙しくない者は、死ぬことに忙しい」（〈イッツ・オールライト・マ〉より)。

定説によると、ディランは若さと未来を象徴し、ブーイングをした聴衆は死にゆく過去にとらわれているという。しかし、あの聴衆は若さと希望を象徴し、ディランは電気ノイズの壁の後ろに身を隠し、富と権力の砦に閉じこもり、理想主義と希望を捨ててスターを量産する機械に身を売り渡しているという説も存在する。これによると、ニューポート・フェスティヴァルは理想主義的で共同体的な集まりであり、成長を続けるカウンターカルチャーを育み、ウッドストックやサマー・オブ・ラヴのリハーサルであり、ブーイングをした巡礼者たちはその未来を拒否していたのではない、それを守ろうとしていたのだ、ということになる。

歴史をきちんと数字で区分けするのは安易な行為かもしれないが、60年代は劇的な大変動の時代であり、65年は大きな分岐点となった。60年代初頭の楽観主義は、63年から起こった数々の殺害事件によって揺さぶられていた――ウィリアム・ムーア、メドガー・エヴァーズ、バーミンガムの4人の少女、ジョン・F・ケネディ、グッドマンとシュワーナーとチェイニー、ヴィオラ・リウッツォなど数十人が殺害され、65年2月にはマルコムXの暗殺も起こっている。ニューポート・フェスティヴァルの3週間後、ワッツで暴動が起こり、「勝利を我等に("We Shall Overcome")」の共同体のうねりは「ブラック・パワー!」の叫びで打ち砕かれていた。マーティン・ルーサー・キングとロバート・ケネディの暗殺はまだ3年先のことであり、多くの人々が統合、平等、普遍的な友愛の夢を信じ続けていた。しかし、ディランがストラトキャスターを手にステージに登場した週末、ジョンソン大統領は徴兵を倍増し、ヴェトナム戦争でのアメリカの勝利のために全力を尽くすと宣言した。

それはビートルズの『サージェント・ペパーズ・ロンリー・ハーツ・クラブ・バンド』のまだ2年前、「怒りの日々」(シカゴで起こった学生による暴動)と、「オルタモントの悲劇」の4年前、「ケント州立大学銃撃事件」の5年前のことだった。伝説と後知恵による単純化がなされる中で、ディランは60年代後半の代弁者として記憶されることが多い。しかし、66年のバイク事故の後、彼が表舞台から姿を消し、ツアーをやめ、インタビューもほとんど受けず、アルバムの制作に60年代の残りの日々を費やしたことは忘れられがちだ。そして、謎めいたその何枚かのアルバムも、ニュースの見出しを飾る事件のことなど関係ないといった内容だった。68年、ヴェトナム反戦運動に積極的に関わらない理由を説明するように古い友人に迫られたディランは、「俺がこの戦争に賛成していないって……どうしてわかるんだ?」と答えたという。

彼が賛成などできないことを我々は知っていた。彼は〈戦争の親玉〉を書き、〈時代は変る〉で同世代の混乱した感情を言葉にし、〈ミスター・タンブリン・マン〉で我々の拡大していく意識のためのサウンドトラックを提供し、〈ライク・ア・ローリング・ストーン〉で我々の疎外感について叫び声を上げていた――そして彼がどこにいようと、何をしていようと、これらの歌はどこにでもあり、かつてないほど意味を持っていた。我々は、彼の言葉を一緒に引用する者を、友人として認めた。「リーダーに従うな――駐車メーターに気をつけろ」「天気予報士はいらない――風がどちらに吹くのかを知るのに」(〈サブタレニアン・ホームシック・ブルース〉より)、「金はしゃべらない――悪態をつく」(〈イッツ・オールライト・マ〉より)。彼は単なるミュージシャンを超え、単なる詩人を超え、そしてもちろんエンターテイナー以上の存在だった。彼は時代の精神そのものだった。

この本は、聖霊となる前のディランとニューポート、そして時代の精神とは決して言えなかったが、フォーク・リヴァイヴァルの精神であったピート・シーガーについて書かれたものである。これは、限られた時代のディランについての本だ。彼は十代のロックンローラーとして研鑽を積み、その若い時代のエネルギー、情熱、反抗的な態度のままエレクトリック・バンドを引き連れてニューポートに現れた夜、喝采を浴び、非難され、その観客との対峙を経験することで、かつてないほどたくましくなったミュージシャンである。このディランは、もう一人のディランのせいで影が薄くなりがちだった。そちらのディランは優れた歌手でも、優れたギタリストでも、優れたハーモニカ奏者でも、優れたショーマンでもないが、革新的で思索的なソングライターであり、無視できないほど説得力のある歌詞を書いた人物である。60年代前半の数年間、ほとんどすべての人々が、ディランの曲を本人の歌を聞くよりも前に別の人間を通して聞いていた。ピート・シーガー、ピーター・ポール&マリー、ジョーン・バエズ、ジュディ・コリンズ、コーヒーハウスで歌う何百人もの若いミュージシャンや、ギターをかき鳴らして友達と歌う何千人もの子供たち、そしてジョニー・キャッシュ、ザ・バーズ、シェールなどの歌声で聞いていたのだ。

最初に歌があり、それから、ボサボサの髪をして痩せている、どうやったらそんな歌を作れるのかわからないような男が現れたわけだ。だから、ディランが、静寂な夜に独り芸術の技巧を磨く（名前の由来となる詩人ディラン・トマスの詩より）詩人になる前は、カントリー&ウエスタン、ロカビリー、R&B、ブルースに根ざしたプロのミュージシャンだったことや、ソングライターとして知られるようになる前には、『ニューヨーク・タイムズ』で称賛され、シンガー兼ギタリストとして大手レコード会社と契約したこと、そして同じく同紙のレヴューでは、彼がウディ・ガスリーではなくブラインド・レモン・ジェファーソンを歌っていると書かれていること、ファースト・アルバムのライナーノーツで、影響を受けたアーティストとしてエヴァリー・ブラザーズ、カール・パーキンス、エルヴィス・プレスリーを挙げていたこと――これらすべてを忘れてしまいがちだ。

65年、ディランはまだ24歳だったが、すでに多くの変化を経験し、そのたびに批判や攻撃を受けていた。ティーンエイジャーのロックンローラーとしての最初のパフォーマンスは、笑いと野次で迎えられた。フォーク・ミュージックに転向したとき、彼と幼い頃から情熱を分かち合っていた高校時代のガールフレンドは困惑し、「ハードなブルース」をなぜやめたのかと彼に訊ねた。伝統的なフォークソングを歌うのをやめて自作自演に転向したとき、古くからのファンは、彼が「メロドラマティックで感傷的」になったと非難した。〈時代は変る〉

のタイプ原稿に偶然出くわし、「なんだこのクソは？」と問いを発した者もいた。鋭い時事的な歌詞から内省的で詩的な探求に歩みを変えたとき、彼を世代の声として讃えていた支持者たちは、彼が本当の道を捨てて「貴重な時間を無駄にしている」（〈くよくよするなよ〉より）と嘆いた。ディランがエレクトリック・バンドを加えたときは、世界中で悲嘆に暮れる熱狂的なファンからブーイングを浴び、あるファンは彼に対して「ユダ！」（「裏切り者」の代名詞）と叫んだと言われている。

ディランの聴衆は変化と攻撃のたびに数を増し、新しいファンは、彼のことを本当には理解していなかった古いファンより、自分たちのほうが優れていると常に感じ、新しい波が起こるたびに、ディランは反抗するアウトサイダーとして讃えられた。ニューポートでのエレクトリックに転じるという背教行為は、最も劇的な独立宣言であり、反抗心に満ちた60年代の象徴だった。それは、親や教師の言いなりで成功することを拒み、体制やシステムや組織に屈しないと誓った世代の象徴だった。ニューポートでのブーイングが誇張されることが多いとしたら、それが伝説にとって不可欠だからであり、ディランのレコードがポップ・チャートでどれだけ上位に上がろうと、彼は裏切ることも追随することもせず、勇敢に自分の道を歩んでいるという証拠だったからだ。

この本はまた、ニューポートとフォーク・シーン、60年代初頭、公民権運動、ロックの勝利について記したものであり、ディランを作り上げ、彼を拒絶し、受け入れ、彼を象徴的なシンボルにし、時には彼と共に、時には彼なしで、それぞれの道を歩んだ人々についての書でもある。当時のニューポート・フォーク・フェスティヴァルは、それ以前にも後にも類を見ない集会で、それを懐かしく思い出す人々の中には、ディランにはまったく興味がなく、彼の演奏を見たのかどうか覚えていない者もいる。彼らの多くにとって、ニューポートは、メインストリームの要求と期待に対する反抗の象徴でもあった——それは、人種差別と軍国主義を肯定するメインストリームというだけでなく、ミリオンセラーのロック、ポップ、さらにはフォークのスター歌手たちが属するメインストリームでもあった。

ニューポートには、ディランよりも年上で保守的なアーティストも、より見栄えが良く親しみやすいアーティストも、そしてより若くてワイルドで扱いにくく、社会問題への意識も高く、より過激で、ずっと無名のアーティストも数多く出演していた。フォーク・リヴァイヴァルは雑多で進化する世界であり、後から振り返ってみると、ギターを抱えたいかした若者たちの集まりとしてすぐに思い出されるが、彼らが、ミシシッピ・ジョン・ハート、エック・ロバートソン、ムーヴィング・スター・ホール・シンガーズ、ブルーリッジ・マウンテン・ダンサーズ、ジャン・カリニャン、スポークス・マシヤネ、ビル・モンロー、メイベル・カーター、サン・ハウス、マディ・ウォーターズ、レヴァランド・ゲイリー・デイヴィスらとステージを共にしていたことを忘れがちだ。ディランがエレクトリックに転向したことへの衝撃が大きいせいで、ライトニン・ホプキンス、チェンバース・ブラザーズ、ポール・バターフィールド・ブルース・バンドが、その週末のニューポートで、すでにエレクトリックの演奏をしていたことを忘れがちだ。そして、孤高の天才ディランから、彼を助け、教え、彼に刺激を与え、影響を与えた友人や仲間やライバルたちを遠ざけてしまうのは簡単だ――それは、デイヴ・ヴァン・ロンク、エリック・フォン・シュミット、ジョン・コーナー、クランシー・ブラザーズ、ニュー・ロスト・シティ・ランブラーズ、ジム・クウェスキン、ピーター・スタンプフェル、レン・チャンドラー、ジョーン・バエズなどであり、そして彼らを熱烈に、あるいは警戒しながらも歓迎した古参の人たち、アラン・ローマックス、シス・カニンガム、アーウィン・シルバー、オデッタ、セオドア・ビケル、オスカー・ブランドである。そして、その輪の中に常にいつでも現れるのが、ピート・シーガーだ。

シーガーは本書の中心人物だ。ニューポートでのディランの物語は、シーガーが築き上げたもの、彼にとってニューポートが意味するもの、そしてアンプが電力を使い切り暗くなってしまった照明の物語でもあるからだ。それは得られたものだけでなく、失われたものについての物語、決してぴったりと絡み合うことのない理想と夢、そしてこの両方をうまく組み合わせようとして試みた者たち、そんなことが可能だと信じ続けた人々についての物語だ。簡単に言えば、シーガーとディランは、アメリカを定義する二つの理想を代表しているといえる。シーガーは、人々が協力し合い、助け合い、平等で楽観的な社会の一員として生き、信じ合い、接し合うという民主主義の理想を代表している。ディランは、荒野で自分以外の誰にも頼らず人生を切り開くという屈強な個人主義者の理想だ。そういった意味で、これらは60年代を前後二つに分けた半分ずつを象徴しているともいえる。

前半では、フォーク・ミュージックは公民権運動と結びつけられていた。フォークとは、黒人と白人だけでなく、老いも若きも、現在と過去も、旧左翼、労働運動、労働者階級も皆一体となって「みんながひとつの大きなソウルなのかもしれない」「私たちは乗り越えていく（We Shall Overcome）」といった精神のもとで、共に歌うことだったのだ。後半では、ロックはカウンターカルチャー、新左翼、若者による改革運動のサウンドトラックだった。それは、「体制なんかクソくらえ！」「スイッチを入れて、波長を合わせて、脱落せよ」（LSDの研究で有名なアメリカの心理学者ディモシー・リアリーの言葉より）「精神を解放しよう、そうすれば尻もついて来る（自然に踊りたくなる）」（ファンカデリックの曲“Free Your Mind And Your Ass Will Follow”より）という声とともに、人々の意識を拡大していった。

もちろん、こういった言葉は話を単純にしすぎているのかもしれない。ディランとシーガーという、複雑で才能があり、内気で、意欲的で、しばしば扱いにくい二人の男についても同じことが言えるだろう。しかし、本当に多くの人たちが自分自身やお互いについて、このような言葉で考えていたことは覚えておいていいだろう。65年にニューポートで起こった出来事は、音楽上の意見の相違や、一人のアーティストの過去との決別を示しているだけではなかった。これは、大衆運動としてのフォーク・リヴァイヴァルの終焉と、ある世代の成熟した芸術的主張としてのロックの誕生を告げており、60年代の前半と後半の間、フォークとロックはどちらも音楽以上のものを象徴していたのだ。

50年経った今でも、音楽とブーイングはどちらも鳴り続けている。それは、ディランが今も象徴《アイコン》であり続け、当時関心を寄せていた世代が引き続き関心を寄せているからでもあるが、あの瞬間自体が象徴になったからでもある。本書は、その瞬間に至るまでのより糸をたどり、時にはそれを解きほぐそうとし、またある時はそれがいかに絡み合ったままであるかを強調する。また、当時は存在しなかったか、もしくは見えなかったのに、後世の記録者が想像したり付け加えたりしたかもしれない糸を示すこともある。そして、時には物語の説明を試みるが、時には逆に物語をより複雑に解釈し、時には見覚えのある糸が新しい角度から見れば、どれほど違って見えるかを指摘する。

ディランは1本の糸、ニューポート・フェスティヴァルはもう1本の糸、そしてシーガーは3本目の糸だ。他にも糸はたくさんあるが、この3本を覚えておくべきである。それは、ディランが主人公でニューポートが舞台であり、ピート・シーガーなしでニューポートやディラン、そして60年代のフォーク・シーンを想像することは不可能であるからだ。

第1章　ピートが建てた家

1949年の春、ピート・シーガーと妻のトシは、ニューヨーク州ビーコン郊外でハドソン川沿いの17エーカーの土地に丸太小屋を建て始めた。テントで暮らし直火で料理をし、丸太を割って整え、石を掘り出して煙突用にモルタルを用い、秋には、トシの兄弟や手伝いにやってきた友人たちの助けもあり、四つの壁と一つの屋根、簡単な窓とドアをもつ家が完成した。「たいしたものを作ったわけではないが、私たちは家を建てたんだ」とシーガーは回想する。

同じように、彼らは地元のコミュニティでの居場所を築いた。子供たちが学校に通い始めると、トシも積極的に関わりはじめ、まもなくPTAのリーダーになった。学校の敷地にもっとスペースが必要になったとき、父親たちのグループが土地を整地することを申し出て、ピートも一緒に何時間も手伝いをした。彼は肉体労働が好きで、手が汚れるのも、グループの一員になるのも喜んでいた。私はビーコンからそれほど遠くない場所で開催された左翼の歌手やソングライターによる週末の集会に参加したことがある。こうした集まりではよくありがちだが、たくさんのエゴがむき出しになり、皆が自分の音楽の腕前や新しく作った楽曲を自慢し、一歩先を行く経験の持ち主であることを強調し、急進的正統主義の理解者であることをひけらかしていた。その頃にはすでに60代で、聖なるアイコンとして祭り上げられていたシーガーは、その集会の2日目のランチで話をするように求められていた。私が覚えている限り、彼のスピーチはこのようなものだった。「これはすばらしいイベントです。週末中ずっと皆さんと一緒に過ごしたいのですが、残念ながらここにいられるのは2、3時間だけです。ですから、私と話したい人がいたら、これからキッチンに戻って、皿洗いをしながら話しましょう」

シーガーは理解するのが難しく、時にはとっつきにくい男だったが、人々の憧れの的で、自分の言葉と信念を行動で裏づける人間だった。ハーバード大学中退の男がマンハッタンから北1時間半の草原に開拓地を築き、自分の手で家を建てるなんて、嘘くさいと思う人もいるかもしれない。それは、テキサスの労働歌に合わせて丸太をステージに引きずり上げ、斧で切り落とすのと一緒だった。私の兄は50年代後半に彼がステージでその実演を見て、以来ずっと陳腐な行為だったと記憶していた。しかし、陳腐であろうとなかろうと、家は建てられ、ピートとトシはその後60年間そこに住み続けた。快適な納屋と客間を増築し、冬には近くの池でスケートをし、カエデの木からシロップを採取した。それは彼の神話の一部であり、彼のイメージにぴったりだった。しかし、家は本当に存在し、旅から帰ると、彼は土地の石で作った暖炉の前に座り、友人たちは音楽を演奏しに立ち寄り、彼は送られてきたすべての手紙に返事を出し、それぞれの手紙に小さなバンジョーの絵を添えて署名した。彼は常にみんなのために時間を割き、少なくとも時間を割こうと一生懸命努力しているようだった。

ピートは、60年代のフォーク・リヴァイヴァルも、ほぼ同じような方法で築き上げた。丸太を1本ずつ、石を1個ずつ積み上げるようにして。ピートはより多くの協力を得たが、多くの場合、家族での共同作業のようなものだった。しかし、作られた家は、彼の思い描いたものではなかった――ピートは常に他人を鼓舞し、グループの一員のようにふるまおうとした。また、自分の前に現れたミュージシャン全員を励ましたが、音楽シーンの成長や変化に不満を覚えることが多く、最終的には自分とは相容れないものになっていた。コンサートを主催し、ニューポート・フォーク・フェスティヴァルを企画するなど、イベントの中心にいたときでさえ、彼は主催者や監督というよりも、模範やインスピレーションを与える存在として描写されることが多かった。後年は、聖人として描写されることが増えたが、必ずしも褒め言葉ではなかった。彼はステージ上では温かく親しみやすい存在だったが、ステージを離れるとよそよそしく、やや冷たく見え、常に正しいことをなさんとする彼の不動の姿勢は、退屈で当惑させることもあった。そして、時にはその正しい彼の行為が、必ずしも正しい結果を生むわけではない——彼が、スターリンとヒトラーが独ソ不可侵条約を結ぶ中、アメリカの第二次世界大戦参戦に反対したことや、65年にニューポートで行われたボブ・ディランのエレクトリック・ステージに反対したことがそれに当たる。後に彼は間違いを正そうとした。42年には軍に入隊し、67年にはエレクトリック楽器でレコーディングし、ソビエト独裁政権への嫌悪感を表現したが、それらもまた彼の伝説の一部となった。

振り返ってみると、このような伝説によって、彼の業績の影は薄くなり、忘れられてしまいがちだ。シーガーは何よりもまずライヴ・パフォーマーであり、録音物には彼の芸術の一端しか記録されていない。彼はそれでも構わなかった。録音物は歌や音楽を世に出すための一つの方法にしかすぎないと常に感じていたのだ。自分の音楽を称賛する人に対して、彼は自分にインスピレーションを与えた人たちの音楽を聴くように勧めたものだ。我々の多くはそのようにして、ウディ・ガスリー、レッドベリー、アンクル・デイヴ・メイコン、ボブ・ディラン、その他何百人ものアーティストの存在を知り、彼らの音楽のほうをシーガーのものよりも好きになることが多かった。これもまた彼にとってどうでもよいことだった。それが彼の使命であり、その使命は、ニューポート・フォーク・フェスティヴァルにおいて、特に63年にピートとトシが企画と運営に携わってからの最初の2、3回で、究極的に達成されたのである。二人は、このフェスティヴァルを、アメリカ国内および世界中の田舎のコミュニティからやってきたトラディショナルなアーティストのためのフォーラムとして、また、公民権運動の賛歌のためのフォーラム、そして若い演奏家たちが、古い田舎のスタイルを習得し、自分たちの時代と感覚について新たな歌を書くことができる包括的なフォーラムとして再構築した。

フォーク・リヴァイヴァルは矛盾に満ちていたが、それは一つには決して組織化された運動ではなかったからだ。シーガーの関心と業績も同様に幅広く、時には同じように矛盾していた。誰もがやってしまいがちなのが、物語を単純化して、ある登場人物に特定の性質を与えたり、特定の視点を担わせてしまうことである。ボブ・ディラン、60年代の若者文化、そしてロックの台頭についての物語においてシーガーは、しばしば過去にとらわれ、高潔かもしれないが、確実に時代遅れな古いルールや理想を擁護する保守的な門番の役割を与えられている。その単純化には幾ばくかの真実があり、ディランがシニカルな出世第一主義者だったという単純化とともに、興味深い物語が覆い隠されている。シーガーは、父親チャールズの言葉をよく引用したものだった。「真実はイバラの茂みにいるウサギのようなものだ。手が届くことはめったにない。周りをぐるりと回って指さしながら、『あの辺りにいるよ』と言うことしかできない」。フォーク・リヴァイヴァルというイバラの茂みの周りを回る役はシーガーが最適だ。彼は、時には自分がウサギを見たと想像して、他の人にも見たと思い込ませ、結局ウサギがそこにいなかったり、違う動物だったりすると、自分のほうが驚いてがっかりしていたかもしれない。60年代初頭の2、3年間、その茂みの周りをうろつく人々の多くはディランがウサギだと思っていたし、時には彼を捕まえたと思った人もいた。そして、ディランは常に彼らの手から逃れていたが、フォーク・シーンというイバラの茂みは、数年間、確かに彼のものだった。

シーガーの比喩がわかりにくいことは認めるとしても、心に留めておく価値はあるだろう。50年代後半から

60年代前半のアメリカのフォーク・シーンの流行や派閥は限りなく絡み合っていたが、シーガーは事実上そのすべての者たちにとっての導き手となっていたからだ。それは自分たちのことを伝統主義者、復興主義者、扇動者、あるいはポップスターになれると思い込んでいる者たちだ。独自のやり方でイバラの道を切り開くと主張する人々でさえ、彼の影響から逃れることはできなかった。彼らが通る道はある意味で、シーガーの道を避けることによって定められていたからだ。彼の最も長く語り継がれる業績は伝記や録音とは無関係に生き残り、一方で、彼の個人的な名声は、彼がキャリアを通じて抗《あらが》おうとしたセレブリティ文化と「偉人」として祭り上げようとする歴史概念の遺物として語り継がれている。

フォーク・リヴァイヴァルには様々な見解や概念があったが、一般的には4つの基本的な流れに分けられる。それは、コミュニティでの音楽活動の奨励（アマチュアがギターやバンジョーを手に取り友人と一緒に歌う）、特定の地域や民族コミュニティに関係する歌やスタイルの保存（アパラチア地方の田舎、ミシシッピデルタ、米西部平原、ルイジアナ・ケイジャン・カントリー、イギリス諸島、コンゴなどの音楽、または活気に満ちた土着文化をもつすべての場所の音楽）、より広い意味での大衆や民衆《フォーク》の概念を表すものとしての「ピープルズ・ミュージック」と「フォーク・カルチャー」の称賛（農民とプロレタリアの音楽の伝統を進歩主義的で大衆的な政治運動と結びつけるもの）、そしてプロのフォークシンガーとして売り出された多彩なミュージシャンたちの演奏活動の展開である。こうした流れの一つに献身する者は、しばしば別の流れに身を置く者と距離を置こうとした。純粋主義者は大衆主義者を批判し、大衆主義者は純粋主義者を嘲笑した。しかし、みな重なり合い絡み合っていて、すべてがピート・シーガーから直接流れ出ていたのだ。

シーガーの名前は、１７８７年に米国に移民したドイツ人の高祖父から受け継いだものだが、彼の先祖のほとんどは植民地時代初期に英国から渡ってきた人たちだった。彼の両親はクラシック音楽の演奏家で、母親はヴァイオリニスト、父親はピアニストで音楽学者でもあった。１９２１年に撮影された写真には、手作りの木製トレーラーと間に合わせのテントの間の地面の上で両親が音楽を演奏し、２歳のシーガーが父親の膝の上に座っているのが写っている。両親は、社会主義と「良い」音楽を大衆へと普及させるため地方を回りながら、庶民に文化を伝えようとしていた。後の写真には、腰巻とヘッドバンド姿で森の中に立ち、手作りの弓矢で狙いを定める9歳か10歳のシーガーが写っている。そのとき彼はハーバード大学へと進学するための寄宿学校から一時帰省していたのだが、結局19歳で大学を中退し、新聞記者になるためにニューヨークに移り住んだ。彼は途中でバンジョーを手にしたが、それは4弦のテナーバンジョーで、最初の演奏は高校の人気ジャズ・クインテットとの共演だった。フォーク・ミュージックにも興味を持ち始めていた彼はまた、ワシントンＤＣで夏を過ごしたこともあり、そこでは、継母のルース・クロフォード・シーガーが、民俗音楽研究の先駆者であるジョンとアラン・ローマックス父子が収集したフィールド・レコーディングを楽譜に起こす作業をしていた。シーガーにとって、その夏の大きな出来事は、父親と一緒にノースカロライナ州アッシュビルを訪ねたことだった。その地では、バスコム・ラマー・ランズフォードというバンジョー奏者が毎年フォークソングとダンスのフェスティヴァルを主催していた。ピートは田舎の音楽をその土着の地で初めて体験したのだが、彼はそれからずっとこの体験を啓示として回顧している。

以前、私が兄弟と合唱していたありきたりなポピュラーソングに比べると、これらの歌詞には人間生活のあらゆる本質が詰まっていた。彼らは、英雄、無法者、殺人者、愚か者について歌っていた。彼らはセンチメンタルではなく、悲劇的になることを恐れてはいなかった。おかしさやかわいらしさではなく、スキャンダラスになることも恐れてはいなかった。何よりも、彼らは率直で、真っすぐで正直に思えたのだ。

ニューヨークでは、アラン・ローマックスがシーガーを伝説のアフリカ系アメリカ人歌手レッドベリーに紹介し、レッドベリーは彼に12弦ギターの基礎を教えた。ローマックスはシーガーに、国会図書館でフォークの録音の目録作成をする仕事を用意し、フォークシンガーとして初めての演奏の機会も手配してくれた。それは、40年3月3日、オクラホマの進歩主義団体のために開かれた「怒りの葡萄」というベネフィット・コンサートだった。他の出演者はローマックス、中西部のバラード歌手バール・アイブス、ゴスペルを歌うゴールデン・ゲート・カルテット、ケンタッキーの炭鉱労働者について歌うアーント・モリー・ジャクソン、そして西部出身の新人のウディ・ガスリーだった。シーガーは緊張して1曲の歌詞を忘れてしまったが、ガスリーに魅了された。シーガーは「ウエスタンハットをかぶりブーツとブルージーンズという出で立ちで、ひげを生やした背の低い小男で、自作の物語を歌にしていた」とガスリーのことを回想している。

2カ月後、バラッド歌手ガスリーと世間知らずの若いバンジョー奏者シーガーは西へと向かった。ガスリーは私の演奏だけは気に入っていたはずだと、シーガーはよく冗談を飛ばしていた。「音楽以外の私のことは、彼にとってすごく変に見えたはずだ。私は酒もタバコもやらないし、女を追いかけたりもしないんだから」。ガスリーはその3つすべてを人並み以上にこなしていた。二人はその後も共に演奏を続け、時には一緒に暮らすこともあったが、難しいことも多かった。テキサスを最初に訪れたときには、ガスリーは妻と3人の子供を残して家を出るところだった。

その後シーガーは独り立ちし、ヒッチハイクをしたり貨物列車に乗ってモンタナに行き、そこからニューヨークまで演奏で稼ぎながら戻った。シーガーは以前ガスリーから、バーでのチップ稼ぎにちょうどいいジュークボックスのヒット曲を教えてもらっており、労働組合のホールでは、政治的な歌を歌って小銭を稼いだ。彼はガスリーの「大衆の大きな流れと彼らの血を自分の中に取り込め」という教えに従って行動し、その旅を自身を形作った教育の重要な一部として振り返っている。後になって彼は、若いファンに対して、夏休みにはヒッチハイクで国中を回り、普通の人々と出会い、見知らぬ土地で自活する方法を学ぶようアドバイスしている。

ニューヨークに戻ったシーガーは、40年代の残りのほとんどを、ピケラインや組合のホール、共同住宅で開かれる「レント・パーティ」やスクエア・ダンスの会場などで、ガスリーや寄せ集めのミュージシャンたちと演奏して過ごした。フォークダンスは都会のフォーク・リヴァイヴァルの大きな部分を占めており、ピートは参加していたスクエア・ダンスのグループで、将来の妻となるトシ・オオタと出会った。唯一活動から離れたのは、2年半の軍隊生活だった。左翼的な政治思想と日系アメリカ人の婚約者のせいで危険人物と考えられた彼は、戦闘には参加できなかったが、南太平洋でエンターテインメント・コーディネーター兼バンジョー奏者として従軍し、ヒルビリー・バンドで〈サイドウォーク・オブ・ニューヨーク〉や〈二人でお茶を〉などのポップナンバーを演奏した。その頃までに、彼は幅広く多様なレパートリーを蓄積しており、他人を自分の世界に巻き込む能力にプライドを感じていた。彼は家族への手紙でこう書いている。「たとえ曲が最高でなかったとしても、観客が自身に確信を持てば、自信を持って歌うことができ、すばらしい音楽になる」

それは常にシーガー独特の才能だった。聴衆が誰であれ、状況がどうであれ、彼は人々を歌わせることができたのだ。40年代の残りの期間、彼は自分の技術を磨き、練習を重ね、ジャムセッションをし、可能な限りどこでも演奏した。しばらくの間、彼は西10番街の3階建ての共同住宅に住んでいたが、そこには、ウディ・ガスリー、アーカンソー州出身の筋骨隆々のベース歌手リー・ヘイズ、ベス・ローマックス（アランの妹で、シーガーと貞淑に部屋をシェアしていた）、シス・カニンガム（後に『ブロードサイド』誌を編集することになるアコーディオン奏者）、作家志望のミラード・ランペルなど、入れ替わり立ち替わりの住人がいた。彼らは建物をオールマナック（暦）・

ハウスと呼び、オールマナック・シンガーズと名乗りシーガーを中心に様々な編成で演奏した。ヘイズがその名前を付けた理由は、田舎の小屋で手に入る読み物は聖書と暦だけで、前者はあの世へ行くためで、後者はこの世を生き抜くためだと説明していた。彼らはまた、何度かレコーディングも行った。漁師の歌を集めたアルバムや、ガスリーが歌った〈朝日のあたる家〉を収録した『ソッド・バスター・バラッド』などだ。彼らの得意分野は、あらゆる問題や機会を捉えては、政治的な歌詞で煽り立てることだった。その中には、『ソングス・フォー・ジョン・ドウ』もあった。このアルバムはナチスとソビエトが不可侵条約を結んでいる間に制作され、フランクリン・ルーズベルトを戦争屋として攻撃したが、すぐに発禁にされ忘れ去られた。彼らの最大の人気アルバムは『トーキング・ユニオン』で、ガスリー、ポール・ロブソン、ジョシュ・ホワイト、レッド・アーミー・コーラスによる同様の作品とともに、進歩主義な家庭ではどこでも聞かれたものだった。

40年代には、ロブソン、ガスリー、ホワイトは、皆シーガーよりもよく知られた存在だったが、レッドベリー、バール・アイブス、リチャード・ダイアー・ベネット、そして40年代の終わりにはスーザン・リードのような若いアーティストも彼以上の名声を得ていた。自分が有名にならないことをシーガーは気に入っていた。左翼組織の基本理念は、模範的なメンバーであること、懸命に労働し、皆に関係する問題について発言することであり、公のスポークスマンやリーダーとして前面に出ないことだったからだ。シーガーは常に内気な性格で、匿名での参加という哲学は彼の政治信条だけでなく、その性格にも合うものだったが、そのことにより、オールマナック・シンガーズ内では多少の摩擦も生まれていた。彼と他のほとんどのメンバーは自分たちの歌は匿名の共同作品として発表されるべきだと考えていたが、ガスリーは自分の作品が自分のものとしてきちんとクレジットされることを望んだからである。

45年に除隊したシーガーは、自分の能力に以前より自信を持つようになり、ソロ・シンガーとしての仕事もいくつか引き受けたが、エネルギーの多くは、進歩的な大義のために時事的な楽曲や歌手を提供する「ピープルズ・ソングス」という団体を設立することに注がれた。『シング・アウト！』誌の前身である『ピープルズ・ソングス・ブレティン』によって最もよく知られているこの団体は、ブッキング・エージェントとしての業務も行い、「フーテナニー」と銘打ったコンサートと合唱が一緒になったイベントの後援をしていた。この団体はこの「フーテナニーズ」という言葉が世に広まるのに大きな役割を果たしたが、50年代には左翼急進主義との関連を理由に『ニューヨーク・タイムズ』紙が広告でこの言葉を禁止した。この団体は、最盛期には全米20州に千人以上の会員を誇っていた。ピープルズ・ソングスはしばしば「共産主義のフロント団体」だとして攻撃されたが、党からはほとんど支援を受けていなかった。共産党はフォークソングが都市の労働者階級に受け入れられるとは考えず、デューク・エリントンのようなアーティストの育成を好んだ。シーガーは共産党の幹部が彼に「ニューヨーク市の労働者と一緒に働くなら、ジャズと関わっていたほうがいい。クラリネットを演奏できればいいかもしれない」と言ったことを回想している。

46年から47年の冬、シーガーは初めて短期間ながらナイトクラブの世界に足を踏み入れ、ヴィレッジ・ヴァンガードでピアニストのマキシン・サリヴァン、ハイチ出身の歌手兼ダンサーであるジョセフィン・プレミス、そしてカクテル・ジャズ・コンボと共演した。『ビルボード』誌は彼を「フォークソング界の長身でスリムなシナトラ」と称賛し、〈朝日のあたる家〉のパフォーマンスや、バンジョーの名曲〈カンバーランド・マウンテン・ベア・チェイス〉を特に取り上げ、「すばらしい声質で、売れっ子の大衆歌手によく見られる鼻にかかったトーンがまったくない」と称賛した。しかし、彼は主に『ピープルズ・ソングス・ブレティン』で活動し、フォーク・ミュージックに関する教育番組を企画し、慈善イベントやスクエア・ダンス、土曜の朝にグリニッチ・ヴィレッジの自宅アパートで子供たちのために開催した「ウィングディングス（お祭り騒ぎ）」などの地域イベントで演奏した。

彼とトシはマクドゥーガル・ストリートにある彼女の両親の家の地下に住んでいた。彼女の日本人の父親とヴァージニア出身の母親は熱心な急進派だったので、彼はすぐに溶け込むことができた。ピートはこの状況に満足していたようで、最低限の給料をもらい、進歩的な大義のために尽力し、彼の言葉を借りれば「商業主義に走らなかった自分を祝福していた」という。そして、49年のある日の午後、シーガーがピープルズ・ソングスの事務所で仕事をしていると、リチャード・ダイアー・ベネットが慈善コンサートに出られるか訊ねる電話がかかってきた。事務所のマネジャーのアーウィン・シルバーは、ダイアー・ベネットは約束できないが、シーガーなら出られると答えた。電話の相手は、「ああ、彼のことは知っています。でも、大勢のオーディエンスを集められる人が必要なんです。資金を集めなければならないので」と応えた。

シーガーは驚いたが、この会話は彼が「真剣に考え直す」きっかけとなった。「私は、巧妙で戦略的な方針で活動していたと思っていたのに、伝統的なやり方でキャリアを積んでいたダイアー・ベネットの方が私より貢献できるというんだ」。また、家族からのプレッシャーもあった。彼とトシ夫妻には子供が二人いて、彼女の実家の地下室は手狭になっていた。30歳になっていた彼は、プロとしてのキャリアを築くときだと決心を固めた。

その後の20年間に何百人ものフォークシンガーが商業的なキャリアを築こうとしたが、ほとんどは限られた成功しか残せていなかった。しかし、1年半後、彼はアメリカで最も人気のあるレコードを出したのである。シーガーは、リー・ヘイズ、そして二人の若いシンガー、フレッド・ヘラーマンとロニー・ギルバートとともに、再びグループの一員としてウィーヴァーズというカルテットを結成した。ウィーヴァーズらは数カ月にわたり、集会や慈善コンサートでスキルを磨き、49年12月には、ヴィレッジ・ヴァンガードに出演することになった。そこは小さな箱だったので、3年前にシーガーがソロで稼いだのと同じ額のギャラをメンバーで割らなければならなかったが、有料の観客の前で演奏し、自分たちの弱点を克服するチャンスだった。1月下旬までに彼らは好調な動員をし、『ビルボード』は、「バンドは粗削りで洗練されておらず、衣装とステージ・アクションの改善が必要だ。しかし、個々の欠点を差し引いても、彼らには単なる商業的な価値以上のものを示す意欲と精神がある」と肯定的なレヴューを載せている。人気のバンドリーダーでレコード・プロデューサーのゴードン・ジェンキンズも同意見だった。ウィーヴァーズはすでにシーガーとヘイズ作曲の〈ザ・ハンマー・ソング〉をレコーディングしていたが、ほとんど注目されていなかった。しかし、50年5月、アーウィン・シルバーは同曲の「危険を歌い上げよう、警告を歌い上げよう、兄弟間の愛を歌い上げよう」という歌詞を、彼の新しいフォーク音楽雑誌『シング・アウト!』の見出しに採用した。より幅広いオーディエンス獲得を考えたジェンキンズは、バンドをデッカ・レコードに連れて行き、バンジョー、ギター、ヴォーカルのハーモニーにポップなオーケストラを加えた。50年夏、彼らのヴァージョンの〈グッドナイト・アイリーン〉は、『ビルボード』のラジオ、ジュークボックス、レコード売り上げの3部門で1位となった。

ウィーヴァーズは完璧なタイミングで登場した。10年前、ポップ・ミュージック市場はマンハッタンを拠点とする一握りの楽譜およびレコード・プロデューサーによって独占されていた。しかし、楽曲出版をめぐる争いが起こったことで、ラジオ業界は未契約のソングライターに門戸を開き、ジュークボックスはリスナーの嗜好を調査することで民主的に楽曲を加えた。アメリカ音楽連盟と大手レコード会社との紛争により、小規模な地方のレコード会社にチャンスが訪れた。一方、第二次世界大戦によって、南部および中西部の田舎の住民が、東西両海岸沿いの都市に、自分たちの音楽を携えて多く移住した。また、アンプの使用が増えたことにより、以前はフル・オーケストラを必要としていた仕事も、ヒルビリーやブルースのバンドがこなせるようになった。

その結果、南部および中部からポップ・ミュージックがどんどん生まれ、田舎風のスタイルがヒットパレードに入り込んでいった。50年に〈グッドナイト・アイリーン〉より売れた唯一のレコードは、同様に品が良くノスタルジックなナンバー〈テネシー・ワルツ〉で、オクラホマ出身の歌手パティ・ペイジによって録音された。また、〈アイリーン〉は、カントリー歌手アーネスト・タブとレッド・フォーリー、そしてジョー・スタッフォードとフランク・シナトラのデュエット曲としてもポップ・チャートのトップ10にランクインした。

戦後のポップ・シーンは、心地よく安心できるレコードを切望しており、ウィーヴァーズの家庭的なハーモニーにスウィングと洗練さを少しまぶしたスタイルは、その条件にピッタリだった。しかし、最初からシーガーには躊躇があった。タイトに編成され、リハーサルを重ねたグループでの活動にやりがいを感じ楽しんでもいたが、同時にそれに制約を感じ、メインストリームで成功することに伴う妥協に苛立っていた。〈アイリーン〉はマッカーシズムの赤狩りが最高潮に達したときにヒットし、デッカはバンド・メンバーの政治的過去を曖昧に処理し軽視しようと努めた。今やシーガーは左翼の慈善コンサートで大勢の観客を集めることができていたが、ウィーヴァーズのマネージャーはそこでの演奏はいっさい禁じ、バンドの曲はその内容を吟味された。14年後の64年、彼は『ブロードサイド』に宛てた手紙の中で、オクラホマのダストボウル（30年代にアメリカ中西部で起こった砂嵐）を歌ったガスリーのバラード曲〈ソー・ロング（イッツ・ビーン・グッド・トゥ・ノウ・ユー）〉をどのように作り直さなければならなかったかについて、次のように説明している。

デッカ・レコードは「砂嵐には誰も興味がないし、世界中の誰もが歌えるような一般向けの歌にしなくてはならない」と歌詞を変えるよう迫ってきた。当時、デッカには、私たちがどの曲をどのように録音するか（オーケストラの使用も含む）についての完全な決定権があった。私たちはウディ（・ガスリー）と話し合ったが、妥協する価値があると全員が判断した。当時、ウディの曲は現在のように頻繁には録音されておらず、彼は家族を養うためにお金が必要だったことを思い出してほしい。ウディはバンドリーダーのゴードン・ジェンキンスのアパートに来て、床に寝そべり、大きな紙に新しい歌詞をいくつか走り書きし、私たち全員がアイデアや提案を出し合った。新しい歌詞は、砂嵐の歌詞ほどは良くはなかったが、悪くもなかった。しかし、ウィーヴァーズのメンバー全員を代表して言えるのは、今の若い人たちが主に弾き語っているのが、砂嵐のほうの歌詞であるのはうれしいことだ。

これ以前に『ブロードサイド』に掲載されたある投稿は、ガスリーを称賛する一方で、ウィーヴァーズが楽な利益を求めて彼の歌を「骨抜きにした」として攻撃した。同様の批判は、バンドがポップ・チャートに登場した直後から始まり、アーウィン・シルバーは『シング・アウト！』の「白人だけのグループが黒人文化の歌を歌えるか？」という見出しの記事で、彼らがレッドベリーの芸術を貶《おとし》めたと非難した。

これまでシーガーの政治思想と音楽性は、メインストリームから堂々と外れており、それが彼と仲間たちにとって最も居心地のいい状態だった。彼らは信念をもって、人間の善のために活動し、人間にとって共通の価値観と伝統を信頼し、多くの人がより良い生活に導かれるように道を指し示していた。しかし、シーガーたちは、自分たちに敵対する勢力、つまり資本主義システムとそれを支える富裕層の利権を強く意識していた。そのシステムによって報酬を与えられたり、利権を持つ者たちに称賛されたりすると、罠ではないかと考えるのは自然なことだった。つまり、彼らは自分たちが、資本主義の仕組みにとって役立つものを提供していないか、自分たちがまんまとその歯車になってしまっていないかと訝しんでいたのだ。

ウィーヴァーズの成功はシーガーに舞台を提供してくれたが、同時に警告も与えた。50年の夏から52年の冬にかけて、このグループはヒット曲を連発し、多くがフォーク・リヴァイヴァルの定番曲として認められるようになった。〈グッドナイト・アイリーン〉〈ソー・ロング（イッツ・ビーン・グッド・トゥ・ノウ・ユー）〉〈ミッドナイト・スペシャル〉〈ロック・アイランド・ライン〉〈ジョンB号の難破〉、ヘブライ語の〈ツェナ、ツェナ、ツェナ〉、南アフリカの〈ウィモウェ〉〈オールド・スモーキーの頂上で〉（この曲では、牧師が賛美歌の出だしを「なぞる」ように、メンバーが歌う前にピートが一連一連を読み上げたが、それは、後の合唱スタイルの手本となった）、そして〈ワインよりも甘いキス〉などのオリジナル曲だ。彼らの音楽をラジオやジュークボックスで聴くのは刺激的だったが、ジェンキンズのオーケストラが彼らのスタイルを薄まったものにした。しかしウィーヴァーズの成功は、何千人もの若者にギターやバンジョーを手に取るきっかけを与えただけではなく、ポップ・ミュージックのプロたちがその流行に乗ずることも促した。シナトラは〈アイリーン〉でヒットを飛ばし、ミッチ・ミラーは〈ツェナ、ツェナ、ツェナ〉をカヴァーし、ドリス・デイ、フランキー・レイン、ガイ・ミッチェルたちによるフォーク調のヒット曲をプロデュースした。そして、その後の15年間で何百ものグループがウィーヴァーズのモデルを踏襲し、その多くが商業的な成功を収めた。フォー・ラッズは54年に〈ダウン・バイ・ザ・リバーサイド〉と〈スコキアン〉、タリアーズは56年に〈シンディ、オー・シンディ〉と〈バナナ・ボート・ソング〉、キングストン・トリオは58年に〈トム・ドゥーリー〉のヒットを飛ばした。

キングストン・トリオは、大学生らしい若々しさで新感覚をもたらし、60年代初頭を代表するポップフォーク・グループとなった。61年、ハイウェイメンが〈漕げよマイケル〉で後に続き、トークンズは〈ウィモウェ〉にジャングルドラムと新しい歌詞を加えて〈ライオンは寝ている〉と名付け、チャートのトップを奪取した。翌年、キングストン・トリオはシーガーの〈花はどこへ行った〉でトップ40入りを果たし、ピーター・ポール&マリーは〈ザ・ハンマー・ソング〉のタイトルを変えた〈天使のハンマー〉で初のトップ10ヒットを記録。

65年にバーズは〈ターン、ターン、ターン〉で1位を獲得した。

これらのグループの中には献身的なフォークシンガーもいたが、単に流行に便乗しただけのグループもあった。しかし、すべてはウィーヴァーズから直接生まれたものであり、50年代から60年代初頭には、ほとんどのアメリカ人にとって「フォーク・ミュージック」といえば、ほぼウィーヴァーズのスタイルを意味していた。彼らを批判する者たちがしばしば指摘したように、これはフォークの正当な伝統とはほとんど関係がなかった。60年代に多くのフォークやロックのグループをプロデュースしたジョー・ボイドは、彼らのアプローチを水で薄められたイデオロギーの産物と片づけ、「ブルース、カントリーソング、スペイン内戦の歌、南アフリカの炭鉱労働者の歌、スコットランドのバラッド、ロシアの歌を取り上げ、それらをすべて可能な限り同じスタイルで同じように歌う。すべてに同じようなハーモニーを施し、すべて同じようにギターをかき鳴らす。まるで誰もが兄弟であり、すべての労働者もまた兄弟であることを証明したいかのように……すばらしい理想だとは思うが、それほど刺激的な音楽にはならなかった」と述べている。

内省的になっているときシーガーは他者の意見に同意しがちだった。19世紀にカロライナのシー諸島のアフリカ系アメリカ人の船員が書き起こした歌〈漕げよマイケル〉について、彼は次のように考えをめぐらす。


それは本当にすばらしいものだったに違いない。普通に言えば粗野な声だろうが、生まれてからずっと歌い続けてきたという意味で、見事に訓練された声だったはずだ……。今、数多くの学校やサマーキャンプでの思い出がよみがえってくる。かつてのものと比べると、とても色あせた、曖昧な音楽になっている。そして、以前と比べると、私自身の歌い方も、力のない曖昧なものになっている。フォーク・ミュージックを復活させることは可能だろうかと思う。私はついに結論に達した。そう、可能だ。私たちはトライできる。そして、がんばってみるのは、やらないって決め込むよりは間違いなくいいはずだ。

シーガーは、フォーク・リヴァイヴァルの複雑さと強いられる妥協を誰よりも理解していたし、そのことを忘れそうになったときも、思い出させてくれる友人がいた。アラン・ローマックスは「シーガーは、フォーク・ミュージックはみんなを巻き込むものだと考えていた。歌えるのかとか、音程を合わせて演奏できるかなど、気にしていなかった」とぼやいた。対照的に、ローマックスは本物のプロレタリア・アーティストとその音楽に傾注したかった。ウィーヴァーズであれ、ジョー・スタッフォードのようなポップジャズ・シンガーであれ、有名なエンターテイナーが快く彼の使命に協力してくれたときは喜んだが、シーガーが、都会に住むアマチュアたちにフォークの伝統を担っていると思い込ませたことには腹を立てていた。

50年代を通じて、フォークシンガーを自称する少数の歌手をはじめとして、ほとんどのプロのミュージシャンが、本物の伝統音楽は都会人の耳には粗野すぎると考えている中で、ローマックスが先導していたのは、小さく孤独な運動だった。しかし、50年代の終わりまでには、真の音楽の崇拝者が成長し、純粋主義者の若者たちはローマックスの意見に同調するようになった。ミネアポリスでは、ジョン・パンケイクとポール・ネルソンが本物のフォーク・ミュージックを唱道する『リトル・サンディ・レヴュー』というニュースレターを創刊し、「フォーカム（いんちきフォーク）」や「フェイクロア（疑似伝承）」を攻撃することで悪名を馳せた。64年、パンケイクは「ピートの子供たち：アメリカのフォークソング・リヴァイヴァル、その賛否両論」と題する8ページにわたる記事を書き、シーガーについて、しばしば道を踏み外す運動の源として描写した。パンケイクは、シーガーを「驚異的」ではあるが、ちょっとばかり時代を逆行する人物であると評した。「マーク・トウェインやウィリアム・ジェニングス・ブライアンといった演説の名手の伝統を受け継ぐ、偉大なカリスマの最後の一人かもしれない」。そして、コンサートでシーガーの魅力に参らない者はいなかったが、そのことは本物の田舎の伝統に見られる繊細な美徳を損なうだけであり、「キングストン・トリオの最悪な作品は、シーガーの『5弦バンジョーの弾き方』という教則本のページの中から生まれたもので、彼の『さあ、フォークソングで時間をつぶすのは楽しいよ』という哲学によって育まれていた」と書いている。シーガーが「私から学ぶのではなく、私に教えてくれた人から学びなさい」と何度言っても、ギターを手に取り、友人たちを率いて〈わが祖国〉のコーラス（サビ）をもう一度歌うほうが楽しかった。唯一の慰めは、シーガーのより深いメッセージが届いた少数のリスナーの存在だったとパンケイクは考え、「シーガーの信奉者の約5パーセントが、リヴァイヴァルの中から生まれたリヴァイヴァルというべき運動の中心的な存在になった。これはアメリカのフォーク・ミュージックを本来の形で存続させるのに建設的かつ有益な動きである……。これは、表面的な流行を追いかける人々が、フォークに飽きて他の一時的な楽しみに走ってからずっと後に起こったことではあるが」と書いている。

このパンケイクの記事は、重要な事実を強調していた。50年代にフォーク・シーンが成長するにつれ、それは様々な派閥に分裂し、しばしば激しい論争を展開したが、そのすべてはシーガーを通じてもたらされたものだった。ウィーヴァーズとのレコーディングはポップフォークのスタイルを世に送り出したが、同時に伝統主義からの離脱者も生み出した。パンケイクが言及したバンジョー教則本には、シーガーのアプローチの典型が詰まっている。彼は48年にファンの要望に応えて教則本を書き、自ら謄写版印刷機で印刷し、コンサートや通信販売で年間数百部を販売した。購入した人たちは彼のスタイルを理解するためのガイドとしてそれを使用し、キングストン・トリオのデイヴ・ガードなど、最終的に彼によく似たバンジョーを奏でるようになった。しかし、この教則本には、B・F・シェルトンやウォルター・ウィリアムズといった田舎の無名アーティストの演奏のスコアも収録されており、後の版ではアール・スクラッグスのブルーグラス・ピッキングについての初めての解説も加えられ、都会のシーンで活動する最も熱心な純粋主義者と驚くほど革新的な演奏家の両方にインスピレーションを与えた。

シーガーは、自分の業績のこういった側面を重要視しなかった。65年のニューポート・フェスティヴァルでのバンジョー・ワークショップでは、シェルトンのアレンジによる〈ダーリン・コーリー〉とフランク・プロフィットの独自のスタイルによる〈トム・ドゥーリー〉の演奏を披露したが、どちらも自分が評価する昔ながらの田舎の演奏のシンプルさの例として紹介し、よく聴きこんで弾いてみれば、誰でもそのスタイルをマスターできると言った。同じ頃、彼は匿名のレヴューで自身の能力について「ピートはたまに伝統的なピッキングをうまくやるだけだ。弟のマイク（・シーガー）のほうがずっと優れた演奏ができる」と記している。古くからの音楽ファンの大半はこれに同意し、シーガーがそのアプローチの先駆者だったことを覚えている人は少なかった。ニュー・ロスト・シティ・ランブラーズは、マイク・シーガー、ジョン・コーエン、トム・ペイリーによって58年に結成されたトリオで、オールドタイムのストリング・バンド・リヴァイヴァルの旗手であり、ペイリーの53年のアルバム『フォーク・ソングス：南アパラチア山脈より』は、このムーヴメントに先鞭をつける作品としてよく引用される。しかし、このレコードは、50年にリリースされたシーガーの『ダーリン・コーリー』に続くものであり、ペイリーは、昔ながらの正統的なスタイルを学ぼうとしているすべての人が彼を尊敬していたと述べ、シーガーをインスピレーションの源として認めていた。

50年にシーガーは31歳になっていたが、『ダーリン・コーリー』は彼の初ソロ・アルバムであり、その後の数年間、別のアルバムを録音することはなかった。このアルバムは、フォークウェイズという新しい専門レコードレーベルから発売されたが、同社は新たに登場したLPレコードというフォーマットを利用して、クラシック、ジャズ、その他のニッチなジャンルを都市部に住む中流の消費者に提供している小さな会社だった。デッカのような大企業がヒット曲を狙っていたのに対し、フォークウェイズは、世界中の歴史的に重要な音楽を記録しようとしており、シーガーのアルバムは南部の田舎の演奏例として企画されていた。

いつものように、シーガーはこれをより大きな使命の一部とみなしていた。都会のフォークシンガーは、田舎の歌手やミュージシャンのことは農民の伝統を手を加えずに伝える担い手、つまり「素材」とみなし、プロが演奏するには滑らかに磨き上げなければならないと考えがちだった。民俗学者の何人かは、田舎の歌や演奏を正確に書き起こそうとしたが、クラシック音楽のミュージシャンがモーツァルトやワーグナーの作品を学び演奏するのと同じやり方で、伝統的な曲を学び演奏するというのは新しい考えだった。シェルトン、ウィリアムズ、プロフィット、リリー・メイ・レッドフォード、そしてアンクル・デイヴ・メイコンから学んだバンジョーのアレンジを教え録音することで、シーガーは無意識のうちにクラシックと同様のアプローチをとり、田舎のミュージシャンは伝統の担い手としてだけでなく、作曲家、編曲家、名演奏家としても研究し模倣する価値があることを示していた。彼はまた、フォーク・ミュージックは活動的で生き生きとした行為であり、スタイル、アプローチを重要視したものであり、演奏者と聴衆が相互に作用するものとみなす、新しい概念の先駆者でもあった。後に彼は「歌詞やメロディは、歌い方や聴かれ方ほど重要ではないかもしれない。この意味では、カーネギーホールのオーディエンスに向かって古代イギリスのバラッドを歌うコンサート・アーティストよりも、山小屋でそばにいる人たちにポップソングを歌う登山家のほうが、よりフォーク・ミュージックに近いと言えるのかもしれない」と記している。

シーガーはカーネギーホールで50回以上のコンサートを行い、自分がどちらの側にいるのか理解していた。彼は、「人々が私のことを『フォークシンガー』と呼ぶとき、ある意味で私は新しいタイプのポップシンガーにすぎないと彼らに伝える」と65年に書いている。10年前には同じ考えを表すのにこのように表現しなかったかもしれないが、常にその違いを意識していた。彼は58年に次のように書いている。

私の役割は、仲介者と考えるのが一番だろう。私たちは、そのままでは生々しすぎたり、粗削りすぎたり、理解不能に思える音楽をわかりやすく紹介することができる。また、本物のフォーク・ミュージシャンよりも、この音楽の幅広さを紹介できるという利点もある。本物のフォーク・ミュージシャンは、自分が演奏する音楽では天才かもしれないが、その音楽しか知らないことが多いのだから。

シーガーは驚くほど幅広いスタイルの仲介役を務めた。バンジョーの教則本のほか、レッドベリーの12弦ギター奏法、イスラエルの羊飼いフルート、標準的な楽譜を初見演奏するためのガイドも出版した——他のアーティストのアレンジを再現することは、彼の幅広い活動の一部にすぎなかった。47年、彼はアラン・ローマックスの映画『To Hear Your Banjo Play』のナレーションを担当し、ガスリー、バラード歌手のテキサス・グラッデン、ブルース・デュオのサニー・テリー&ブラウニー・マギーの映像にバンジョーによる挿入曲を提供した。50年代半ばには、彼とトシは独自のドキュメンタリー映画を製作し始め、最初はビッグ・ビル・ブルーンジーやエリザベス・コットンなどのアメリカ人アーティスト、次にアフリカ、ヨーロッパ、アジアのコミュニティ・ミュージシャンを取り上げた。プロジェクトは止めどなく続いた。50年にはウィーヴァーズとともにズールー族の歌〈ウィモウェ〉を録音し、55年にはニューヨークのティーンエイジャーのグループであるソング・スワッパーズとフルアルバム『バンツー・コーラル・フォーク・ソングス』を録音。このグループには、後にピーター・ポール&マリーのマリーとなるマリー・トラヴァースも在籍していた。64年には彼はトシとドキュメンタリー『ガーナの歌う漁師』を撮影し、地元の漁師たちによる本物のヴォーカル・ミュージックを紹介した。30年代には伝統的な南部のバンジョーのスタイルを演奏し始め、48年にはその教則本を書き、54年にはそのガイド音源を収録したLPを録音。60年代初頭までにはアンクル・デイヴ・メイコンの初めての再発盤をプロデュースし、南部のアーティストをニューポートとニューヨークに呼び、ニューポート・フェスティヴァルの収益の一部が南部のコミュニティでの音楽制作に使われるように取り計らった。

シーガーは常に、自分をスターではなく、導く者、改宗を促す者、そして触媒とみなすことを好んだ。卓越したバンジョーと12弦ギターのプレイヤーであったにもかかわらず、彼のレコーディングにはインストゥルメンタルの傑作はほとんどなく、ガーシュイン、バッハ、ベートーベン、ストラヴィンスキーの曲を、独自のアレンジでインストゥルメンタルとして録音するという野心的なレコーディングを行ったときは、それを『グーフィング・オフ・スイート（怠け者の組曲）』と名付け、その創作プロセスを「ベッドに横になりながらバンジョーを爪弾くこと」と表現した。彼は、フォーク・ミュージックというものを、地元のコミュニティで普通の人々が自分たち自身のため、そして隣人のために演奏するものとして重視した。55年にソング・スワッパーズと制作した4枚のアルバムのうちの1枚である『4大陸の4曲のフォークソング』に付した彼のメモには、このグループについて「意図的に〝平均的な〟声と限られた声域をもつ、ほとんど訓練を受けていない」メンバーで構成され、「アマチュア、プロを問わず、フォーク・ミュージック愛好家たちが歌うことを奨励する」ことが目的であると記されている。（後にピート・シーガー＆ソング・スワッパーズとしてクレジットされたが、オリジナルアルバムで彼の名前は1曲の編曲者としてのみ記載されていた）。シーガーは時々「すべてのアーティストの第一の義務は良い芸術を生み出すことだ」と主張したが、自分の卓越した技量を強調することで誰も落胆させたくはなかった。その結果、彼は54年から58年まで年間6枚のアルバムをリリースし、フォーク・シーンで圧倒的に最も多作なレコーディング・アーティストであったが、シーガーの演奏と歌は刺激的というよりは職人的なものとなり、彼のスキルと他のプレイヤーへの影響の両方が過小評価されがちである。

シーガーにとって、すべてが政治的だった。フォーク・ミュージックに対する彼の信念は、民主主義と共産主義についての彼の信念と一致しており、その信念が引き起こす結果に悩まされることが多かったとしても、彼はひるむことなく、「この世でできることは挑戦することだけだ」と繰り返した。50年代、彼はあからさまに政治的な歌はそれほど録音しなかった。冷戦への過度な恐れもその一因だが、オールマナック・シンガーズやピープルズ・ソングスでの活動を通して、そのやり方の限界に気づいていたためでもある。歌う労働運動を支援したいと思っていたが、「組合のリーダーの大半は、音楽とポークチョップの見分けさえつかなかった」と感じ、40年代後半には〈ウイッチ・サイド・アー・ユー・オン（どっちの味方?・)〉（1931年に書かれた鉱山労働者の労働歌）はグリニッチ・ヴィレッジでは知られていたが、炭鉱組合の支部ではいっさい知られていなかった」と残念そうに記している。デイヴィッド・ダナウェイはシーガーについての伝記の中で、彼は自分の音楽を政治と結びつける最も効果的な方法は、労働者階級のために歌を書くのではなく、労働者階級が作る歌を歌うことだという結論に至ったと書いている。

それに加えて、50年代半ばまでに、彼はそれまでとは大きく異なる場で、生涯で最も強力な政治的声明を出していた。ウィーヴァーズの成功は反共産主義の魔女狩りたちの目に留まり、バンドが全国ツアーを行うと、FBIの捜査官に尾行され、在郷軍人会には妨害行為をされることになる。ナイトクラブやコンサートホールは彼らの出演をキャンセルし、53年にはデッカに契約を解除されバンドは解散した。シーガーは演奏を続けたが、マスコミから赤扱いされ、55年8月には下院非米活動委員会（HUAC）から召喚状を受け取った。

HUACは、表向きはスパイ活動や破壊工作について捜査をするために組織されたが、反共産主義政治家の宣伝機関として主に機能し、活動的な過激派だけでなく、名前がメディアで取り上げられるようなリベラルの境界線上にいる人々も委員会に召喚した。最も大きな見出しが躍ったのは、委員会がハリウッドやブロードウェイのスターたちを尋問していた50年代初頭で、シーガーが55年まで召喚されなかったという事実は、彼がエンターテインメントの世界で比較的マイナーな存在であったことを示している。その頃までに委員会の審議はほぼ完全に定型化しており、彼が通常の証人のように「友好的」にふるまう（仲間の名前を暴露する）か、もしくは、「非友好的」にふるまって（修正第5条に基づいて証言を拒否して）いたなら、彼の委員会への召喚はほとんど注目を集めなかっただろう。それは、同僚のフォークシンガーがやっていたことで、多くの友人も同じように行動するようにアドバイスしたが、フラストレーションと無力感を感じていたシーガーは、もっと強い声明を出したいと思った。そこで「修正第5条を行使する」代わりに、修正第1条にある言論の自由の権利を主張すると発表した。それは、自分の信念や仲間について、自分が選んだ以外のことを言うことを強制されるべきではないという原則だ。

この彼の行動が世に知れ渡った結果、シーガーは左翼の英雄となり、アイゼンハワー時代のアメリカの愛国心あふれる市民全員から忌み嫌われる存在となった。一部のファンは熱狂的になったが、仕事は減りギャラの額も減った。あるカリフォルニアでのツアーでは、最高報酬は25ドルで、典型的な一日の仕事は、午前と午後の小学校での演奏、夕暮れ時の校庭でのショー、そして夜のプライベート・パーティだった。もっといい報酬がもらえた日もあった。55年、ウィーヴァーズのマネージャー、ハロルド・レヴェンソールは、クリスマスコンサートのためにバンドを再結成させ、カーネギーホールを満員にし、ツアーとレコーディングを再開した。しかし、7月にシーガーは議会を侮辱したことで召喚され、翌年3月、大陪審は10件の容疑で彼を起訴した。10件がそれぞれ懲役1年の刑になる可能性があるというものだった。彼はその後の5年間を信じられないほど困難な日々だったと回想している。トシはツアーの予定を入れていたが、裁判や刑務所行きのためにキャンセルしなければならないかもしれないと常に覚悟をしながらだった。しかし、迫害されたことで彼は新たな目的意識を得た。常に自己不信に悩まされていたが、今回は自分が正しいことがわかっていたのだ。

シーガーが新たに得た自信の結果の一つが、ウィーヴァーズとの完全な決別だった。再結成した4人組は、弱小優良レーベルのヴァンガード・レコードで数枚のアルバムを録音していたが、コンサートの予定は少なく、ギャラも低く、シーガーはグループが強いられる妥協にますます不快感を抱くようになっていた。ウィーヴァーズは真のフォークの炎を守り続けたバンドとして記憶されることが多いが、ポップ・レコードを作り、ヒットパレードも意識していた。57年、ジミー・ロジャーズという名の若きロカビリー歌手の〈蜜より甘いキス〉がトップ10入りを果たした。これを見たヴァンガードは、急ぎウィーヴァーズとしてこの曲のシングルをリリースし、58年初頭にはドラムス、ベース、クロマチック・ハーモニカ、エレキギター3本という編成によるセッションの予定を組んだ。その結果生まれたのが、ポール・クレイトンという名の若きシンガー作のトラディショナル風のシングル〈ガッタ・トラベル・オン〉で、B面にはアフリカ系アメリカ人の囚人労働歌〈テイク・ディス・ハンマー〉が収録された。これには「この手紙を取って、愛しい人のところへ運んでくれ」という軽快なラブソングに書き直した歌詞が添えられている。このようにシーガーはロックンロールの世界に溶け込もうと最善を尽くしたが、彼らのレコードはヒットしなかった。それでも59年にはビリー・グラマーという名のカントリー歌手がこの〈ガッタ・トラベル・オン〉をフォークロックとしてカヴァーし、ポップ・チャートのトップ10入りを果たした。しかし、それはピートが演奏したい音楽ではなかった。

1カ月半後、ウィーヴァーズがタバコのCMに起用されたとき、それがとどめの一撃となった。グループで唯一タバコを吸わない彼は、それでも民主主義の精神にのっとり撮影には参加したが、その直後にバンドを脱退し、「このCMの仕事は純粋な売春行為だった……売春はプロなら問題ないかもしれないが、アマチュアにとっては危険な仕事だ」と述べた。彼はタリアーズのエリック・ダーリングを自分の後任として推薦し、このような状況には二度と陥らないと誓った。

冷戦のヒステリーとマディソン・アベニューの出世主義の空気の中で育った世代として、シーガーの法廷闘争と商業主義への抵抗は、彼の音楽の趣味と密接に関係していた。フォーク・ミュージックは単なる娯楽の一つではなかった。それは正義の鉄槌であり、自由の鐘であり、兄弟姉妹間の愛についての歌だった——そして、陳腐に聞こえるかもしれないが、シーガーと彼の音楽は、左翼のほとんど全員が怯えていた時代に灯された、希望と美徳の光だった。

後にビート・ジェネレーション、ヒッピーたちが闊歩し、ドラッグにまみれたニューヨークのダウンタウン・シーンで伝説的な人物となるピーター・スタンプフェルは、50年代にミルウォーキーで育った。彼は、ウィーヴァーズに心が躍ることはなく、マディ・ウォーターズやファッツ・ドミノのタフでアンプで音量を拡大されたサウンドを好んだという。彼は、当時の反逆者のアイコンとして人気だったジェームズ・ディーンやマーロン・ブランドたちにも心を動かされることはなかった。彼らは単なる映画スターで、そのファンたちも、似たり寄ったりの革ジャンを身にまとって高校に通う、流行を追いかけるだけの輩だと彼はみなしていた。しかし、57年になるころには、スタンプフェルは本物のボヘミアンたちと出くわしていた。

その女は髪が長く、ノーメイクで黒いタイツをはいていた。男のほうは17歳のときから一人で暮らし、髪は長く、バンジョーとギターがすごい腕前で、頭がとてもよくものすごい皮肉屋だった。男が皮肉な態度をとらなかった唯一の存在はピート・シーガーだった。多くの人にとって、ヒーローがあまりいなかった当時、シーガーがミルウォーキーにやってきたので、俺たちは演奏を見に行った。会場は教会で観客は

150人くらいだった。俺たちが彼について思ったことは……目の前でプレイするピート・シーガーは、俺たちが今まで見た誰よりも「善」であるように見えた。彼は強烈で力強い善良さを発しているようで、オーディエンス全員がその善の放射によって、自分たちが善良になったように思えた……。そのとき思ったのはそういうことだった。そんな感情は初めてだったし、そんな感覚があるのさえ知らなかった。

スタンプフェルは自分がボヘミアンのはじっこのほうにいると考えていたが、普通のアメリカの子供たちの多くは同じような気持ちだった。キングストン・トリオのニック・レイノルズは、シーガーがウィーヴァーズと共演した最後のショーの一つをバンド仲間たちと観たときのことを思い出す。「彼らが歌い出すと、最初の音から最後の音まで、みんな涙を流して聴いていた。それまで生きてきた中で、最も魔法にかけられた気がする夜だった」。もちろん音楽もすばらしかったが、「これなんだ……大義を持った数千人の人たちと一緒に集い、あの男が歌うのを観る。本当にすばらしかった」

シーガーの裁判が始まった61年3月27日までに、キングストン・トリオの〈トム・ドゥーリー〉は本格的なフォークブームに火をつけ、その週のチャートのトップ5にはキングストン・トリオ、ブラザーズ・フォー、ライムライターズのアルバムが含まれていた。シーガー抜きのウィーヴァーズなどのデュオやグループによるベストセラーアルバム13枚のうち、フォークが10枚を占めた。依然として人気があったのは、洗練されたフォーク・トリオやカルテットだった。ソロ・フォークシンガーのジョーン・バエズが1月にファーストアルバムをリリースし、『ビルボード』はそれを注目ディスクとして紹介していたが、反応したのはまだフォーク通のファンたちだけだった。しかし、大手は気づき始めていた。数カ月前、シーガーは主要レーベルの中で最も力のあるコロムビアとレコード契約を交わし、『ニューヨークポスト』紙は彼の有罪判決を追及する司法省をあざ笑った。同紙は、「危険なミンストレル歌手が逮捕される」という見出しの記事を掲げ、「彼が入る刑務所は楽しい場所になるだろうし、塀の外の世界は暗くなってしまうだろう」と断固たる筆致で締めくくった。

3月29日、シーガーは議会侮辱罪で有罪となった。翌週の判決公判で、彼は最終陳述を希望するか訊ねられ、自分がステージの上で提示してきた理想を要約することでその陳述を行った。

私の先祖の中には、300年以上も前にアメリカに渡ってきた宗教的異端者もいました。また、1840年代から50年代にニューイングランドで奴隷制度廃止論者だった者もいました。私は現在の道を選んだことで、彼らにも、私の後に続く人々にも不名誉なことはしていないと信じている。

私は42歳で、自分のことをとても幸運な男だと思っています。妻と3人の健康な子供がいて、美しいハドソン川のほとりに自分たちで建てた家に住んでいます。20年間、私はアメリカや他の国々のフォークソングを世界中の人々に歌ってきました。

彼は、バレーフォージ、ゲティスバーグ、そしてファシズムとの戦いにおけるアメリカの英雄的行為が引用されている〈ワズント・ザット・ア・タイム〉を歌ってもいいかと訊ねた。この歌は、彼のもつ破壊的考えの例として挙げられていたものだ。判事は「歌ってはならない」と言い、彼に懲役1年と1日の刑を言い渡した。

これにより、ロマンティックな若いフォークファンにとって、シーガーはジェシー・ジェイムズ、ジョー・ヒル、プリティ・ボーイ・フロイドと並び立つ、英雄的なアウトローの殉教者の仲間に加わった。「奴らはシーガーを陥れようとしている」。最近ニューヨークに移り住み、シーガーの昔の旅仲間であるウディ・ガスリーを訪ねていたボブ・ディランという若いシンガーはそう言った。「奴らは彼を黙らせたいんだ」

第2章

ノース・カントリー・ブルース

1941年5月、ミネソタ州北部のアイアン・レンジにある小さな町でユダヤ人中流家庭に生まれたボブ・ディランは、ピート・シーガーとはまったく異なる環境で育った。大恐慌時代に成人したシーガーは、経済格差が人類の問題の根源であり、労働者の大多数がごく少数の強欲な資本家によって脅かされ、支配されており、唯一の解決策は、大衆運動を組織して、大衆の数の力で抑圧者の富と戦うことだという考えを失うことはなかった。20年後、ディランはアメリカ史上最も経済的に平等な時代に育った。第二次世界大戦によって米国経済が活性化し、ニューディール政策によって富はかつてないほど平等に分配された。車やバイクが欲しければ、父親が買い与えてくれたし、友人の多くも車やバイクを持っていた。若き日の彼の闘いは組織的な政治闘争ではなかった。それは、年長者や想像力に欠ける同世代たちが見せる穏やかな服従に対する個人的な抗議の姿勢だった。

経済の変化は、ポピュラー音楽における同様の変化と一致していた。シーガーが若い頃は、ポップ・ソングはニューヨークで書かれ、大規模なダンス・オーケストラと品の良いクルーナーによって広められた。ジャズの時代がスウィングの時代へと進化すると、ガイ・ロンバードの甘いダンス・ミュージックやベニー・グッドマンのホットなスウィング――どちらもデューク・エリントンやカウント・ベイシーより人気があった――が幅を利かせるようになり、ビング・クロスビーが大人気の歌手だった。ワシントン州スポケーンの小さな町の少年だったクロスビーは、黒人のリズム・アプローチをマスターした最初の白人ヴォーカルスターの一人だったが、彼の卓越したジャズ・シンガーとしての才能は、のんびりとした無神経さに覆い隠されていた。クロスビーは、31年に、〈苦しみを夢にかくして〉を録音したが、これは人間の苦悩に向き合うポップ・ソングの典型的作品として、シーガーがよく引用する曲だ。

20年後、クロスビーは依然としてアメリカの規範的なポップシンガーであり、彼の後には、フランク・シナトラ、ペリー・コモ、トニー・ベネットなどの弟子たちも続いていた。しかし、51年のナンバーワン・レコード〈クライ〉は白人シンガー特有の無頓着とは程遠いものだった。北西部の田舎町出身のジョニー・レイは奇妙で問題を抱えた人物で、デトロイトの黒人クラブシーンで音楽修行をしていた。彼のパフォーマンスは生の感情をカタルシスいっぱいに表現したものだった。レイは身もだえし、膝をついて泣き、その声は全国のラジオから飛び出し、何かにとり憑かれたように聞こえた。彼が作曲した〈クライ〉は、多くのリスナーにとって新時代の到来を告げるものだった。感情をあらわにすることで知られるカントリーシンガーのハンク・ウィリアムズは、主流ポップスの平凡さに対する解毒剤としてのレイを称賛し、「彼は誠実で、自分の誠実さを表現している。人気の理由はそこにある。私には、彼は本気で音楽に取り組んでいるように思える」と語った。

レイはもっとはっきりした言葉で言う。「みんな、この変人がどんな奴か見に来るんだ……こいつが懐に何を忍ばせているのか知りたいんだ。俺にはそれが何なのかわかっている。俺は彼らに感じさせる、彼らの中に手を伸ばして、コントロールされた感情を、深く埋もれている感情をひとつかみにして、表面に引っ張り出すんだ」。40年以上経った今でも、ディランはレイをまさにこの言葉のように覚えている。「彼は本当に何かを感じさせることができた」。思春期のボビー・ジママン（ロバート〈ボビー〉・ジママンがディランの出生名）は内気な子供で、描写することも言葉に出して表現することもできない感情に満ちており、痛々しい〈クライ〉の誠実さによって、レイは「声とスタイルに完全に惚れ込んだ初めての歌手」になったとディランは言う。

ディランはハンク・ウィリアムズも大好きで、レコードをすべて買い曲を覚えたが、彼の魅力はその寂しげな歌詞にあり、ディランは高校生になる頃にはもっとワイルドなサウンドを求めるようになっていた。やり場のないエネルギーがあふれ出るティーンエイジャーにとって、カントリー&ウエスタンのスタイルは抑制が効きすぎており、また、あまりにももてはやされすぎていた。想像力をかき立てるだけでなく、今の世界から自分を切り離してくれる音楽が必要だった彼は、味気ないローカルラジオの放送が終了した後、ベッドサイドのラジオで聴いたR&Bの番組にそれを見つけた。アーカンソー州リトルロックの出力5万ワットのラジオ局KTHSは、ルイジアナ州シュリーブポートからの「ノー・ネーム・ジャイヴ」という番組を中継放送していたが、DJはフランク・〝ゲイトマウス〟・ペイジという黒人らしい名前の男だった。「夜遅くになると、シュリーブポートからマディ・ウォーターズ、ジョン・リー・フッカー、ジミー・リード、ハウリン・ウルフが流れてくるのを聴いていたよ」とディランは回想している。「それは一晩中続くラジオ番組だった。俺は午前2時か3時まで起きていて。いろんな曲を聴いて、それが何なのか理解しようとしていた」

30年代と40年代にラジオは全国ネットワークによって支配され、電気の通うすべての家庭で「クラフト・ミュージック・ホール」「ユア・ヒット・パレード」「エイモスン・アンディ」「ザ・ローン・レンジャー」などを聞くことができたが、50年代にはその役割はテレビに引き継がれていた。ラジオはローカル番組、エスニック（民族）番組、ニッチ市場、小規模スポンサーなどの避難所となっていた。「ノー・ネーム・ジャイヴ」の目玉コーナーは、シュリーブポートにあるスタンズ・ロッキン・レコードショップがスポンサーを務める「スタンズ・レコード・レヴュー」で、番組で紹介されるレコードの「スペシャル・パッケージ」が宣伝されていた。スタン・ルイス（このショップのオーナー）のビジネスは主に通信販売で、小規模な地方レーベルが出しているマディ・ウォーターズやB・B・キングなど、多くの店では入手困難なレコードを専門に扱っていた。彼はミネソタ州ヒビングという遠く離れた地から、ボビー・ジママンという少年からのレコードの注文が入り始めたときの驚きを覚えている。

30年代、シーガーは自分の人生を変えた生々しい南部の音を求めてアッシュビル・フォーク・フェスティヴァルに足を運ばなければならなかったが、ディランは寝室から出ることなく同じ行程をたどることができた。それは二人の音楽に対する関係が少し異なっていることを意味していた。シーガーにとって音楽とは、音楽を生み出した共同体や、それを形成した歴史的プロセスと切り離せないものだったが、ディランにとっての音楽は私的な想像上の世界だった。しかし、他の点では彼らの音楽に対する考えは似ており、違いは音楽がもはや田舎に関する好奇心にはとどまらないということだった。30年代に消えゆくフォークの伝統と思われていたものが、今や人気の的となり、フォーク・ファンの多くがその事実に気づいていなかったとしても、一部のファンはそれに興奮した。マッカーシズムのブラックリストから逃れるために50年代初頭にヨーロッパに身を寄せていたアラン・ローマックスは、カーネギーホールで「フォーク・ソング'59」という凱旋コンサートを主催したとき、起こっていた変化について次のように述べた。

押し寄せる若者たちの群れ――ヒルビリー、都会人、ロカビリーたちが門を突き破り、アメリカは独自のリズムで歌い、踊り、ロックした。ジュークボックスからは、かつてミシシッピ・デルタで探し回らなければならなかったような、ワイルドで表現力にあふれる歌声が流れ出ていた。ロックンロールの観客がオフビートで手拍子をし、子供たちがこれまでで最も表現力豊かに踊っているのを見た。目を閉じると、黒人歌手と白人歌手の区別がつかなくなることがよくあった。ティン・パン・アレー（アメリカのポピュラー音楽業界）は、息苦しいほどスノッブなヨーロッパのスタンダード曲で最高潮に達していた。

フォーク音楽のコミュニティで彼の熱意を共有する人はほとんどいなかった。ローマックスのコンサートには、お決まりのホーダウン（ヒルビリーのダンス音楽）やバラード歌手に加え、マディ・ウォーターズやメンフィス・スリムが、エレキギター入りのシカゴ・ブルース・バンドを従えて参加し、また〈スピードゥ〉という人気レコードを出していたハーレムのヴォーカル・グループ、キャデラックスも招待された。キャデラックスは来なかったが、代わりにデトロイトから女性ドゥーワップ・グループを招いた。ローマックスは、「彼女たちはステージに上がるときに小さくて短いナイトガウンを着ていたので、フォーク・ファンの若者たちは驚いてブーイングを浴びせた」と回想している。

モダン・ジャズやクラシックの「初期の楽曲」の愛好者と同様に、フォークの愛好者も、メインストリームのメディアが垂れ流しにするものを何でも鵜呑みにする大勢の音楽ファンとは一線を画し、独特の趣味を持つ知的で意識の高いリスナーであると自らを定義していた。57年、悩める女性フォーク音楽リスナーが『シング・アウト！』誌に、最近のピート・シーガーのフーテナニー（フォークソング・パーティ）にはロックンロールとリンディ・ダンスが含まれていると不平の手紙を送ってきた。アーウィン・シルバーが「〝ロックンロール〟はリズム&ブルースから生まれて、リズム&ブルースは実際にはフォーク・ミュージックだ」という決まり文句で彼女の不満をなだめようとしたが、彼女は聞き入れず、このように言い切っている。

時には自分の意見を堂々と述べて寛容さを訴えることもあるし、音楽に限らず自分の視野を広げることも悪いことではない……しかし、そこまで寛容になりたい人には、ブルックリン・パラマウント劇場やアラン・フリードのラジオ番組、それにラジオ局の85パーセントがある。でもフォーク・ミュージックは特別なものであるべきだ。

自分だけの特別な音楽を持ちたいという欲求は、特定のスタイルだけに限らず、50年代には多くのロックンロールのファンは、フォークのファンと同じくらい頑固な純粋主義者だった。近年、ライターたちは、ディランがエルヴィス・プレスリーやバディ・ホリーに傾倒していたことを大きく取り上げているし、回顧録『ボブ・ディラン自伝』でディランは、テレビスターのリッキー・ネルソンへの親近感を告白し、白人のティーンエイジャーが好きだったメインストリーム文化とのつながりを強調しているが、ヒビングで孤独に過ごしていた青春時代には、より難解な趣味を誇りにしていた。プレスリーとホリーに刺激を受けたディランはこう回想している。「エルヴィスの音楽を初めて聴いたときは、まるで牢獄から飛び出したような気分だった……他のみんなと同じように、エルヴィスには参ってしまった。エルヴィスは俺とは違う年代だったけれど、俺は〈ブルー・ムーン・オブ・ケンタッキー〉からずっと彼のことを追いかけていた。他にもたくさんいたけど、バディ・ホリーのことは大好きだった」。しかし、ディランがプレスリーについて語る際に、デビュー・レコード（のB面）を引き合いに出したことは重要である。このレコードは、54年にシュリーブポートで、「ルイジアナ・ヘイライド」というカントリー・ミュージックのラジオ番組に出演していた若い歌手だったプレスリーが、サンという弱小レーベルからリリースしたものだ。この1年半後に大手RCAからリリースされ全国的にヒットし、エルヴィスをポップ界のセンセーションに祭り上げた〈ハートブレイク・ホテル〉ではなかったのだ。ゲイトマウス・ペイジのラジオ番組「ノー・ネーム・ジャイヴ」のおかげで、ディランは南部の音楽に直接触れていた。自分だけの秘密の知識を得たこともあり、彼はこのことをとても大事に考えていた。高校時代の友人ジョン・バックレンが回想しているように、「ヒビングでの生活を特別なものにするのは大変だった……ロックンロールのおかげで、ボブと私は特別な気分になることができた。なぜなら私たちはヒビングでは誰も知らなかったことを知っていたわけだからね……人気者になり始めてから、私たちはエルヴィスへの興味を失い始めた」

ロックンロールは単にエキサイティングな音楽というだけでなく、自分を他者から際立たせ、仲間がいることを知る手段でもあったが、フォーク・ブームと同様に、それが全国的な流行となったときに問題が生じた。高校のみんなと同じものを愛することは名誉ではない。純粋主義とは、少数の本格的なヒップスターを、大衆が好む表面的なポップスターから区別する方法であり、ディランは自分の偏った見方に誇りを感じていた。58年にバックレンと一緒に録音された会話で、彼は本物のR&Bとはどういうものであるかの基準について力説している。その時点で彼はリトル・リチャードを模範にしており、友人のバックレンがそれで得られたものは「単に飛び跳ねて叫んでいるだけ」だと指摘したとき、ディランは「必要なのは表現することなんだ!」と答えた。バックレンはジョニー・キャッシュには表現力があると反論したが、ディランは悲しげに「I walk the line, because you're mine(僕は一線を越えるんだ、君は僕のものだから)」(キャッシュの〈アイ・ウォーク・ザ・ライン〉の歌詞)とつぶやき、「いいリズム&ブルースの曲を聞くと、背筋がゾクゾクするんだ……でもジョニー・キャッシュのような曲を聞くと、どうしたくなる? ここを出て行きたくなるだろう! いいリズム&ブルースの曲を聞くと、泣きたくなるだろう!」と主張した。

メインストリームのロックンロールに関しては、ディランはリッキー・ネルソンを「全然歌えない」エルヴィスの模倣者として切り捨て、次にダイアモンズを取り上げる。ダイアモンズはカナダの白人ドゥーワップ・グループで、ザ・グラディオラスやザ・レイズのR＆Bの薄っぺらなカヴァーで当時ポップチャートに登場していた。「奴らはいったいどこから曲を手に入れるのだろう……？　みんな、ビッグではないグループのコピーをするんだ。エルヴィス・プレスリーも同じだ。エルヴィスは誰をコピーするかだって？　奴はクライド・マクファターをコピーし、リトル・リチャードをコピーし、ドリフターズをコピーするんだ」

バックレンはボブに「エルヴィス・プレスリーがコピーした曲を4曲挙げてみろ」と挑戦し、ボブはリトル・リチャードの〈リップ・イット・アップ〉〈ロング・トール・サリー〉〈レディ・テディ〉と応酬し、4曲目で答えられなくなったが、バックレンが〈マネー・ハニー〉をあげると、ボブは「いや、〈マネー・ハニー〉はクライド・マクファターのやつをコピーしたんだ。〈アイ・ワズ・ザ・ワン〉はコースターズから。〈アイ・ガット・ア・ウーマン〉はレイ・チャールズのコピーなんだよ」と反論した。

実際には、〈アイ・ワズ・ザ・ワン〉はエルヴィスのために書かれた曲で、コースターズが録音することはなかったが、それでもディランがヒットチャートのトップにのぼりつめた〈ハートブレイク・ホテル〉ではなく、そのB面だったこの曲を選んだことは重要だ。細かい事実関係より、難解な専門知識を披露することのほうが重要だった。白人のメインストリーム・シンガーが取り上げた黒人のR＆Bのオリジナルを知っていることは、特に田舎の子供にとって自慢できることだった。そうでなければ、ヒップスターとしての信用に疑問を持たれてしまうのだ。また、このことはディランが南部の音楽の源流とつながっていることも反映していた。キングストン・トリオのニック・レイノルズは59年に『ダウン・ビート』誌に次のように語っている。「ナッシュビルとメンフィスの地元の人間は、人種に関係なく、エルヴィスを軽蔑し、ボー・ディドリーを評価していたんだ。ニューヨークはもっと古くさい趣味の奴が多いけれど」

同じ趣味の者が集まる仲間内では、マニアックな音楽についての知識は社交の武器となった。54年にシオニストのサマーキャンプに参加したディランは、ラリー・キーガンというファン仲間を驚かせた。キングが名前を挙げたすべてのレコードと「裏面に何が書いてあるか」をディランは知っていたのだ。すぐに彼らはアカペラ・グループ、ジョーカーズを結成し、56年に〈ビ・バップ・ア・ルーラ〉と〈アース・エンジェル〉を収めた78回転レコードを自主制作。それから、表面にグループ名が縫い付けられたノースリーブのカーディガンを着て、ツイン・シティーズ（ミネソタとセントポールの両市を合わせてこう呼ぶ）のテレビ番組に出演した。キーガンは都会育ちで、定期的に歌っていた仲間にはアフリカ系アメリカ人のティーンエイジャーが何人かいたが、彼らはディランが出会った最初の黒人だったかもしれない。

ヒビングに戻ったボブは、音楽の知識のおかげで、初めて真剣に付き合うガールフレンドもできた。その彼女エコー・ヘルストロムは、貧しい地区の労働者階級出身で、「彼はいつもきちんとした服装で物静かだったから、いいとこのお坊ちゃんだと思っていた」と回想している。ある日、地元のカフェにいた彼女は、彼が路上に立ってギターを弾いているのを見た。カフェに入ってきた彼は、バンドを組もうとしているんだと説明した。シュリーブポートから送られてくる深夜のR&B番組をラジオで聴いていたヘルストロムは、〈メイベリン〉という曲を知っているかとディランに訊ねた。彼女は、ボブが急に興奮して話し始めたのを覚えている。

「チャック・ベリーの〈メイベリン〉かい？　もちろん、聞いたことあるよ！……」それから、彼はチャック・ベリー、ファッツ・ドミノ、リトル・リチャード、ジミー・リードについて——ボブはジミー・リードがすばらしくて最高だと考えていた——そして、当時アメリカ国内で人気があったけれど、ヒビングのほとんどの人にとっては存在すらしていないも同然だったミュージシャンたちみんなについて延々と話した。ボブは彼らの音楽とそのすばらしさ、自分で演奏するのがどれほど好きか、そして自分もいつかはロックンロール・シンガーになりたいと思っていると、話し続けた。その間ずっと、ボブは夢見心地でまったく別の世界にいた……それからボブは話すのをやめ、テーブルの上に身を乗り出し、目を大きく見開いて、小声でつぶやいた。「君……君もまさか、ゲイトマウス・ペイジを聴いてるのかい?」

57年、それはボブが16歳になった年だが、彼はまもなく高校の友人とシャドウ・ブラスターズという4人組のバンドを結成し、ロックンロール・デビューを果たした。舞台は学校の講堂で行われたバラエティ・ショーだったが、彼らはお揃いのピンクのシャツ、サングラスを身に着け、髪型はがんばってポンパドール（前髪を後ろに流しながらボリュームと丸みを持たせたヘアスタイル）にした。ボブはピアノをたたき、リトル・リチャードの2曲を金切り声で歌った。彼らのパフォーマンスは、奇妙な珍事として迎えられた——エコーは「みんなボブを見て笑ったりヤジを飛ばしたりしていた。私は恥ずかしくてただ座っていた。泣きそうになりながらね」と回想している。しかし、バンドは地元の短大でもう一度演奏する依頼を受けた。だが、このバンドのメンバーたちはロックンロールよりもジャズに夢中だったため、翌年にディランは、学校で最高のエレキ・ギタリスト、モンティ・エドワードソンと、バイク仲間リロイ・ホイッカラをドラマーに据え、ゴールデン・コーズという別のレギュラー・バンドを結成した。バンドのデビューはまたも学校行事だったが、今度は笑い以上の反応があった。ボブは、ピアノの前に立って3本のマイクに向かい、反抗する十代の若者に向けた新しい賛歌〈ロックンロール・イズ・ヒア・トゥ・ステイ〉を歌った——彼は学校中のアンプを持ってきて並べていたので、すさまじい音量が出ており、制御不能のエネルギーで演奏したせいで、ピアノのフットペダルを壊してしまった。校長は我慢できず、講堂の電気を落として幕を下ろした。「彼とバンド・メンバーのステージでの暴れようといったら本当にひどかった。ボブは本当に正気を失っていたね」。校長は後にこう説明している。

エコーが覚えているのは、観衆が笑い嘲笑する様だったが、ボブは大成功を収めたと思って高揚していた。「彼はあいかわらず目を見開いて興奮していました。ボブは自分の世界に生きていたのでしょう。観客のブーイングや笑い声はまったく気にならないようでしたからね」。他の友人たちは、パフォーマンスのエネルギーに興奮したことを覚えている。それから数週間して、3人はヒビング商工会議所主催のタレントコンテストに出演し2位になった後、州兵部隊本部でのダンスパーティでも演奏した。それについての新聞広告には、「ヒビング出身のゴールデン・コーズによる幕間のエンターテインメント。メンバーは、モンティ・エドワードソン、リロイ・ホイッカラ、ボビー・ジママン」とあった。彼らはまた、近郊のダルースで「シマルースキー・ファンタイム」というポルカのバラエティ番組に出演。日曜の午後には、ヒビングでしばらくの間、十代のダンサーたちが集まってくるバーベキュー店の2階でリハーサルを行っていた。

この時期について調査を行った評論家たちの話は、若干食い違っていることがある。それぞれが異なる人々に話を聞き、記憶が混ざり合ったり薄れていたりするからだ。ゴールデン・コーズは、1年間は順調に活動していたと書いている者もいれば、エドワードソンとホイッカラがボブとすぐに別れて、より完成されたバンド、ロケッツを結成したという者もいる。いずれにせよ、ディランは高校時代を通して演奏を続けた。ダルースでサテン・トーンズというグループを結成し、ロケッツに短期間参加し、エルストン・ガンという芸名でロック・ボッパーズというバンドを率いてもいる。ギターのバックレン、シャドウ・ブラスターズのベーシスト、地元の短大出身の3人による女性バックコーラスとともに、ヒビング高校のウィンター・ジャンボリーに出演し、あまり知られていないロカビリー・ナンバー〈スウィング・ダディ・スウィング〉と悲しげなカントリー・バラード〈タイム・ゴーズ・バイ〉を歌った。

この時期のボブの主な楽器はピアノだったようで、高校の卒業アルバムの写真には「リトル・リチャードのバンドに入る」という書き込みがあった。ギターも弾いていて、まずシルバートーン製の安物アコースティック・ギター、それからスプロ製のサンバーストでソリッドボディのエレキギターだった。エレキを持ってポーズをとったり、ゴールデン・コーズと一緒にステージでアコースティック・ギターを弾いたりしている写真もあるが、ピアノのほうがよりボブの特徴にふさわしく、彼のシャウトするヴォーカルに激しい打楽器的な伴奏を提供した。音楽以外では、映画にも情熱を注いでいた。伯父が地元の映画館を経営していたので、好きなだけ映画を観ることができた。友人たちは、彼が特に『理由なき反抗』に魅了され、何度も繰り返し観にいって、ジェームズ・ディーンが演じる青年が着ていたような赤いジャケットを買っていたことを覚えている。50年代の多くのティーンエイジャーにとって、ジェームズ・ディーンやマーロン・ブランドのような俳優は、ラジオから流れる反抗音楽の視覚的な代替物だった。テレビでロックンローラーを見る機会はほとんどなく、リスナーたちは、自分たちの音楽的ヒーローたちがどのように暮らしているのか、どんな顔をしているのか、想像するしかなかったからだ。特にミネソタ州北部では、そういったアーティストを直接見る機会はさらに少なかったが、唯一の例外はバディ・ホリーだった。彼は59年1月31日にダルースで、リンク・レイ、リッチー・ヴァレンスと共演した。彼の乗った飛行機がアイオワ州のトウモロコシ畑に墜落したのは、その3日後のことだった。最前列に座っていたディランは、その夜に、このシンガーと感じたつながりをしばしば思い出している。自伝の中で、スターと出会ったもう一つの出来事についても記している。ヒビング州兵部隊本部で開催されたプロレスの試合の前に、ロビーに仮設されたステージで行われた飛び入り参加イベントで、ディランがギターを弾いていると、人気レスラーのゴージャス・ジョージが「その高貴な姿」でやってきて、ディランに一瞥を投げかけ、励ますようにウインクしてくれたという。

ディランの十代の仲間たちは、彼が孤独で、シャイで、物静かで、少しおっちょこちょいで、しばしばよそよそしく、時には意地悪で——親しい友人たちであっても、悪ふざけをしたり、からかったり、だましたりしていたようだ——自分は有名になるんだと強く確信していたことを覚えている。まるで、彼は自分の本当の仲間は周りの普通の少年たちではなく、バディ・ホリーやジェームズ・ディーン、ゴージャス・ジョージのような大物たちだと思っていたようだった。彼は弟に頼んで、映画『乱暴者』のマーロン・ブランドのように、バイクで角を突っ切る自分の姿を写真に撮らせた。彼はなんとかして、実際の自分よりも大きな存在になろうと決心していた。

現実の人生でメンターの役割を果たした唯一の人物が、再びラジオの声として現れた。地元の小さなラジオ局が1時間のR&B番組を放送し始めたのだ。DJは、ミネソタ州ヴァージニアから30分ほど離れた場所に住むジム・ダンディという人物で、彼はボブの趣味に合うレコードをかけていただけでなく、ボブとバックレンが問い合わせたところ、アフリカ系アメリカ人であることがわかった。バックレンの見立てでは、彼は「50マイル以内にいる唯一の黒人」だった。その事実だけでボブを虜にするのに十分だったはずだ。エコーは、ディランがヒビングに「有色人種」がいない事実に「激怒」し、黒人文化とのつながりをどんなに小さいものでも熱心に求めていたことを思い出す。「彼は黒人の音楽が本当に大好きだったので、町に黒人が来ると聞くたびに探しに行きました。ただ会って話をして、どんな人かを知るためだけにね」。二人のティーンエイジャーはヴァージニアまで車で行き、ジェームズ・リースという名の物静かで思慮深い30代の男性を見つけた。リースは、二人を歓迎してアパートの3階の部屋に招き入れてくれたが、そこには二人がそれまで見たこともないほど多くのレコードがあった。その後数カ月間、彼らは時々エコーを伴って何度かリースの元を訪れたが、彼は当時のアフリカ系アメリカ人の音楽について彼らに教えるべく最善を尽くしてくれた。R&B業界の多くの大人と同じように、リースはラジオでかける音楽を大衆の大雑把な好みに応える妥協の産物とみなし、クール・ジャズやハード・バップの複雑な世界を探求することを好んだ。バックレンは彼が「ブルースが好きだし、ロック・ミュージックも好きだ。でもジャズのような深みはないな」と言ったのを覚えている。ディランはそのメッセージを受け入れる心構えはまだなかったが、そのメッセージを伝える彼のことは尊敬していた。バックレンは言う。「彼は私たちによくしてくれた。まるで教祖のところに行くような感じだった。足を組んで座って、彼の話を聞くんだ……彼は普通の黒人の男だったけれど、魂が正しい場所に収まっているっていう感じだった」

その頃、ディランは、ジャズではなかったが何か新しい音楽を受け入れる準備ができていた。高校を卒業したとき、両親がパーティを開いて祝ってくれたが、誰か（おそらく伯父）がレッドベリーの78回転レコードのアルバムを彼にプレゼントしてくれた。翌日、彼はバックレンに電話をかけた。「ボブは電話越しに叫んでいた。『すごいものを見つけたぜ！　こっちへ来て一緒に聞こうぜ！』」。しかし、バックレンはこのときは、彼の熱狂を共有しなかった。レコードには、ホットなエレクトリック・バンドではなく、アコースティック・ギターを弾きながら歌う老人しか収録されていなかったのだ。バックレンは「59年の私にとって、ちょっとシンプルすぎる音楽だった」と回想している。

レッドベリーは、直接的な影響というよりインスピレーションの源だった――ディランが録音した多くの音源の中に彼の曲はわずかしかない。しかし、彼の音楽によって、ディランはティーン向けのラジオヒット曲よりも深い場所に導かれた。しかし、その方向に踏み出す前に、ボブはもう一度ロックンロールと戯れた。秋にはミネアポリスの大学に進学する予定だったが、夏にはノースダコタ州ファーゴでウエイター助手と皿洗いのアルバイトをし、そこである地元のシンガーと出会った。ボビー・ヴェリンという名のそのシンガーは、2歳年下だったが、すでにあるレーベルからレコードを出していた。彼は十代の友人たちでバンドを結成し、ボビー・ヴィーと改名し、バディ・ホリーの死がきっかけでブレイクをしていた。ミネソタ州ムーアヘッドで予定されていたホリーのコンサートが主役を失い、その代役として雇われたのだ。ほどなくホリーの〈ペギー・スー〉に便乗した〈スージー・ベイビー〉というレコードをリリースし、仕事も増え、ピアノ・プレイヤーを追加しようかと考えていた。ボビー・ヴィーは、「ある日、兄のビルが、サムズ・レコードランドでピアノを弾くという男と話したっていうんだ。その男はコンウェイ・トゥイッティとのツアーから帰ってきたばかりだと言っていた」と回想している。その男はディランだったが、彼はエルストン・ガン（Gunnn）と名乗ったという。「nが三つ付いていて、ちょっと変な奴だけど、試してみようと思ったんだ」

その頃には、俺たちはボブに揃いの衣装を買えるだけの金を稼いでいて、それを着て彼はシャドウズ（ボビー・ヴィーのバックバンド）に加入とあいなった。奴が俺たちと初めて演《や》ったのは、ノースダコタ州グウィナーだった。覚えているのは、みすぼらしいピアノだけ。一度も調律されたことのなかったものだった！〈ロッタ・ラヴィン〉の途中でピアノが静かになった。次に聞こえたのは、ジーン・ヴィンセント風のバンバン、バンバンバン、バンという手拍子、そして耳元では荒い呼吸の音がした。振り返るとエルストン・ガンが俺の隣で踊りながら、バックヴォーカルを歌い始めていたんだ。

エルストンのザ・シャドウズでの活動はそれでおしまいだった。ノースダコタの会場で使えるピアノはほとんどなかった。それでも、ボブのロックンロール・ドリームにはわずかながら現実味が加わり、ヴィーは「ディランがミネソタ大学に進学するとき、奴を悪く思っている者は誰もいなかった」と回想を締めくくった。

60年代の初頭、大学に進学することは依然として大きな通過儀礼であり、実家を出て新しい人々と出会い、教育を受けるだけでなく、音楽的に成長することも意味していた。ロックンロールは楽しいがティーン向けの音楽であり、R&Bはより厳しい労働者階級の音楽だった。ロックやR&Bファンをはじめとした誰もが、大学に行けばもっと成熟して知的なスタイル、端的に言えば、ジャズやクラシックのスタイルを理解できるようになると考えていた。そして、50年代半ばまでに、小さなジャズやクラシックのレーベルの中には、フォークのLPをラインナップに加え始めるところが出てきた。3コードでギター主体のフォークソングは、3コードでギターを主体としたロックンロールで育った十代の若者にとっては取っつきやすいものであり、それほど洗練された音楽ではないとしても、ライナーノーツがそれを補った。見知らぬ国の農民の歌、アメリカ南部の黒人歌、あるいは王政復古時代の官能歌など、フォークアルバムは教育的要素にあふれていた。エド・マッカーディの〈When Dalliance Was in Flower and Maidens Lost Their Heads（情事の花が満開になり、乙女たちが正気を失ったとき）〉は、どこの学生寮でも人気の曲だった。58年、このトレンドは、大学生に強く支持されていたキングストン・トリオによって加速し、まもなく『ビルボード』誌には、「大学キャンパスには、フォークマニア向けのヒップスターの需要あり」の見出しが躍った。

ボンゴ・ドラムのサウンドによってビートニクたちのお墨付きを得たキングストン・トリオは、フォーク世界への刺激的な手本を提供した——パット・ブーンとコニー・フランシスのファンの多くが、ギターやバンジョーを手に取り、ピート・シーガーやニュー・ロスト・シティ・ランブラーズのようなアーティストまでもチェックするようになったのだ。主流のポップスに代わる土臭いものを求めるニューヨーカーは、このような流れに乗っていったが、バンジョーが奏でるホーダウンと鼻にかかった歌声などから、トラクターの運転やカフェでの給仕を連想してしまう田舎町の少年たちはそう簡単になびかなかった。エルヴィス・プレスリーをクライド・マクファターの薄っぺらい模倣として軽蔑し、レッドベリーに夢中になったティーンエイジャーにとって、キングストン・トリオは世界を変える存在ではなかった。フォーク・ミュージックの門を叩いたとき、ディランが手本にしたのはもっとラフな人物だった――カリスマ的な黒人歌手で映画スターでもあるハリー・ベラフォンテだ。

一般的にベラフォンテはフォークシンガーとしては知られていないが、50年代の多くの人々にとって、何百万枚ものアルバムを売り上げ、あらゆる年齢、人種、嗜好にアピールした彼は、究極の民衆《フォーク》のスターだった。「彼がポップ・カルチャーに与えた影響といったら、東西南北、そして上流、下流の階級にまで及んだ」とピーター・スタンプフェルは回想する。ウィスコンシン大学の「クールな若者」が彼に夢中だったのを覚えているが、「私の母と彼女の下層中流階級の友人たちも大ファンで、黒人の男と寝るなんて考えたこともなかったが、彼とならそうなってもいいと言っていた」と書いている。ディランの回想録にはこのような記述がある。

ハリーは国内最高のバラード歌手で、そのことは誰もが知っていた。彼はすばらしいアーティストで、恋人や奴隷、鎖につながれた囚人労働者、聖人や罪人や子供たちについて歌った……また、幅広い聴衆に受け入れられるようにアレンジされたカリブのフォークソングも数多く歌って、キングストン・トリオよりもはるかに多くのファンがいた。ハリーはレッドベリーやウディ・ガスリーから直接歌を学んだ……映画スターでもあったが、エルヴィスほどではなかった。ハリーは本物のタフガイだった。

ベラフォンテはもともと、サウスカロライナ出身の黒人ギタリストでシンガーのジョシュ・ホワイトを手本にしていた。ホワイトは田舎のブルースをニューヨークのキャバレーの観客に受け入れられるようにし、それから社会の動きについて取り上げた左翼的なトピカル（時事）ソングやアングロ・アメリカンのバラードにも手を広げた。ホワイトとベラフォンテは、多くのアフリカ系アメリカ人フォークシンガーにインスピレーションを与えた。サンフランシスコでキングストン・トリオの助言者だったスタン・ウィルソン、ニューヨークでは、ブラザー・ジョン・セラーズ、ケイシー・アンダーソン、タリアーズのヴォーカリストのクラレンス・クーパーやボブ・ケアリー、シカゴではインマン&アイラ、ボストンではジャッキー・ワシントンなどなど、各地で本当に多くの歌手に影響を与えた。当時、最も尊敬されていたのはオデッタで、西海岸で育ち、クラシックの歌手として教育を受けた後、ギターを手に取り、50年代初頭にフォークに転向した。ディランはヒビングにいる間に彼女のレコードを聴いていたようで、「すぐにエレキギターとアンプを売って、アコースティック・ギターに買い替えた。ギブソンのフラットトップにね」と回想している。バンドをまとめるのに苦労していた若いミュージシャンにとって、ソロで演奏できる音楽には明らかに魅力があり、オデッタの曲は彼の成熟しつつあった文学的嗜好にも合っていた——ディランは、少年時代から詩を書き始め、高校時代の友人たちは彼がジョン・スタインベックの小説を絶賛していたことを覚えている。ロックンロールは楽しかったが、「それだけでは十分ではなかった」と彼は後に回想している。

〈トゥッティ・フルッティ〉や〈ブルー・スエード・シューズ〉は耳に残るすばらしい歌詞と激しいリズムで、曲のもつエネルギーに酔いしれることができるが、真剣であるとは言えないし、現実的な形で人生を反映していなかった……。フォーク・ミュージックにはまったとき、そこにはより深い絶望と悲しみ、より大きな勝利、超自然へのより強い信仰、そしてより深いフィーリングがあった……〈マイ・ボニー・ラヴ・イズ・ラング・ア・グロウイング〉〈ゴー・ダウン・イー、ブラッディ・レッド・ローゼズ〉、さらには〈ジェシー・ジェイムズ〉や〈ダウン・バイ・ザ・ウィロー・ガーデン〉だってある。みんなくだらないものなんかじゃなかった。ロックンロールがテーマにすることすべてよりも、1行の中にもっと現実的な人生がある。俺にはそれが必要だった。

彼が手本にしていたR&B歌手と比べると、ほとんどの白人フォークシンガーは没個性で堅苦しい感じがしたが、ベル・カント唱法とブルースの豊かにブレンドされたオデッタの音楽は、ディランがすでに愛していたアーティストとのつながりを思い出させてくれた。ミネアポリスに到着したとき、ディランのレパートリーは、主に彼女のレコードから引っ張り出したもので占められていた。〈サンティ・アノ〉〈ミュールスキナー・ブルース〉〈ジャック・オー・ダイアモンズ〉〈ビュークト・アンド・スコーンド〉〈ペイデイ・アット・コール・クリーク〉〈ウォーター・ボーイ〉〈サロ・ジェーン〉などだが、彼が初めて取り上げたウディ・ガスリーの曲〈パスチャーズ・オブ・プレンティ〉と〈わが祖国〉は、オデッタが以前録音していた2曲だった。

ディランはベラフォンテの作品も数曲取り上げているが、初期のテープに残っているものから判断すると、彼に2番目に強い影響を与えたのは、やはりクラシック音楽の訓練を受けた黒人フォークシンガー、レオン・ビブだった。ディランは彼の作った6曲を自分のレパートリーに入れていたが、その中には最大の見せ場である〈シナー・マン〉というゴスペル絶唱曲が含まれている。初期のレパートリーの残りは、ミネアポリスの音楽シーンに出入りしながら学んだフォーク・スタンダードや、ボブ・ギブソン、エド・マッカーディ、ウィーヴァーズなど、彼の耳を捉えた音源から学んだものだった。

大学があるツインシティーズには、フォーク・ミュージックをフィーチャーするか、少なくとも演奏するのを許可しているコーヒーハウスが何店かあり、すぐにディランは常連パフォーマーの仲間入りをし、どんどん増えていく曲のレパートリーと満ちあふれるエネルギーで際立った存在となった。彼はオデッタやビブのように歌おうとベストを尽くしていた。時折ディランと共演していたジョン・コーナーは、「彼はとても甘くきれいな声をしていて、今とはかなり違っていた」と回想している。この時期に録音され今でも残っている彼の音源に取り立てて語るべきものはないが、コーナーによると、彼はすでに「普通ではない目立った存在だった……。私たちとは少し違っていて、ある種の要領のよさがあった……。彼は自信を持って演奏した、とでも言おうか。彼は自分の演奏の良し悪しもあまり気にしていないようだった」。十代のロックンローラーとしての経験があるディランは、大学に入ってギターを手にしたばかりの者たちに比べて一日の長があり、力強いリズム感も際立っていた。コーナーのルームメイト、ハリー・ウェバーは、ディランが古いゴスペル曲〈エヴリ・タイム・アイ・ヒア・ザ・スピリット〉をアレンジしなおして歌っていたことを思い出し、「それは、基本的には黒人霊歌のようなものだったが、ロカビリーのビートが加わっていた」と語っている。

ディランはまた、一緒にいる誰よりもプロフェッショナルな考え方をしていた。ある日、コーナーはシカゴのゲート・オブ・ホーンにオデッタを観に行ったが、ディランからオーディションのテープを渡されて、彼女に届けるよう言われたことを覚えている。彼は生まれつき内気だったが、演奏することで彼の内面の何かが引き出された。「部屋に座って独りで演奏するなんて、できやしない」と彼は書いている。「誰かのために演奏しなければと思っていた。常にだ」。それは新しく知己を得るための彼なりの方法だったが、ある意味では他人を締め出す方法でもあり、誰もが彼のやり方に協力的だったわけではない。「パーティに行くと、ボブは椅子を持ってきて部屋の真ん中に行って、歌い始めるんだ。聞きたくない者は、とっとと部屋から出て行かなければならなかった。それには本当に頭にきたよ」とウェーバーは回想する。

彼の態度が厚かましくてうっとうしいと感じた者もいたが、ディランは人生で初めて仲間や師と思える人々に囲まれていた。彼は最初の学期から授業に出るのをやめ、代わりにコーヒーハウスやバー、友人のアパートにたむろして、話をしたり、音楽を聴いたり、本を読んだりと、ヒピングにはまったく欠けていたボヘミアン文化を堪能していた。特に影響力のあった友人の一人、デイヴ・ウィテカーは、彼をビートや実存主義の作家に導き、アフリカ系アメリカ人の文化についての知識も分け与えた。ウィテカーは次のように回想している。

俺たちがよく通っていた黒人クラブには、売春婦たちが座っていて、中に入るとブルースを演奏している男たちがいた。そしてドラッグを使っていた。ドラッグはどこにでもあった。トラック運転手はベニー（中枢神経刺激剤、ベンゼドリン）を飲んでいて、私たちは4、5錠飲むと、2、3日ぶっ続けでビールを飲み、ギターを弾き、店をはしごしていった。ディランは本当に酔っぱらっていたし、みんなそうだった。でも、奴はいつもギターを弾いていたね。

それは移り気な時期で、ディランは新しい世界を切り開こうとし、新しいペルソナ（仮面）を試そうとしていた。ある歌手やレコードに興味を持つと、彼は新しく十数曲を選んで数日間歌い、うまくいったものを残し、それ以外は捨てた。人間関係についても同様だった。「誰かにすがりつく必要があるときは、すがりつく人を見つける」。彼はこのように説明する。「俺は多くの人とそう接してきた。だから、多くの変化を経験できたんだ」

ミネアポリスは情熱的なミュージシャン、聴き手、議論好きたちのたまり場であり、ディランが到着したのは、これ以上ないすばらしいタイミングだった。そこはメインストリームから外れた土地で、大学にはフォークロア愛好家のサークルがあったものの、ディランの知り合いのほとんどは、誰からもアドバイスを受けずに手探りで学んできており、時には東海岸や西海岸の若者とも意見が異なっていた。最も影響力のあった若いファンの中には、ポール・ネルソンとジョン・パンケイクがいたが、二人は、ベラフォンテ、マッカーディ、レオン・ビブ、オデッタ、キングストン・トリオ以外にもフォーク・ミュージックにはたくさんの魅力があることを発見していた。パンケイクは、シーガーですら二人にとっては比較的新しい存在だったと回想している。もちろんウィーヴァーズは聞いたことがあったが、彼のソロ・レコードはフォークウェイズから出ていた。でもポールはレコード卸業の会社で働いていて、そこにはフォークウェイズを扱っているレコード店は周りにあまりなかった。「フォークウェイズのアルバムが何枚かあった」。ネルソンは、1920年代の南部の田舎での録音を集めた2枚組3セットのLPコレクションに特に魅了されていた。『アンソロジー・オブ・アメリカン・フォーク・ミュージック』というタイトルのこのアルバムは、ビート界の鬼才ハリー・スミスが編集したものだ。「良さそうだったので、ネルソンがこっそり家に持って帰って聴かせてくれたんだが、すごかった!」とパンケイクは語っている。

スミスのアンソロジーは、アパラチア地方のフィドル、ダウンホームなブルース、田舎のゴスペル、ケイジャン・アコーディオン、繊細な音色のバンジョーを伴奏にしたしゃがれ声のバラッドなどを彼らに紹介し、二人はその啓示に福音主義的な熱意で応えた。彼らは商業的な安っぽい音楽を本物のフォーク・アートだと勘違いした時期があり、同じようにだまされた無垢の人たちを救うのが彼らの義務だった。そこで60年の春、彼らはフォークという福音を広めるために、『リトル・サンディ・レヴュー』という小さなファンジンを創刊した。それは、創刊第2号に書かれているように、「アメリカのフォーク・ミュージックを水で薄め、歪曲し、フォークソングではなくフォーカムに変えてしまうすべてのインチキ野郎を徹底的に攻撃する」という目的のためだった。

『リトル・サンディ・レヴュー』は、大衆を啓蒙すべく真摯に努力する一方で、愉快な毒矢の集中砲火をミュージシャンに浴びせることで創刊時からファンの支持を集め、読者はそこに掲載される中傷を熱心に繰り返した——ベラフォンテは「嘘くさいベラフォンテ《ベラフォーニー》」、ビブの新しいアルバムは「マティーニを注ぐトレイにふさわしい」とこき下ろされ、ケンブリッジで急成長中のフォーク・シーンは、「ジョーン・バエズが、オデッタの〈セイル・アウェイ、レイディーズ〉のバカげたヴァージョンを完璧にコピーするために費やした無駄な時間と能力を考えると哀れである」というコメントで片づけられた（バエズは同誌のお気に入りの標的となり、本物のフォーク・ミュージックを未熟な芸術歌曲に変えたとして常に非難された）。この雑誌はミュージシャンへの厳しい批評で最も注目を集めたが、はるかに多くのページを賞賛に費やし、その記事なしでは存在が知られることはなかったであろう、何十人ものトラディショナルおよびリヴァイヴァル・アーティストたちを支援し、その音楽を聴衆のもとに届けた。

ディランはパンケイクやネルソンと付き合っていて、彼らのレヴュー記事だけでなく、記事のテーマになっているすべてのＬＰにアクセスできた。特に、彼らはイギリスに注文を出し、イワン・マッコールやペギー・シーガー、アラン・ローマックスの名を冠したレコード、そしてランブリン・ジャック・エリオットと名乗るアメリカ人ミュージシャンのレコードを買い求めていた。ディランはエリオットの演奏に魅了されたが、その音楽はカウボーイ・バラッドからブルース、フィールドホラー（19世紀の黒人労働歌の唱法。後にブルースに採り入れられた）まで多岐に及んでいた。歌は野性的で抑制がきかず、ヨーデル、うめき声、そしてちょっとした奇妙な物真似さえ含まれていた。アルバム『ジャック・テイクス・ザ・フロア』でエリオットは、ウディ・ガスリーとの疑似デュエットという趣向で〈ニューヨーク・タウン〉を歌っている。彼は、ガスリーと自分両方のパートを歌い、歌の合間にガスリーのオクラホマ訛りを模したセリフまで散りばめていた。一部のリスナーにとって、これは少々やりすぎだった。パンケイクやネルソンですら時折疑問を抱いたようで、「エリオットはとても大胆に民族的な手法でアフリカ系アメリカ人の囚人歌を歌ったが、少なくとも試みたことには敬意を払わなければならない。成功はしているとは言えないだろうが」と評した。しかしディランは夢中になり刺激を受けた。パンケイクが2週間ほど町を離れたときにはパンケイクのレコードを勝手に拝借して、当時の恋人のボニー・ビーチャーにエリオットのアルバムを次々に聴かせた。ディランは、「本当だよ、全部聴き終えるまでこの部屋にいれば、良さがわかるんだ」と言って、彼女にそのすばらしさを認めるよう迫ったという。

振り返ってみると、ディランがエリオットに魅かれた理由として、この両者にとって手本であり、師のような存在であったウディ・ガスリーが引き合いに出されることが多い。だが、ディランのパフォーマンスの中でエリオットの影響が最もはっきりと見られるのは、アルバム『ジャック・テイクス・ザ・フロア』の1曲目に収録されたジェシー・フラーの〈サンフランシスコ・ベイ・ブルース〉のような作品だ。この曲をエリオットは、アルバムの他の曲と同様に、推進力のあるギターのコード進行に載せ、わざとらしくぶっきらぼうな語りを交えながら、荒々しく騒々しいスタイルで演奏している。ガスリーはディランとエリオットに強い影響を与えていたが、二人には別の共通点もあった。共にユダヤ人で、中流階級出身の内向的な一匹狼で、放浪の吟遊詩人として、自らを生まれ変わらせていた。ガスリーの影響は、その特別な音楽的技巧というより、彼のアナーキーといえる独立心だったのかもしれない。というのも、二人はガスリーの曲を何十曲も歌ったが、どうしてもあとから付け足したような感じが否めないのだ。エリオットは、ガスリーと放浪していた頃、「俺たちが歌っていたのは、カーター・ファミリーの昔の曲などが多かった」と回想している。ディランが最初に好きになったガスリーのレコードは、ガスリーがシスコ・ヒューストンとサニー・テリーと共演した盤『ウディ・ガスリー・シングス・フォーク・ソングス Vol.2』だった。『リトル・サンディ・レヴュー』は、「現在入手できるウディ・ガスリーの最高傑作」で「これまで発表されたフォークのＬＰの中でも最高の一枚」と賞賛しているが、ガスリーのオリジナル曲は含まれていない。

結局、多くの若いファンにとって、ガスリーの最も影響力のある著作は曲ではなく、回想録『ギターをとって弦をはれ（*Bound for Glory*）』であり、彼の音楽は彼の人生と不可分の関係にあった。あるいは、その回想録は大いに脚色されているため、彼の伝説と不可分だと言えばもっと正確かもしれない。回想録のガスリーは、放浪する浮浪者のフォークシンガーで、行く先々で歌を拾い、時には特定の状況に合わせて歌詞を即興で作るが、通常は普通の労働者階級の人々に馴染みのある歌を歌っている。本物のガスリーはタイプライターの前で長い時間を費やすタイプの人間だったが、似たような種類の歌を歌い、レコード、ラジオ、ステージのいずれでも自作曲を好んで歌うことはなかった。ディランにとって、ガスリーはシンガー、プレイヤー、ソングライターとして十分に刺激的だったが、それにも増して、何よりも自分の思い通りに人生を送る人間としての彼に魅力を感じていたのだ。数あるディランの伝記の中でガスリーがいかに大きな存在として現れたかを考えると、現存するミネアポリスでの1年半の間に録音されたテープについて印象的な点の一つは、そこにガスリーの曲がいかに少ないかということだ。わずか5曲なのだが、そのうち少なくとも4曲は他人のカヴァーから学んだものだった。

ディランの当時の友人たちは、ディランが大きな影響を受けた人物としてエリオットとガスリーを挙げるだけでなく、彼がジョン・コーナーや他の地元の演奏家から学んだ曲、黒人霊歌からイギリスのバラッドまで、あらゆるレコードから受けた影響も指摘している。ネルソンは、ディランがランブリン・ジャック・エリオットの最初のアルバムを聴いた後、瞬時に劇的な変化が表れたことを覚えている。「奴の基本的になんの変哲もないクルーナーの歌い方が、一日か二日で変わったんだ。コロムビアで最初のアルバムを吹き込んだときのような歌い方になっていたんだ」。実際には、ディランの進化はそれほど速くも明確でもなかった。彼は何百人もの歌手や曲を聴き、興味のあるものは何でも取り上げ、使えるものは覚えて、次に進んだ——熱心なティーンエイジャーの典型的なやり方だ。彼はみんなよりも機敏で、観客の前で演奏することには特に長けていてそれにこだわった。自分の才能に合ったスタイルや素材を見抜く並外れた才能を持っていたが、オデッタからエリオットを経て、ガスリーに至る道のりでは、いくつもの回り道していた。たとえば、エリオットのレコードを特集した『リトル・サンディ・レヴュー』の同じ号には、コロラド州デンバーにあるアートギャラリー兼バーでのライヴの模様を収録した自主制作アルバム『フォーク・フェスティヴァル・アット・エクソダス』のレヴューが掲載されていた。このレコードには、もう一人の黒人フォーク・シンガー、ウォルター・コンリーのほか、地元のマイナー・グループであるハーリン・トリオや若き日のジュディ・コリンズの演奏が収録されている。当時ディランが録音したテープには、このアルバムに収録されていた4曲が入っており、まもなく彼はデンバーのコンリーの家に現れ、エクソダスで演奏させてくれないかと頼んでいる。

それは60年の夏のことだった。ディランはデンバーへの旅のあと、秋にはシカゴやウィスコンシン州マディソンへと続けて短い旅をした。それは、ヒッチハイクをしたりベンチで寝たりと、放浪生活の真似事をしながら、ミネソタ以外の世界を少し見ることになった。また、この国の中心にあるプロのフォーク・シーンを垣間見る機会にもなった。デンバーでは、スマザーズ・ブラザーズという、フォークソングを歌う小ぎれいなコメディ・デュオの前座として出演したが、彼らの目にはディランの演奏はひどいものに映った。それからコンリーは、セントラルシティのギルデッド・ガーターにディランを出演させた。ディランは後にそこを「ストリップ劇場」と表現したが、実際は開拓時代の西部の雰囲気を再現した観光客用のクラブで、高い料金を吹っ掛けられ、酔っ払った騒がしい観客は、彼の演奏に見向きもしなかった。

ディランはツインシティーズでできる限りのことをし、新しいことに挑戦する準備はできていたが、それが何なのかはまったくわからなかった。彼は進むべき方向を探しており、ガスリーが道しるべとなった。ディランは十代の恋愛のような情熱でその道に釘付けになった。彼は19歳で、自分が何者なのかをまだ模索中だった。リトル・リチャードとオデッタはインスピレーションを与えてくれる手本だったが、ガスリーは刺激的なミュージシャン以上の存在だった。彼はストーリーテラーであり、伝説であり、その秋、彼は人々の心を釘付けにしていた。『リトル・サンディ・レヴュー』は夏にガスリー特集号を刊行し、ピート・シーガーによる短い記事や、ニュージャージーの病院からガスリーが送ってきた多くの手紙を掲載した。彼は50年代半ばから進行性の神経疾患で入院していたのだ。手紙は奇抜な綴り方と活力に満ちた言葉遊びにあふれており、ディランの書く文章に強い影響を与え続けた。また、ガスリーが生きていて面会できるという情報は、彼の想像力をかき立てた。友人たちは、ディランがずっと年上のガスリーの声、言葉の癖、そして時にはアイデンティティさえも自分のものにしようとしていたことを覚えている。ボニー・ビーチャーは「ウディと呼ばないと、彼は返事をしなかった」と回想している。別の友人は、ボブが病院に電話して、看護師に自分が向かっていることをガスリーに伝えてほしいと頼み込んでいたのを覚えている。12月、彼はヒビングをもう一度訪れ、シカゴに1、2週間滞在した後、マディソンに短時間立ち寄り、そこでニューヨークへ車で向かう学生数人と合流した。後のインタビューで、何人かの古い友人や知人は、彼がスターになるためにニューヨークに行くんだと言っていたのを覚えている。彼は本当にそのつもりだったのかもしれない。しかしまず彼は、ミネソタのフォーク・ソングを歌うただの少年という存在を消そうとしていた。ディランは放浪者になり、西部から抜け出てガスリーに会い、彼のために歌い、彼の人生の一部を生きるつもりだった。

第3章　ニューヨーク・タウン

ボブ・ディランは、１９６１年1月にニューヨークに到着し、グリニッチ・ヴィレッジに向かった。彼はマクドゥーガル・ストリートにあるコーヒーハウスで数曲を演奏している。その後、彼はウディ・ガスリーを探しに出かけた。彼は最初にクイーンズのガスリー家を訪れ、その後ニュージャージーのグレイストーン・パーク精神病院に向かったとされている。これらの訪問の順序が逆だったという説もあるが、いずれにせよ、ニューヨークに来てからの最初の1週間で、彼はガスリーと出会い、彼のために歌い、伝説としてだけでなく、人間としてもガスリーと直接のつながりを持つ数少ない若いパフォーマーの一人となった。

それだけでなく、彼は20年前に西部から放浪してきたウディ・ガスリーの新たな化身として、ニューヨークのフォーク・ファンの間での自身の地位を確立した。ミネソタ州ダルース生まれという事実に関してはおおむね忠実であるものの、ニューメキシコ州ギャラップで育ち、何度も家出をして、アメリカ中を放浪したと主張している。はじめはギャラップでカウボーイから曲を習い、ニューヨークに来て数カ月経ってスライドギターを弾き始めたときには、そのスタイルもギャラップでウィグルフットという片目の黒人ミュージシャンから教えてもらったと付け加えている。13歳のときにカーニバルに参加し、十代を通して時々団員たちと旅をして、ダンサーたちのためにピアノを弾いていた。ギターを始める前にカリフォルニアでガスリーに会った（「ジャック・エリオットが一緒にいたと思う」）と時々言っていた。どこに行っても、学ぶべきミュージシャンがいた。シカゴの盲目のストリートシンガーのアーベラ・グレイ、デンバーのワンマン・ブルース・バンドのジェシー・フラー、サウスダコタ州スーフォールズに住む農業労働者でオートハープ奏者のウィルバー（「名字は知らなかった」）、ワイオミング州シャイアンに住むカウボーイたち（「本物のカウボーイたちだが、名前は思い出せない」）、ブラゾス川沿いに住む「ディンクという女性」、テキサス州ナバソタに住むソングスターのマンス・リプスカム、シカゴの路上で一緒に歩き回っていたか貨物列車で放浪中に出会ったビッグ・ジョー・ウィリアムズ。ナッシュビルではボビー・ヴィーのバンドでピアノを弾き、ジーン・ヴィンセントとレコーディングしたが、レコードが発売されたかどうかはわからない――。

ヒビングやミネアポリスの友人たちは、ボブが自分の業績や知人についてこのような作り話を語るのに慣れてしまっていた――ノースダコタから戻ったボブは、ジョン・バックレンにボビー・ヴィーのレコードを見せて、偽名で作った自分のレコードだと言い張り、本物のボビー・ヴィーには以前、コンウェイ・トゥイッティと仕事をした話をしていた。目新しいのは、ボブの神話に登場するようになった人たちだった。『リトル・サンディ・レヴュー』誌の美学を理解していたボブは、有名フォーク・ミュージシャンたちと親族関係にあると主張する代わりに、国中を放浪しながら、音楽をそのルーツから学んだと言い張り、フォークシンガーとしての正統な地位を確立しようとしていた。ディランの話の中にはばかげたものもあった。彼は、〈ディンクの歌〉として誰もが知っている歌を、テキサスに住むディンクという女性から直接教えてもらったと主張しているが、それを最初に録音したのは民俗学者のジョン・ローマックスで、１９０８年のことだった。本当らしく聞こえる話もいくつかある。ディランがデンバーに滞在していた頃、ジェシー・フラーもデンバーで演奏していたというのがその例だ。しかし、彼らが一緒にかなりの時間を過ごしたとすれば、ディランのレパートリーの中にある唯一のフラーの曲が、ジャック・エリオットのレコードから学んだものだったというのは奇妙な話だ。

ディランの話が現実味があるように聞こえたのも混乱を招く要因だ。彼は遠く離れたアメリカの中部からニューヨークまでヒッチハイクしてガスリーを探しに来たのだから、いろいろな場所を放浪してミュージシャンたちから学んできたことを疑う理由はなかった。「奴はステージ上でもステージ外でもガスリー風のペルソナをまとっていて、みんなそれを受け入れていた」とデイヴ・ヴァン・ロンクは回想する。「奴が本当にニューメキシコのスー族だとか、その頃吹聴していた他のバカげたことを信じていたわけじゃないが、話の大筋は受け入れていたよ」。みんながボブの話を信じたいと思ったことも助けになった。ニューヨーカーはみんな『ギターをとって弦をはれ』を読んでガスリーの歌を覚えていた。ピート・シーガーはガスリーをフォークの古典的理想として祭り上げたが、ガスリーは伝統の深い源泉を頼りに、現代の懸念と過去の叡智を組み合わせた歌詞を作り、岩だらけの荒々しい峡谷のように美しく、草原のちりのようにざらついた声で歌っていた。

若い歌手たちは、ガスリーの伝説に心酔して、十代の頃にブルックリンの快適な家を飛び出してロデオに参加し、その後ガスリーとともにカリフォルニアまで旅したジャック・エリオットに憧れた。彼らは、レアな78回転レコードで耳にした、今では消息がわからない田舎のアーティストたちや、ロスコー・ホルコムのように生き残ったアーティストも高く評価した。ホルコムは、ケンタッキー出身の痩身のバンジョー奏者で、ディランがニューヨークに到着してから数週間後に、フレンズ・オブ・オールドタイム・ミュージックの最初のコンサートでニューヨーク・デビューを果たしている。しかし、ガスリーは様々な要素が混じり合ったユニークな人物だった。本物の大草原の吟遊詩人で、伝統の継承者としてだけでなく、グリニッチ・ヴィレッジでピート・

シーガーやリー・ヘイズ、アラン・ローマックスたちと歌い、古いスタイルを作り変え、現代の問題を浮き彫りにしてみせた。ガスリーは唯一無二の存在だったが、親しみやすい仲間でもあった。ハンチントン病に倒れ、歌うことも作曲もできなくなったときも、彼は理想の存在であり続けた。そして、まさにそのとき、西部から来たばかりで、ガスリー自身に歓迎されその後継者と目されることになる男、ディランが現れたのだ。

実際にガスリーを知っていて、ディランと付き合ったことがある人たちは、物事がそんなに単純ではないことはよくわかっていた。「ボブはウディ・ガスリーの模倣者だと非難や中傷をする者もいた」と、ディランの1年ほど前にグリニッチ・ヴィレッジにやってきていたオクラホマ出身の歌手トム・パクストンは言う。「でも、それはすぐにバカげているってわかる。ジャック・エリオットはボブ以上に意識的なウディのクローンだったからね。ボブがウディの曲を歌うとき、すごく独特な歌い方をしていた。だけど、ボブは最初からボブのように歌っていたんだ」。シーガーも同意した。「彼はウディ・ガスリーに自分を合わせて作り変えたわけではない。影響を受けたのだ。でも、影響は多くの人から受けていた。ディランは常に独自の道を歩んでいた」

ディランはガスリーの歌を愛し、彼を訪ねて彼の前で歌う時間を大切にしていた。ガスリーの親しい人たちの中には、ディランは訪ねて来た他のどの若い歌手よりもガスリーと強い絆を築いたと感じた者もいた。エリオットは、ガスリーがもはや明瞭に話すことができなくなっていることを思い出しながら、「私はウディをよく知っていたので、言葉を使わずとも意思疎通ができた……それはボブも同じだった」と語った。娘のノラ・ガスリーも同様の思い出を語っている。「ボブと父の関係は、完全に誠実なもので、彼は本当に父を助けたいと思っていました……ボブは父のためにそこに来たのです。自分のためにではなく」。彼女は、父は自分の歌が忘れ去られることを恐れていたので、「父が書いたすべての曲を演奏できるボブのような人がいるのは、とてもうれしかった」と付け加えた。ニュージャージー州イーストオレンジにあるロバートとシドセル・グリーソン夫妻（ガスリーの親友）の自宅での、ディランの演奏を記録したテープが残っている。ガスリーは病院を一時的に出て週末をそこで過ごしていたのだが、それを聞けばガスリーが彼の演奏を楽しんだ理由がよくわかる。ディランは〈パスチャーズ・オブ・プレンティ〉を歌うが、ミネアポリスでの録音から1年経って、オデッタのヴァージョンからガスリーのヴァージョンに切り替え、ハーモニカを加えている。また、伝統的なバラード2曲〈バッファロー・スキナーズ〉と〈ジプシー・デイヴィ〉のガスリー・ヴァージョン、そして、ニューヨーカーでは知っている者はほとんどいないであろうセンチメンタルなカントリーの定番曲〈リメンバー・ミー（キャンドルが瞬いているとき）〉も歌う。グリーソン夫妻によると、ガスリーは喜んで感動し、「あの子はいい声をもっている……本当に歌える」と語り、ディランが初めてクラブでフォーマルなライヴを行うことになったとき、シドセル・グリーソンはガスリーのスーツを1着贈ったと伝えられている。

ディランはガスリーと直接つながりを持てたことに興奮し、ミネアポリスの友人たちに手紙を急ぎ送っている。「ウディと知り合いになった……知り合いになって、会いに行って、彼を見て、そして彼のために歌った……なんてことだ」。5月にミネアポリスに短期間戻った際の録音で、彼は〈パスチャーズ・オブ・プレンティ〉を歌う前に次のように紹介した。「これはウディから学んだんだ。ウディは俺がこの曲を誰よりも上手に歌うと言ったことがあるんだ」。一方、ディランはニューヨークで数多くの音楽を聴き、数多くのスタイルを試していた。イーストオレンジのテープでは、ガスリーの曲とともに、ディランはヴァン・ロンクの影響が明白な古い霊歌〈イエスはその女に井戸端で会われた〉を歌い、ミネアポリスでの録音では、マディ・ウォーターズの〈トゥ・トレイン・ランニング〉をヴァン・ロンク版で、そして、ヴァン・ロンクのヒーローであるレヴァランド・ゲイリー・デイヴィスの曲を2曲歌っている。ディランは、ガスリーの曲を演奏するとき、ガスリーのスタイルをそれなりの説得力で再現したが、ヴァン・ロンクに学んだ曲はヴァン・ロンク独特のギター・アレンジと荒々しいブルース・フレージングの影響を感じさせ、デイヴィスの曲では、オリジナルの荒々しいゴスペル・シャウトに張り合うよう歌ってみせた。

誰もがディランがスタイルを吸収し、ペルソナを変えていった速さを思い出す。彼は「スポンジ」「吸い取り紙」「カメレオン」のようだった。そして、この時点でディランについて当たり障りなく一般論を述べるとしたら、彼は非常に捉えにくい人物だったというくらいだろう。彼はその年の5月に二十歳になり、新しい環境で新しいアイデンティティを創り出していた。彼の選択や発言がしばしば矛盾しているように見えても、驚くべきことではなかった。彼自身が変化していただけでなく、置かれている状況も変化し続けていたからだ。あるときは一人の人物になり、またあるときは別の人物になり、あるときは周囲に溶け込みたいと思い、あるときはそこから自分を切り離したいと考えていたのだ。

だからといって彼が特に普通と違うというわけではない。グリニッチ・ヴィレッジは、自身のアイデンティティを確立したり、新しいペルソナを見つけたり、新しい状況に適応したり、部外者や仲間よりも自分を目立って見せようとしたりする若者であふれていた。ヴィレッジは、小説、映画、雑誌、そしてテレビでもシットコムから探偵ドラマに至るまで、芸術家、ビートニク、奇人変人たちの安息の地として描かれていることで有名だった。ディランがマクドゥーガル・ストリートで最初に演奏したクラブは「カフェ・ワッ?」で、ヒッピーを見物したいと思っている観光客用の店だった。数年前、近所にあるカフェ・ビザールがこの流行の火付け役となり、幽霊屋敷風の装飾と「詩人とフォークスウィンガー」の組み合わせで、「ビートとエリートが出会う場所」と宣伝し、「予期せぬことに出会える」ことを約束していた。カフェ・ワッ?は、フォークソング、コメディ、カリプソ、コンガ、詩の朗読のイベントを企画し、宣伝広告には、「*無料*フーテナニー——毎日午後開催!」という文字と、ひげ面でベレー帽をかぶり、サングラスをかけたビートニクのスケッチが描かれていた。
ディランが登場する前の夏、『ヴィレッジ・ヴォイス』誌はマクドゥーガル・ストリートの現状に関する一連の記事を掲載したが、それは地元の画家の嘆きから始まった。

この通りは変人たちの「地獄」と化した。人生がアートを模倣している、あるいはアートのブルジョア神話化とでも言うべきか。ここでライオンがユニコーンと交尾しているのを見たとしても驚かない。だが、たとえそうだったとしても、張り子のライオンのようなまがい物だろうが……。人々はもはや芸術バカとしてここに来るのではなく、単なるバカとして来る。ここは今やタイムズ・スクエアのようになってしまった。コニーアイランドなら、少しはましかもしれないが。

60年代の文化的激変を理解しようとする者は誰でも、反体制、アヴァンギャルド、草の根運動が、いかに素早く取り入れられ、模倣され、商品としてパッケージ化されたかということを頭に入れておかなければならない。そしてそれが、世界を理解し、世界をより良くするための新しい方法について真剣に模索していた人々にとっていかに予想外で、混乱を生じさせ、脅威を与えるものであったかを認識する必要がある。ナット・ヘントフは、CBSテレビの大人気バラエティ番組「エド・サリヴァン・ショー」のために、ディランが受けたオーディションについて書いている。ディランが数曲演奏するのを聴いていた6人の番組編成員が、同行していたディランの代理人に対して、合格かどうかすぐには返事ができないと言ったという。
「彼らは、君のようなのは今まで聴いたことがないと言っていたよ。君のことを判断するために時間が必要らしい」と代理人はディランに告げた。

「え?」とディランは返した。「俺はあの人たちの目の前にいたんだから、俺のことを好きか嫌いかの話じゃないんですか」

「そんなに単純ではないんだよ」とMCAレコードに所属するその代理人は言った。「彼らは君のことを斬新だとは思っているが、それが売れる斬新さかどうか、判断がつきかねているんだ」

60年代初頭のフォーク・ミュージックに関して言えば、どんな類《たぐい》の斬新さが売れるのかはかなり明らかだったようだ。「ロックもロールもせずに金持ちになったキングストン・トリオは、今や単独でキャピトル・レコードの年間売り上げの12パーセントをもたらし、レーベル一番の売れっ子だったフランク・シナトラを上回った」と『タイム』誌は書いた。その記事には「大学出身のような」という見出しが付き、キングストン・トリオのことを刺激的なボヘミアンでありながら、安心できる大学生向け音楽と位置づけていた。リーダーのデイヴ・ガードはスタンフォード大学を卒業したばかりで、大学では、「出入口以外はどこへも行かない無精ひげを生やしたビートニクの若者という評判を得ていた」。彼の友人ニック・レイノルズとボブ・シェーンは、スタンフォードほど名が通ってはいないメンロー大学に進学し、それぞれテニスと酒にエネルギーを費やしていた。今や3人とも成功を収め、週給1万ドルを稼ぐ身分になっていた。ラスベガスでプレイする気があれば、その2倍以上の収入を得ることもできただろうが、「ソドムとゴモラのような場所にはあまり行きたくない」と言い切っている。つまり、彼らは少しワイルドだが、基本的には聡明で健康的な中流階級の若者で、無学なティーン・ロッカーや下品なラウンジ・クルーナーに代わる歓迎すべき存在だった。

61年、キングストン・トリオは米国で最も売れたグループで、『ビルボード』誌のトップ100アルバムのうち彼らの作品が7枚を占めた。ハリー・ベラフォンテは3枚、ライムライターズは1枚で、他のフォーク系アルバムは、ギターをかき鳴らすフォン・トラップ大尉役のセオドア・ビケルの演奏を数に入れれば、ブロードウェイキャスト版の『サウンド・オブ・ミュージック』のみだった。2年後、トリオは4位に落ち、1位のピーター・ポール&マリーと3位のジョーン・バエズに追い抜かれた(2位はアンディ・ウィリアムズ)。トップ50に入った他のフォーク系アルバムは、スマザーズ・ブラザーズ、ニュー・クリスティ・ミンストレルズ、ベラフォンテ、そして〈天使のハンマー〉のラテンビート・リメイクと、ロックンロール仕立ての〈わが祖国〉を収録したチカーノのロッカー、トリニ・ロペスのアルバムだった。フォークで成功するための最も確実な方法はグループを結成することであり、実際にそうしてきたバンドは多かった。

全国の大衆にとって、それはフォーク・リヴァイヴァルの実態であり、髪の長い少女バラッド歌手など全員が均一で整然としたアレンジで演奏し、甘ったるい声で歌っていた。アラン・ローマックスは著書『ハウス・ビューティフル』で次のように説明している。

　フォークソングの普及は、事実上、ある言語から別の言語への翻訳であり、例によって、その過程で何かが失われる。私たちのほとんどは、普及版のほうを好む。そちらのほうが、ポピュラー・ソングの親しみやすい音楽言語で作られて魅力的になっているからだ。曲はメロディアスで、ハーモニーは緊密で、ビートはジャズっぽくて力強く、ミュージシャンは手練《てだ》れの演奏者である……我々の基準ではだが。

彼の主張は、メインストリームのリスナーはそういった基準の限界を認識する必要があり、「本物の音楽と商業的な音楽を区別することを学ばなければ、フォーク・ミュージックが生まれる感情と経験の世界を知ることは決してない」ということだった。しかし、実際のところ、その世界を知りたいと思う人は何人いただろうか。60年、化粧品会社のレブロンがスポンサーになったCBSの「フォーク・サウンドUSA」という番組に、シスコ・ヒューストン、ジョン・リー・フッカー、レスター・フラット、アール・スクラッグス、ピーター・ポール＆マリー結成前のピーター・ヤーロウ、そして19歳のジョーン・バエズが出演したとき、『バラエティ』誌のテレビ評論家はこう評した。「私が極端なボヘミアン風と考えるフォーク・ミュージックの寄せ集めだ。ボヘミアンっていうのは、つまり、革のトングサンダルを履いていて、ディナー（ニンニクの塊とヤギの心臓を粗悪なワインで煮込んだキャセロール）をふるまった後に、レッドベリーやブラインド・ウィリー・ジョンソンのブルースをバチバチ雑音のする古い録音で楽しませてくれるような人たちのことだ」

一般の人は、カフェ・ビザールやカフェ・ワッ？を訪れて、ありのままの変人たちを見るのは面白いと思うかもしれないが、キングストン・トリオは、洗練されていて楽しかっただけでなく、より誠実でもあった。デイヴ・ガードが言ったように、「レッドベリーの生い立ちや経験は、僕たちとほとんど共通点がないのに、なぜレッドベリーのイントネーションを真似する必要があるんだい？」。ボヘミアンたちというのは、みすぼらしい服を着て、耳障りな音楽を聴き、率直に言ってしばしばうっとうしい、気取り屋たちだった。

もちろん、ボヘミアンたちは状況をかなり違った目で見ていた。彼らにとって、キングストン・トリオとそのファンたちは、広告業界と冷戦時代の軍産複合体の鼓動に合わせて足並みを揃えて行進する、頭の空っぽな体制順応主義者であり、フォークをプレイして商業的に成功しようとする、時代遅れで邪悪な企業文化との妥協を強いられた集団だつた。つまりブラックリストの風潮、人種隔離政策、そして核による絶滅を受け入れることを意味していた。しかも、音楽はひどいものだった。ヴァン・ロンクの言葉を借りよう。

そういうフォークを好きなファンていうのは、小さな襟付きの3つボタンのこぎれいなスーツを着て、細いネクタイ巻いた少年たちと、イブニングドレスを着た少女たちの集団だった。クルーカット！クルーカットの奴がわんさかといる。そして音楽のほうはといえば、あまりにも気取って、あまりにも陳腐で、へどが出そうなほどだった。こういった金目当てのバラッド歌手たちの行動には、明らかに裏の意図があった。それは「もちろん俺たちは、こんなくだらない田舎のミュージシャンより優れているさ——俺たちってていけてるよね？」ということだった。

平日はきちんとアイロンをかけたシャツやワンピースを着て、ペニー・ローファーを履き、日曜日の午後になると、ジーンズや農民風ブラウスに着替えてサンダルを履き、ワシントン・スクエアで友人と歌うというように、文化の隔たりを埋めようとする人々はたくさんいた。そして、まっとうな仕事に就いて郊外の家を所有するという目標以外のことに人生を捧げる、真のボヘミアンであり続けることに誇りを持つ者もいた。しかし、大多数の人たちは、ほんのわずかでもボヘミアン的なものとはいっさい関わりたくないと考えていたことも忘れてはいけない。冷戦時代のパラノイアは、後から考えれば無害に思える選択が重大な影響を及ぼす可能性があることを意味していた。60年、ランブラーズのジョン・コーエンは記者に対し、「寮の部屋で実際に殴り合いが起こり、ルームメイトがフーテナニーに行くのを学生たちが力ずくで阻止しようとしたことがあった。理由は、俺たちのような人間と一緒にいるのがばれると将来の可能性が著しく損なわれるからだという。特に政府関係の職に就こうとしている場合にね」と語った。63年、ディランの恋人スーズ・ロトロは、陸軍士官である従姉妹《いとこ》の夫が、昇進の機会を失ったと告げられた。国家機密を扱うものとして適格でないと判断されたからなのだが、それはロトロがディランのアルバム『フリーホイーリン』の表紙に一緒に写っていたからだというのだ。また、68年になっても、私の友人が、ピート・シーガーのコンサートに行ったというだけの理由で、ロングアイランドの高校のブラスバンドから追い出されたこともあった。

その文脈では、「私たちのような人々」には、ランブラーズからウィーヴァーズまであらゆる人々が含まれていたが、別の文脈ではフォーク・シーンはさらに分裂しつつあり、その原因は商業主義と政治だけではなかった。50年代の大半を通じて、熱心なファンは、コミュニティの伝統音楽を演奏する正統的なフォークシンガーと、シーガー、バール・アイブス、リチャード・ダイアー・ベネット、オデッタなどの「フォークソングの歌手」を区別していた。シーガーたちは、コミュニティで収集された素材を演奏しているが、その文化の中で育ったわけではないからというのがその理由だった。都会の歌手は田舎の歌を学ぶが、正統的な田舎のスタイルを習得したり模倣しようとはしなかった。時折シーガーがアパラチア地方のバンジョー曲を書き起こして再現しようと試みたのは、彼自身のレパートリー曲の中でも例外だった。しかし、50年代の終わりには、これまでの都会のプレイヤーの曲解釈に不満を抱く若い世代のプレイヤーもいた。彼らがリイシューアルバム『アンソロジー・オブ・アメリカン・フォーク・ミュージック』や『ザ・カントリー・ブルース』（58年にフォークウェイズが戦前の「レース・レコード」をLPとして出したもの）で聴いていた音楽は、有名なリヴァイヴァル・ミュージシャンが演奏していたものよりも本物であるだけでなく、技術的にもより巧妙で芸術的にも演奏者の実力を試すもので、その音楽を演奏するなら、若い世代はそれにふさわしい方法でやりたいと考えていた。

このグループのリーダー的存在であるヴァン・ロンクは、後に彼らを「ネオ・エスニック」と名付けた。中には昔のヒルビリー音楽を演奏する者、ブルースを演奏する者、中世のバラッドを歌う者もいた。メキシコやギリシャに行って新しいものを何曲か持ち帰る者もいれば、アフリカのキャバレー音楽のアルバムを偶然見つけて数曲覚える者もいた……とにかく、いろいろなものを取り入れようとしていた。縛るものがあるとすれば、それは「本物」であることへのこだわり、つまり、アクセントを正しくすることに至るまで、トラディショナルな民族的《エスニック》スタイルを再現することへのこだわりだった。

ネオ・エスニック運動の集会場所はワシントン・スクエア・パークで、毎週日曜日の午後には多くのミュージシャンやファンが集まった。ブルーグラスをニューヨークにもたらしたロジャー・スプラングはバンジョーを片手にやってきて、ライオネル・キルバーグが自作の1弦ベースで彼をサポートし、若い信奉者たちの一団と一緒に演奏した。この若者たちは、その後数年間でアーバン・ブルーグラスやオールドタイム・シーンの中核を形成することになる。ディランの回想によれば、そこには「ジャグ・バンドが15組、ブルーグラス・バンドが5組、みすぼらしい弦楽器バンドが1組、アイルランド系の南軍グループが20組、南部の山岳地帯バンドが1組、ジョン・ヘンリーの労働歌を歌うあらゆる人種のフォークシンガーがいた」という。

公園では正午から午後5時まで音楽が許されていたが、その夜、まだ満足していない場合は、8番街のアメリカン・ユース・ホステルのビルで、フーテナニーとコンサートが開かれた。その後、ギターやマンドリン奏者や歌手たちが、ミュージシャンが借りているアパートが多いスプリング・ストリート190番地や、グリニッチ・ヴィレッジやバワリー周辺の様々なロフト、地下、アパートに集まり、夜明けまで演奏が続いた。新しい曲やスタイルを聴いたり、他のミュージシャンと出会ったり、スキルやレパートリーを増やしたりするという意味では、このようなパーティはクラブやコーヒーハウスと同じくらい重要だった。ヴィレッジのミュージシャンは皆、お互いから学び合い、お互いにとって最も重要なオーディエンスだった。影響力のあるプレイヤーやシンガーの中には、フーテナニー・ナイトに非公式のジャムセッションをする以外は、わざわざステージで演奏することがない者もおり、このとき演奏された音楽で録音として残っているのは、ほんのわずかだ。カリフォルニア、ケンブリッジ、シカゴ、ミネアポリスからやってくるツアー中のミュージシャンたちは、公演が終わると必ず地元の演奏家たちとのパーティや集まりに参加した。昔ながらの田舎の演奏家たちが街にやってくるようになると、彼らもその仲間入りをした。ギャスライト・カフェでミシシッピ・ジョン・ハートやドック・ワトソンのステージを見るのは十分にすばらしかったが、その後、彼らと一杯飲みながら一緒に演奏したり、みんなの演奏を聞いたりするのは、さらに楽しいことだった。

ネオ・エスニック運動の代表的な音楽スタイルは、白人オールドタイム、ヒルビリー、ブルーグラス、黒人ブルース、ジャグ・バンド、ゴスペルだった。ヴィレッジのシーンでこれらのスタイルで最も影響力があったのは、ニュー・ロスト・シティ・ランブラーズとデイヴ・ヴァン・ロンクだった。ランブラーズはワシントン・スクエアでのジャムセッションから発展してできたバンドだ。メンバーのトム・ペイリーは、ピート・シーガーによる古いバンジョー・スタイルへの挑戦を新たなレベルに引き上げ、フィンガースタイルのギターとハイ・マウンテン・ハーモニーを加え、58年には、ニュー・ロスト・シティ・ランブラーズを結成。メンバーはペイリーと同じくヴォーカル、ギター、バンジョーのジョン・コーエンと、ピートの異母弟であるマイク・シーガーだ。マイクは、ヴォーカル、ギター、バンジョー、マンドリン、フィドル、オートハープ、ハーモニカ、その他ありとあらゆる楽器をこなした。古いレコードに没入し、その後南部に旅してオリジネーターたちと会った彼らは、南部の田舎風スタイルの生きた研究所、博物館へと変貌した。古い写真に写った演奏者たちのようにベストとネクタイを身に着け、忘れられた曲を発掘し、幅広い楽器のテクニックを習得した。彼らは曲と編曲を自分たちの好みと才能に合わせて作り変えたが、常に南部の田舎風の音楽スタイルの範囲内で行うという制約は守り、3年の間にフォークウェイズで6枚のアルバムを録音し、全米に彼らの模倣者を生み出した。

対照的にヴァン・ロンクは、ヴィレッジ・シーンに最初に現れたとき、ジャズ・ミュージシャン志望で、古いニューオーリンズ・スタイルのジャズ・バンドでバンジョーとギターを弾いていた。しかし、ある日曜日の午後、ワシントン・スクエアでトム・ペイリーがブルースをフィンガーピッキングで弾いているのを偶然聞き、そのスタイルを学んでソリストになればもっと仕事が舞い込むかもしれないと気づいた。熱心な折衷主義者だった彼は、ジャズ、ラグタイム、ヴォードヴィルのノヴェルティ・ソング、イギリスのバラッド、霊歌、その他興味を感じたものは何でも演奏し続けた。時には、ディラン、エド・マッカーディ、デンバーから最近移ってきたジョン・ウィンたちと緩めのカルテットを組んでエリザベス朝のマドリガルを歌うこともあったが、彼の本領はブルースだった。彼はあごひげを生やした大男で、身長は6フィート3インチ超、体重も200ポンドを超え、声はかすれたささやき声から荒々しい叫び声まで幅広かった。彼の音楽は、レッドベリーやジョン・ハートのような古風な田舎風のスタイルから、リロイ・カーやベッシー・スミスのような洗練されたヒットメーカーまで様々なミュージシャンの影響を強く受けており、ルイ・アームストロングを強く意識していて、ジヨシュ・ホワイトへの敬意も感じられる。しかし、ヴァン・ロンクは常に独自のサウンドをもち、ディランが現れる頃には「マクドゥーガル・ストリートの市長」であり、ギャスライトで毎週のようにフーテナニーを主催し、隣のバー、ケトル・オブ・フィッシュでライヴを行っていた。

ディランはヴァン・ロンクと数え切れないほどの夜を過ごし、彼のソファで寝泊まりして歌やギターテクニックを吸収し、正式ではないがマネージャー兼ブッキング・エージェントを務めていたデイヴの妻テリを通じて時々仕事をもらった。二人の関係は音楽にとどまらなかった。彼らはワインをたくさん飲み、頻繁にチェスの勝負をし、かなりの量のマリファナを吸い、ヴァン・ロンクはディランに文学と左翼政治について教えようと一生懸命だった。ぶっきらぼうなブルースマンを気取る一方で、ヴァン・ロンクは驚くほど博識で、無政府組合主義（アナルコ・サンディカリスム）にも関心を持つ熱心なトロツキストだった。しかし、その中心にあるのは音楽で、彼のおかげですぐにディランはまずまずのフィンガースタイル・ギターを弾き、ブルースをもっと歌うようになった。

ほとんどの都会の若者にとって、南部のシェアクロッパー（小作人）やテキサスのカウボーイのように歌うのはかなり難しいが、ディランにとって本格的なネオ・エスニックスタイルには解放感があった。彼はハンク・ウィリアムズとR&Bを聴いて育ったので、オデッタやレオン・ビブの流れるようなトーンを真似することにはまったく慣れていなかった。エリオット、ガスリー、ヴァン・ロンクの声は、音楽学校での訓練というよりも、厳しい環境で苦労して得た経験を思わせるもので、多種多様な素材を、まとまりのある個人的なスタイルに作り変える手本を提供してくれた。61年の夏、ボストンへの旅行中に、彼はもう一人のしわがれ声のミュージシャン、エリック・フォン・シュミットに出会った。彼は画家であり、ギタリストであり、ハーバード・スクエア・シーンにおける騒々しいボヘミアンたちのゴッドファーザー的存在で、ヴァン・ロンクの古いジャズとブルースへの傾倒とエリオットのアナーキーな熱意を融合させたような人物だった。彼は、古い曲を作り変えたり、シャンパンとウイスキーに関するラグタイムの歌詞をペヨーテ（サボテンの一種。幻覚剤の成分をもつ）まで広げたり、曲やギターのアレンジをオリジナル作品と見分けがつかないくらいまで改編することで知られ、彼のコンサートは仲間たちがステージに上がって即興のジャムセッションになることが多く、そこでは予想外で再現不能の演奏が高いレベルで展開されることになった。

後の評論家たちはディランの音楽の出典を追うことに執着し、彼が学び模倣をしたレコードや人物を探し出したが、歌は常に流布されて変化していき、たとえ単一の出典を特定できたとしても、多くの場合、複数の仲介者が存在する——誰かが古い78回転のSPレコードで歌を聴いてそれをパーティで歌う。それを聞いた別の誰かが、記憶を頼りに歌い、歌詞を少し変えたり別の歌から数節加えたりする。そして、また別の誰かがそれをバンジョーからギター用に編曲する、といった具合だ。「俺たちはあちこちを回りながらの生活を送っていた。流浪の民のようなものだったね」とディランは後に回想している。「レコードは聴けるところではどこでも聴いていたが、ほとんどは直に演奏を聴いたんだ」。その中には、それまではレコードでしか聴けなかった、クラレンス・アシュリー、ドック・ワトソン、ドック・ボッグス、メンフィス・ジャグ・バンド、ファーリー・ルイスがいた。加えて、彼と同世代のミュージシャンたちである、ヴァン・ロンク、フォン・シュミット、マーク・スポールストラ、ジム・クウェスキン、レン・チャンドラー、ジャッキー・ワシントンなどで、現在では忘れ去られてしまった者たちも多く含まれていた。

ミュージシャンたちがステージ上で演奏した曲は、オフステージでのジャムセッションの延長だった。ディランは、その後十年間で最も影響力のあるジャグ・バンドを結成することになるジム・クウェスキン、そして後にホーリー・モーダル・ラウンダーズやファグスのメンバーとして知られることになるフィドルとバンジョーの奏者ピーター・スタンプフェルと数回にわたって共演した。ショーは通常、一人ずつで3セット、そして彼らがデュオとトリオを組んでプレイするセットの計4セットで構成されていた。ディランとクウェスキンはガスリーとヒューストン作曲のデュエット曲を歌い、スタンプフェルはホーダウンの曲にフィドルを加え、〈サンフランシスコ・ベイ・ブルース〉でカズーをプレイすることもあった。ディランはフラットピックでリズム・ギターを鳴らし、クウェスキンはフィンガーピッキングでラグタイムのリード・ギターを弾いた。

そこは活気に満ちた協力的な場であり、ディランは仲間のミュージシャンに囲まれ、曲を教え合ったりして、互いに学び合い刺激し合っていた。ディランの音楽はその借用の多さで批判されることもあったが、有名になるまでは問題にならなかった。ヴァン・ロンクいわく、当時「俺たちはみんな、お互いのポケットに手を入れて暮らしていた。新しい曲を覚えて、新しいアレンジを考えてみて、それが使えるものかどうかは、1、2週間もすればわかるんだ。誰もがそれを試してみているからな」。振り返ってみると、ディランが自分の曲やアレンジを盗んだことに憤る者もいれば、自分たちのものを取り入れてくれたことを誇りに思う者もいた。どちらの場合も、ディランが成功したことによって問題になっただけだ。

最初の数カ月、ディランは、耳障りな声が特徴的な、ただの若いフォークシンガーだと多くが考えていた。そして、彼が成功したことに今でも困惑している者もいる。しかし、彼はすぐに才能を開花させたと言う人もいる。「彼は本当に魅力にあふれていた」とクウェスキンは回想する。

彼は本当に刺激的だった。誰も彼から目を離すことはできない。人をひきつけて離さない磁石みたいな存在だった。当時、俺にとっては、彼の音楽よりも、その存在のほうが魅力的だった。もちろん音楽も好きだったが、特別だったのはその個性だった。彼はステージに上がると、ショーをすぐに自分のものにしてしまう類の人間だった。

ヴァン・ロンクは、この時期のディランのパフォーマンスは、後年とは異なっていたと指摘している。

当時、奴はいつも即興で演っていた。自由連想を実践しているようで、ステージで見た中で最も滑稽な人間の一人だった……。奴のステージ上のペルソナは、チャーリー・チャップリンの「小さな放浪者」にしかたとえられない。非常に躍動的なパフォーマーで、決してじっと立っていることはなく、神経質な癖や身振りが目立った。明らかに、いつも緊張でビクついていたが、それを見世物の一部にしていた。ワンセンテンスのジョーク、ぼそぼそとつぶやく、それからまたジョーク、そしてギターのボディを叩く——何よりも、奴のタイミング感覚は並外れていた。ハーモニカのケースをいじったりしながら、不器用なふりをして、何も言わずに観客を大笑いさせることができたんだ。

グリニッチ・ヴィレッジは、ディランに自ら技術を学び磨きあげる唯一無二の機会をもたらした。彼は大都市に来て、フォーク・リヴァイヴァルが沸き立つ中心地で瞬く間に受け入れられ、マクドゥーガル・ストリートにあるたくさんのクラブで休みなく演奏していた。観客は酔っ払った観光客の集団であることが多く、だからこそ、彼らの注意を引き、それを引き留めておく術《すべ》を見つける必要があった。ディランがミネアポリスに短期間滞在した際、ジョン・パンケイクはその変貌ぶりに驚いた。「ひどい演奏だと思ったが、魅きつけられたよ。ここにいたときは、俺たちと同じように抑制されていたが、今は吠えたり、上下に揺れ動いたりしている。テクニックを身につける前に、自由を手に入れたんだな」

パンケイクは、ヒビングでボビー・ジママンが、ピアノを弾いているのを見たことがなかった。見たことがあれば、違った印象を持ったかもしれない。ディランは、古いバラッドとブルースをミックスしたありふれたネオ・エスニックの曲をプレイしていたが、フォーク界のほとんどのミュージシャンと違って、それを博物館の展示品のようには見せなかった。彼は音楽を新しい方法で生き返らせた。出来上がったものに当惑する仲間もいたが、興奮した者もいた。スタンプフェルは、人生が変わったと語っている。

初めて彼を見た店はファット・ブラック・プッシーキャットで、彼はあの小さな帽子をかぶってギターを持っていた。それで私は「こいつはニュージャージー出身の与太者で、ヴィレッジでギターケースを担いでいたら、女とやれるって聞いてやってきたんだ」と思った。つまり「あんな奴の考えていることなんてお見通し」ってわけだ。でもその後、フォーク・シティで彼が〈サリー・ギャル〉っていう昔の曲を歌っているのを見て圧倒された。彼の歌い方とフレージングは、完全にリズム・アンド・ブルースだった！彼は二つのスタイルを完璧にはっきりと融合させていて、私は初めて、自分が本当に大好きな伝統音楽とロックが、実は同じものであることに気づいた。

多くの人がスタンプフェルのコメントに驚く。ディランは当時ロックンロールを歌っていたのではなく、ウディ・ガスリーの曲を歌っていたのだから。しかし、このスタンプフェルの回想は、ディランの最初のLPに収録されている〈ハイウェイ51〉の冒頭を飾るエヴァリー・ブラザーズのリフや、〈死を見つめて〉のヴァン・ロンクとの未発表ヴァージョンでの猛烈なヴォーカル・アタックとギターのリズム、そして、〈サリー・ギャル〉の多数の録音によって裏づけられている。最後の曲は、ディランのむき出しのエネルギーがリトル・リチャードよりもエリオットやフォン・シュミットを彷彿させるが、激しいロカビリーの要素が加わっている。いずれにせよ、この時期のディランの音楽が、最もパワフルな状態で録音されているのは驚くべきことだ。なぜなら、どれもディランがスタンプフェルを圧倒するような状況、たとえば、敵意を抱いているかもしれない騒々しいクラブの観客をひきつけようと、あらゆる手段を尽くしているような状況下で録音された音楽ではないからだ。

フォークとロックンロールの融合も、スタンプフェルが当初示唆したほどユニークなものではなかった。どうしてもという場合に彼は、同様の作品として、60年のトップ10ヒットであるフェンダーメンの〈ミュール・スキナー・ブルース〉を即座に挙げた。このレコードの力強いギターと奔放なヨーデルは、ディランの初期のニューヨーク・スタイルの作品にどこか似ている。フェンダーメンがミネソタの隣のウィスコンシン州出身で、彼らのヒット曲がボビー・ヴィーと同じミネアポリスのレーベルから出たことは、偶然ではないのかもしれない。ロカビリーとは、ヒルビリーとロックンロールの融合であり、その端緒は、エルヴィスの〈ブルー・ムーン・オブ・ケンタッキー〉や、その10年前のデルモア・ブラザーズの〈ヒルビリー・ブギ〉に遡り、ある意味ではフォークとポップ・ロックの間にある溝は、音楽的というよりもイデオロギー的なものであった。〈ミュール・スキナー・ブルース〉は、もともと30年に「ブルー・ヨーデル歌手」のジミー・ロジャーズによって録音されたもので、彼の歌声は、ひどい薄給で炎天下のなか長時間働き、ラバを操ることの辛さを知っている男の声だった。40年代には、ガスリー、ビル・モンロー&ザ・ブルーグラス・ボーイズがこの曲を録音しており、まさにフォーク・リヴァイヴァル主義者が好んだ類の曲だった。エリオット、ディラン、オデッタ、ベラフォンテたちも、厳しい田舎暮らしを思い起こさせるような力強いヴァージョンを歌っている。対照的に、フェンダーメンはこの曲を冗談として扱った。キングストン・トリオやスマザーズ・ブラザーズや他の大学フォーク・グループ（偶然にも、フェンダーメンは大学ロック・バンドだった）のように、彼らは田舎の音楽を楽しんでいたが、慎重に距離を置き、それをかわいらしく滑稽なものと表現していた。彼らは若い活力にあふれていたが、ロジャーズ、ガスリー、エリオット、ベラフォンテ、あるいはリトル・リチャードや若きエルヴィス・プレスリーのような根性はもっていなかった。

ディランにとって、ピート・シーガーと同様に、フォーク・ミュージックの魅力は、それが現実、歴史、深遠な経験、古代の神話、そして尽きることのない夢の中に溶け込んでいるということだ。それは特定の音やジャンルではなく、世界を理解し、現在を過去に根づかせる方法だった。ディランは後に当時を振り返り、「フォークソングは俺が宇宙を探求する方法であり、それは絵であり、その絵は俺が語れるどんなことよりも価値があった……俺は大衆文化に反してなどいなかった……ただ、主流文化がひどく時代遅れで、インチキなものだと思っていた。俺が夢中だったのは、大文字のTがつくトラディショナルなもので、十代向けのモンド映画などからは程遠いものだった」と回想している。

本格的なフォーク・シーンの美学と音楽業界のマーケティング部門の間には常に断絶があった。マーケティング・ジャンルで言えば、レイ・チャールズ、ボビー・ダーリン、フランキー・アヴァロンはロックシンガーであり、ガスリー、バエズ、キングストン・トリオはフォークシンガーだった。しかし、ヴァン・ロンク、エリオット、『リトル・サンディ・レヴュー』の批評家など、ネオ・エスニックを信奉する者たちは、レイ・チャールズとガスリーを愛し、ダーリン、アヴァロンなど、ポップフォークのミュージシャンたちを軽蔑し、バエズに対しては複雑な感情を抱いていた。バエズの趣味は認めるものの、歌が洗練されすぎていると感じたからだ。この断絶は一部には政治的なもの（プロレタリア階級の音楽とブルジョア階級の音楽の対立）だったが、本能的なレベルでは、メインストリームの商業文化がもたらす魂を殺すような空虚さに対する反発だった。ヴィレッジの知識人の間で大いに尊敬されていた作家のドワイト・マクドナルドは、『ニューヨーカー』誌と『パルチザン・レヴュー』誌で、大量生産が芸術に及ぼす均質化効果を激しく非難し、「ミッドカルト」（中流文化）という言葉を作り出し、それが高級芸術とフォーク・アートの両方に取って代わらんとしていると警告した。

ウィーヴァーズ、ベラフォンテ、キングストン・トリオはいずれもフォークの伝統を口先だけで支持していたが、ネオ・エスニック信奉者の観点から見ると、彼らはミッドカルト的かつ人種のるつぼ《メルティングポット》的な音楽を作っていた。マクドナルドが、後に多文化主義として知られるようになる理論の初期の研究者ランドルフ・ボーンの言葉を引用して書いたように、人種のるつぼの理想は高潔な平等主義であったが、実際には、それは無数の民族文化の独特の性質を「味も色もない画一的な液体……つまり、低俗な新聞、映画、ポピュラー・ソング、どこにでもある自動車といったアメリカ文化」に煮詰めることだった。60年代初頭にその傾向が最もあからさまだったのはテレビで、無色で画一的であることが、赤狩りのブラックリストの恐怖と人種隔離政策によってはっきりと強制されていた。

ロックンロールは50年代にルーツ・ミュージックとして登場し、南部の田舎や北部の都会のスラム街から轟音を立てて現れた。しかし数年のうちに、抜け目のないマーケティング担当者たちが新しいロックンロールを大釜の中にぶち込み、煮詰めて不純物を取り除き、味気ない商品を作り出した。それは依然としてロックンロールと呼ばれてはいたが、アメリカン・バンドスタンドが生み出すような、飼いならされていて画一的な商品だった。61年、ディランのお気に入りのノヴェルティ・ソングはエリック・フォン・シュミットの〈アクネ〉で、フランキー・アヴァロンのサウンドを痛切に思い起こさせる歌だ。「ニキビができてしまった（ドゥーワ）／もう君は僕をプロムに誘ってくれない（ドゥーワ）／もう君は僕を卒業パーティに誘ってくれない」という歌詞で、ジャック・エリオットが時折、風刺的なコーラスを付けている。

ディランはロックンロールのスタイルを洗練させるのではなく、エルヴィスからジミー・ロジャーズやカーター・ファミリー、リトル・リチャードからラビット・ブラウンやロバート・ジョンソンまで、ルーツを掘り返していた。ほとんどの人はそのプロセスを田舎の純粋さを探求する試みと考えたが、ニューヨークのシーンでは、フォーク・ミュージックがより最近のアフリカ系アメリカ人のポップ・スタイルと重なり合う長い歴史もあった。49年にレッドベリーが亡くなったとき、アラン・ローマックスは追悼コンサートを企画し、ピート・シーガー、ウディ・ガスリー、ジーン・リッチー、レヴァランド・ゲーリー・デイヴィスだけでなく、ホット・リップス・ペイジ、シドニー・ベシェ、カウント・ベイシー、サニー・テリー、ブラウニー・マギーが登場した。ブラウニーは、〈ドリンキン・ワイン・スポディーオーディー〉というヒット曲で、ちょうどR&Bチャートのトップに立ったばかりの弟スティック・マギーの伴奏としての参加だった。オスカー・ブランドもその晩に演奏していたが、62年にフォーク・リヴァイヴァルの先駆的歴史書『バラッド・モンガーズ』を出版した際、彼は様々な音楽の関連性に言及し、エルヴィス・プレスリーのようなアーティストがポップとルーツ音楽の懸け橋として引き続き役目を果たしていると主張した。「彼が身につけたシャウトを聴くと、南部ではカントリー・ミュージックとゴスペルのシャウトが密接に結びついていることがわかるが、それによってフォークのサウンドが一般的にもっと受け入れられやすくなった」

フォーク・ファンの中には、この説明に憤慨した者もいた。プレスリーは彼らが嫌うすべての象徴だったからだ――それは、本物のブルースをハリウッド風に料理したまがい物であり、広告業界は、黒人の顔を出さずに黒人文化を売り込む方法として利用したのだ。しかし、間違いなく多くの若者は、若きエルヴィスが「お前はただの猟犬にすぎない」(〈ハウンド・ドッグ〉の歌詞より)と叫ぶ姿を見ていたおかげで、フォーク・シティでウディ・ガスリーの曲を歌うボブ・ディランの生々しいエネルギーを受け入れることができた。「俺はすべてのフォークソングをロックンロールだと思ってプレイした」とディランは回想している。「これによって俺は他より目立つことになって、いろんなごたごたがあってもなんとか切り抜けて、演奏を聴いてもらうことができた」。ディランの曲の抑揚やリズムは、明らかにガスリーのものとは異なっていたが、彼がガスリーの曲を歌うとき、このフォークとロックのつながりに気づかないのは普通だった。しかし、ディランがブルースに没入していくにつれて、それはますます明らかになっていった。

数年後、ディランが幅広い聴衆に知られるようになったとき、それは主にソングライターとしてだったため、彼の芸術的成長は、その観点から語られることが多かった――彼はニューヨークに来てガスリーの曲を歌い、ガスリーのスタイルで最初の曲を書き、その後他のスタイルに広げていったのだ。このような単純な筋書きは、ディランが、入院するウディを訪問し、最初のアルバムのオリジナル曲2曲〈ウディに捧げる歌〉と〈ニューヨークを語る〉を書き、それから〈風に吹かれて〉と〈時代は変る〉というように進化していったと考えれば、成り立つのかもしれない。しかし、これではその時期に彼が経験していた他のすべての変化が無視されていることになってしまう。

まず、彼のハーモニカのスタイルだ。ディランは東部に来る前はあまりハーモニカを演奏していなかったようだが、ニューヨークでの最初の定期的な仕事は、カフェ・ワッ？でフーテナニーを開いていたシンガー、フレッド・ニールのバックでハーモニカを吹くことだった。彼はすぐに理想的なサイドマンとしての地位を確立したが、その演奏は、後に自身のレコードで聴けるものとはまったく異なるものだった。その後ディランは、金属製のホルダーにハーモニカを入れ、首からぶら下げることで自由になった両手でギターを弾くという奏法で知られるようになるが、これは実用的でありながら、エネルギッシュな演奏を可能にし、当時最も独自のサウンドの一つを生み出すことになる。しかし技術的には、ニューヨークに来てまもなく、ハーモニカにだけに集中し、両手でそれを持ってボディを覆ったり細かく動かして音色やリズム効果を加えていた頃のレベルにはとうてい及ばなかった。61年12月の自宅録音には、サニー・テリーの代表曲〈ロング・ジョン〉をカヴァーした6分間のヴァージョンが収録されており、ハーモニカを用いて、力強くリズミカルな機関車を再現した音、泣き声やうめき声、全速力で通過する貨物列車や犬の鳴き声を模した音などが交互に登場し、テリーのレベルには及ばないものの、驚くほど説得力のある演奏である。

時代と場所を考慮すると、ディランの演奏は傑出していたが、最初にプロとして行ったレコーディングは、ハーモニカによる伴奏だった。売れ筋のレコーディングの中で最もすばらしいものは、ハリー・ベラフォンテのアルバム『ミッドナイト・スペシャル』のセッションで、タイトル曲で泣き叫ぶような演奏が披露されたほか、ジョーン・バエズへの対抗馬としてコロムビア・レコードと契約していたテキサス出身のシンガー兼ギタリスト、キャロリン・ヘスターの3曲でもハーモニカを吹いた。しかし、ブルースでの活動に目を向けると、彼の最高の演奏は、本場ミシシッピの巨匠ブルースマン、ビッグ・ジョー・ウィリアムズのバックで吹いた2曲だった。この演奏は、1920年代の重要なブルース・シンガーで、ちょうどその頃彼女自身のレコード・レーベルを立ち上げたばかりのヴィクトリア・スパイヴィーが中心になって制作されたコンピレーション・アルバム『スリー・キングズ・アンド・クイーン』に収録されている。ビッグ・ジョー・ウィリアムズとディランはどちらも、自分たちの関係はずっと昔に遡ると主張していた。ビッグ・ジョーは時々、ディランに40年代に会ったと言い、ディランは子供の頃にビッグ・ジョーをシカゴの街で追いかけたことがあると言っていた。それらの主張が真実かどうかはともかく、二人は明らかにお互いを気に入り、一緒に演奏することを楽しんでいた。スパイヴィーのパートナーであるレン・クンシュタットは、彼らの親密な関係に驚嘆し、ビッグ・ジョーと演奏できる人間なんてめったにいないと言う。「ビッグ・ジョーは気まぐれで、型破りで、予測不能なんだ。ビッグ・ジョーにあんなにうまくついていける者は見たことがない」

ディランのギターの腕前はハーモニカの腕前とともに成長していった。ヴァン・ロンクは、ディランは落ち着きがなくギターのアレンジを正確に学ぶことができなかったと回想しているが、すぐにフィンガーピッキングの基本を学び、ヴァン・ロンク、エリオット、フォン・シュミットからラグタイム風の曲を教えてもらった。〈コカイン・ブルース〉〈キャンディ・マン〉〈ベイビー、レット・ミー・フォロー・ユー・ダウン〉は彼のレパートリーの定番となり、軽快で巧みな演奏を見せた。しかし、彼が本領を発揮し、名を上げたのは、ブルースのフィンガースタイルのフレーズとロックンロールのフラットピッキングのリズムを融合させたときだった。この演奏は、彼の歌の過剰なまでの激しさに匹敵する新鮮さと力強さがあり、〈ウディに捧げる歌〉や〈ヒー・ウォズ・ア・フレンド・オブ・マイン〉のような不愛想な演奏とは対照を成した。

ディランは作曲の腕も磨き始めていた――クウェスキンは、ディランが常にメモ帳に走り書きしていたと語っている――しかし、その時点で彼のオリジナル曲は、伝統的そして準伝統的素材をたくさん寄せ集めた中から作り出したノヴェルティ・ソングだった。ネオ・エスニック・ファンの間では、作曲は疑いの目で見られる傾向があった。それは、主に、シーガーとウィーヴァーズ世代やポップ・フォークのトレンドと結びつけられていたからである。年長のプレイヤーたちは、〈天使のハンマー〉や〈蜜よりも甘いキス〉のような似非《えせ》プロレタリア的な模造作品で伝統を汚し、今や、新しいヒットメーカーたちが〈風のマライア〉や〈緋色のリボン〉のような感傷的な安っぽい曲で重罪の上塗りをしていた。もっと筋金入りのファンでも、集会やデモで歌うなら、時事的な歌詞を書くのが理にかなっている、というように、状況によっては例外を設けていた。しかし、大胆な無法者や疎んじられた愛の苦しみについて歌いたいなら、〈ジプシー・デイビィ〉から〈ブラック・スネーク・モーン〉まで、何世紀にもわたって歌い継がれてきたすばらしい素材が利用可能だった。真剣な正統派のフォークシンガーは伝統的な素材にこだわり、伝統的なスタイルに可能な限り近い形で演奏した。

ただし、ブルースは、即興が伝統の一部であったため、少し話が違っていた。昔のブルース・シンガーは皆、韻を忘れたりインスピレーションが湧いたりしたときに、歌詞を混ぜ合わせ、新しい要素を追加したりして、これまで歌ってきたものに自分らしさを加えようとした。ディランは、伝統的なルーツ・アーティストから直接音楽を吸収している人物として自分のことを表現した。最初の新聞インタビューで、彼は『ニューヨーク・タイムズ』のロバート・シェルトンに、マンス・リプスカム、ジェシー・フラー、伝説的存在のウィグルフットから歌を学び、また、ラビット・ブラウン、ブラインド・レモン・ジェファーソン、レイ・チャールズ、リトル・ウォルターのレコードからも学んだと語った。カーネギー・チャプター・ホールで最初のフォーマルなコンサートに出演する際、マクドゥーガル・ストリートのフォークロア・センターを運営していたイズラエル・

ヤングが、プログラム作成のためにディランに質問をしたとき、彼はブラインド・アーベラ・グレイと過ごした時間について話し、アラン・ローマックスの家でジョージア・シーアイランド・シンガーズのベッシー・ジョーンズと歌を歌い合った午後のひとときについて説明した。彼が築き上げていたつながりは、歌のレパートリーやテクニックよりも深いところに及んでいた。ニューヨーカーたちは部外者として田舎の伝統を学んでおり、それを正しく理解するために注意を払う必要があったが、ディランは、あたかも国中を放浪しながら、行く手に現れたものは何でも取り入れてきた事情通のようにふるまった。「俺は古いジャズの曲、感傷的なカウボーイの曲、トップ40のヒット曲を歌う。みんな何か名前を付けなければならないので、それを〝フォーク・ミュージック〟と呼ぶんだ」。ディランはフォークから学んでいただけではない。彼自身もフォークシンガーの一人で、そのように歌ったのだ。彼はヤングに、自分の好きな歌手はヴァン・ロンク、エリオット、スタンプフェル、クウェスキン、フォン・シュミットで、いずれも荒々しい声の個性派だと語り、自分も彼らと同等のミュージシャンであると評し、「俺の歌は聴きやすいものではないよ」と語った。

ディランの技術と好みを考えれば、ブルースは探求すべき自然な方向だった。ギャスライト・カフェのアコースティック・ギタリストたちと『ノー・ネーム・ジャイヴ』のロックするジャズ・バンドが重なり合うのは、まさにこのブルースという音楽だった。この交わりによって、彼は自分のサウンドを自由に形作ることができたのだ。ウディ・ガスリーの曲を歌うとき、彼はウディやジャック・エリオットによく似ていたが、ブルースを歌うときは誰にも似ていなかった。アフリカ系アメリカ人のスタイルに対する彼独自のアプローチは、意外なところで注目を集めた。ニューヨークに到着してから4カ月以内に、彼はネオ・エスニック・シーンで最も権威のあるゲルデス・フォーク・シティで、伝説的ブルースマンのジョン・リー・フッカーの前座を務め、さらに数カ月後には、もう一人の伝説的人物であるプロデューサーのジョン・ハモンドに才能を認められた。ハモンドはベッシー・スミスの最後のセッションをプロデュースし、当時はロバート・ジョンソンの録音の再発盤の指揮を執っていた。彼は、ビリー・ホリデイ、カウント・ベイシー、そして18歳のアレサ・フランクリンを発掘したことでも知られていた。また、ブラックリストに反対し、ピート・シーガーを所属アーティストに加えるようコロムビア・レコードを説得し、成長を続けるフォーク界にも触手を伸ばしていた。ハモンドは、キャロリン・ヘスターもコロムビアにスカウトしたが、ディランに出会ったのは彼女のリハーサルに出向いたときだった。ヘスターは、ダルシマー奏者の夫リチャード・ファリーニャと住んでいたアパートでリハーサルを行っていたが、そこにディランが現れたのだ。ハモンドは、この若者の音楽的才能よりも、態度や外見に感銘を受けたが、彼には何か特別なものがあると考え、〈ニューヨークを語る〉を聴いて契約を決めた。「それはまさに例のひらめきだった。『すぐに契約の話をしなければ』と思ったよ」とハモンドは語っている。

ディランが『ニューヨーク・タイムズ』の絶賛記事を携えて、ヘスターのレコーディング・セッションに現れたことも功を奏したのだろう。その週、彼は再びフォーク・シティに出演し、ヴィレッジのトップ・ブルーグラス・バンド、グリーンブライアー・ボーイズの前座を務めていた。『ニューヨーク・タイムズ』は、ヘッドライナーのバンドについては最後の2段落でしか触れないのに、ディランについてはとんでもなく肯定的な記事を書いた。これほど注目された若手プレイヤーは他にいなかったし、レヴューを書いたロバート・シェルトンは、その後数年間、重要な場面で登場し続けることになる。シェルトンは、実際にディランがフォーク・シティ出演に至った経緯に関わっていたのかもしれないし、ディランのキャリアを後押しし、彼をむさ苦しいボヘミアンの典型として世に知らしめたという点で、通常のジャーナリズムの慣習以上のことをしたのは間違いない。他の男性ミュージシャンを音楽の観点から評論したライターたちは、一貫してディランの外見と服装に言及しており、事実上すべての描写がシェルトンが以前書いた次の文章を模倣している——「聖歌隊の少年とビートニクを掛け合わせたように見えるディラン氏は、天使のような風貌で、乱れた髪を黒いコーデュロイのハック・フィン・ハットで部分的に隠している」。彼の声は「美しいとは程遠い」が、それが彼の芸術の純粋さを強調している。「彼は意識的に南部の農民の荒々しい美しさを再現しようとしている……。〈朝日のあたる家〉の歌詞をほとんど理解不能のうなり声やすすり泣きでつぶやいたりしたかと思えば、ブラインド・レモン・ジェファーソンのブルースの詩的な感傷ははっきりと聞こえる声で歌ったりする」

シェルトンは、ディランの最初のアルバムのライナーノーツに、ステイシー・ウィリアムズというペンネームでこれらの賛辞を膨らませて書き記した。ディランはイジー・ヤングに、オフの時間はシェルトンの自宅でピアノの練習をしていると話した。この二人の関係がボブの仲間の一部の人々を憤らせたことは間違いない。シェルトンは、『ニューヨーク・タイムズ』の記事はヴァン・ロンクとエリオットには賞賛されたが、「ヴィレッジの音楽仲間の多くからは、嫉妬、軽蔑、嘲笑に満ちた反応があった」と回想している。次に、ボブとコロムビアとのレコーディング契約が結ばれると、「ディランは仲間のプロ・ミュージシャンからの嫉妬を感じた。友人も作ったのと同じ速さで失い始めたんだ」。シェルトンの見解では、これは主に人気者叩きの面があり、「フォーク界では、成功している人は誰でもこき下ろす傾向があったんだ」。しかし問題は、ディランが集めた注目の大きさだけではなく、注目の種類だった。彼は、ケンタッキーの炭鉱と、ビート族たちがたむろするロフトを同時に思い起こさせるような音楽をやる新しいタイプの有名人として受け止められた。ジャック・ケルアックの小説に現れる登場人物のような魅力的な若者のようでもあった。『プレイボーイ』誌に掲載されたフォーク・ブームの盛り上がりに関する記事で、ナット・ヘントフは次のように書いている。

ボブ・ディランは22歳の放浪者だったが、古風な黒人ブルースから辛辣な白人のマウンテン・ウェイリングまで、本当に様々なスタイルを何らかの形で吸収し、熟練したハーモニカ奏者やギタリストとしてだけでなく、突き刺すような個性をもった歌手として頭角を現した。都会の若者たちの中で最も活力のあるディランは、最初は追い詰められた子鹿のように見える。しかし、歌い始めると、黒いコーデュロイの帽子、緑のジャンパー、青いコーデュロイのパンツを履いた華奢な青年は、まるで古代の吟遊詩人であるかのように、聴衆を彼の物語の中に引き込む。

『タイム』は、ジョーン・バエズを特集したカバーストーリーで次のように書いている。

ブルーンジーとガスリーの伝統は、多くの弟子たちによって引き継がれており、なかでもボブ・ディランという名の将来有望な若い放浪者に注目が集まっている。彼は21歳で、ダルース出身。羊皮のジャケットを着て、黒いコーデュロイのハック・フィン・キャップをかぶっているが、その帽子は長く垂れ下がった髪のほんの一部しか覆っていない。彼はウディ・ガスリーの病床を訪ねているそうだ。彼は、わざとらしい鼻声で歌を披露するが、その芝居がかった正直さで、深い思いやりに満ちた人々に訴えかけようとする。

最後の文章に見える遠回しな批判は、フォーク界全体に対するメインストリームの姿勢の典型であり、ニュー・ロスト・シティ・ランブラーズについての批評に使われた可能性も十分にありえる。しかし、ランブラーズは、自分たちが人々の伝統を探求していることを常に明確にしていた。彼らは本物の田舎の音楽を演奏し、年配のミュージシャンを探し出し、彼らがレコーディングする手配をしたり、高まりつつあるフォーク・リヴアイヴァルの中で仕事を世話することに人生を捧げた。その努力の見返りとして得られたものは、大学のキャンパスでのわずかな聴衆と、プレス枚数も報酬も少ないフォークウェイズ・レーベルでのレコーディングだったが、誰も彼らの長くて垂れ下がった髪を話題にしたり、追い詰められた子鹿にたとえたりはしなかった。一方、ディランは、一部の人には新鮮で独特だと感じられる方法で古い曲を歌っていたが、多くの伝統主義者はそれを、不自然で気取っていて技量に欠けていると考えた。

さらに重要なのは、ディランが大手のレコード・レーベルに所属していなければ、『プレイボーイ』も『タイム』もそのような記事を載せなかっただろうし、彼がやっていることを多くの人は理解できなかったということだ。ヴィレッジで開拓してきた少数の熱狂的なファンを除けば、彼を特別な存在だと考えるリスナーはほとんどおらず、彼のアルバムが店頭に並んだとき、一般大衆は興奮も憤慨もせず、ただ無視をした。売り上げは振るわず、コロムビア・レコードで彼は「ハモンドの愚行」として知られるようになった。

ディランのその後のキャリアをふまえた上で、彼のデビュー・アルバムに提示されている音楽的嗜好や技術について考えると、非常に興味深い。彼のプロフィールを書くよう命じられたコロムビアの広報担当ビリー・ジェイムズは、「やせっぽちの小柄な白人の若者が80歳の黒人男性のように歌い……その歌声は確信と熱意に満ち、自分が何者で、何をしたいのかについて揺るぎなく理解している」ことの奇妙さに感銘を受けた。つまり、彼はディランをアコースティック版のエルヴィス・プレスリーのようなものだと考えていたのだが、このたとえは単なる後知恵の産物ではない。ネオ・エスニック純粋主義の命題は、本物のルーツ・ミュージックと商業的な堕落を区別することであり、この区別が及ぶのはアパラチア地方のフィドル曲やミシシッピ・デルタのフィールドホラーだけに限らない。『リトル・サンディ・レヴュー』はエリック・フォン・シュミットの「ワイルドで、ほとんどプレスリー風の声」について肯定的に評価し、ディランはシェルトンに、ナッシュビルでジーン・ヴィンセントとレコーディングしたことがあると語っているが、それは、自分の正統性を主張するためであって、その逆ではなかった。デビュー・アルバム『ボブ・ディラン』のライナーノーツは、彼のロカビリーのルーツを曖昧にするどころか、「ディーゼル機関車のテンポで行く〈ハイウェイ51〉はエヴァリー・ブラザーズが歌ったタイプの曲」と指摘し、彼に影響を与えたアーティストとして「ハンク・ウィリアムズ、故ジミー・ロジャーズ、ジェリー・ロール・モートン、ウディ・ガスリー、カール・パーキンス、初期のエルヴィス・プレスリー」を挙げている。

音楽的に言えば、そのアルバムはかなり雑多なものだった。そこには〈ウディに捧げる歌〉や〈ニューヨークを語る〉の他に、ゴスペル3曲、ストレートなブルース2曲、ラグタイム・ブルース2曲、ヨーデル調のヒルビリー・ブルース、快活なイギリスのバラッド、ヴァン・ロンクの編曲による〈朝日のあたる家〉をガスリーやエリオット風のフラットピッキング曲に作り直したもの、そして、ディラン自身が後にこのディスクで最も成功した演奏だと評した〈いつも悲しむ男〉というソウルフルなカントリー哀歌などが収録されている。振り返ってみると、ほとんどの評論家は、オリジナルの2曲を強調しがちだが、それはディランのピックでの弾き語りともあいまって、ガスリー風のバラッド歌手がソングライターへと進化していくというイメージにぴったり合う。しかし、選曲の大部分は別の方向を指し示しており、次のアルバムのために行われた初期のセッションがそれを裏づけている。ディランは、ガスリーの伝統に則った時事的なテーマをもった曲も書き続けたが、同時に、ブルースにますます深く没入することで自らの音楽的才能を広げていた。

アルバム『ボブ・ディラン』は62年3月にリリースされた。それから1カ月ほど経った後に、ディランはスタジオに戻り、別の14曲を録音する。その中には、風刺的な〈トーキン・ジョン・バーチ・パラノイド・ブルース〉、心をかき乱す〈レット・ミー・ダイ・イン・マイ・フットステップス〉、教訓的な〈ザ・デス・オブ・

エメット・ティル〉など、彼の最初の政治的な作品が含まれていた。他には、オリジナル曲として、トーキング・スタイルのノヴェルティ・ソング2曲とガスリー風のほら話を歌った〈ランブリング・ギャンブリング・ウィリー〉、さらにハンク・ウィリアムズの1曲と、1年前にスタンプフェルを驚嘆させたハーモニカが耳につくホーダウン〈サリー・ギャル〉もあった。残りの6曲は、ロバート・ジョンソンの〈子牛のブルース〉とマディ・ウォーターズの〈ルイジアナ・ブルース〉のリメイクを含む、ストレートなブルースだった。

　これらの録音は、最終的に『ザ・フリーホイーリン・ボブ・ディラン』としてリリースされるアルバムにはいっさい収録されず、7月の次のセッションでディランは〈風に吹かれて〉をレコーディングした。これは、すべてを変えることになる作品だが、当時彼はこの曲が新しい方向性を指し示しているとは認識していなかったようだ。7月のセッションは、彼の最もワイルドな作品の一つである〈ベイビー、アイム・イン・ザ・ムード・フォー・ユー〉で始まった。これは、トラディショナルの曲を力強く自由に焼き直したもので、時折オーガズムの際のうめき声が挟み込まれている。他の5曲のうち4曲はブルースだったが、そのブルースではない1曲は〈ボブ・ディランのブルース〉という紛らわしいタイトルで、押韻付きの荒唐無稽なモノローグだった。今になってみれば、これは後にディランが、シュールレアスム的な詩作に挑戦することを予感させる作品だったが、当時は、ガスリーへのもう一つのオマージュのように思え、ウディのオクラホマ訛りを真似た次のようなイントロダクションまで付いていた――「最近のほとんどの曲はアップタウンのティン・パン・アレーで書かれているが――最近のフォークソングのほとんどもそこで出来ているが――この歌は、これはアップタウンで書かれた歌じゃない。これはアーメリカのどこかで書かれたものだ」

　コロムビアはその時点で21曲の録音を終えており、デビュー作に続くアルバムとしては十分すぎるほどの数だった。ギターのピッキングはより熟練して特徴的になり、ヴォーカルはより自信に満ち、何曲かの歌詞は練り直されてオリジナル作品とみなせるほどになっていた。これから、作詞家としての技量の向上を示すべく、オリジナル曲を数曲増やそうかという段階だった。しかし、8月にディランは新しいマネージャー、アルバート・グロスマンと契約し、これまでの予定はすべてご破算となった。期待されていたレコードをリリースする代わりに、彼は次の3カ月間スタジオに入らず、10月下旬にスタジオに戻ったときには、ピアノ、ベース、ドラム、エレキギターのバックバンドを引き連れていた。サウンドは初期のサン・レコードのヒット曲を彷彿させるもので、エルヴィスの〈ザッツ・オール・ライト〉のカヴァーも録音されている。そして63年を迎える直前、コロムビアはディラン初のシングル、自作のロカビリー曲〈ゴチャマゼの混乱〉をリリースした。

ディランは、このストレートなロックンロールへの挑戦を否定しがちで、〈ゴチャマゼの混乱〉はスタジオへ向かう途中のタクシーの中で書いたもので、出来上がったシングルに興味があったことはないと言っているが、期待している人がいたに違いない。この曲を完成させるために3回ものレコーディング・セッションが行われ、15ものテイクが完成しているのだ。後から考えれば、これらのセッションは、ディランの後の音楽的進化を明らかに予兆するものだった。同じセッションで録音された〈ザッツ・オール・ライト〉のギターを弾くブルース・ラングホーンの登場さえも、ディランの未来を予告しているようだ――ラングホーンは、65年のアルバム『ブリンギング・イット・オール・バック・ホーム』に収録されている〈マギーズ・ファーム〉の冒頭で〈ザッツ・オール・ライト〉と同じリフを弾いているのだ。しかし、当時のチャート並ぶ作品群を考えると、これは売りにくい商品だった。『ビルボード』は、このシングルに「レコード店に在庫として置かれるに値する十分な商業的可能性」を示す4つ星の評価を与えたが、このアドバイスに従った者は誰でも失望したに違いない。このシングルはまったく売れなかった。すぐに忘れ去られ、B面の〈コリーナ、コリーナ〉の別テイクがアルバム『フリーホイーリン』に収録されたものの、伴奏は控えめで、曲自体ほとんど注目されなかった。

実際、このアルバムが63年6月にリリースされた頃には、ディランを独特なブルースの解釈者、独創的なギタリスト、そしてフォークとの境目にいるロックンローラーとして売り出すというアイデアは放棄されていた。彼はさらに13曲を録音したが、ブルースは2曲だけで、どちらも完成したレコードには収録されなかった。代わりに彼はソングライターとして生まれ変わり、アルバムのブルース・カヴァー3曲は埋め草として片付けられ、彼は同世代を代表する詩的な声、そして良心の象徴へと変貌を遂げていく。

第4章　風に吹かれて

グリニッチ・ヴィレッジのネオ・エスニック・フォーク・リヴァイヴァル主義者たちが、南部の古い田舎風スタイルを習得しようと懸命に努力する一方で、南部の新世代のシンガーたちはまったく異なる種類のリヴァイヴァルに取り組んでいた。ガイ・キャラワンは1927年にロサンゼルスで生まれたが、両親はカロライナ出身で、二十代前半に自分のルーツに回帰する術としてフォーク・ミュージックに興味を持つようになった。53年、社会学の学位を取得した彼は、ミュージシャン仲間のフランク・ハミルトンとジャック・エリオットとともにアメリカ南東部を初めて訪れ、「街角、田舎の店、ガソリンスタンド、酒場、フォーク・フェスティヴァル、ラジオ番組で歌った」と語る。彼はこの土地と音楽に魅了され、また、始まりつつあった公民権運動にも興味を抱くようになった。57年、彼はペギー・シーガーとともに世界青年学生祭典に参加するためモスクワに行き、その足で、国務省の渡航禁止令を無視して中国へ赴いた。その後アメリカに戻ると、大学を回り、歌いながら自らの体験を語った。58年にフォークウェイズからデビュー・アルバムを制作したが、これは伝統的な歌を集めたもので、『リトル・サンディ・レヴュー』誌は、カントリー・スタイルをうまく吸収し、作り変えている若き都会派シンガーとして、彼をエリオットと並ぶ存在であると評価した。

　彼は、フォーク・シーンで一般的になっていた時事的で政治的な歌に反発してきたと、ライナーノーツで説明している。「現在もしくは最近の出来事、問題、人物について歌うという考え自体が、私にはとても奇妙に思え、好きではなかった」。しかし、彼は次第に、問題なのは「こうした歌の多くの質が悪いという事実」だけであり、現代の懸念を表現する良質な新曲が生まれてもいいと考え始めたが、自身のレコードではトラディショナルな題材にこだわり続けた。翌年彼は、ピート・シーガーの推薦により、テネシー州のハイランダー・フォーク・スクールの音楽監督に就任した。

　ハイランダーは、コミュニティの指導者を要請するための教育センターで、30年代の労働闘争中に設立されていた。その理念は、スタッフたちは権威者やリーダーではなく、教育とはリソースと支援を提供することであるというものだった。50年代には、人種問題に関するワークショップを開催し始め、アフリカ系アメリカ人の活動家が有権者登録テストに必要なスキルを教える「フリーダム・スクール」を設立するのを支援した。これは、非暴力抵抗の理念を広め、様々な地域の指導者が会い、経験を共有し、運動方針を練る場を提供した。ローザ・パークスは54年にハイランダーに在籍し、数カ月後にはアラバマ州モンゴメリーの人種隔離的な交通システムに異議を唱え、バス・ボイコット事件を起こし、マーティン・ルーサー・キングが運動に参加するきっかけを作った。57年に撮られた写真には、ハイランダー創立25周年記念式典に出席したパークス、キング、シーガーが写っている。また、その際に撮られた別の写真がすぐに南部各地で看板に貼られたが、写真の上には「共産主義者訓練学校のマーティン・ルーサー・キング」という揶揄が大文字で書かれていた。

　ハイランダー校の哲学に倣い、キャラワンは自分の仕事を「人々が歌い、歌を分かち合えるように手助けすること」と表現した。「誰かが歌い始めたら、ギターでそっと伴奏をつけてあげて、勇気を出して歌い続けられるようにした」。また、あるグループから別のグループに歌を広めるのを手伝い、オールマナックスのモデルに倣って、活動家が自分たちの必要に合わせて素材を作り直すよう奨励した。特に、よく知られている霊歌や賛美歌をアレンジすることを提案した。

> 最初は気分を害する人もいた。救いについてのとても個人的な歌だからね。でも、時には突然言葉を変えようとする人もいたんだ——バーニス・ジョンソン・リーゴンが「私の頭の上には問題が漂っている」を「私の頭の上には自由が漂っている」に変えたときのようにね。それから何かが起こったんだ。みんなが、これらは自分たちの歌であり、感じていることを表現するために変えることができるんだとね。

すぐに何百もの曲名と歌詞が翻案された。〈ディス・リトル・ライト・オブ・マイン（This Little Light of Mine）〉というゴスペル曲では、「イエスの光（the light of Jesus）」という歌詞が、「自由の光（the light of freedom）」に変わり、「鋤《すき》に手を置きなさい（Keep your hand on the plow）」が、「報酬から目を離すなかれ（Keep your eyes on the reward）」になった。その過程で、南部で忘れ去られ、都会のフォークシンガーによって息を吹き返した歌が故郷に帰ってきた。シーガーは自分のヴァージョンの〈漕げよマイケル〉が平凡なのではないかと心配していたし、61年にポップ・チャートのトップに躍り出たハイウェイメンのヴァージョンはさらに味気ないものだったが、彼らの心地よいラジオヒット・ヴァージョンは南部の運動家たちによって取り上げられ、ミシシッピ州マコームの監獄に入れられていた公民権運動家ボブ・モーゼズは、仲間の囚人たちが「マイケル、ボートを漕いで岸へ、ハレルヤ……次はミシシッピだ、ハレルヤ」と歌うのに励まされたという。

60年、キャラワンは南部の自由運動における音楽の役割について議論するワークショップを組織し、シーガーが40年代にハイランダーズのスタッフの一人であるジルフィア・ホートンから学んだ歌を紹介した。彼女はこれを「We Will Overcome（私たちは乗り越えていく）」と歌ったが、シーガーは「will」を「shall」に変更した（shallの使用で、より格式があり伝統的で崇高な感覚を出すことができる）。そして、数週間後、学生非暴力調整委員会（ＳＮＣＣ）の組織協議会でキャラワンと仲間たちが合唱したとき、この歌〈勝利を我等に〉は運動の賛歌となった。この運動の最初の歌唱グループの一つだったナッシュビル・カルテットのメンバー、バーナード・ラファイエットはこの歌のもつ力を回想している——61年、彼は「フリーダム・ライダー」の一員として、人種混交グループとともに南部を旅し、バス停や公共施設の人種差別を撤廃しようとしたが、モンゴメリーで、武装し怒りに燃えた暴徒に捕らえられてしまった。

我々の唯一の望みは一緒に離れないでいることだった。私たちは輪になって手をつなぎ、〈勝利を我等に〉を歌い始めた。この歌は、場合に応じて意味が変わってくる。時には世界中の問題について「We Shall Overcome（我々は乗り越えていく）」と歌い、時には地元コミュニティの問題について「We Shall Overcome」と歌う。しかし、あのバス停では、この曲は祈りに変わった。私たちは生き残るという希望の歌、たとえ、このグループに属する私たちが生き残れなくても、人間としての私たちは乗り越えられるという希望の歌だった。

30年代、オールマナック・シンガーズは歌う労働運動を夢見ていたが、興味を持つ労働者はほとんどいなかった。そして、南部の公民権運動で彼らの夢は現実になった。南部のあちこちで人々が歌を作り、その多くはスピリチュアルやゴスペルの人気曲の翻案だったが、ブルース、ホーダウン、R＆Bのヒット曲を焼き直したものもあった。最も人気があったのは、運動家たちがその瞬間の出来事やインスピレーションに合わせて新しい歌詞を加えるにつれて、変化し成長するシンプルな共同作品だった。シーガーはデモ参加者に歌詞を訊ねると、たいてい「歌詞はありません」と言われたと書いている。基本的な曲は単なる骨組みにすぎず、集められたのは「いくつかの言葉」で、それはつまり、ある人物やグループがその日にたまたま歌いたくなったものだった。運動家の多くはティーンエイジャーで、教会の集会、デモ行進、座り込み、そして刑務所内での士気を高めるために歌った。62年4月、ニューヨークの音楽誌『ブロードサイド』のニュースレター第3号には、最近ヒットしたダンス曲〈(ベイビー) ハリー・ガリー〉の曲を改変した歌が掲載された。これは、ミシシッピ州の悪名高いパーチマン刑務所で1カ月半過ごしたマリリン・アイゼンバーグが〈フリーダム、フリーダム・ライダー〉として作り直したものだ。添えられたメモには、「刑務所で女の子たちはいつも踊っていた。ツイスト、ワッシ、ハリー・ガリーがみんなのお気に入りだった」と記されていた。次のページには、差し迫った核戦争に備えてアメリカ全土の都市で建設中の核シェルターへの反対の訴えである、「私は地中に潜らない」と題された記事が掲載されていた。この文章は、恐怖を煽り立てる風潮がいたるところで見られ、「みんなが生きるのではなく、死ぬことを受け入れるようになっている」ことを非難しており、筆者はボブ・ディランだった。

50年代には、都市の左翼が集会やピケラインで歌う機会はほとんどなかった。孤立し、追い詰められ、落胆しながらも、何人かはトピカル・ソングを書き続け、闘い続けていることを証明しようとし、自分たちは一人ではないことをお互いに確認し合った。しかし、彼らの作品は、私的な集まりや小さなフーテナニー、進歩的なサマーキャンプなどで広められ、時折録音が行われ、『シング・アウト!』誌上で取り上げられたのみにとどまった。彼らの手本はウディ・ガスリーやオールマナックスで、最も活躍していたアーティストはピート・シーガーだった。彼がフォークウェイズに送り出した多作な作品には、58年のアルバム『ガゼットVol.1』があり、クー・クラックス・クランから宇宙旅行まで、あらゆるテーマの曲が収録されている。61年、シーガーはイギリスとアイルランドをツアーし、同地でのフォーク・シーンの活力、特に時事的な歌の多さに驚いた。イングランドやスコットランド中のパブの奥の部屋では、フォーク・クラブのミーティングが行われ、若いソングライターたちは「原爆狂気の終焉を要求する歌、汚職まみれの政治家をこき下ろす歌、アメリカに原子力潜水艦をクライド海軍基地から引き揚げさせてぶっ壊せとはっきり告げる歌」を作曲していた。アメリカに戻った彼は、オールマナックス時代の古い同僚であるシス・カニンガムに、同じように新しい曲をどんどん生み出すことを奨励すべきだと提案し、彼女は自宅で隔週ずつ印刷するソングシート兼ニュースレターである『ブロードサイド』を創刊した。

『ブロードサイド』の8ページの創刊号は62年2月に発行され、ボブ・ディランの「トーキン・ジョン・バーチ・パラノイド・ブルース」が掲載された。これは、ディランにとって最初の印刷された曲であるが、反共産主義の被害妄想を風刺した作品である。2カ月後、〈アイ・ウィル・ノット・ゴー・ダウン・アンダー・ザ・グラウンド〉（〈レット・ミー・ダイ・イン・マイ・フットステップス〉として、『ブートレッグ・シリーズ第1〜3集』に収録）では、「戦争の噂が流れ、これまでの戦争でも／人生の意味は風に吹き飛ばされた」と嘆いた。そして5月下旬、第6号の第1面には、この考えを膨らませた3節からなる「風に吹かれて」というタイトルの記事のスペースがとられた。次のページには注が付され、そこにはディランのデビュー・アルバムのリリースと歌集発売の予定が発表されていた。「まだ二十歳だが、近年、ウディ・ガスリーに最も近い作曲家と考えている人もいる」と付け加えられ、ミシシッピ州での黒人少年の殺人事件を題材にした「エメット・ティルのバラッド」が次号に掲載されることも予告していた。

『ブロードサイド』が興奮するのには十分な理由があった。このニュースレターはすぐに、トム・パクストン、フィル・オクス、レン・チャンドラー、バフィー・セントメリー、ピーター・ラファージといった若いソングライターたちのフォーラムとなる。この中には、さらに年配の左翼で〈リトル・ボックス〉など10数曲を寄稿したマルヴィナ・レイノルズ、そしてもちろんピート・シーガーもいた。しかし、初期の号でディランの作品は明らかに傑作だったが、他の歌詞の多くは凡作と言える内容だった。フォーク・シティのアーテナニーを運営し、シーガーとともにニュースレターのアドバイザー兼タレントスカウトを務めていたギル・ターナー（どちらがディランを引き入れたかは記憶が分かれている）は、創刊号の冒頭で、このことを認識していたことを示唆し、「『ブロードサイド』の目的は、選曲して決定することではなく、できるだけ多くの曲を、できるだけ早く世に出すことである。曲が良いかどうかを知る唯一の方法は、その曲を広く流通させ、歌手とリスナーに自分で判断してもらうことなのだ」

『ブロードサイド』とその寄稿者の間には、常に鶏が先か卵が先かという関係があった。『ブロードサイド』は、ディランと彼の仲間たちにフォーラムを提供し、フォーラムがあったからこそ、彼らはトピカル・ソングを書いたという側面があった。しかし、ディランのファンの中には、これは間違った方向性だと考える者もいた。ディランのデビュー・アルバムを絶賛した文章の最後に、『リトル・サンディ・レヴュー』誌は、「我々は、ディランが活動家たちから距離を置き、なるべく伝統的な手法で曲を書き続け、彼の難解で繊細で非常に個人的なスタイルを探求し続けることを心から願っている」と書いた。しかしディランの問題は、エネルギーが限られていてそれを方向づける必要があったのではなく、アイデアが爆発していて、それを試す機会が必要だったということだ。歌唱力や楽器の演奏力と同様、作詞作曲の力も未熟だった彼にとって、『ブロードサイド』は試行錯誤ができるもう一つの場所を提供していた。彼は、核シェルターや殺害されたティーンエイジャーについてのプロテスト・ソングだけではなく、浮浪者のバラードや恋わずらいのブルースも書いていた。彼はあらゆる種類の曲を書き、さらに多くの古い曲を学んでいた。62年の初め、彼はロバート・ジョンソンの虜《とりこ》になっていた。ちょうどコロムビアから30年代の録音が再発されたばかりだったのだ（ジョン・ハモンドが彼にその見本盤を渡していた）。ディランはすぐにジョンソンの〈心やさしい女のブルース〉や〈ランブリン・オン・マイ・マインド〉を演奏するようになった。

『リトル・サンディ・レヴュー』は、ディランの政治的な歌は以前のレパートリーより弱いと主張するかもしれないが、それは論点ではない。モー・アッシュ（フォークウェイ・レコーズの創立者）がウディ・ガスリーに、処刑された無政府主義者サッコとヴァンゼッティについてのアルバムを書くよう依頼したとき、ガスリーはその限られた主題について12曲も作曲できる自分の能力に誇りを持っていた。そのどれもが彼の最高傑作には及ばなかったが、それでもそれはめざましい偉業であり、自身の作曲能力を見せつけるものであった。ディランの政治的な歌には凡庸なものもあったかもしれないが、それでも彼の作曲能力は鍛えられることになった。彼は絶えず曲を書いており、駄作と考えたものはすぐ破棄していた。62年の初め、彼はシーガーとギル・ターナーとともに『ブロードサイド』が提供するラジオ番組の収録に臨んだが、シーガーはまずディランに新曲をいくつかリクエストし、「アメリカ中を探してみても、彼は最も多作なようだ」と説明しながら、「ボブ、きみは毎日、朝食前か夕食前に曲を作っているのかい?」と訊ねている。

ディランは最初、「いや、2週間くらい曲を作らないことだってある」とつぶやき、それからこう付け加えた。

俺が歌う曲についてだけれど……たくさん曲を書くってのは本当だ。実は、昨日の夜は5曲書いたが、書いた紙を全部どこかに置いてきてしまった。それはビター・エンドという名前のクラブで、そこのステージで起こっていることについて書いたものもあった。他の場所でそれを歌うことはないよ。それは自分とそこにいた人のために書いたものだった。「それについて曲を書いてよ」と言われたら、俺は書くんだ。

彼は、自分は「新聞をあちこちに広げて、曲を書くために記事を選ぶ」ようなタイプのソングライターではないが、新聞やテレビで見た特定の出来事について書いたものも何曲かはあると付け加えた。彼は自分が興味を持った様々なことや付き合っている人たちについて書いていたが、この時点での親密な友人の中には、「抗議活動家」も含まれていた。ミネアポリス時代から彼は様々な左翼主義者に囲まれていた——自由にあふれる都会で彼らから逃れることはできなかったのだ——そして61年8月に彼は、17歳のスーズ・ロトロと出会う。彼女はその後2年間にわたって、彼のパートナーであり、恋人であり、時には詩神《ミューズ》でもあった。ロトロは社会主義者のサマーキャンプに参加し、「核兵器禁止」の嘆願書を回覧したために高校から停学処分を受け、健全核政策委員会にボランティアとして参加し、58年にワシントンで行われた最初の公民権デモ行進にも加わっていた。また、人種隔離政策が取られていたウールワースの南側ランチカウンター席で行われた学生の座り込みを支持するために、その店の前でピケを張り、61年には人種平等会議（CORE）のマンハッタン事務所で働いていた。それはフリーダム・ライド（自由のためのバス乗車運動）の春であり、南部の混乱に無知だった北部の白人たちは、運動家の乗客が黒人白人関係なく、人種差別的な暴徒に残酷に殴打され、その暴徒たちにはおかまいなしの警察に逮捕されるという現場を撮影した写真を目の前に突き付けられていた。ロトロの言葉を借りれば、「白人は、自らの尿に顔を突っ込まされた家畜のように、自分たちの姿と自分たちの歴史がもたらしたものを見つめていた」

ディランの最初のトピカル・ソングは、人種差別による暴力、冷戦に対する被害妄想、死刑など具体的な事象を扱ったものだったが、62年の初めには、より広く曖昧な歌詞を書くようになっていた。世界は問題を抱え、長年の不正はもはや無視できないという感情を込めたその歌詞は、特定の物語を語ったり説教じみた話をするのではなく、疑問を投げかけるものだった。「ある種の人々は、何年生きれば自由になれるのか?」「砲弾は、永久に禁止されるまでに何度飛ばされなければならないのか?」「人は、何度顔を背けて、何も見ていないふりをすることができるのか?」。ガスリーも、最も露骨な反戦歌で同様のアプローチを使い、「なぜお前たちの軍艦は私の海域を航行し、なぜお前たちの爆弾は私の空から落とされるのか?」と問いかけていた。さらにディランは、直接的な疑問と、より象徴的な疑問を組み合わせた。「山が海に流されるまで何年かかるのか?」「白い鳩は、砂の中で眠るまでに何度海を渡らなければならないのか?」。メロディは軽快で心地よく、オデッタがその少し前に録音した19世紀の奴隷歌〈ノー・モア・オークション・ブロック(競売はもうたくさんだ)〉を作り変えたものだった。

『ブロードサイド』のディランの友人たちはすぐに、この〈風に吹かれて〉が別格だと気づいた。彼はフォーク・シティの地下室でギル・ターナーに向かってこの曲を歌い、ターナーは感銘を受け、その夜ステージでこの曲を演奏し、手書きの歌詞をテープでマイクに貼り付けた。しかし、当分の間、ディランはまだ別の方向性を模索していた。62年4月、フォーク・シティに短時間出演した際は、テキサスのトラッド曲〈ディープ・エルム・ブルース〉など、ブルース系の曲を主に歌い、続いて〈風に吹かれて〉に移ると、ほとんど申し訳なさそうな調子で曲紹介を行っている。「この曲は、これはただの……」。彼は言いよどんで、ふさわしい言葉を探し、「これはプロテスト・ソングとかそういうものではなくて、だって、俺はプロテスト・ソングなんて書かないから。つまり、俺はただ……誰かのために言わなければ……誰かによって言われなければならないものを書いているだけなんだ」と言う。

ディランは、南部や田舎のルーツ・ミュージックを精力的に解釈するミュージシャンとして知られていたが、

〈風に吹かれて〉は一味違ったものだった。このライヴの前半で〈ニューヨークを語る〉を演っていたが、その歌詞の中で、コーヒーハウスのオーナーに「君はヒルビリーみたいだな、俺たちが欲しいのはフォークシンガーなんだがな」とはねつけられるところで観客は拍手喝采した。彼らはオーナーの批判をプライドの象徴として理解していたのだ。つまり、ディランがフォークシンガーとして売り出されている未熟な大学生のように思われているのではなく、デイヴ・ヴァン・ロンクやニュー・ロスト・シティ・ランブラーズと同じグループに属し、ブラインド・レモン・ジェファーソンのような本物の民族的伝統を思い起こさせてくれる存在であることの証だと考えていたのだ。しかし、〈風に吹かれて〉はテキサスの場末の酒場やケンタッキーの裏口のポーチで聞くようなルーツ・ミュージックではなかった。それは、フォークシンガーの音楽だったのだ。

ディランがこの曲をたどたどしく紹介した理由は、自身に対する疑念というよりも、フォーク・シティの聴衆を熟知していたからだったかもしれないが、この曲は彼にとって逸脱であり、一部のリスナーが疑念を抱くかもしれないことを彼は理解していた。ソングライティングの技術という点では、〈風に吹かれて〉は、〈トーキン・ジョン・バーチ・パラノイド・ブルース〉や〈ザ・デス・オブ・エメット・ティル〉よりも野心的で巧みだったが、この2曲は彼の他のレパートリーに溶け込んでおり、荒々しい田舎訛りで時事問題を取り上げていた。最初のアルバムが出たばかりのディランは、演奏者としてはブルースのスタイルに磨きをかけている最中で、歌詞に対してますます大胆なアプローチを取り、よりタイトでタフなギターアレンジを練り上げようとしていた。『ブロードサイド』は、彼が別の聴衆を獲得し、ガスリー風のプロテスト・ソングを作るという「副業」に挑戦する機会を提供したが、ディランをトピカル・ソングライターと分類する読者はいたものの、それはやはり副業のままだった。政治的な歌詞よりも、放浪や恋愛についての曲のほうが常に多かったのだ。彼は『ブロードサイド』の最も力強い声《ヴォイス》であり、そこで発表した作品のうち数曲は古典となったが、大半はガスリーやオールマナックスを手本とする限られた聴衆に向けた忘れられがちな作品だった。

作曲は、他人の曲を歌ったり演奏したりするよりも個人的な試みであると考えられる傾向があるが、この時期のディランのオリジナル作品は、古い素材にアレンジを加えて作ったものより独創性がなく聞こえることが多かった。たとえば、ロバート・ジョンソンの曲を歌うとき、彼はジョンソンのようには決して聞こえなかったが、彼自身が作った曲はウディ・ガスリーの作品によく似たものになりがちだった。〈風に吹かれて〉は例外だが、62年にはこのような水準の曲はあまり書いていなかった。次の重要な作品〈激しい雨が降る〉を書き上げるまで5カ月かかっており、その間に彼は『フリーホイーリン』制作のためのレコーディング・セッションをしており、演奏は引き続きブルースと伝統的な素材に大きく依存していた。

クラブ・レベルでは、それは芸術的にも商業的にも理にかなったことだった。この時期のグリニッチ・ヴィレッジのコーヒーハウスは、ディラン、ヴァン・ロンク、バエズ型のアーティストを育てたことで有名で、シンガーソングライターと伝統主義者が混ざり合い古いブルースとバラッドを歌っていた。しかし、最も人気があり名声のあるヴィレッジのクラブではジャズが引き続き演奏され、フォークシンガーを雇っていた小規模でギャラの少ないクラブでも、フォーク以外の様々な音楽が提供されていた。62年8月、ディランの『ブロードサイド』仲間であるレン・チャンドラーとトム・パクストンはともに地元のクラブでレギュラーとして演奏していたが、チャンドラーの名前は、フラメンコ・ギタリストより下の段に置かれ、パクストンは「近東のミュージシャン」グループの前座を務めていた。

一方、ピート・シーガーは、9月22日に『シング・アウト!』をスポンサーに、新進気鋭のアーティストを披露するフーテナニーを主催し、カーネギーホールを満員にしていた。出演者は、シーガーがイギリスをツアー中に、その大胆な時事的歌詞でインスピレーションを受けたスコットランドのソングライター、マット・マギン、フリーダム・シンガーズのバーニス・ジョンソン、ボストンを拠点とするブルーグラスバンドであるリリー・ブラザーズ、そしてこれまでで最大の観客の前で演奏したディランなどである。シーガーはソングライターとしてのディランの成長を追いかけており、すでに彼を「若き詩人、真の詩人」と評していたが、ディランはまず、軽快なハーモニカの音色が響く〈サリー・ギャル〉とエヴァリー・ブラザーズ風の〈ハイウェイ51〉でその技術を見せつけた。次に〈トーキン・ジョン・バーチ・パラノイド・ブルース〉を演るが、これはシーガーの聴衆にとって完璧な選択で、ディランは熱狂的な笑いと大喝采を浴びた。そして、〈ホリス・ブラウンのバラッド〉で会場の雰囲気を厳粛にする。貧困に追い詰められて家族全員を殺す男を描いた歌だ。最後は、〈激しい雨が降る〉を大舞台で初めて演奏し幕を閉じた。『ニューヨーク・タイムズ』誌のロバート・シェルトンは、ディランは「聴衆を煙《けむ》に巻き、そして魅了した」と書き、彼の歌詞を「アメリカの平原の会話的な俗語に片足を置き、もう片方の足を象徴主義詩人の〝泳ぎやすい水〟に置いた」ものだと評した。この文章は、ウディ・ガスリーが40年代に書いたメモ「私はウォルト・ホイットマン翁の泳ぎやすい水域には近づかないようにしなければならなかった」からの引用で、シーガーは『リトル・サンディ・レヴュー』に寄稿した記事でこれを引用していた。ほとんどの読者は間違いなくこの言及に気づかなかっただろうが、事情通たちにとっては強力なメッセージとなった。ディランはガスリーの後を引き継ぎ、ガスリーが踏み込むことを恐れた場所へと、向かっていたのだ。

シーガーは裏方に徹し、「優雅で控えめな司会者」を務めていたが、シェルトンは、〈天使のハンマー〉を作曲したのは、シーガーとリー・ヘイズだったことを知って驚いた。この曲は、当時デビューしたてで売り出し中のピーター・ポール&マリー（PPM）のシングルとしてポップ・チャート入りしてから6週目に入っており、トップ10に向かって上昇中だったのだ。

シェルトンは、ほぼ1年前にPPMがしゃれたアップタウンのサパー・クラブ、ブルー・エンジェルに出演した際に紹介記事を書いていた。『ニューヨーカー』誌はナイトクラブ紹介欄で、彼らを「2本のあごひげと人形」と簡潔に表現しており、その表現は品のないものではあったが、このトリオの「流行り《ヒップ》の男とグラマーな女」というコンセプトをうまく捉えていた。シェルトンの説明によると、「フォークソング・グループの要としてセックス・アピールを据えるというのは、グループのマネージャーであるアルバート・B・グロスマンのアイデアで、彼は何カ月もかけて『その女性』を探し、最終的に、背が高くてほっそりとしたマリー・トラヴァースに白羽の矢を立てた。彼女は、滝のように流れるブロンドの髪をもち、表情が豊かで、魅力的なオーラを放っているのだ」。他のメンバーは、大学の音楽シーンでのソロ活動で注目を集め、グロスマンがマネージメントしていたピーター・ヤーロウと、マクドゥーガル・ストリート界隈で「コメディ界のサルバドール・ダリ」として知られていたシュールなコメディアンのポール・ストゥーキーだった。彼らはグロスマンの監督の下で数カ月間リハーサルした後、ヴィレッジの新しくオープンしたポップフォーク・クラブ、ビター・エンドでオープニングを飾り、そこですぐに成功を収めた。62年3月にリリースされたデビュー・アルバムは、トップ40シングルを2曲送り出し、『ビルボード』のLPチャートで7週間1位を獲得し、3年半にわたってトップ100に留まった。PPMの登場は、『ヴィレッジ・ヴォイス』がフォーク・ミュージックの「盛期ルネッサンス」と呼んだものの先駆けとなり、同紙は「彼らは、名声と富のめくるめく高みへと舞い上がった。彼らのハーモニーの先人である人気グループ、アンドリュース・シスターズが、彼らのために切り開いたナイトクラブという道筋に沿って。チャーリー・チャップリンが運の悪い浮浪者の姿で何百万ドルも稼いで以来、ついにそれに匹敵する新しいエンターテイナーが現れた。それが、今日のプロのフォークシンガーたちだが、彼らは貧困の悲哀を運用して莫大な保険金にすり替えたのだ」と記している。

同様の非難は、50年にウィーヴァーズ、60年にはキングストン・トリオにも向けられており、ディランが最初にシーガーの聴衆に注目され、次にPPMを通して、もっと大勢の聴衆の目に留まるようになると、ディランも同じ扱いを受けた。「彼にはまがいものの雰囲気が漂っている」と『タイム』誌は翌年の春に書いた。「都会人のふりをしているファンは、彼を褒める（praising）ときにgの発音を省略する残念な傾向がある（〜ingのgを省略すると庶民的な感じが出るが、多用すると嫌味な感じにもなりうる）……しかしディランは、本物らしさをフェティッシュ化するという一つの芸術形式が生み出した最新のヒーローだ」。ディランには以前のフォーク・スターと異なる二つの特徴があった。彼はソングライターであり、ひどい声の持ち主だった。

その後2年間でディランの評判が高まるにつれ、これらの特徴は相乗効果をもたらした。シェルトンは以前彼を「これまで録音された中で最も説得力のある白人ブルース・シンガーの一人」と呼んでいたが、今回は「彼の声は小さく素朴で洗練されていないが、自分の歌を披露するという目的には最適なのだ」と書いた。彼の言わんとしていることは、ディランは歌手やエンターテイナーではなく、ソングライターなのだ、というものだった。『タイム』は、モントレー・フォーク・フェスティヴァルに、「ウィーヴァーズ、ビル・モンロー、マンス・リプスカム、ピーター・ポール＆マリーといったフォークもしくは似非フォークのチャンピオンたちと並んで」出演したディランについて、「ほぼ全員がもっと上手に歌ったにもかかわらず……5千200人の観衆が彼のほうに熱烈な拍手を送った」と書いた。この記事はまた、ディランの声の欠陥を強調している。「時々、彼は貧相なプレスリー風のうなり声で歌う」、そして「最高のときでさえ、彼の声は結核療養所の壁を漂って越えていくように聞こえる——それが魅力なのだが」。彼は、さえずるような声で歌う洗練されたポップフォークの歌手とは正反対だった。代わりに、「彼には自分だけにしか語れないことがあり、それを自身のオリジナル曲で語る。そしてその曲は、ウディ・ガスリー以来、フォークというスタイルで最も優れているものなのだ」

ヴォーカルや楽器のスキルが欠けているにもかかわらず、大きな成功を収めたソングライターであるというディランのイメージは、田舎のルーツ・ミュージックのダイナミックな解釈者という以前の評判をほぼ完全に覆した。彼の作品は最初から激しい議論を呼び起こし、人々はそれを好きになるか嫌うかのどちらかだったが、かつてそういう意見は、彼の歌い方、演奏、そしてステージでの存在感に基づいて語られたものだった。その際の肯定的なレヴューは、彼の声の「焼けつくような強烈さ」、彼の「エキサイティングでブルージーで激しいハーモニカとギター」、そして彼の即興の冗談話とチャップリン風のボディ・ランゲージのすばらしさに言及していた。しかし今や、彼の音楽は、『リトル・サンディ・レヴュー』やギャスライト・カフェのネオ・エスニック原理主義者とはまったく異なる基準を持つ聴衆に届いていた。新しい聴衆は、依然として本物であるということを高く評価するかもしれないが、この時点で彼らの基準はジョーン・バエズになっていた。

バエズは驚くほど美しい声を有したミステリアスな若い女性で、クラシック音楽のレコード・レーベルでレコーディングし、ナイトクラブを避け、古びたバラッドを痛々しいほどの説得力で歌っていた。『ライフ』誌がPPMを初めて全国的に取り上げたのは、パロディ写真特集の一部で、「フレッシュなフォークシンガーたち」が、カメラの前で自分たちの曲のタイトルを演じるというものだった。キングストン・トリオは〈ディス・リトル・ライト・オブ・マイン〉を象徴するろうそくの周りに集まり、スマザーズ・ブラザーズは、〈ダンス、ボートマン、ダンス〉の歌詞になぞらえて、係留された小舟の中で踊り、PPMは〈ブルー〉に歌われる悲しげなバセットハウンド犬をメンバーに加え4人組になった、というコミカルな設定で写真が撮られた。しかし、「孤独で過激な伝統主義者」と評されるバエズは、この特集のコンセプトに従うことを拒否し、カリフォルニアの自宅近くの静かな入り江で、シンプルな黄麻布《おうまふ》のドレスを身にまとい「ほとんど比類のない純粋さ」を披露しながら歌っている姿で写真に収まった。

商業的フォーク・ミュージックに関わっている者の中で、アルバート・グロスマンほどイメージというものが有する複雑な相互作用を理解している人間はいなかった。彼は59年にバエズをスカウトしたが、彼女の記憶によれば、「彼は『君は望むものは何でも手に入れられる。望む人は誰でも手に入れられる』などと言って私を怖がらせた」という。グロスマンはその年に行われた、第1回ニューポート・フォーク・フェスティヴァルで彼女をステージに上げ、コロムビアのジョン・ハモンドのオフィスに招き入れたが、彼女はもっと気の合う仲間の元に逃げ込んだ——ボストン・フォークロア協会の控えめなコンサート・プレゼンターであるマニー・グリーンヒルや、「音楽通のためのレコード」をモットーとするヴァンガード・レコードなどだ。しかし彼女は、60年代を通してグロスマンが潜在意識の下でつきまとい続けたと回想している。「それはショービジネスの影だった……それは、私がどれだけうまくやっていても、彼と組めばもっとうまくやれると私に言い続けた」

バエズは、圧倒されるほど誠実なアーティストだった。ジョーン・ディディオンの言葉を借りれば「不満を抱く人々の聖母」だ。グロスマンはそのイメージの魅力と限界の両方を理解し、PPMをより親しみやすく楽しい存在として、しかしキングストン・トリオやその大学生クローンたちとは一線を画すような高潔な存在として世に送り出した。ヤーロウとストゥーキーは、元気のいい学生寮風のルックスではなく、モダン・ジャズ・カルテットのようなおしゃれなあごひげ、ダークスーツ、細身のネクタイを身に着け、バエズと同様の魅力を醸し出していた。彼らは正真正銘のグリニッチ・ヴィレッジのフォークシンガーでありながら、よく訓練され、センスと品格をもってパフォーマンスを行った。しかも、それは単なるイメージではなかった。マリー・トラヴァースは55年にピート・シーガーとレコーディングしており、ヤーロウは大学ツアーで確固たる評判を築いていた。そして、3人とも音楽と政治的活動の両方に真剣だった。彼らの楽曲も独特で、サマーキャンプで人気の曲を単に焼き直すのではなく、伝統的なフォークソングと新進気鋭の若手ソングライターによる新作を巧みに組み合わせていた。他に似たようなアプローチを試みたグループがいくつかあり、最も有名なのはチャド・ミッチェル・トリオだったが、どれも同等の成功を成し遂げることも影響力をもつこともなかった。

グロスマンのプロモーターとしての才能は、彼の隠れた経済的な抜け目なさをもしのぐものだったが、アメリカの音楽業界の根底にある真実は、パフォーマーたちは名声を得るが、金になるのは出版であるということだ（楽譜の時代の名残で、曲の出版社は通常、著作権使用料の半分を受け取るが、60年まで出版社が果たした唯一の貢献は、契約書にサインするようソングライターを説得することだったのかもしれない）。彼がディランに興味を持ち始めたのは62年の春のようで、彼の注意を引いたのは〈風に吹かれて〉だったというのが定説だ。フォーク・シティの常連だったグロスマンは、ディランの地元での人気やコロムビアとのレコーディング契約をすでに知っていたはずで、この若者のソングライティング能力に未開拓の可能性があることを見抜いていた。ディランにはすでにロイ・シルヴァーというエージェントがいたが、彼のデビュー・アルバムは行き詰まっており、グロスマンがシルヴァーに1万ドルでディランから手を引くよう申し出たときは、いい取引に思えた。ディランはまた、ジョン・ハモンドが取りまとめた出版契約も結んでいたが、グロスマンはそれもハモンドに買い取らせ、新たにワーナー・ブラザーズの有力子会社であるM・ウィットマーク・アンド・サンズと契約させた。グロスマンは自身が同社と契約させた作曲家が受け取る出版印税の半分を受け取るという特別な契約を結んでいた。また、ディランとのマネージメント契約では、オデッタ、ピーター・ポール&マリー、イアン&シルヴィアなど他の契約ミュージシャンと同様に、アーティスト収入の20%と、レコーディング収入の5%がグロスマンに支払われることになっていた。その結果、グロスマンはディランが書いてレコーディングした曲を、彼が扱っているアーティストだけでなく、興味がある者なら誰にでも提供することに強い関心を持っていた。

キングストン・トリオのようなグループを扱った昔ながらのショービズ・プロモーターは別として、フォーク・ミュージックを扱う代理人はファンが第一で、マネージャーは二の次という場合が多く、これはアーティストの銀行口座残高にとってはいいことではなかったが、メインストリームの商業主義からの距離を置いたままにしておいてくれた。しかし、グロスマンはまったく別の猛獣だった。彼はシカゴのフォーク・ナイトクラブの先駆の一つ、ゲート・オブ・ホーンを立ち上げ、ニューポート・フォーク・フェスティヴァルの第1回と第2回の共同プロデューサーを務め、グリニッチ・ヴィレッジにも出入りしていたため、フォーク界ではかなりの事情通と言ってよかった。しかし彼はまた、聡明で陽気な強欲ビジネスマンでもあり、富と権力をひけらかして、素朴なボヘミアンより自分が上であることを見せつけていた。「アルバートはみんなを震え上がらせたものだよ」と、彼のアシスタントとしてスタートし、後に映画プロデューサーとして成功したジョナサン・タプリンは言う。「そして彼は歴史上最も優れた交渉人だった」。ヴァン・ロンクは、グロスマンを限りなく魅力的で愉快な仲間だったと回想しつつ、「彼は実際には、徹底的に悪徳であることに一種の倒錯した喜びを感じていた」と付け加えた。62年、フォーク・シーンでグロスマンの存在を知っている者はわずかだったが、その後の数年間で、彼は信用のおけない危険人物して広く知られるようになる。

60年代半ばにディランの最も親しい友人だったボブ・ニューワースの意見では、グロスマンは、PPMを発明したのと同様に、ディランを「発明した」という。「アルバートが現れるまでは、ボブ・ディランは誰も寄りつかない類の人間だった！　俺たち二人は歩道に座って、サンダーバード（安価なアルコール飲料）のボトルを買うお金が十分あるか数えていたもんだ。アルバートのおかげで、家賃を払うのに十分な金が週50ドルもらえるようになったんだ」。グロスマンが関わる前、ディランはメジャー・レーベルからアルバムを出し、『ブロードサイド』に寄稿するミュージシャンのリーダー的な存在だったが、レコードの売れ行きは悪く、報酬の出る仕事はほとんどなかった。彼の才能は唯一無二だったが、全国的なスターになると思っている者は誰もいなかった。グロスマンの影響がどのような効果をもたらしたかは明らかではないし、彼が関わっていなかったらどうなっていたかも定かではない。ニューワースの記憶にある週50ドルという額が正しければ、ディランの人生は当初それほど劇的には変化しなかったことになる。しかし、グロスマンが、ディランにもっと真剣に作曲に取り組むよう促し、その曲が新たなオーディエンスの耳に届くようにしたことは確かだ。

62年末までは、ディランは主に田舎のルーツ・スタイルの解釈者であり続けた。10月のギャスライトのライヴで録音された17曲のうち、自作曲はわずか4曲だった。しかし、彼の曲は注目を集め始め、ディランが表紙を飾った『シング・アウト!』秋号には、彼の自作3曲と、彼をアメリカで「最も多作な若手ソングライター」と称賛するギル・ターナーの記事が掲載された。ターナーは彼の時事的な曲に焦点を絞り、〈風に吹かれて〉の歌詞のメッセージを強調するディランの言葉を引用して紹介した。「最悪の犯罪者とは、間違いを見てそれが間違いだとわかっているのに、目を背ける奴のことだ。俺はまだ21歳だが、戦争が多すぎることはわかっている……21歳を超えた人はもっと分別があってしかるべきだ……皆さんは年上で賢いのだから」

ディランは世界が混乱状態にあると直感し、ガスリーやシーガーの理想主義を賞賛していたが、彼にとって政治とは、研究や理論というよりも、個人の感情と見解の問題だった。「彼はポピュリストだった」とヴァン・ロンクは言う。「彼は、ヴィレッジの仲間のほとんど誰よりも、周りで起こっていることに敏感だった。大学のキャンパスで起こっていることだけでなく、ロードハウス（郊外の街道沿いのホテル）で起こっていることにさえ、目を配っていた。しかし、それは他人と同じ気分を分かち合うということで、系統だった政治的見解を持っているということではない」。ギターを手に取る前はジャーナリズムを専攻していたフィル・オクスとディランを比較して、スーズ・ロトロは、「ディランは洞察力に優れていた。感じとっていたわ。新聞を読んだり切り抜いたりはしなかった……すべては直観的で、感情的なレベルでやっていたのね」と述べている。

ディランの活動家仲間たちは、彼がイデオロギー的にコミットしていないことにしょっちゅう不満を抱いていたが、それこそが〈風に吹かれて〉のような曲に普遍的な魅力を与えていた。彼は説教するのではなく、周囲に広がる不安と希望を表現していた。60年代初頭、多くの人々が、物事がひどく間違った方向に進んでいるという感覚を共有していたが、それがいつどのように進展するのか、はっきりとした考えはなかった。南部の人種差別による暴力は、国外でファシズムに打ち勝ったことを誇りにしながら、国内ではファシズムが存在することに目をつぶるどころか、その横行を許しているという偽善を露呈していた。旧態依然とした悪習は依然として非常に深く根づいていたのだ。勝利に向かっている重要な闘いもあったが、明日には全員が死ぬかもしれないときに、今日の勝利に大きな喜びを感じることは困難だった。62年10月、キューバ危機により、核による絶滅の脅威がかつてないほど身近なものになった。ロトロは半年イタリアに滞在していたが、ディランは彼女に宛てて「おかしい奴らが今度こそ本当にやっちまう」と思うと書いた。彼はカフェ・フィガロで「世界が終わるのを待ちながら」一晩過ごし、「すぐに死んで放射能の被害を受けなくてすむ」ことを願っていた。

そのような状況では、ディランは〈トレイン・ア・トラヴェリン〉のような曲を書くのにイデオロギー的な基盤を必要としなかった。この曲で彼は、世界を「憎しみの火室と恐怖で満たされた炉」で制御不能に陥ったエンジンとして描写している。彼は単に日々の経験を表現していただけだった。年が明けようとしていた頃、彼は『ブロードサイド』の寄稿者によるアルバム・シリーズというプロジェクト用に新曲の録音を数回行い、ライヴでは時事的な曲も歌っていたが、ある週に書いた曲は、次の週に新たに書かれた曲に取って代わられ、彼のレパートリーに長く残る曲はあまりなかった。長く残った曲に〈戦争の親玉〉があるが、これは1カ月のロンドン滞在中に書いた作品である。ディランはロンドンで芝居に出演し、ギタリスト兼歌手の役を演じることになっていたが、この滞在期間を利用してイギリスのフォーク・シーンにどっぷり浸かることになる。彼は、地元のクラブに顔を出し、マーティン・カーシーのような若いパフォーマーから学んだ。カーシーはより長く複雑な歌詞を書いており、イギリスの歌の形式は便利なパターンを提供してくれた。ディランの〈北国の少女〉と〈ボブ・ディランの夢〉はそれぞれカーシーの〈スカボロー・フェア〉と〈フランクリン夫人の哀歌〉のヴァージョンに基づいており、ディランの〈神が味方〉はドミニク・ビーアンの〈パトリオット・ゲーム〉、〈戦争の親玉〉は〈ノッタマン・タウン〉に基づいている。これは、アパラチア地方に残された謎めいたイングランドの古歌で、いにしえの無言劇の儀式の雰囲気が漂っているものだ。これはディランにありがちな束の間の脱線であり、米国に戻るとディランはすぐに他のスタイルを試し始めたが、彼がどう自分の音楽を聴いて理解してほしいのかという部分には決定的な変化が表れていた。ディランはブルースの形式を探求し続け、皮肉たっぷりの韻を踏んだガスリー風のモノローグを書き続けたが、イギリスのバラッドを専門とするバエズやジュディ・コリンズのようなアーティストにアピールする作品も書いていた。

62年11月、『タイム』は表紙にバエズを起用し、フォーク・ブームに関する5ページにわたる記事を掲載した。記事の調子はいつも通りの皮肉っぽいものだったが、メッセージは明確だった。フォーク・ミュージックは単なる新しいポップ・トレンドではなく、同世代の懸念を表現する社会現象だったのだ。バエズは次のように語っている。

私が歌い始めたとき、私たちに残された時間はそう長くはないと感じました。今でもそう感じています。それは頭上に迫ってきているのです。歌っている若者たちは、本当に未来がないと感じています——だからギターを手に取って演奏するのです。みんな必死なんだけれど、多くの者たちが途方に暮れています。

この記事は、フォークシンガーを3つの系統に分けている。ジーン・リッチーやフランク・プロフィットのような正統派の田舎のアーティストたちに代表される「純粋主義者」、キングストン・トリオ、ライムライターズ、PPMのような商業的で「不純」なアーティストたち、それから、バエズ、ディラン、オデッタ、シーガーなどの「半純粋」のアーティストたち。そして、バエズの台頭により、「不純」なミュージシャンの時代は終わりに近づいていることが強く示唆されていた。

ABCテレビの抜け目のないプロデューサーたちは違う意見だった。『タイム』の表紙を飾り、何枚ものアルバムをポップ・チャートに送り込めるなら、そして、特に限られた予算でそれができるなら、利用する価値があると考えたのだ。フォークシンガーは安く稼働できたし、『タイム』の記事は完璧な会場を提案していた。フォークは大学の音楽なのだから、大学でライヴ・コンサートを録画して放送するのはどうだろうか。名前については、『シング・アウト!』のファン層へもアピールし、それほど熱心なフォーク・ファンではない若者もひきつける気楽でバカバカしい調子をもつ番組名がすぐに思いついた――「フーテナニー」だ！

63年3月3日、『ビルボード』誌は、新番組のパイロット版がシラキュース大学でライムライターズ、シカゴの歌手ジョー・メイプス、クララ・ウォード率いるゴスペル・グループとともに撮影され、4月に通常放送が予定されていると発表した。1週間後、ナット・ヘントフは『ブロードサイド』での情報記事を受けて、『ヴィレッジ・ヴォイス』で速報記事を書いた。「あの昔懐かしマッカーシーのフート」（マッカーシズムの時代のように検閲が入ったフーテナニーという意味）という見出しの記事には、番組名はシーガーが40年代から主催してきた音楽集会から取られているが、ネットワークの検閲により、シーガーもウィーヴァーズも出演は認められないと判断されたと記されている。バエズはすでに、シーガーが招かれないならば自分は出演しないと表明しており、ヴィレッジ・ゲートには急遽ミュージシャンたちが集まり、番組へのボイコットを発表した。数十人に及ぶ支援者の中には、ディラン、ランブリン・ジャック・エリオット、デイヴ・ヴァン・ロンク、PPM、キングストン・トリオなどがいた。

フォーク・ミュージシャンの中には、テレビ出演が主義主張よりも重要だと判断する者もいた。セオドア・ビケルは、ブラックリスト化は「病的で邪悪」だと断言したが、シーガーはさておき、ウィーヴァーズは「分別と責任ある人間として行動し、効果のない公の抗議活動に参加しない」限り、テレビ出演できるだろうと示唆した――これは、シーガーとウィーヴァーズが、反共産主義としての忠誠宣誓に署名することを一貫して拒否していることを指しているのだろう。事態をさらに複雑にしたのは、ジュディ・コリンズ、ニュー・ロスト・シティ・ランブラーズ、タリアーズはいずれも出演するかどうかを決める前にシーガーに相談したが、シーガーは彼らに出演を促しただけでなく、番組収録の当夜、ビター・エンドに出演予定だったタリアーズの代役を務めた。それでも、多くの人がボイコットを続けた。ヴァン・ロンクは次のように回想している。

「シーガー」は常に、重要なのは音楽だと思っていた。人間などどうでもいい。仕事がすべてなんだ。そして、全国的に聴かれるに値する多くの演奏家が、自らその機会を奪っていると考えていた。彼の基本的な態度は、「頼むから、みんな、俺を置いて前に進んでくれ。弾丸を一発だけ残してくれればいいから」というものだった。もちろん、私たちは彼の言うことにまったく耳を貸さなかった。私たちの立場は、「ごめんね、ピート、でもあなたはフォークのシンボルなんだから……」というものだった。いずれにせよ、『フーテナニー』は笑えるほどひどい番組だったので、1シーズンも続かなかった。

いずれにせよ、この番組によって、フォーク・ミュージックは主流のメディアに前例のないほど露出されることになり、純粋と不純の境界線はさらに曖昧になった——キングストン・トリオが左翼主義者のボイコットを支持し、ニュー・ロスト・シティ・ランブラーズが商業的な利益を享受している状況で、美徳はどこにあったのだろう？　64年までに、競合するフーテナニー雑誌が3誌出版されていた。ABCテレビの公式『フーテナニー・ショー・マガジン』、単発で失敗した『フーテナニー・ソングス・アンド・スターズ』、そしてロバート・シェルトン編集の『フーテナニー』で、番組との関連を否定し、表紙にはディランとバエズをフィーチャーしていた。『シング・アウト！』は、ABCのブラックリストを肯定する姿勢を非難したが、『フーテナニー・ソングブック』を出版することで番組のタイトルを是認した。コロムビアはシーガーとディランの曲を収録したアルバム『オールスター・フーテナニー』をリリースし、プレスティッジ・レコードは「フーテナニー…プレスティッジ・スタイル」という見出しでヴァン・ロンクとエリオットのアルバムの広告を出した。マーキュリー・レコードは、63年4月にデイトナ・ビーチで9日間の春休みフーテナニーを開催し、36の大学のフォーク・グループがレコーディング契約を競い合うのを観るために、7千人を超える学生が集まった（優勝したのはテキサス大学ヒューストン校のラム・ランナーズだった）。同じ月、ディランはキャロリン・ヘスター、ブラザーズ・フォー、バーバラ・デイン、ステイプル・シンガーズとともに、1時間の特別番組「フォーク・ソングス・アンド・モア・フォーク・ソングス」で全国テレビ放送デビューを果たし、またニューヨークのタウンホールで初の大規模なソロ・コンサートも行った。これは、ピート・シーガーの強い要請で、シーガー、ガスリー、ウィーヴァーズのマネージャーのハロルド・レヴェンソールが主催した。

タウンホールでの公演は、ディランのキャリアにおいて新たなステージへの第一歩となった。それがコンサート・アーティストとしての彼の地位を確立しただけでなく、ほぼ全曲オリジナル曲で構成されていたからだ。

ギャスライトでの公演から6カ月の間に、彼はトラディショナル・ソングをすべてレパートリーから外していた。唯一の例外は、完全に自分のものにしていた〈ハイウェイ51〉と、リクエストに応えて演奏した〈プリティ・ペギー・オウ〉だった。曲の前に「え……本当に聴きたいの？」と訊ねた後、拍手と「イエス！」という大声に納得はしたが、それでもためらいがちに「わかったよ……思い出せたらね」と言い、おなじみの歌詞をぶっきらぼうに冗談交じりで歌った。〈ボブ・ディランのニューオーリンズ・ラグ〉と〈オール・オーヴァー・ユー〉というコミカルなノヴェルティソング2曲は、「先週書いたばかりの1930年のラグタイム曲」として紹介され、風変わりな新しい方向性をほのめかし、〈ヒーロー・ブルース〉は、彼が数年後に書くことになるロックの歌詞を予期させるモダニスト的な12小節のブルースだった。しかし、ショーの主要な部分は、彼が先鞭をつけていたシンガーソングライター・スタイルで書かれた最近の作品で構成されていた。ほぼ半分は時事問題や社会問題に関するもので、アメリカ例外主義についての新曲〈神が味方〉で最高潮に達した。ファンがアンコールで〈ウディに捧げる歌〉をリクエストしたとき、彼は「申し訳ないが……伝えなきゃならないものがあって、それを歌わなきゃならないんだ」と言って断り、代わりに〈戦争の親玉〉を演奏した。それから2回目のアンコールで、彼は長い詩「ウディ・ガスリーへの最後の想い」を朗読した。

タウンホールでのコンサートは、ポピュラー・ミュージックを変革した詩的なシンガーソングライターとして名声を得たボブ・ディランの正式なデビューとなった。しかし、この時点での彼は、現在ほとんどの人が考えているディランというわけではなかった。奇妙なラグタイムの曲があり、演奏されたものでアルバムに収録されている曲は半分にも満たない。しかし、彼は何よりもまず作家としての自己を提示し、社会的意義のある曲を披露し、成熟した新しい自信を見せつけた。ギターの演奏はいつもより控えめで、声はより抑制されていた。トーキング・ブルースの2曲を除いてガスリーの抑揚を捨て、メロディとダイナミクス（強弱法）の感覚をより研ぎ澄ませた。彼が何か複雑な感情を抱いていたとすれば、それをほのめかす唯一のヒントは、〈風に吹かれて〉の曲紹介の語りにあった。「これは俺が書いた曲で、他の人に録音されたばかりで。ええと……それは俺が演るような曲には聞こえないだろうけれど、歌詞は同じなんだ。重要なのはそこなんだ」。チャド・ミッチェル・トリオが、1カ月前に「エド・サリヴァン・ショー」でこの曲をシングルとして初めて世に出しており、ディランの作品がメインストリームのポピュラー音楽界で新しいサウンドと役割を担ったのはこれが初めてのことだった。自分の声とスタイルに合わせて曲を書くのに慣れているディランにとって、これは奇妙な感覚だった。それでも、このときのディランは驚くほどリラックスしていて幸せそうだった。

注目すべきは、ディランがまもなく自身を象徴する曲となる〈風に吹かれて〉のメロディをハーモニカで吹き始めたとき、聴衆の誰も拍手をしなかったことだ。拍手が起こった曲は〈ハイウェイ51〉と〈激しい雨が降る〉だけだったが、これは聴衆がすでにこの2曲になじんでいて演奏してもらいたかったことを表している。『フリーホイーリン』の発売予定は、さらに1カ月半後で、彼のデビュー・アルバムを気に入っていた人々はまだ〈プリティ・ペギー・オウ〉と〈貨物列車のブルース〉をリクエストしていた。〈激しい雨〉の出だしで拍手をした人々は、クラブやカーネギーホールで彼のライヴを聴いたか、または『シング・アウト！』で歌詞を読んだのかもしれないが、多くの人は、おそらくコンサートでこの曲を取り上げていたピート・シーガーの歌を聞いていたのだろう。ディラン自身は、まだ主に口伝えのみで知られている地元の有名人だったが、タウンホールでのパフォーマンスで最も印象的だったのは、900人余りが集まり、2時間以上も熱心に耳を傾け、ほとんど知られていない曲に拍手喝采したことだ。

ディランにとって、この時期はエキサイティングだったようだ。彼はまもなく22歳になり、様々な影響を力強く新しいスタイルに融合させ、全国的に有名なアーティストになる寸前だったが、まだそれほど注目されていたわけではなかった。彼はまだロトロと安定した関係にあり、ヴィレッジで友人たちと過ごし、ファンに付きまとわれることを心配せずに通りを歩きクラブに行くことができた。自分にもっと自信が持てるようになったディランは、この新たな自信を拠り所に、『ブロードサイド』に書いた初期の歌詞に見られた安易な確信から距離を置くという彼らしい反応を示した。この確信は、正統だと思われている政治信条をしばしば反映していたのだ。今や彼はこれまでとは逆に、自分自身も含め、あらゆる立場の不安定さと曖昧さについて声を上げ始めた。これは、表面的にはアメリカの傲慢さを批判しているが、〈神が味方〉は熱狂的な信者たち全員、つまり美徳がどこにあるのかを確実に知っていると思い込んでいるすべての人に向けられたものだった。

タウンホールショーの数週間後、ディランはシカゴで、スタッズ・ターケルによる1時間のラジオインタビューを受け、その時間の多くを翌年に何度も浮上することになる二つの意見について議論することに費やした。ターケルは古くからの左翼で、ガスリーやシーガーと同時代人で、ディランを新世代の声として歓迎したが、ディランは反発し、同世代かどうか知らないが、自分はいかなるグループにも属することはないと強調した。ディランは、黒人売春婦に恋する白人大学生についての実験的な小説を最近出版した友人の作家ロバート・ガヴァーと自分を比べて、「彼を何かの枠に入れることなんてできない。彼は分類不能なんだ」と述べた。

ターケルはそれを受け、30年代には「情熱に満ちあふれた若者が多くいたんだ。でも、彼らは何らかの枠に入れられていた、わかるだろう？　多かれ少なかれ型にはめられていたんだ」と認めた。対照的に、ディラン、ガヴァー、そして二人のような人々は、幅広い問題に懸念を表明していて、「自分自身以外の誰にも属してはいないね」と言った。

「まあ、それは単に時代の問題なのかもしれない」とディランは応じた。「今は、自分自身に忠実でなければならない時代なのかもしれない。そして、ガスリーやシーガーや知り合いと話をしたところによると、30年代には、すべてが善と悪、白黒で簡単に思えた。今では、どうしてそうなったのかわからないが、それほど単純ではないようだ。物事には二つ以上の側面がある、わかるだろ？　もう白と黒では割り切れないんだ」

彼はイギリス訪問直後に書いた曲〈ボブ・ディランの夢〉でも、ほぼ同じ言葉で同じテーマを扱っていた。「白と黒を見分けるのが簡単なように／善と悪を見分けるのも簡単だった」。リスナーの中にはこれをヒビングでの彼の青春時代を歌ったものと受け取る者もいたが、30年代にある若者がガスリーとシーガーと一緒に、小屋の中で「古い木製のストーブ」のそばに座り、帽子をフックに掛けて、昔なじみの歌を歌っていたという状況も想像できる。彼は、ミネアポリス時代の友人デイヴ・〝トニー〟・グラヴァーに捧げた長い詩の中で、再びこのテーマに立ち戻ることになる。それは、その夏のニューポート・フォーク・フェスティヴァルのプログラムに掲載されたものだが、「自作農家の歌、ダストボウルの歌、大恐慌の歌、落ちぶれ果てた者の歌、古いブルースやバラッド」を歌っていたときのことを思い出し、ディランは再びその記憶をガスリーの時代と結びつける。当時は「進むべき道は、アメリカ流かファシスト流かの二者択一」しかなく、また「ニュース報道も、労働組合の目を通してか、経営者の目を通してかの2種類だけ」だった。当時は「そんなにも簡単だった」が、いつの間にか「ぐちゃぐちゃになってしまった——話にいろいろなものが入り込んできた……あまりに多くなりすぎて、みんなが似たり寄ったりになってしまった」。古き良き歌は、彼が「俺たちが通ってきた道がばらばらになってしまうなんて／考えたこともなかった」と夢の中で歌ったあの時代にはぴったりだった。しかし、そういう時代は終わりを告げていた。

ディランは、その二つの側面が同等だと思っているわけではない。彼はまだ、悪意ある力が働いていると感じていた。このグラヴァーに捧げた詩の中には、「戦争の親玉」「旗を振りショットガンを携えたジョン・バーチャーズ」「殺人犬と殺人スプレー」（6月、テレビの画面にはバーミンガム警察がジャーマン・シェパードと消防ホースの水を自由のデモ行進者たちに放っている様子が映し出されていた）、「キューバを爆撃したい70歳の上院議員」、そして「エイブラハム・リンカーンの道を盗んでビル・ムーアのハイウェイを売った者」などの表現が出てくる。

ウィリアム（ビル）・ムーアはその春、多くのアメリカ人に鮮烈なイメージを提供した。ボルチモア出身で白人の郵便配達員だった彼は、人種差別主義者の知事ロス・バーネットに手紙を届けるために、テネシー州チャタヌーガからミシシッピ州ジャクソンまで、一人で自由のための行進を始めた。彼はいかなる組織からの助けも借りず、南部を歩きながら「すべての者に平等な権利を――ミシシッピをとるか破滅をとるか」と書かれたサンドイッチボードを肩から下げて、同志であろうが敵であろうが、道中で出会う誰とでも話をしながら進んでいった。それはささやかなドンキホーテ的な行為であり、行進を初めて3日目に、アラバマ州ガズデン近郊の静かな路上で射殺されるまで、ほとんどニュースにはならなかった。

事件が起こったのはディランがタークルのインタビューを受ける3日前のことであり、ムーア殺害は頭の中にはあったが、彼の反応はほとんどの左翼が抱いていた恐怖とは驚くほどかけ離れていた。彼はタウンホールで〈戦争の親玉〉を紹介するとき持ち出した持論についていろいろ考えをめぐらせていた。それは、多くの人々が原爆を神のように扱い、崇拝し、鎮めようと努力し、そのことに人生を捧げているというものだ。タークルは同意し、「そういう人たちは、日常ではけっこういい人たちだよね」と付け加えた。そしてディランは話を続ける。

そう、そう、彼らが悪人だとは思わない。アラバマでヒッチハイクしていた人を殺した男と同じことだ。あの銃を実際に撃った男は、これ以上ひどいことはないってくらいのことをやった。背中から撃ったんだからね。あの男でさえ、そういうのを見ると……ニューヨークに来る前にたくさんそういう人を見てきたけれど、みんな善人なんだ。彼らは貧しいのかもしれない。すこしだけ貧しいのかもしれない。そして、なぜ彼らは貧しいのか、誰のせいで彼らは貧しいのか、と問う人がいる。そして、貧しさという現実を忘れるために、彼らはスケープゴートを選ばなければならないんだ。

ディランは常に一匹狼だった。理由は、ヒビングやミネアポリスのコーヒーハウスの知識人、そしてヴィレッジの熱心な左翼たちの間で居心地が悪かったからだけではない。「彼はいつでもどこでも引きこもっていた」とロトロは回想する。「人でいっぱいの騒々しい部屋でも、二人きりでいるときでも、そうなってしまうことはあった」。友人や知人の中には、それは彼の欠点であり、思いやりがなく、自分は他人より優れていると思っていることの表れだと捉える人もいたが、単にそれがいつも通りのディランだと考える者もいた。同じことは彼の歌についてもあてはまった。彼は〈ウィ・シャル・ノット・ビー・ムーヴド〉や〈勝利を我等に〉のような曲を書いていたわけではない。彼は、個人について、それも扱いにくく複雑な個人についてよく書いていた。〈ドナルド・ホワイトのバラッド〉は彼の最初の時事作品の一つで、〈ウディに捧げる歌〉や〈風に吹かれて〉とともに『シング・アウト!』に掲載された。これは、盗みを働いて逮捕され、刑務所で心の平穏を見つけ、釈放されたが、外の世界に適応できず、再収容を懇願した後、人を殺し、死刑囚となった若い黒人男性についての作品で、ディランはこの物語をホワイトになり切って歌う。別の曲〈ウォールズ・オブ・レッド・ウィング〉では、ミネアポリス近郊の少年院「レッド・ウィング」の中にいる自分を想像し、仲間の入所者について、成長して弁護士になる者もいれば犯罪常習者になる者もいると歌い、「十字路で出所してくるお前を出迎える者もいるだろう」と歌う。これは、無数のアウトロー・バラッドから拝借したイメージで、ディランは一匹狼の追い剥ぎになり、聴衆たちをその上品な被害者に見立てて歌う。

フォーク・シーンの多くの人々にとって、英雄的な強盗に共感するのは簡単だったが、ドナルド・ホワイトのような問題を抱えた人物に自分を重ねるのは難しく、さらに公民権運動の参加者を銃で撃ち殺すような人物に共感するのは不可能だった。ディランが公の場でこのような歌を歌うようになったのは、自信が高まっていることの表れであり、また、すでに彼の周りに形成され始めていたオーラ、つまり、同じ願いと大義を共有する世代を彼が代弁しているという皆の思い込みから距離を置く方法でもあった。ターケルが〈風に吹かれて〉を称賛し、「あれは今や人気曲だと思うけれど、どう?」と訊ねたとき、ディランは即座に「うーん、そうではないことを願うよ」と答えた。

ターケルは、自分が今「人気」という言葉を使ったのは、人々がそれを好きだという意味であって、ポップ・ミュージックという意味ではないと急ぎ訂正し、彼を安心させようとした。ディランのほうでも、自分がポップフォークの流行の一翼を担っているという考えに多少とはいえども過剰反応していたことは間違いない。しかし、より大きな問題は、彼が常に分類されたりやレッテル貼りをされることに、あるいは、彼のことを何かのグループの代弁者であるとか、何かの運動に関与しているように思い込んで接してくる輩がいることに不快感を覚えていたことだ。彼は、自分の周りの悪と、それらの悪を何気なく受け入れる人々に本能的に悩まされていた――それは、〈風に吹かれて〉のテーマである。しかし、この歌の力がどれほどのものであろうと、肩を並べて行進する世代の賛歌《アンセム》として考えていたわけではないし、この歌がもつ真実味と役割を確信していたわけでもない。彼は「ヒップな輩の多くが、どこに答えがあるのか教えてくれるが、俺はそれを信じない」と、ギル・ターナーに曲のタイトルを引用しながら言った。「俺は、それはまだ風の中にあると思うんだ」

ディランは、南部を一人で歩きながら個人的な真実を追い求めるビル(ウィリアム)・ムーアのような男の深い信念を理解できたが、彼を撃った男が別の真実の存在を確信していたこともわかっていた。ディランは、ニューメキシコからやってきた放浪カーニバル団員のふりをしたり、ヒビングで知り合った人々を思い出したりするときでも、小さい町のレッドネック（アメリカ〈特に南部〉の保守的な貧困白人層）や「善良だが貧しいかもしれない人々」などを見下す自信家の知識人から距離を置いていた。それはある意味では正統派マルクス主義とつながる姿勢だったが、彼にとってはむしろ困難な真実を個人的に認識することだった。数年後にゲットーで暴動が起こったとき、時事問題を扱う作詞家たちが鬱積した怒りやフラストレーションの雰囲気を捉えようとしたが、ディランが61年に〈ニューヨークを語る〉に書いた次の一節ほどうまく表現できた者はいなかった。「食卓に食べ物があまりない人も多いが、フォークとナイフはたくさんあって、切り分ける食べ物が必要だ」

ターケルとのインタビューから1カ月後、ディランはムーア殺害犯について自身の考察を、彼の最も鋭い時事的な歌詞の一つの中で展開してみせた。63年6月11日、ケネディ大統領は公民権についての最初の重要な演説を行い、公民権は「聖書と同じくらい古く、合衆国憲法と同じくらい明確な」道徳的問題であると宣言した。その夜、ミシシッピ州白人市民会議のメンバーは、NAACPの州書記長メドガー・エヴァーズを暗殺することでこれに応えた。これは重要な分岐点であり、単純に善と悪の対立として捉えられるが、ディランはムーアの事件のときと同じように、殺人犯に対する理解を表明し、より大きな力に操られただけの、まともな人間である可能性がある人物として描いた。ただし今回は、それを〈しがない歩兵〉（英語の曲名“Only a Pawn in Their Game”は「彼らのゲームの駒にすぎない」という意味）という歌で表現した。それは殉教者へ捧げられたこれまでの賛歌とはまったく異なり、すぐに重要な発言として受け取られた。公民権運動家たちは、自分たちの主張を黒人と白人の対立というような、単純に人種的な観点から表現することを避けようとしていたが、ディランの歌詞は、普遍的な兄弟愛というマーティン・ルーサー・キングのレトリックに雄弁な裏づけを与えた。ピート・シーガーとセオドア・ビケルは、ミシシッピ州グリーンウッドにディランを派遣し、そこで開かれた集会で彼は〈しがない歩兵〉を歌い、それを全国紙が報道。8月にはワシントン大行進でこの歌を歌うよう招かれた。

誰も気づいていないようだが、〈しがない歩兵〉は別のレベルでは、いかなる大衆運動とも相容れない感性を表現していた。集団行動は、個人が少なくともある程度は「駒」(pawns)として、つまり、より大きな計画の中の小さく比較的取るに足りない存在として役割を果たすことで成り立つ。それが、ハイランダーやデモ行進でのガイ・キャラワンの役割であり、彼はギターを弾き、自由の歌を歌う人がいればコーラスを加えたりした。また、それは、「人間は何者でもない、仕事こそがすべてだ」と言ったシーガーの役割でもあり、自身のコンサートで、自分の声は会場の何千もの観客が発する声の中の一つにすぎないと考え、キッチンに戻って同僚の皿洗いを手伝ったりしたのだ。統一闘争は、自分が完全に理解していない決定を受け入れ、集団の意志に自分の意志を服従させることを要求し、時にはそれが殉教に至ることさえある。二人の白人公民権運動家、マイケル・シュワーナーとアンドリュー・グッドマンが、黒人の同僚ジェームズ・チェイニーとともにミシシッピ州で殺害されたとき、シュワーナーの妻リタは、かけがえのない夫の死を悼んだが、二人の白人男性の殺害が、黒人活動家だけが殺害された場合ならありえなかった形で、連邦政府の注意を喚起したことを認識していた。

ディランは、そのような自己犠牲と献身の価値を認識していたかもしれないが、組織やイデオロギーに自分の判断を委ねるという考えには反発していた。彼は集会や行進には参加せず、自分の歌は自分の経験と感情だけを表現しているものだと常に断言していた。自分を小さな男、つまり普通の人間の一人として表現するとき、彼のモデルはウディ・ガスリーだった。風変わりなオクラホマ出身の詩人ガスリーは、いかなるグループにも決して順応することなく、規律がなく信頼できないとして共産党から除名された。ディランは、ABCテレビの「フーテナニー」のボイコットに参加したときでさえ、その必然性について言い訳することに決まりの悪さを覚えていた。10月にカーネギーホールの聴衆に向かって、ディランは次のように語っている。

俺の友人であり、もちろんみんなの友人でもある、ピート・シーガーがブラックリストに載せられた。彼とウィーヴァーズというグループが載せられたんだけれど……俺は今回、そのテレビ番組の出演を断ったんだが……断ったのはあまりいい気分じゃないけれど、ウィーヴァーズとピート・シーガーは出演できないんだからしょうがない。彼らは断らざるを得ないよ。ブラックリストに載っているので、出演依頼すらされないけれど。ええと、ブラックリストは悪いことだ。なぜ悪いのかはわからないが、とにかく悪い。全面的によくないんだ。

ディランはスポークスマンとしてよりも孤独でいることのほうが快適で、63年5月、検閲に対して断固たる態度をとったとき、それはまさに『ギターをとって弦をはれ』のページから抜け出たようなものだった。彼はアメリカで最も人気のあるバラエティ番組、エド・サリヴァン・ショーへの出演が決まっていたが、〈トーキン・ジョン・バーチ・パラノイド・ブルース〉を歌えないと言われ降板した。ちょうど、『ギターをとって〜』の最後の場面でウディ・ガスリーがロックフェラー・センターのレインボー・ルームでの顔見せ公演から立ち去ったのと同じである。

実際のところ、ガスリーはオールマナック・シンガーズの一員としてレインボー・ルームにいたが、回想録のために物語を作り直したとき、彼はたった一人で企業の大物たちに立ち向かう小さな男となり、この本を愛する者にとってスリリングな場面が出来上がった。ディランは、「エド・サリヴァン・ショー」というより大衆的で重要な状況において同様の抵抗を再現したわけだが、それはブラックリストに対する一撃として歓迎され、ガスリーの後継者としての彼の名声は確固たるものになった。彼がそのときまでにもっと優れた作品をいくつも書いていたことを考えると、この番組で〈トーキン・ジョン・バーチ・パラノイド・ブルース〉を歌おうとしたのは奇妙な選択といえ、演奏拒否されるかもしれないことを承知で選んだのでは、と勘繰りたくなる。どちらにしてもそれは強いメッセージになっただろう――この歌を歌うことはブラックリスト作成者への強烈な反論になるし、この曲の歌唱を禁じられたときに抗議して立ち去ったことは、彼がガスリーやシーガーのように、単に歌手であるだけでなく、一歩も引かない用意があり、それによって生じる結果に耐える覚悟のある高潔な抵抗者であるという強烈な証明となったからだ。

いずれにせよ、63年の夏には、ディランは一介の若手フォークシンガー以上の存在として知られるようになっていた。タウンホールでのコンサートは4月初旬、エド・サリヴァン・ショーの出演辞退は5月初旬、そして2週間後には『フリーホイーリン』がリリースされた。6月には、ソールドアウトとなったカーネギーホールでのコンサートでシーガーがディランの曲を3曲歌い、チャド・ミッチェル・トリオのシングル〈風に吹かれて〉は、PPMが歌うヴァージョンに取って代わられていた。主流メディアは依然として無関心だったが、『ビルボード』はPPMのレコードを「ボブ・ディランの巧妙な小品、船乗りの哀歌を優しく歌ったもの」と、滑稽なほどに非政治的な言葉で表現した。

7月に彼はシーガーとビケルとともにミシシッピ州へ旅し、『ニューヨーク・タイムズ』は「〝自由の歌〟が北へ広がる」という見出しの記事で彼の写真と〈風に吹かれて〉の一節を掲載し、『タイム』は〈勝利を我等に〉と並んでこの歌の別の一節を掲載した。その旅から3週間も経たないうちに、ディランはアルバート・グロスマンがチャーターした自家用機に乗り、PPMとともにニューポート・フォーク・フェスティヴァルへと向かっていた。

第5章　ニューポート

1963年のニューポート・フォーク・フェスティヴァルのプログラムには、静かな港のきらめく水面越しに、木々や教会の尖塔のある海辺の村を収めた1ページの写真が掲載されている。写真には、木製の足場に停泊している3隻の帆船も見える。この写真は小さな町の昔ながらの価値観を呼び起こし、大都会からやってくる億万長者御用達の伝説的な避暑地にも、伝統的な工芸品や慣習が残っていることを示唆している。この写真は、必ずしも誤解を招くものというわけではなく真実も伝えていた。というのも、ニューポートはニューイングランド州の小さな田舎町であり、大富豪のヴァンダービルト家やアスター家が所有する70室完備の「コテージ」が、金ぴか時代における度を越した贅沢の象徴となっていたが、住民の多くは両家とはほとんど接点がなかったのだ。同時に、ニューポートは、その贅沢さから社会評論家のソースティン・ヴェブレンが「衒示的《げんじてき》消費」（人に見せびらかすための消費）という言葉を生み出すほど豪華なリゾート地でもあり、50年代までにその繁栄はいくぶん衰えたものの、裕福なニューヨーカーたちの夏の遊び場であり続けた。

ニューポート・ジャズ・フェスティヴァルは、54年に招待客限定で始まった。地元の名士ロリラード夫妻は、ケープコッドにあるジョージ・ウェインのジャズ・クラブに感銘を受け、夏を盛り上げるフェスティヴァルを始めるよう考えた。夫妻はニューポート・カジノの理事会を説得し、テニスコートの一角にスペースを確保させ、ウェインにプロデュースを依頼した。59年になるとウェインは、前年のゴスペルとブルースのプログラムの成功を受け、ピート・シーガー、オデッタ、キングストン・トリオによるフォーク・ミュージックを午後の部として含めることを決めた。音楽的にはつながりは希薄だったが（カーネギーホールでのジョン・ハモンドの「フロム・スピリチュアルズ・トゥ・スウィング」コンサートは、ゴスペルとブルースをジャズのルーツとして正典化したが、ヒルビリーのバンジョー奏者が出るとなればまた別の話だ）、商業的には納得がいくものだった。ジャズのオーディエンスは高齢化しつつあり、若い世代はフォーク・クラブに大挙して押し寄せていたのだ。

40年代、カフェ・ソサエティやヴィレッジ・ヴァンガードなどのニューヨークの会場では、シドニー・ベシエ、メアリー・ルー・ウィリアムズ、ビリー・ホリデイを好む人々が、ジョシュ・ホワイト、リチャード・ダイアー・ベネット、ウィーヴァーズの演奏も楽しんでいることが明らかになり、58年にはキングストン・トリオが、ヴァンガードでニューヨーク・デビューを果たしたが、それはセロニアス・モンクとのダブル・ビルだった（「最初はモンクは斬新すぎるように思えた」とキングストン・トリオのデイヴ・ガードは『ダウン・ビート』誌に語っている。「でも彼の音楽はだんだん好きになる類のものなんだ」）。この重なり合う聴衆だけでなく、ジャズとフォークは純粋主義者と普及主義者の間の葛藤という、似たような歴史を共有していた。少なくとも著名な評論家ラルフ・グリーソンは、両方のスタイルの評価についてほぼ同じような経緯をたどった――彼はカウント・ベイシーの商業的なスウィングよりもバンク・ジョンソンの伝統的なニューオーリンズ・ジャズを称賛する「時代遅れのディキシーランド・ジャズのファン」から、ベイシー、ビバップ、モダニズムの熱烈な推進者へと進化したが、この進化を繰り返すようにグリーソンは、ディランとアーバン・フォークシンガーたちのニューウェーブを否定した後、彼らを受け入れてフォークロックの支援者になった。

ウェインはニューポートで、デイヴ・ブルーベックのクール・スクールからジャズ・メッセンジャーズのハード・バップ、そして最終的にはオーネット・コールマンのフリー・インプロヴィゼーションまで、現代的なスタイルを紹介したが、ニューオーリンズの年老いた黒人男性ミュージシャンや、ストライプのシャツと麦わら帽子をかぶった若い白人のディキシーランド・リヴァイヴァリストによる演奏など、様々なトラッド・ジャズを出演させバランスをとっていた。軽快なリズムをとり、ポロンポロンと鳴るバンジョーを弾き、そして陳腐なジョークを挟むディキシーランド・ジャズのミュージシャンたちは、明らかに大学のフォーク・ミュージシャンたちの手本だった。そのため、ニューポート・ジャズ・フェスティヴァルでフォークが最初にフィーチャーされたとき、ルイ・アームストロング・オールスターズと並んでキングストン・トリオが出演したのは自然なことだった。アームストロングの〈聖者の行進〉のファンはトリオの〈トム・ドゥーリー〉にもおそらく観客として集まるはずで、実際、トリオが1週間後に最初のニューポート・フォーク・フェスティヴァルに再び登場したとき、〈聖者の行進〉が彼らのセットのハイライトだった。

その頃には、ウェインはジャズ・フェスティヴァルで午後にフォークの部を設けるという当初の構想を拡大し、それを独立した週末に開催していたが、最初の2年間、ニューポート・フォーク・フェスティヴァルはジャズのモデルに倣い、同様の論争も引き継いでいた。58年のジャズのプログラムには、ジョン・ハモンドの強い要望により、土曜夜のブルース・コンサートが含まれていたが、このコンサートにはレイ・チャールズとR&Bシャウターのビッグ・メイベルだけでなく、チャック・ベリーも出演した。ウェインは後に、「私はチャック・ベリーに断固反対だった。私の考えでは、ロックンロールはガイ・ロンバードと同様に、ニューポートにふさわしいものではなかった……ベリーが〈スクール・デイズ〉でダックウォークを始めたときは、文字通り身をすくめてしまった」と書いている。しかし、「ニューポートでチャック・ベリーを出演させたという大胆な決断が、世界中で同様の組み合わせによるコンサートが行われるきっかけになったという点に、大きな皮肉がある。そして、私は先見の明があるという評価を受けているのだ」とも付け加えている。ウェインがベリーの熱いリズムやキャッチーな歌よりも、彼のダックウォークに嫌悪を感じていたことは、示唆的である。フォーク純粋主義者と同様に、ジャズ純粋主義者は音楽そのものの純粋さを守っていたわけではなく（どちらのスタイルも非常に多様で雑食的だった）、「音楽そのもの」が評価されるべきであると考え、商業的な仕掛けに反対していたクラシック音楽の世界から取り入れた道徳的純粋さを守っていたのだ。

ウェインはフォーク界での経験がほとんどなかったため、フェスティヴァルの最初の2回では、アルバート・グロスマンをプログラム担当に招いた。グロスマンのことは以前から、オデッタのマネージャーやクラブのオーナー仲間として知っており、一目を置く存在だった。59年に開かれた第1回のラインナップは、ナイトクラブやコンサートで活躍するアーバン・リヴァイヴァル系のアーティストが中心だった。7月10日の土曜日の夜は、ピート・シーガーがヘッドライナーを務め、オデッタ、ジョン・ジェイコブ・ナイルズ、ジョシュ・ホワイト、クランシー・ブラザーズ、シンシア・グッディング、ブルース・ピアニストのメンフィス・スリム、ゴスペル・シンガーのアレックス・ブラッドフォードなど15組のアーティストが出演した。シーガーは〈ケアレス・ラヴ〉を5分間歌ってその夜を締めくくった。彼は、若者の無分別な情熱についてのおなじみの歌詞を、人間理解を求める嘆願に変えた——「この曲のコーラスをもう一度、世界にこれまで現れたすべての愛国者や革命家のために歌おう。彼らは人類を不器用に愛しすぎたのかもしれない。そして彼らの心はしばしば傷ついている」

シーガーとメンフィス・スリムは、日曜の午後に、アール・スクラッグス、スタンレー・ブラザーズ、アーカンソーのソングライター、ジミー・ドリフトウッド、ニュー・ロスト・シティ・ランブラーズとともに、より田舎風のプログラムで戻ってきた。そして日曜の夜、キングストン・トリオは、オスカー・ブランド、ジーン・リッチー、ボブ・ギブソン、スクラッグス、スタンレー・ブラザーズ、レヴァランド・ゲイリー・デイヴィス、そして（事前の宣伝には載っていたが、出演しなかった）ボー・ディドリーとともに、15組の豪華なショーのヘッドライナーを務めた。ボー・ディドリーがなぜ出演予定に含まれていたのか、そして当日なぜ現れなかったのかは誰も覚えていないようだが、この場で彼を出演させるという発想は、アラン・ローマックスが、自身のフォーク・ソング'59コンサートでキャデラックスを出演させるという、結局は果たせなかった約束と同じものであり、R&Bも一種のフォーク・ミュージックであるという考えを思い出させる。

『ネイション』誌で第1回ニューポート・フォーク・フェスティヴァルを評したロバート・シェルトンは、3回のコンサートで1万2千から1万4千枚のチケットが売れたと推定し、観客は「主に若者」だったが、「前の週末のジャズ・フェスティヴァルの観客よりはるかに真剣な目的意識と関心」があったと記した。『ニューヨーク・タイムズ』誌で、シェルトンは、このコンサートを「牧師で元ストリート・シンガーのレヴァランド・ゲイリー・デイヴィスの耳障りな叫び声から、フォークソングとショービジネスを融合させたキングストン・トリオまで、この国のフォークの断面を描き出す、これまでで最も野心的な試み」であると称賛した。

今や伝説となったこのフェスティヴァルで最も記憶に残る瞬間が、土曜の夜、訪れた。ボブ・ギブソンが18歳のジョーン・バエズをステージに呼び、一緒に2曲歌ったのだ。ケンブリッジの少数の大学生グループからはすでに崇拝されていたものの、バエズはまだフォーク界全体では無名だった。しかし、その夏、グロスマンは彼女をシカゴに連れて行き、ゲイト・オブ・ホーン（シカゴにあった伝説的フォーク・クラブ）でギブソンの前座を務めさせていた。そして、このニューポートの地で、〈ザ・ヴァージン・メアリー・ハド・ワン・サン（聖母マリアには息子が一人いた）〉のデュエットで、彼女の透き通るようなソプラノがギブソンの優しいテノールの上に重なると、彼女は瞬く間にフォークの聖母として祀《まつ》られたが（評論家たちはいつも彼女を純潔でこの世のものとは思えない存在と評していた）、それをウェインは「彼女の歌声の純粋さを視覚的に表現したもの」と書いている。彼女について触れたレヴューはほとんどなかったが、ウェインはバエズについて「彼女は、第1回ニューポート・フォーク・フェスティヴァルの大きな発見だっただけでなく、生きる象徴でもあった」と回想している。

バエズのデビューがその後の大成功の前兆であったとすれば、その夜の最後の1時間は、その後の諍《いさか》いの前兆でもあった。シェルトンのレヴューは、キングストン・トリオの商業的な軽薄さを強調し、彼らが「その特徴的な活力で」ステージ上を跳ね回り、「ルドルフ・ヴァレンティノが独身女性の家を訪ねた際に引き起こしたかもしれない興奮状態」を招いたと評した。その意味するところは、彼らは真剣なフォークのコンサートにはショービジネス的すぎるということだった。そして、グロスマンは、「最も失礼な言葉で」キングストン・トリオはそこにいる権利がないと伝えた後、彼らのマネージャーともみ合いになった。このときグロスマンは純粋主義の旗印を掲げていたが、後から考えればこれは明らかに皮肉としか思えない事件だった。

59年当時、純粋主義は少数派であり、観客の多くは特に活躍中のヒットメーカーを見るためにコンサートに来ていた。それが別の問題を引き起こした。『ニューポート・デイリー・ニュース』紙はこう報じている。

熱狂的に歓声と叫び声を上げる観衆は、今朝早く、ニューポート・フォーク・フェスティヴァル全体に対して大規模な報復を決行するかどうかの瀬戸際で揺れ動いたが、ついに彼らが望んでいたものを手に入れた――キングストン・トリオだ。

当初はショーを熱く締めくくる予定だった精力的なパフォーマーのキングストン・トリオは、断続的に降る小雨の中、彼らの演奏を聴くために4時間以上も待っていたティーンエイジャーたちのために、前倒しでステージに登場した。

大人気の彼らが演奏を終え、次の出演者であるバンジョー奏者のアール・スクラッグスが登場すると、観客は満たされない抗議の叫び声を上げた。

トリオがショーの締めくくりに戻ってくるということになり、なんとか観客は席に落ち着いて座った。

ウェインは後に、プログラムが遅れて怒ったティーンエイジャーの親たちに取り囲まれたため、スクラッグスより先にキングストン・トリオを演奏させるというミスを犯したと書いている。ことの顛末は次のように報じられている通りだ――「群衆は10分間叫び続け、デイヴ・ガードが登場し、キングストン・トリオがアンコールで戻ってくると約束し、人気バンジョー奏者スクラッグスの演奏を敬意をもって聞くよう観客に求め、ようやくショーが再開した。スクラッグスは予定より短い時間でステージを去り、ヘッドライナーのキングストン・トリオが熱狂的な拍手の中に戻ってきた」

ウェインは「フォーク純粋主義者の中には、私がこの償いをするのに何年もかかると考える者もいるだろう」と回想している。純粋主義者の意見は重要だった。なぜなら、彼らはウェインの最も忠実な聴衆であるだけでなく、多くの場合、彼のアドバイザーや個人的な友人でもあったからだ。しかし、彼らだけではフェスティヴァル会場を埋めることはできなかったのは事実だ。土曜日の夜、シーガーが出演したときには約4千5００人が集まり、日曜日のキングストン・トリオ出演時には5千5００人という大観衆が集まった。そして、『ニューポート・デイリー・ニュース』の記者は反対の見解を掲載した。

デモの規模がどうであれ、群衆の歓喜は正当化された。キングストン・トリオは最高だ。彼らはステージ、フェスティヴァルの人気をさらい、そして何百人もの十代の少女たちの心もさらっていった。

多少の波乱はあったものの、第1回ニューポート・フォーク・フェスティヴァルは成功を収め、翌60年、ウェインとグロスマンは開催期間を3日間に拡大した。ジョーン・バエズは金曜日と土曜日の両方で出演し、前年の人気アーティストの多く（シーガー、オデッタ、ギブソン、ナイルズ、ブランド、スクラッグス）と3組のトップ・ポップフォーク・グループ（タリアーズ、ブラザーズ・フォー、ゲートウェイ・シンガーズ）が加わった。さらに、より謎めいたメンバーも加わった。フラメンコギタリストのサビカス、87歳で木こりを職業にしていたO・J・アボット、イギリスのバラッド歌手イワン・マッコール、ゴスペル歌手クララ・ワード、イスラエル音楽とダンスの一団、そしてブルースからは、ジェシー・フラーとジョン・リー・フッカー（その年のジャズ・フェスティヴァルで使用したエレクトリック・ギターではなくアコースティック・ギターを演奏）、そしてルイジアナ州出身のまったく無名のアーティスト二人組、ブッチ・ケージとウィリー・トーマスという粗削りなフィドルとギターのデュオである。

「原始とポピュラーを融合させる第2回ニューポート・フォーク・フェスティヴァル」という見出しで、シェルトンはニューポートが「大衆化されたフォーク・ミュージックと本物のダウンホーム・ミュージックとの間の溝を埋めている」ことを称賛した。ケージとトーマスを「ルイジアナの民俗学者ハリー・オスターによって発見され、北部に紹介された正統なパフォーマー」と評し、彼らの「こすれるようで、つぶやくようで、刺すようで、心のこもったブルースは、都会のトリオ、タリアーズの洗練され、意識が高く、よく練られたアレンジの曲と同じくらい温かく受け入れられた」と書いた。シェルトンがこれを「おそらくフェスティヴァルの企画者がジャズ・ファンたちをフォークに引き込もうとした試み」と位置づけたのは、少々意外なことだった。「フロム・スピリチュアル・トゥ・スウィング」コンサートから20年が経ち、ジャズの聴衆は、サニー・テリーのソロ・ハーモニカ、ミッチェルズ・クリスチャン・シンガーズの昔ながらのゴスペル、アフリカの儀式的聖歌の録音など、ルーツ音楽の代表的ミュージシャンと、ジャズの人気スターたちを組み合わせた教育的なプログラムに慣れていた。こうしたプログラムは、ジャズを本格的な芸術形式として確立するという使命の一部であり、ジャズには深い歴史があり、クラシック音楽の聴衆と同様に、ジャズの聴衆もまた「難解な」音楽に喜んで関わっていこうという意思を示していた。しかし、フォークのプロモーターはそれほど大胆ではなく、60年の時点で、ネオ・エスニックの盛り上がりは、ケンブリッジとワシントン・スクエアでの熱心な信奉者による小さな集まりに限られていた。第1回と第2回のフェスティヴァルに出演した数十人のアーティストのうち、ニュー・ロスト・シティ・ランブラーズは、まだほとんど目立たない少数派を代表する唯一の存在だった（この状況は、まもなく変化するのだが）。

商業的な観点から、そしておそらく芸術的な観点からも、ランブラーズも、シェルトンがタリアーズと向こうを張れると主張したケージとトーマスも、大規模なフェスティヴァルのステージにふさわしいアーティストではなかっただろう。フォークウェイズ・レコードがリリースした『ニューポート・フォーク・フェスティヴァルのフォーク・ミュージック』というあまりに芸のないタイトルがついたライヴ・アルバムには、ケージとトーマスの曲が収録されているが、アーウィン・シルバーは、ライナーノーツで、「彼らの古いカントリー・ブルースは、フリーボディ・パークの広大なアリーナで忘れ去られた……彼らは間違った時間、そして間違った場所にいた――彼らの音楽を理解する素養のない聴衆に音楽を届けようという虚しい行為をしていたのだ」と嘆いている。彼らは社会学的な意味では真のフォーク・パフォーマーだったろうが、地元のコミュニティのパーティやピクニックで友人や隣人のために演奏するアマチュアであり、居場所はここではなかったのだ。

都会のファンの多くは、伝統的で田舎のルーツを持つ音楽という考えを高く評価していたが、他のすべてのファンと同様、彼らは主に自分たちの生活と共感し合うアーティストやスタイルに魅かれていた。コンサートでのパフォーマンスなら、それはシーガー、オデッタ、バエズ、あるいはもっとポップなトリオやカルテットを意味したのかもしれないが、それはコンサートという枠を超えており、ニューポートの大きな魅力の1つはより幅広い社会経験ができるということだった。『マドモアゼル』誌の記事には、若い聴衆が「ブルースや組合の歌、ホーボー・ソング、カントリー・ミュージック、賛美歌、フラメンコ、エリザベス朝時代のバラッド、そして現代の炭鉱での大惨事のバラッド」の寄せ集めを熱狂的に受け入れたと書かれているが、これは、以下に引用する重要な論点の導入部分だった。

毎晩、音楽は正規のパフォーマンスが終わってからもずっと続き、そこで音楽は、プロではなく寝袋と楽器をビーチまで運んでくる学生の小グループの所有物となった。そこでは、霧を避けるために砂を掘り返して作った穴に焚かれた火の周りで、イェール大学のフォーク・シンギング・クラブの青年たちが、ミシガン大学フォークロア・ソサエティの学生たちと歌や楽器のソロを交換し合い、コーネル大学、バーモント大学、スウィート・ブライア女子大学の学生たち、そしてスウェットシャツに大学のロゴがプリントされていない他の学生たちも、〈テイクス・ア・ウォリード・マン〉などを歌い拍手をしていた。このフーテナニーは夜明けまで続くことが多く、朝が明ける前にはまた学生たちが、ビーチ、小さな公園、芝生の上で歌い演奏していた。

この何でも自分でやる（ＤＩＹ）精神が、フォーク・フェスティヴァルをジャズ・フェスティヴァルやその後のロック・フェスティヴァルから区別するものであり、フォーク・リヴァイヴァルの最も本物の「フォーク」的な部分であったと言って間違いないだろう。19世紀の宗教的な歌唱学校やキャンプ・ミーティング、あるいは20世紀のフィドル・コンテストやブルーグラス・コンヴェンションのように、初期のフォーク・フェスティヴァルは、ステージでの演奏を観ることと同じくらい、友人を作ったり音楽を共有したりすることが重要だった。評論家がキングストン・トリオ、ブラザーズ・フォー、ニュー・クリスティ・ミンストレルズたちのことを、ヴォーカルや楽器の技術が平凡で、よく知られている曲を自分たちのレパートリーにしていると批判したとき、彼らは図らずも、こういったグループが全米の何百万人もの若者たちにとって魅力的である理由を強調していたのだった。それはつまり、誰もが観客としてだけでなく、参加者として活動に加われるということなのだ。

これは常にシーガーの夢の一つであり、彼のやり方が多くの民俗学者を苛立たせた理由の一つでもあった。アラン・ローマックスは、若いリスナーは本物の伝統、つまり「完璧に演奏し、見事なスタイルで美しく歌うすばらしいアーティストたちの存在」に気づくべきであり、民俗音楽を「サマーキャンプやアマチュア・ナイトのためのもの」として扱うべきではないと主張した。アマチュアのために歌詞、メロディ、ギターコードを収録した歌集を熱心に編纂したローマックスは、シーガーを正面から批判できる立場にはなく、40年代にはサマーキャンプでの歌唱を支持していた。しかし、60年代になる頃には、彼とシーガーに刺激を受けた多くの子供たちは、キャンプファイヤーでの合唱に満足しなくなっていた。ローマックスはこう記している。

「ピープルズ・ソングス」は、参加したい人、歌いたい人なら誰でも参加できることになっていた。結果として生じたのは、歌も歌える者がプロになり、結局は何もわかっていなかったために、この分野の水準を下げてしまったということだ……彼らにはスタイルの継承という考えはなく、単にサマーキャンプの子供たちが一生懸命練習して上手にギターを弾く方法を学んだだけなのだ。

シーガーはローマックスの懸念を一部共有し、若者たちに一緒に歌ったり、バンジョーを弾いたり、ギターをかき鳴らしたりすることを奨励する一方で、伝統的なアーティストを探して学ぶこともすすめた。ローマックスとの考え方の違いは、若い都会人が田舎のフォーク・スタイルの複雑さと奥深さを理解することと、そのスタイルを利用し、それほど伝統的でも高度でもないやり方で作品を作ることの間に矛盾はないとシーガーは考えていたことだ。彼は、人々が輪になって座り〈わが祖国〉を歌うというアイデアや、O・J・アボットが木こりの歌を歌うのをくつろいで見ているという考えが好きだった。都会の子供たちがアボットのように歌おうとすることの矛盾や落とし穴は理解していたが、少なくとも、彼らがかつて木こりだった年老いた人間の気持ちを少しでも感じてくれればいいと考えた。彼らがナイトクラブで、同じ都会人の観客を前に木こりの歌を歌って生計を立てるようになれば、それはまさに数年前に彼自身がやったことと同じだった。そして、それがうまくいけば、木こりの歌にもっと興味を持つ人を増やすことができるだけでなく、本物の田舎のミュージシャンに活躍の場を提供することもできるかもしれない。ウェインが60年のニューポートにシーガーを招聘したとき、彼は自分に支払われる報酬を使って、フランス系カナダ人のフィドル奏者ジャン・カリニャンを招くよう頼んだという。

60年の時点で、それは親切な行為にすぎなかったが、3年後には新しいタイプのフェスティヴァルの基本的な考え方となった。しかし、そこに至る前にまず、災難が起こった。60年のフォーク・フェスティヴァルから1週間後、同地で行われたニューポート・ジャズ・フェスティヴァルの土曜夜のコンサートには1万5千人の観客が詰めかけたが、3千人余りの若いファンが不満を抱えたまま路上に取り残された。警察は彼らを排除しようとし、最終的には消火ホースと催涙ガスを使用した。若者たちはビール缶を投げて応戦し、海兵隊と沿岸警備隊の出動が要請された。この暴動はニュースの見出しを飾り、市議会は週末の残りのショーを中止し、フェスティヴァルのライセンスを取り消すことを決議した。唯一の譲歩は、日曜日の午後のブルース・ステージを予定通り開催することだった。出演者は、ブッチ・ケージとウィリー・トーマス、カンザスシティのシャウター、ジミー・ラッシングで、加えて、ジョン・リー・フッカーやマディ・ウォーターズのエレクトリック・バンドでの演奏が行われ、マディがロックし、叫び、腰を振って、自分の呪術《モージョ》を働か《ワーキング》せるとはどういうことかを観衆に見せつけてクライマックスを迎えた。

ウェインはあきらめるつもりはなく、政治工作に2年間を費やしたが、62年にジャズ・フェスティヴァルを復活させた。フォーク・フェスティヴァルの復活にはさらに1年かかったが、それは彼がいくつかの根本的な変更を決意したためでもある。その頃までに、アルバート・グロスマンは、ピーター・ポール&マリー（PPM）やボブ・ディランを含むスターたちのマネージメントをしており、過去にフェスティヴァルの運営に関わっていた経験があったにせよ、現場の多くは彼を卑劣な商業主義のペテン師とみなしていた。ウェインは、音楽だけでなくフォークの世界の理想主義も活用したイベントを創りたいと考え、その実現には、その理想を「支持し、さらには体現する」人物に舵取りを任すことだと感じていた。ウェインは、「フォーク運動の関心と自身の関心の区別がない優れた人間、伝統的なミュージシャンだけでなく現代のソングライターからも尊敬され、より商業的なアーティストとも同じように容易に仕事ができる人物が必要だった。言い換えれば、私にはピート・シーガーが必要だったのだ」と語った。

ウェインは妻のジョイスとともにビーコンに車で向かい、シーガー家の丸太小屋で夕食をとりながら、シーガーとトシが、フォークの世界の多様な強みを活用するフェスティヴァルの構想について説明するのを聞いた。60年にニューポートから車で帰る途中、トシは、カリニャンの出演を実現するために自分の報酬を放棄したピートの決断を、通常の原則にまで広げられないか思案していた。そして彼女が思いついたのは、プロモーターではなくミュージシャンが主催する非営利イベントだった。そのイベントでは、参加者全員に1日50ドルの基本手当と加えて交通費と宿泊費のみが支払われる。シーガー、バエズ、PPMなどのスターがこの構想に賛同すれば、何万人もの有料の観客を呼び込むことができ、通常の出演料を節約した予算を使って、無名のトラディショナル・アーティストを呼ぶことができる。

ウェインはこのアイデアを気に入り、シーガーは企画委員会のメンバーとしてセオドア・ビケルを招き、無給の理事会が運営する財団の提案書を作成した。そして、初年度の理事会は、フェスティヴァルを組織し、利益を「フォーク・ミュージック界全体の利益のために」分配するパフォーマーのみで構成されることになった。当初のプログラムは、指定席で有料の大規模な夜のコンサート3回のほか、特定のスタイル、楽器、地域に焦点を当てた8~15回の小規模な「ワークショップ・セッション」、昼間に1~2回行われる「希望者なら誰でも1曲演奏できる」フーテナニー、フォーク・シーンに関する問題を話し合う「トーク」セッション2~3回、そして「街中の芝生、ビーチ、民家、レストラン、バーでの、フェスティヴァルお墨付きの即興セッション数十回」で構成される予定だった。

最初の理事会のメンバーは、シーガーとビケルのほか、アパラチア地方のバラッド歌手ジーン・リッチー、

2年前に最初のブルーグラス・フェスティヴァルの一つを主催したディキシー・マウンテン・ボーイズのビル・クリフトン、タリアーズでトップ10ヒットを2曲出しシーガーに代わってウィーヴァーズに加入し、最近ルーフトップ・シンガーズでナンバーワンヒットを出したエリック・ダーリング、現在のタリアーズに所属するアフリカ系アメリカ人歌手クラレンス・クーパー、そしてピーター・ヤーロウだった。これは巧妙な人選で、有名人の魅力と芸術的誠実さのバランスがとれていた。チャートの1位を獲得したこともあるポップ・フォーク・グループのベテラン4人とビケルのブロードウェイでの実績を利用して、理事会は有名なパフォーマーにもアプローチできるように構成されていたのだ。また、シーガー、リッチー、クリフトンはフォーク・リヴァイヴァルの伝統派から尊敬され、ビケルは国際的なフォーク・ソングを多言語で歌っていた。そしてシーガーとヤーロウは、新しい世代のトピカル（時事）・ソングライターたちの非常に積極的な支持者だった[1]

ディランは当時すでにその世代で最も才能のある人物として認められていたが、ニューヨーク以外で演奏したことはほとんどなく、63年7月にニューポートに到着したときには、彼の曲のほうが彼自身よりもずっとよく知られていた。特に、〈風に吹かれて〉は賛歌《アンセム》になりつつあった。この曲のPPMによる録音は前月に登場し、1週間で32万枚を売り上げていた（一説によると、その時点でワーナー・ブラザーズ史上最速で売れたシングルだったという）。また、ニュー・ワールド・シンガーズ、チャド・ミッチェル・トリオ、キングストン・トリオもこの曲を録音していた。ディラン自身のヴァージョンは5月にセカンド・アルバムの冒頭の曲として発表されていたが、この『フリーホイーリン』が『ビルボード』のLPチャートをジワジワと上り始めたのは9月になってからだった。このアルバムは少しずつ話題になり始めていて、ニューポート・フェスティヴァルの前の週には、『ビルボード』誌が「ポップ・スポットライト」として取り上げ、「彼の最初のアルバムはまだ大きな成功を収めていないが、このセカンド・アルバムはその可能性が高い」と書いた。しかし、その時点では彼のファンは主に音楽通に限られていた。

もちろん、ニューポートはフォーク通の集まりであり、63年のフェスティヴァルに集まった人々の多くは、シーガー主催のカーネギーホールでのフーテナニーや彼自身のタウンホール・コンサート、あるいはグリニッチ・ヴィレッジやケンブリッジのコーヒーハウスでディランをすでに見ていた。しかし、その世界でさえ、彼は確固たるリーダーというわけではなく、有望な新人のままだった。最終的に、彼はこれ以上の存在へと変貌し、ニューポートを去ったのだが、それは主に彼がリヴァイヴァルの希望と夢を体現し、馴染みのある伝統に深く根ざした芸術を創造する、素朴な大衆の一人だったからである。もちろん、彼独特のカリスマ性とアルバート・グロスマンの抜け目のないマネージメントを忘れてはいけないのだが。

このフェスティヴァルを振り返って、ウェインは公民権運動の決定的な影響に思いを馳せる。ニューポート入りしたフリーダム・シンガーズは、南部の闘争でのデモ行進と逮捕を経験したばかりで、フェスティヴァルでのパフォーマンスに加え、ニューポートでもデモ行進を先導し、公園で集会を開き、バエズと約600人の支持者も加わっていた。ウェインは、この活動家精神と「大義のために命と自由を賭ける勇敢な個人たちを知り共感する」機会を歓迎し、彼らにとってこのフェスティヴァルは「プラットフォーム（演台）でありフォーラム」であると考えていると記している。彼はさらに、「当時、公民権運動にスローガンがあったとしたら、それはボブ・ディランの〈風に吹かれて〉だった」と付け加えた。

このような決めつけは、ある意味で的外れだった。南部のデモ参加者にとっては、もっと人気があり馴染みもあるスローガンが何十もあったからだ。最もはっきりしているのは〈勝利を我等に〉だ。しかし、アメリカ北部の白人の支持を集めるという点では、ディランの〈風に吹かれて〉にはユニークで力強いメッセージ性があった。聴衆の大半は、この歌をＰＰＭと結びつけ、彼らが国内で最も人気のあるフォーク・グループであることから、ウェインは彼らに初日の夜のトリを任せるつもりだった。しかし、グロスマンは別の考えを持っており、グループのマネージャーとして彼の考えは大きな影響力を持っていた。彼はウェインを説得して、コンサートの前半をPPMに締めくくらせ、最後のステージをディランに任せたのだ。ウェインは、「鼻にかかる声を出す型破りで風変わりな物腰の痩せた青年」が夜を締めくくるのは「一部の観客にとって、ふさわしいものではなかったかもしれない」と回想しているが、この選択はフェスティヴァルの理想を完璧に要約していた。ディランはスターではなかった。彼は並の歌声と楽器のスキルを持ち、並外れた歌を伝える役目を担った普通の若者だった。そして、うまくいかなかった場合の保険として、ポップフォーク界の大スターたちが、ディランのために準備を整えていた——PPMは自分たちのステージでディランの曲を演奏しただけでなく、その夜のフィナーレで彼と共演し、大喝采を浴びたのだ。

ニューポートの運営モデルは、巧みにコントロールされたスターたちの人気と誠実な理想のバランスにかかっており、避けられない多少の矛盾はあったとしても、数年間は真に共同体的な体験を生み出した。最初の夜のコンサートには1万3千人という満員の観客が集まり、さらに数百人が門の外で静かに聴いていた。フェスティヴァルはまず、ロードアイランド州上院議員クレイボーン・ペルが、フォーク・ミュージックとは「その創造の起源を、才能ある少数の人々だけではなく、すべての人々の魂にたどることができる唯一の芸術形式」であるとステージから語りかけ、始まった。それから、当時都会の聴衆にまったく知られていなかったビル・モンロー&ザ・ブルーグラス・ボーイズ、バエズ風の美しい歌声の若手フォークシンガーのラウン・マッキノン、カロライナのブルース・デュオのブラウニー・マギーとサニー・テリー、そしてフランス系カナダ人シンガーのエレーヌ・ベイヤージョンとフィドラーのジャン・カリニャンが登場。次の出演者は、ピーター・ポール&マリーだとアナウンスされると、若いファンが殺到してステージに駆けつけ、警察とフェスティヴァル関係者が彼らを席に戻した。『プロヴィデンス・ジャーナル』紙は、PPMは、「とてもすてきな咳止めドロップの宣伝に出ているスミス兄弟みたいだね、マリー」（アメリカの有名な咳止めドロップのパッケージのイラストより）と書き、このトリオのボヘミアン風の風貌をからかったが、彼らは「風刺的で楽しく、公正で叙情的な、すばらしいエンターテイナー」だと評した。彼らは、〈テル・イット・オン・ザ・マウンテン〉でステージをスタートしたが、これは南部の公民権運動の過程で歌詞にある「我が民を解放せよ」という一節が新たな意味のあるキャッチフレーズとなった伝統的なスピリチュアルだ。続いて〈500マイルもはなれて〉〈パフ〉、そしてティーンポップのドゥーワップ風に楽しくアレンジしたバラード〈ブルー〉を歌った。それからヤーロウはステージの前に出て、聴衆に語りかけた。

ウディ・ガスリーという名の男がいます。［拍手が鳴り響き中断］彼は今日、アメリカ史上最高のフォーク詩人の一人とみなされています。30年前にウディ・ガスリーが曲を書いたのとほぼ同じようなやり方で、今日を生き、作曲している若者がいます。彼の歌はとても感動的で意義深いので、私たち、つまりポールとマリーと私は、彼が今日のアメリカで最も重要な若いフォークシンガーだと感じています。彼はとても若く、まだ21歳です。彼の名前はボブ・ディラン。［長く大きな拍手］そして、これは彼が書いた歌の一つです。

彼らは〈風に吹かれて〉、続いてレヴァランド・ゲイリー・デイヴィスの曲〈イフ・アイ・ハド・マイ・ウェイ〉を歌い、夜遅くなってからディランと一緒に戻ってくると説明してから〈天使のハンマー〉で締めくくり、大喝采を浴びながらステージを後にした。

コンサートの後半はフリーダム・シンガーズで幕を開け、続いてスコットランドの歌手ジーン・レッドパス、ノースカロライナのギターの名手ドック・ワトソンが演奏し、マンドリン奏者のビル・モンローが数曲に加わった。それから、ヤーロウが「私たちの世代の実情を正確に理解している」アーティスト、ディランを紹介した。『ニューポート・デイリー・ニュース』は、多くの聴衆が感じたであろう驚きに同調しながら、ディランは「少し猫背で、ぶかぶかでしわくちゃの服を着たまま寝ていたかのよう」に見えたが、「口を開けた瞬間に鮮明に明らかになる」才能の持ち主で、「弱々しく貧相だと噂されていた彼の声は、自作の歌を歌うときには、大きく、明瞭で、力強く響いた。彼はアメリカで抑圧された人々の代弁者であり、弱者の擁護者だ」と評した。

ディランはガスリーの喜劇的な独白にひねりを加えた新曲〈第3次世界大戦を語るブルース〉で幕を開け、最も政治的な曲〈神が味方〉〈しがない歩兵〉〈トーキン・ジョン・バーチ・パラノイド・ブルース〉〈はげしい雨が降る〉を披露した。彼の演奏に皆がわき上がったが、最高潮に達するのはまだ先だった。アンコールでヤーロウは、ディランを再びステージに呼び戻すことができて「とても光栄だ」と言い、マイクの前に立ったディランは「何人か紹介したい。みんなで歌を歌おう」と言った。彼は、シーガー、フリーダム・シンガーズ、バエズ（彼女の名前で最も大きな歓声が上がった）、ＰＰＭを順番にステージに呼び寄せ、そして誰もが予想した通り、「俺たちは〈風に吹かれて〉を歌う」と宣言した。彼はギターをかき鳴らして歌い始め、他のメンバーは彼の後ろからコーラスを挟む。初めは彼の歌に合わせてハミングし、コーラスにハーモニーを加え、ヴァース（コーラス［サビ］に入る前の歌詞）も歌い始めた。少しラフでまとまりがないパフォーマンスだったが、忘れられない場面になった。痩せこけた青年が地味な半袖シャツを着て、フォーク界の王族たちがディランの後ろに立ち、彼だけが言葉にした未来像を共有し支持していた。観衆は魅了され、大歓声と拍手で応えた。ビケルは「ニューポートの街で夜通し歌い続けよう」と約束してショーを終わらせようとしたが、観客からは「もっと！」という叫び声が上がった。そして「ディランが欲しい！」という声が沸き起こった。出演者たちが舞台に戻ってきて即興のアンコールが始まった。キーを決め、ディランが「ピーター・ポール＆マリーが有名にした〈勝利を我等に〉と紹介したあと、曲になだれ込んだ（この紹介に他のパフォーマーからの引きつった笑い声が聞こえた）。11人の歌手は腕を組んで歌い、ステージ上には、団結を象徴する場面が広がった。彼らが発したメッセージは人種間の団結だけではなく、有名スターが脇に退いて、あまり有名ではないがフォーク・ミュージックを象徴する草の根アーティストたちを囲むというものだった。一方にはシーガーとビケル、もう一方にはピーター、マリー、ポール、バエズ、そして中央にはディランとフリーダム・シンガーズがいた。

ディランはその後の2日間、何度もステージに姿を現し、常に特別な扱いを受けた。土曜日の朝のバラードについてのワークショップでは、イギリスの伝統歌手、アメリカ南部のマウンテン・シンガー、リヴァイヴァリストのシンガー兼研究者たち（ディランにギターを貸してくれた西海岸のサム・ヒントンなど）、そしてバエズ、マッキノン、ジュディ・コリンズの若手女性3人組が参加し、ジーン・リッチーがディランに最後の曲を歌うよう促した。ここでディランがバエズと〈神が味方〉をデュエットで歌ったが、前もってリハーサルをしていたことは助けになった。ディランはこの曲を「ある種のバラッド」と少し遠慮がちに紹介し、自分たちの前に演奏されたある曲とのつながりにも言及した。ジーン・レッドパスが〈ザ・パトリオット・ゲーム〉を歌っていたが、ディランは、自分の〈神が味方〉も同じメロディを使っていることに触れたのだ。聴衆は感激し、午前中のワークショップの中で最も参加者が多かったが、理事会の見立て通り、一般大衆ではなく熱心なファンが集まった。『プロヴィデンス・ジャーナル』は、仮設ステージとして使われた建物の前の芝生に450人が座っていたと推定している。

ワークショップでディランの後ろに座り、彼を真剣に観察していたジュディ・コリンズは、土曜夜のメインステージで〈風に吹かれて〉を演目に組み込み、彼を「過去1年間でフォーク・ミュージックに起こった最も重要な出来事の一つ」と評した。日曜日の午後のトピカル・ソングと新人ソングライターのワークショップでは、ディランはフリーダム・シンガーズの後に登場したが、彼らはステージに登場しただけでスタンディング・オベーションを受けた。『プロヴィデンス・ジャーナル』は、ディランがマイクの前に立つと聴衆が彼のそばに群がろうとした。「みんながこの背が低くてやせっぽちの若者の辛辣な歌を聞きたがっていたのは明らかだった」。彼は〈フー・キルド・デイヴィー・ムーア?〉と〈戦争の親玉〉を歌い、その後シーガーが加わって、自分の新曲〈プレイボーイズ・アンド・プレイガールズ〉の合唱を先導した。

日曜夜のコンサートは、フォーク界で最も人気のある女性歌手と男性歌手のワンツーパンチで最高潮に達した。まずバエズが登場し、〈オー・フリーダム〉、続いて〈くよくよするなよ〉を歌った。彼女は純粋主義者をからかって、「今夜出演しているみんなほどは、自分のことを本物だとは思わないけれど、どうしようもないわ。私はスタテン島生まれなの」と冗談を言った。〈オール・マイ・トライアルズ〉や〈ワゴナーズ・ラッド〉といったおなじみの人気曲に加え、アンコールで、最近のティーンロックのヒット曲であるメイジャーズの〈シーズ・ア・トラブルメイカー〉の冗談交じりのカヴァーを披露。原曲の男性ファルセットを軽快に模倣し、古いバラッド〈メアリー・ハミルトン〉で締めくくると、今度はディランを引き連れて再登場し、「二人でもう1曲歌わないと」と言い、〈神が味方〉を歌った。最後にピート・シーガーがこの週末を共同体的に締めくくるべく登場した。彼はレッドベリーの12弦ギターの傑作〈ファニン・ストリート〉を皮切りに、スローなブギへと流れていき、〈漕げよマイケル〉へと展開し、地元の船員たちに舟歌の〈シェナンドー〉を一緒に歌うよう促した。さらに数曲歌った後、20人近くの他のパフォーマーが加わって盛大なフィナーレとなり、会場はおなじみの〈わが祖国〉のコーラスを歌う1万人の観客であふれかえった。『ニューポート・デイリー・ニュース』

は、ガスリーの名曲を観客が熱狂的に受け入れたことに心を動かされ、「現代の若い世代がどんなに反抗的で〝ビートニク〟であろうとも、祖国への愛は彼らの中に深く根づいていることが証明された」と書いた。

その週末には、70人以上のパフォーマーが4つの大きなコンサートと16のワークショップに参加したが、ディランのステージよりもエキサイティングで感動的で技術的にも優れている瞬間があったと記憶している人は多い。特に、土曜日の午後のブルース・ワークショップは、69歳の神聖な過去からの使者ミシシッピ・ジョン・ハートの大舞台への初登場となった。１９２８年の彼のレコードのうち2枚は、『アンソロジー・オブ・アメリカン・フォーク・ミュージック』に収録されているが、彼はまた、60年代で最も魅力的で熟練したパフォーマーの一人でもあった。この数年後、若い歌手がニューポートをフォークの名声と成功をつかむ場所と考えるようになったことを振り返り、マニー・グリーンヒルは、「ニューポートへの出演で、突然大物になった者が一人だけいる。それがミシシッピ・ジョン・ハートだ。彼はニューポートの開催日を指さして、バン！と言ったら出演することになった唯一のミュージシャンだ」と書いた。このジョン・ハートのワークショップはその日最も参加者が多く、約５００人の聴衆が芝生に座り、カジノのポーチの両側にも集まった。ウェインもグリーンヒルの評価に同意し、それは「フォーク界にとってみれば、金曜夜のフィナーレにほぼ匹敵するものだった」と書いた。ミシシッピ・ジョン・ハートはビッグニュースだったが、デイヴ・ヴァン・ロンク、ギターとヴォーカルのオールド・スタイルを巧みに操って聴衆を驚かせた若きジョン・P・ハモンド（ディランと契約したプロデューサーの息子）、エネルギッシュなデュエットを演奏するサニー・テリーとブラウニー・マギー、アコースティック・ギターを弾きながら不機嫌そうなうめき声を発するジョン・リー・フッカーなど、優れた仲間たちもいた。フッカーはまたその夜、ソリッドボディのエレキギターを携えてメイン・ステージに登場し、ビル・リーのベースをバックに、当時流行っていた〈グリーン・オニオンズ〉と前年のトップ20R&Bシングル〈ブーン・ブーン〉を演奏した。『プロヴィデンス・ジャーナル』は、フッカーについて「時々リズム&ブルースのアーティストのように聞こえる……そして、エレキギターを6連発銃のように扱う」と評した。

それは観客だけでなく、公式のコンサートが終わった後も音楽を楽しみ続けた演奏者やスタッフにとって魔法のような週末だった。ウェインは、ミシシッピ・ジョン・ハートが子供たちのために即興コンサートを開いているのをミュージシャンが泊まっていた安宿のポーチから見たり、窓から部屋の中を覗き込んで「フォーク・リヴァイヴァルの処女王と皇太子であるバエズとディランが一緒に歌っている」のを見たことを覚えている。

最初の数年間、このようなインフォーマルな交流と音楽制作によって、ニューポートは観客にとってだけではなく、ミュージシャンにとっても特別なものになった。傷だらけのレコードにかがみ込んで技術を身につけた若いミュージシャンたちは、30年以上も前にそれを録音した本人たちとおしゃべりをし、ジャムセッションをし、ステージに登場することに興奮していた。ポール・ロスチャイルド（音楽プロデューサー。CSNやドアーズを手がける）は、初期のニューポートについて日曜午後のワシントン・スクエア・パークと同様の感情が湧いてくると語っている。唯一の違いは、ニューポートには観客が何千人もいて、披露される信じがたい才能の幅がより広いだけだった。それは畏敬の念を抱かせるものだったが、そこには親密な何かが存在し、誰もが秘密の情熱を共有する小さなグループの一員であるという感覚があった。

これはすべて非常にプライベートなもので、キングストン・トリオでもハリー・ベラフォンテでもなかった。我々は本物のミュージシャンによるマウンテン・ミュージックやデルタ・ブルースを聞いた……そしてフェスティヴァルの後、1年間それぞれの活動を続けて、次の年には仲間の何人かがステージに上がって同じような曲を演っていた。（ポール・ロスチャイルド）

小さなダンスパーティなどで地元の人のために演奏してきた田舎のミュージシャンにとって、この経験はさらに衝撃的だった。フェスティヴァルの主催者は彼らをサポートしようとし、家族を連れて来るよう促したが、明らかに混乱した人もいた。理事会は63年のフェスティヴァルの収益を使って、無名のアーティストを探して全米を回るようラルフ・リンツラーに依頼した。彼の仕事の一部は、アーティストたちが「立ち上がってスピーチをしたり、蝶ネクタイに黒いスーツを着たり、祖母のお古のドレスをまとったりしなければならないと思わずに、ただ自分らしくしていられる」ようにすることだった。

この経験により、人生が変わった者もいた。ケイジャンのフィドル奏者デューイ・バルファは、自分の音楽は時代遅れだと思いながら育ったため、64年に彼と兄弟たちがニューポートに招待されたとき、故郷の人には「どうせあいつらは笑われるのが落ちだろう」と言われていたほどだった。しかし、彼らは称賛されたのだ。

家庭でのダンスパーティや、家族の集まりで演奏したことはあった。200人くらいの人を収容できるダンスホールで演ったこともあったかな。実際、一度に200人を見たことはなかったと思う。そしてニューポートでは1万7千人がいた。その1万7千人が俺たちをステージから下ろしてくれなかったんだ。

その結果、バルファと彼の兄弟たちはプロとしてのキャリアを歩むことになっただけでなく、地域復興ももたらされた。北部での彼らの成功は、消えゆく伝統への新たな誇りを呼び起こし、ニューポートの理事会は、ルイジアナで最初のケイジャン音楽フェスティヴァルに資金を提供し、全米そして最終的には、世界中に広がるルネッサンスの始まりとなった。

63年のニューポートのプログラムでは、田舎や「民族的《エスニック》」な演奏者に対して、都市のフォーク・リヴァイヴァリストがほぼ二倍を占めていたが、その後数年間で変化し、67年までにその比率はほぼ逆転した。正確なバランスがどうであれ、この二つのグループの相互関係があるからこそ、ニューポートは特別だったのだ。伝統的なアーティストは歴史的な深みや名人芸的な技術、そして正統性の基盤を提供し、都会の演奏家は現代世界におけるフォークの活力と意義を示して見せた。この組み合わせは簡単に実現できるものではなかった。ウェインは、フォークウェイズの『アンソロジー』で最も貴重なトラックを数曲録音したバンジョー奏者のビューエル・カジーが、68年のフェスティヴァルで漂っていたヴェトナム反戦を訴える左翼的な雰囲気に動揺していたことを思い出す。「アメリカを破壊することにはいっさい関わりたくない」と彼は不満を述べ、「なぜこの人たちは正直に言わないのだろう。これは単なる音楽ではなく、イデオロギーであることを彼らがどうして認めないのか。こんなことになるとわかっていたら、ケンタッキーに留まっていたのに」と付け加えた。

対照的に、キングストン・トリオのヒット曲〈トム・ドゥーリー〉のオリジナル・ヴァージョンを歌っていたフランク・プロフィットは、65年のフェスティヴァルが終わると、『シング・アウト!』誌に「若者や、自分自身や周囲について抱いてきた感情や考えを、歌や音楽で表現したいと心から望んでいる人たちの気持ちは理解できる」と記し、次のように続けた。

私は、いつでもどこでも、どんな楽器でもどんなスタイルでも、歌い演奏する人たちを100パーセント支持する……ある人が私に「でも、私にはあなたのような伝統がありません!」と書いてきました。私はこう返信したのです。「聖書のアダムを信じるなら、彼はイブのために歌ったはずです。人類が猿から生まれたという話に思いを馳せれば、原始人は崖を叩いて髄骨を吸い出し、ちょっとした喜びの歌をしわがれ声で歌ったはずです。伝統といいますが、これ以上のものをお望みですか？」

ニューポート・フェスティヴァルは、演奏者にとっても観客にとっても、別世界のように感じられた。様々なグループが出会い、音楽への共通の愛を通じて違いを乗り越えられる場所だ。若い急進派は保守派の年長者の足元に座り、田舎の人々は都会の風変わりな習慣に礼儀正しく接しようとした。ウェインは、64年のフェスティヴァルの初日の夜、演奏者をフェスティヴァル会場まで運ぶシャトルバスが、黒人のジョージア・シー・アイランド・シンガーズが宿泊していた家に到着したときのことを思い出す。バスの席は、アラバマ州の小さな町からやってきた白人のセイクリッド・ハープ・シンガーズのメンバーですでにいっぱいだったのだ。

気まずい沈黙が続いた。どちらのグループも、黒人と白人の交流がまったくない場所から来ていたからだ。セイクリッド・ハープのグループは原理主義のキリスト教グループで、生活様式として人種隔離に慣れていた。

バス内の緊張は明らかだった。すると、誰も何も言わずに、セイクリッド・ハープ・シンガーズの男一人が立ち上がり、ジョージア・シー・アイランド・シンガーズの女性に席を譲った。彼女は少しためらった後、ありがたく席に着いた。すぐにセイクリッド・ハープの別の男が席を譲り、さらにもう一人も、となって、ジョージア・シー・アイランドの女性全員が着席することができた。

バリー・コーンフェルドも似たような経験をしている。彼は59年のフェスティヴァルにレヴァランド・ゲイリー・デイヴィスと一緒に遅れて到着し、出演者のテントに入ると椅子はすべて埋まっていた。すると、アール・スクラッグス（コーンフェルドによると、彼はゲイリー・デイヴィスのことなど聞いたことがないはずだ）がすぐに立ち上がって盲目のストリート・シンガーに自分の椅子を譲ったのだ。ウェインとコーンフェルドはどちらも、自分たちの話を、南部の白人が人種の垣根を越えて称賛に値するふるまいをした例としてまとめているが、二人の感じた驚きは、彼ら自身にも克服すべき固定観念があり、ニューポートでの経験を通して学び成長していたことを示している。

このような温かさと共同体の感覚、互いの相違点をフェスティヴァル会場の入り口に置いておいて、音楽仲間に加わるという感覚は、ディランのスタイルではなかった。彼が見知らぬ人と交わっていたことを覚えているものは誰もおらず、ジョン・コーエンは、63年に、牛追い鞭《むち》を肩に巻き付けてフェスティヴァルの会場を歩き回っていたディランについて話すとき、不快な感情をあらわにする一人である。みんなが「それで何をするんだ?」とディランに訊ねると、彼は「『誰かの口からタバコを弾き飛ばすんだ。そのために鞭を使うんだよ』と答えたとアンソニー・スカドゥート（ディランの伝記の著者）は書いている。「彼はその傲慢さ、そして自分の周りに築いた壁で、多くの人を動揺させた」

その壁は、すべてが比喩的というわけではない。コーエンと他のニュー・ロスト・シティ・ランブラーズのメンバーは、田舎のアーティスト、そしてほとんどの都会のリヴァイヴァリスト、サポート・スタッフと同様に、自動車やバスでニューポートに行き、フェスティヴァル側が用意した間に合わせの宿舎で寝泊まりした。多くは折りたたみ式の簡易ベッドの上で寝た。一方、グロスマンのお気に入りのミュージシャンたちは、ニューヨークからまずプロヴィデンスに飛び、その後プライベートジェットでニューポートに行き、豪華なヴァイキング・ホテルの個室に泊まった。スーズ・ロトロは、それをめまいがするような経験として回想している。

ビジネスの匂いが漂っている感覚、つまり、レコード契約と有名になる可能性とが混ざり合った金の音は、成功をもくろむ新進気鋭のフォーク・ミュージシャンにとって刺激的でした。いろいろなことが起こっていました。写真家のデイヴィッド・ガーとジム・マーシャルはあらゆるところにいて、写真を撮りまくっていました。ボブは、仕事一筋でしたが、同時に遊び心もたっぷりありました。牛追い鞭をピシリと打ち、地面を叩いていたんです。

写真家たちは、ヴァイキング・ホテルのプールサードで友人たちとくつろぐディランを捉えた。そのうちの1枚は、彼のライフスタイルとフェスティヴァルの社会的使命との対比を強調しているように見えた。彼は半袖のシャツとサングラス姿で、手のひらを広げてアフリカ系アメリカ人のビル・リーに何かを説明している。リーとディランは「登録ゲストのみがプール利用可能」と書かれた木製の柵で隔てられている。このショットは、南部には人種隔離を強制する同様の掲示があるということを知らしめるために演出されたものと思われるが、北部の権力と富の危うさと、ディランが幸運な側にいることも示唆している。

根底にある複雑さや矛盾がどうであれ、公人としてのディランは、都会の若者と田舎の伝統、そしてフォークの純粋さと政治活動が混在している状況を体現していた。シェルトンは後にディランの伝記で次のように記している。

ぼろぼろの服、辛辣な歌、ショービジネス反対の姿勢、黒人の権利と平和への共感……ディランはフェスティヴァルの象徴となった。彼の写真はいたるところにあった。痩せてやつれた顔、しなびた肩章が付いた色あせたカーキ色のアーミーシャツに覆われた弱々しい肩、脱色して白くなったブルージーンズ。すべてはニューポートの団結心と同じくらい自然発生的なものに思えた。しかし、かなりの部分が、アルバート（・グロスマン）とディランによる計画の産物だった。

この説明はいくぶん誠実さを欠いている。ディランの写真が最も目立つのは、フェスティヴァル・プログラムの冒頭で、それにはやせ細った若い詩人ディランの詩が添えられていたが、このプログラムはシェルトンの偽名であるテイシー・ウィリアムズによって編集されていたのだ。シェルトンは後に「ディランはアンダーグラウンドから来た話題の人物として現れ、スターとして去っていった」と書いているが、彼はその変貌も予期していた。グロスマン自身にも、この週末のフェスティヴァルを、シーガーとガスリーからのバトンを「ミネソタ州ヒビングからニューメキシコ州ギャラップ、その他多くの場所を経てニューヨーカーとなった22歳のソングライター」に受け渡す儀式として仕立て上げるのに、これ以上のことはできなかっただろう。

全体的にプログラムはすべてを詰め込んだような内容で、全38ページには新旧、そして都会と田舎の対比、商業広告、そして『シング・アウト！』からの楽譜の転載などが、バランスよく掲載されている。表紙の内側には、光沢紙に印刷された「ブルーグラス音楽の父」ビル・モンローのデッカ・レコードの広告があり、フェスティヴァル理事会からの歓迎の言葉と、7人の理事それぞれが記した短い決意声明が続く。それから若き詩人ディランが憂鬱そうにハーモニカを吹く写真で始まる散文詩「デイヴ・グラヴァーに捧ぐ」が1ページ半にわたって掲載されている。フェスティヴァル出演者がリリースしているレコードについてのエレクトラとヴァンガードによる広告の後には、「あなたの街のフォークロア」という記事が続く。これは10年間にわたって、ニューヨークの街をオープンリール式のテープレコーダーを抱えて歩き回り、様々な音源を録音してきたトニー・シュワルツが、都会の仲間たちにも同じようにするよう勧めている記事である。それから、『ブロードサイド』紙のシス・カニンガムによる、新世代のソングライターたちへの熱烈な称賛記事が続く。彼女が讃えるのは、わずか数カ月の間に国内外でヒットした曲を書いた「弱冠22歳のボブ・ディラン」を筆頭とする「ウディの子供たち」である。

次にコロムビア・レコードの広告では、ピート・シーガーが声を張り上げて歌う姿と、ぼろぼろのギブソンを弾くディランのウディ・ガスリー風の演出されたショットが、1ページいっぱいに並置されている。この宣伝文は、尊敬を集める王と若き王子として二人を位置づけている。

ピート・シーガーは、ボブ・ディランが生まれる前年の1940年から、全米で歌を歌い楽器をかき鳴らし続けてきた。今日、ピートがこの分野の権威として卓越していることは疑いようがなく、パフォーマンスに観客を巻き込む特異な才能は、フォーク・リヴァイヴァルに大きく貢献している。ボブ・ディランは、自作曲と同じくらいユニークなスタイルでわずか2年前にシーンに突如現れたが、彼の刺激的で並外れた才能を十分に理解することができる知識が豊富で受容力のある聴衆に受け入れられてきた。両アーティストはフォーク界の実力者である。二人ともコロムビア・レコードに所属している。

より物議を醸す記事も掲載されている。ライトニン・ホプキンスとエリック・フォン・シュミットが「若い白人」がブルースを歌えるかどうかについての議論だ。ホプキンスは断固として否定的だった。

白人の少年たちはブルースに適した声を持っていない。演奏はできるが、歌うことはできない……白人の音楽ではないのだ。白人はブルースを感じることはできるが、それがどこにあるのかはわからない……

白人はブルースを経験したことがなく、レコードやコンサートから得るだけで、それを生きてはいないのだ。

フォン・シュミットの返答は困難を認めている。「ブルースを歌う若い白人男性のほとんどは、この特定の不安を抱えている。毎朝起きると、彼らはまだ白人なんだ。灰色がかったピンク、オレンジがかった紫、黄緑、つまり、白いんだ」。しかし、彼は、過去を再現しようとするのをやめれば、このハンディキャップは克服できると言う。

白人、黒人、または青い人たち——何色であろうが、自分は自分なんだ。ロバート・ジョンソンとブッカ・ホワイトは、自分たちの時代、自分たちの女性について語っていた……すぐに同じことをやらなければならない。今なんだ。テラプレーンではなくジェット機、ラバではなく宇宙。ミシシッピ州クラークスデールに最も近いのは、角にあるレコード店だ……。

若い男の中には、もう始めている奴もいる。そして、それができたとき、デルタやサウスサイドのようなサウンドにはならないんだ。自分たちのサウンドになるんだ。彼らは、スタイルではなくアプローチの仕方を求めて、自分たちのレパートリーを増やすためではなく、詩を求めてルーツ・プレイヤーを聴いている。スリーピー・ジョン・エステスやビッグ・ジョー・ターナーが生きていてバリバリ演っているときに、彼らを真似する者など必要だろうか？ ハル・ホルブルックはもういいから、トム・ウルフの小説を読ませてくれ。

ケンブリッジの音楽シーンでは、フォン・シュミット自身がこのアプローチの代表的な人物であり、彼はロケットの打ち上げや、メキシコ湾岸でのセーリングについてうなり声を上げて歌うあご髭を生やした白人の男だった。しかし、アメリカ全体で考えると、ブルースの影響とトム・ウルフ風のモダニズムを最もはっきりと融合させたアーティストはディランだった。

プログラムには、トラディショナル・バラッド〈ゴールデン・ヴァニティ〉の楽譜と歌詞、コンサートとワークショップのスケジュール、そして、歌う公民権運動、特にフリーダム・シンガーズについて書かれたシェルトン自身の署名入りの記事も掲載されている。フリーダム・シンガーズは、「統合を求める何千人もの無名の合唱団員とともに、人々を直接動かす感動的な歌に毎日新しい詩を付け加えている」。4ページ後には、作者不詳の自由への賛歌〈ウォーク・アップ・ディス・モーニング（ウィズ・マイ・マインド・オン・フリーダム）〉の楽譜が載っていたが、シェルトンの記事と一緒に紹介されていたのは〈風に吹かれて〉だった。

次のページに掲載のハロルド・レヴェンソール芸能エージェントの広告は、フォーク・スターが現れるのにふさわしい時期が今訪れていることを感じさせるものだった。そこには、約1年間にわたって21カ国を回る世界ツアーに出発するシーガーとその家族に向けて、「ボン・ヴォヤージュ！（良いご旅行を！）」という二つの単語が横断幕をかたどって大文字で印刷されている。

またその次ページでは、ディラーズのミッチェル・ジェインが、フォン・シュミットの檄文に匹敵するヒルビリーからの見解を記している。オザーク高地出身の4人組ディラーズは、アンディ・グリフィス・ショーに定期的に出演し、アメリカの家庭ではおなじみの顔となり、このあとまもなくブルーグラス・バンドとして初めてディランの曲を録音することになる。ニューポートの本番で初めてディランに会ったのだから、ジェインがこの文章を書いたとき、ディランのことを考えていたわけではないだろうが、後から考えてみると、この文章は、ディランが先陣を切っていたニューウェーブを擁護しているようにも読める。彼は、「学者ぶった輩《やから》」たちが「音楽の活力を枯渇させ、変化を拒否することで音楽を清めようとしていた」と始め、以下のような風刺的な文章を続ける。

長く聴き継がれる音楽の核心である革新の邪魔をしてはいけない。この戒律に違反することは、パフォーマーが金銭、つまり売春婦にしか興味がないことを示す……［これは］伝統主義者の大きな誤りであり、彼らは時折、フォーク・ミュージックの踏み固められた道を離れて困難な一歩を踏み出そうとするアーティストを大声で非難する。

次のページには、オザーク高原からのもう一人の訪問者、59年に〈ニューオーリンズの戦い〉でポップとカントリーのチャートで1位を獲得したジミー・ドリフトウッドが、同年のニューポート・フォーク・フェスティヴァルの観客席で、陽気なティーンエイジャー4人組と一緒に座っている写真が掲載されている（彼の後ろには、どうやらカメラマンは気づかなかったようだが、デイヴとテリ・ヴァン・ロンク夫妻が座っている）。写真の下には〈プリティ・ペギー・オウ〉の楽譜があるが、これは、その年の4月にドリフトウッドで開催された第1回アーカンソー・フォーク・フェスティヴァルに出演したジョージとジェリー・アームストロングの歌声を書き起こしたものである。この曲がディランのファースト・アルバムにも収録されていたのは単なる偶然だったのかもしれないが、そのアルバムのライナーノーツを書いたシェルトンの役目を考えると、意図的だったのかもしれない。

フェスティヴァルのこのプログラムは、ディランを中心に据え、彼を売り込もうというマキャベリ的な策略以上の内容をもっているが、ピーター・ヤーロウは「ロバート・シェルトンとアルバート・グロスマンの間には友情、さらには共謀関係のようなものがあった」と指摘している。この時期シェルトンは、ディランの成功の多くの部分に個人的に貢献していると感じ、彼の作品を自分の美的および職業的使命を実現するための手段として考えていた。シェルトンは本物のフォーク・ミュージックと進歩的な政治の熱心な改革者であり、ディランはその両方を体現していた。シェルトンによると、ガスリーのようにディランは進歩的な伝統主義の権化であり、大衆的な言葉遣いの達人であり、その歌は個人的なカリスマ性を超えて輝いていたが、その荒々しい声とネオ・エスニックなスタイルは必然的に彼の魅力を制限し、ポップのメインストリームから彼を遠ざけるはずだった。

この最後の部分の仮説についてシェルトンは間違っていたかもしれないが、彼に賛同する仲間は多かった。ディランは驚くべきスピードで飛び立ち、過度の期待を背負うことになるが、それはフォーク・シーン全般、特にニューポート・フォーク・フェスティヴァルにも同じことが言えた。63年には4万8千枚のチケットが売れ、ニューポート・ジャズ・フェスティヴァルを1万枚以上上回った。ウェインは『ニューポート・デイリー・ニュース』に、このフェスティヴァルは「人々が私利私欲なしに物事を行えることを証明した、生涯で最高の経験」だったと語っている。ジーン・リッチーは、このフェスティヴァルは「抜群に美しい思い出が多すぎて数えきれない……しかしそれもすべて、会場に押し寄せた人たち、そしてあの場で起こったすべての出来事のおかげで、世界が少しはましな場所になった、という感覚に集約されるだろう」と書いている。

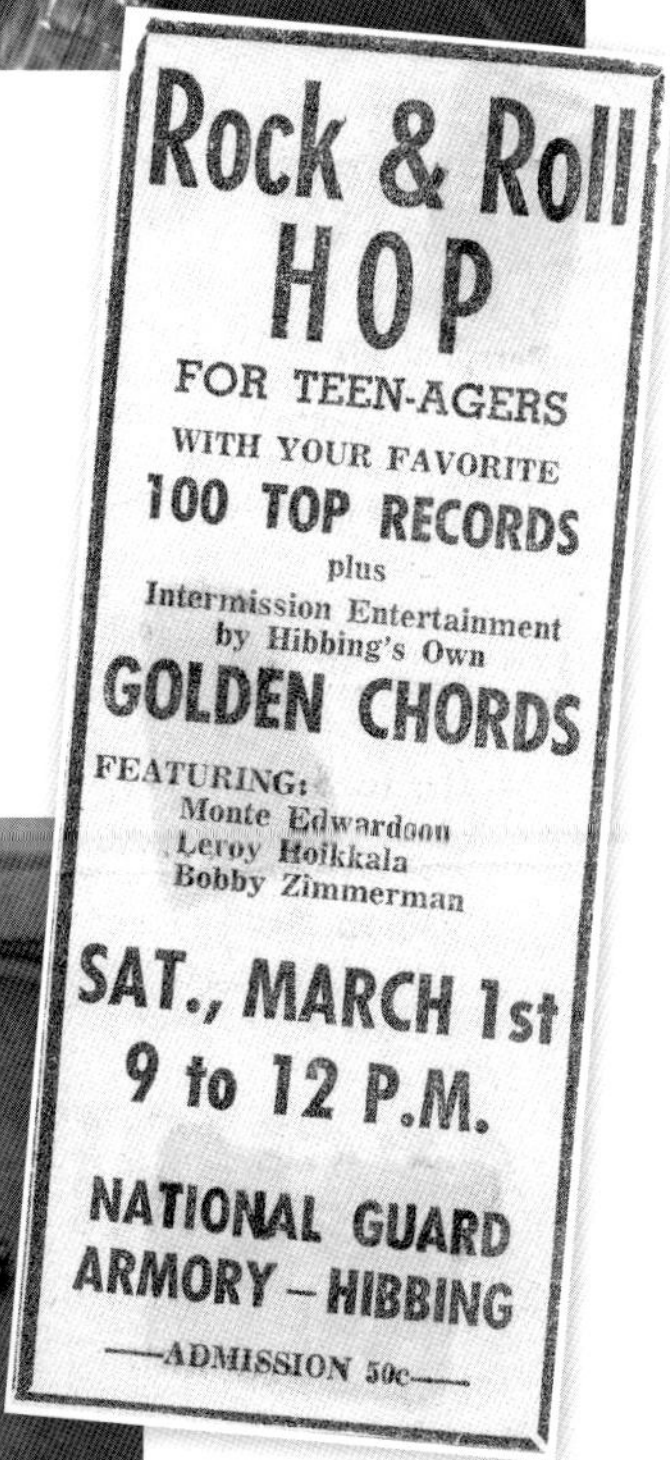

上 オールマナック・シンガーズ。左からシス・カニンガム、シスコ・ヒューストン、ウディ・ガスリー、ピート・シーガー、ベス・ローマックス。1940年代初頭。

(photo: Gion Mili/Life Picture Collection/Getty)

右『ヒビング・トリビューン』誌に掲載された広告。中央にバンド名とメンバーの名前が見える。54ページ参照。(photo: Courtesy of Bob and Linda Hocking)

下 1958年にディランが結成したバンド、ゴールデン・コーズ。左から、モンティ・エドワードソン、リロイ・ホイッカラ、ボビー・ジママン(ディラン)。53ページ参照。

(photo: Courtesy of Monte Edwardson)

上 金曜夜のフィナーレで〈勝利を我等に〉を歌う。左から、ピーター・ポール＆マリー、ジョーン・バエズ、ボブ・ディラン、フリーダム・シンガーズ、ピート・シーガー、セオドア・ビケル。1963年7月28日、ニューポート。(photo: John Byrne Cooke)
下 ヴァイキング・ホテルで南部の人種隔離を再現するディランとビル・リー。63年7月。170ページ参照。(photo: Estate of David Gahr)

左頁

上左『フーテナニー』誌の表紙を飾ったディランとバエズ。131ページ参照。
上右 1963年のフェスティヴァル・プログラムに掲載されたコロムビア・レコードの広告。172ページ参照。
下 ロバート・シェルトン（中央）がディランをフィドラーのクレイトン・マクミチェン（左）に紹介。1964年7月、ニューポート。(photo: Joe Alper)

Hootenanny
JOAN BAEZ MEETS BOB DYLAN
JUDY COLLINS/WHY I QUIT THE A.B.C.-TV SHOW
ARTICLES BY/THEO BIKEL/OSCAR BRAND
SENATOR DEFENDS YOUR RIGHT TO SING
BIGGEST CAMPUS FOLK CLUB
SONGS/NEWS/REVIEWS
THE WEAVERS DISBAND
BASIC GUITAR METHOD

PETE SEEGER
BOB DYLAN
Pete Seeger has been humming and strumming his way across the land since 1940, the year before Bob Dylan was born. Today, Pete's eminence as an authority in his field is undisputed and his special gift for involving audiences in his performances is largely responsible for the folk singing revival. Bob Dylan, who exploded onto the scene only two years ago with a style as unique as the songs he writes, has met with knowledgeable, receptive audiences well able to appreciate his exciting, unusual talents. Both artists are dynamic forces in the folk singing world. Both are on Columbia Records.
Pete Seeger The Bitter And The Sweet
CL 1916/CS 8716*
PETE SEEGER STORY SONGS
CL 1668/CS 8468*
Bob Dylan
CL 1986/CS 8786*
THE FREEWHEELIN' BOB DYLAN
CL 1779/CS 8579*
THE SOUND OF FOLK MUSIC ON COLUMBIA RECORDS

[上] コンテンポラリー・ソング・ワークショップで歌うディラン。1965年7月24日、ニューポート。(photo: Joe Alper)

[下] テキサスの労働歌グループに録音マイクを向けるピート・シーガー。290ページ参照。(photo: Diana Davies)

左頁

[上] チェンバーズ・ブラザーズ。ドラムスはサム・レイ。(photo: Joe Alper)

[中] リチャード＆ミミ・ファリーニャ。アル・クーパー（左）とブルース・ラングホーン（右）が両脇を固める。(photo: Robert and Jerry Corwin)

[下] ポール・バターフィールド・ブルース・バンド。マイク・ブルームフィールド（ギター）の右にアラン・ローマックスの姿も見える。1965年7月24日、ニューポート。(photo: Joe Alper; Alper photographs courtesy of the Joe Alper Photo Collection LLC)

NEWPORT FOLK FESTIVAL

BOB DYLAN!!!

ボブ・ディラン!!!

It's All OVER Nowww, BABY BLUE...

♪イッツ・オール・オーヴァー・ナウ・ベイビー・ブルー♪

This Is Bob Zimmerman—

これがボブ・ジママン

Bob Dylan & one of the Byrds. (All of them were there)

ボブ・ディランとバーズのメンバー。
（バーズは３人組）

—We Still Love Him Although He Disappointed Us by making public his change to Folk Rock Sun. Night!—

日曜の夜、彼はフォークロックへ
転向することを公にして
私たちを落胆させたけれど、
私たちはまだ彼のことを愛している。

This picture is really Groovy!!

この写真のディランは、
本当にかっこいい!!

Hiiii!! I'm Bob Dylan Dig Me!

ハイ!!　ボブ・ディランです。
かっこいいだろ、俺！

Bye!!
I talked to Bob, here! I was leaning on this door. He looked up & smiled. I asked him if it was him laughing in the beginning of "Bob Dylan's 115th Dream. He said, Yeaaa!!

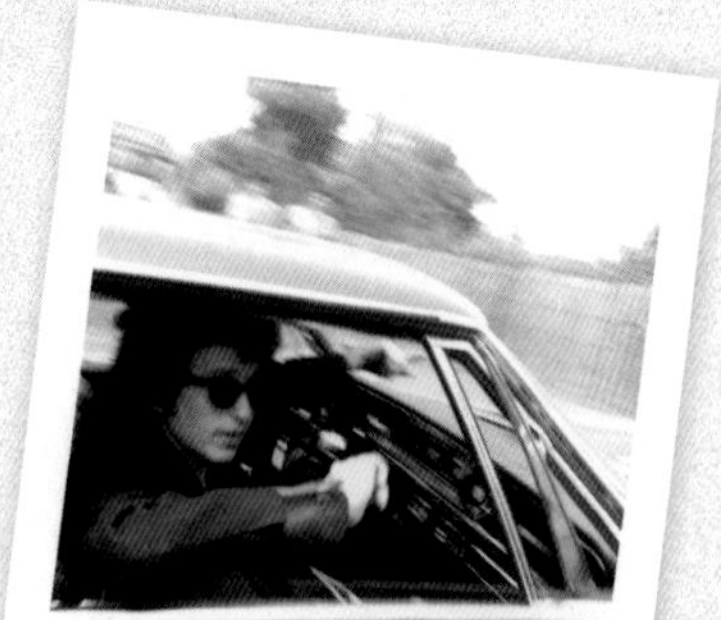

さようなら!!
ここでボブと話したの！　車のドアに寄りかかると、彼は私のほうを見て微笑んだ。
「〈ボブ・ディランの115番目の夢〉の出だしで笑っているのはあなたなの？」って訊ねたら、
彼は、「そうだよ！」って答えた。

JOAN BAEZ

ジョーン・バエズ

You're smiling, Joan,
but wheee's Bob?
She said he had a
cold. That's a cool
red mustang!

楽しそうね、ジョーン、でもディランはどこ？

ジョーンによると風邪をひいているらしい。

かっこいい赤のムスタング！

Herby & I walked around
with Donovan questioning
him & stuff for about 45 minutes.
When he sang with Joan
Baez Thurs. night– he looked
just like Dylan! NEVER heard
of Bob Dylan, huh? ...
Here he was 'hungry' ('ungry')
and asked for a bite of
my pizza. I told him I was
gonna make him pay for it.
Sure... He's too cool!!
Nice, too!!! Our friend, Donovan? Well...

ハーブと私はドノヴァンにくっついて、45分くらいいろいろ質問をした。

彼が木曜の夜、ジョーン・バエズと歌ったとき、本当にディランに似ていたわ。

ボブ・ディランなんて奴いったい誰だ？　って感じだった。

この写真のドノヴァンはおなかが空いていて、私のピザを一口ちょうだいって言ってるの。

私はお金を請求するって言ったの。もちろん払わせないけどね……

彼は本当にかっこいい!!　優しいしね!!!　私たち友達だよね、ドノヴァン？


ジュディ・ランダーズのスクラップブックより。写真はボーイフレンドのハーブ・ヴァン・ダムが撮影。1965年7月、ニューポート。334ページ参照。(Courtesy of Vam Dam and Laners)

日曜夜のコンサートでエレクトリックのステージを敢行するディラン。1965年7月25日。
(photo: Diana Davies; Davies photos courtesy of the Ralph Rinzler Folklife Archives and Collections, Smithsonian Institution)

第6章

時代は変る

1980年代の視点から振り返って、ロバート・シェルトンは63年のニューポートを「ウッドストック・ネイションの最終リハーサル……オルタナティヴ・カルチャーの繭《まゆ》」と表現した。その時点では魅力的な比喩だったが、63年には「60年代」はまだ到来しておらず、それが来るのかどうかも未知数だった。ニューポートの人々は、より良い未来に希望を抱いており、フェスティヴァルを正しい方向への一歩とみなしていたが、アメリカの他の地域ではあまり注目されておらず、注目されていたとしても風変わりな出来事とみなされる傾向にあった。50年代の道徳観は依然としてしっかりと根づいており、ニューポートを訪れるほとんどの人々でさえ、より良い未来といってもそれは現時点のアメリカとそれほどかけ離れたものではなく、より偏見がなく、より開放的で、そしてより平和的なものになると想像していた。他にどんな選択肢があるだろうか？　西ヨーロッパはアメリカをモデルに、第二次世界大戦からの復興中だった。東ヨーロッパは日ごとに暗くなるように見え、最も狭量で頭の古い共産主義者たちだけが、いまだにそこをユートピアのゆりかごだとみなしていた。アジアは貧しく戦争に苦しめられていた。ラテンアメリカは独裁政権と不安定で治安の悪い国々の寄せ集めだった。

どんな欠点があろうとも、アメリカは繁栄し安全で、中流階級の夢はかつてないほど実現しやすくなったように思えた。南部で行われた行進の目的はこれではなかったのか？ レストランで食事をし、選挙で投票し、良い学校に通い、良い仕事に就き、良い地域に住む権利ではなかったのか？

こういった夢を信じない者は、自分がごく少数派であること、あるいは変人で神経質で孤独であることを痛感していた。グリニッチ・ヴィレッジが安息の地となったのは彼らの存在があったからで、同じ音楽、本、映画を好む人々が集まるコーヒーハウスは人生を変え得るものであり、共通の趣味を守ることはあまりにも重要なことだった。15年後のパンクロッカー、ヒップホップのファン、そしてピアスやタトゥーを入れた新世紀の若者たちは、状況が異なっていた。なぜなら、彼らは60年代を振り返って、前の世代が反抗し生き延びてきたのを見ることができるからだ。63年、多くの若者が最近の歴史を、アメリカだけでなくワイマール共和国のドイツで何が起こったかを振り返っていた。彼らが被害妄想《パラノイア》にとり憑かれないわけはなかった。過去10年間で、アメリカ人は正しくないコンサートに行ったり、正しくない友人を持ったり、正しくない運動を支持したり、あるいはそのような行動をした他の人を密告しなかったために職を失い、刑務所に入れられていた。その正しくない行動をしたピート・シーガーとウィーヴァーズは、依然としてテレビから締め出されていた。イワン・マッコールと、彼と結婚して英国市民になったペギー・シーガーは、米国への入国ビザを拒否された。南部では公民権運動が爆発的な展開を見せ、それがどう進展するかは見通せなかった。

楽観的な見方が広がり、物事が変化しつつある兆しも見えてきていた。戦後のベビーブームは巨大な世代を生み出したが、彼らは成人を迎え、次第にこれまでとは違うより良い世界を求めるようになっていた。しかし、反動もあった。ウィリアム・ムーア（人種の平等を求めてテネシー州からミシシッピ州まで一人で行進した白人郵便局員）が銃殺された。そして、メドガー・エヴァーズ（アフリカ系アメリカ人の公民権運動家）も銃殺された。平和的なデモ参加者数百人が冷酷に殴打され、さらに数千人が投獄された。状況は改善しつつあったかもしれない。ケネディがニクソンに勝利したのは確かに前向きな兆候だった。しかし、第一次世界大戦以来最も接戦の勝利であり、状況は簡単に逆の方向に傾き、保守派の巻き返し、政府による弾圧、さらにはファシスト独裁へと移行する可能性もあった。そして、それは彼らが長く生きられればの話だった。ケネディの新しいリベラル政権には核による絶滅の脅威に対する答えはなく、その絶滅をより確実なものにし、「ＭＡＤ（相互確証破壊）」を盾にロシアと中国を抑止する以外の方策はなかった。

文化的な意味では、まだヒッピーやジミ・ヘンドリクスの60年代は訪れておらず、フーテナニー全盛の60年代だった。髪を整えた大学生たちが、きちんと席に座り、お揃いのスーツとネクタイ姿の快活なフォークシンガーたちと一緒に歌っていた。振り返ってみると、レオン・ビブが、満員のホールに集まったＵＣＬＡの学部生たちに向かって〈小さな箱〉を歌っている光景には、現実離れした完璧さがあった。学生たちは皆、控えめな服装で、歯磨き粉のＣＭのような笑顔をして、頭を振って彼と一緒に歌詞を口ずさんでいた。「家の人はみんな大学に行く／そしてみんな箱に入れられる、同じように小さな箱に」と。

ニューポートは、その実体が何であれ、大学生用ではなかった。音楽はとんでもなく多様だった。観客の多くは、男も女もブルージーンズとサンダルを履き、ひげを生やしている者も何人か見られた。ピート・シーガーは出演禁止どころか、いたるところで歌い、演奏し、田舎からやってきた老ミュージシャンや若いソングライターを励ましていた。だからといって、この世界が世間と隔絶していたというわけではない。63年のニューポート・フェスティヴァルの理事7人のうち3人は翌年ＡＢＣテレビの「フーテナニー」に出演しているのだ。その一人目、ニューポートでブルースのワークショップを主催したクラレンス・クーパーは、スーツとネクタイ姿でタリアーズのメンバーとして全米各地を回っていた。タリアーズは人種混交のグループで、すばらしいバンジョー・プレイヤーを擁しているが、キングストン・トリオ風の演奏をしていた。二人目は、エリック・ダーリングで、スーツとネクタイ姿のフォークシンガーの先駆者ウィーヴァーズでシーガーの後釜を務めていて、「フーテナニー」では、ルーフトップ・シンガーズと共演していた。ルーフトップ・シンガーズは、古いジャグバンド・ナンバー〈ウォーク・ライト・イン〉でナンバーワン・ヒットを記録していた。そして、三人目のセオドア・ビケルはジュディ・コリンズと一緒に出演し、ウィーヴァーズの〈蜜よりも甘いキス〉をデュエットしたが、こういった曲が「フーテナニー」という番組を非常に腹立たしいものにしていた。それはフォーク・リヴァイヴァルを象徴する最もわかりやすい曲であると同時に、リヴァイヴァル主義者が嫌悪する保守的で体制順応的な権力構造の小道具でもあったからだ。番組が年末に放送した年間フォーク・ヒット曲特集では、〈天使のハンマー〉や〈風に吹かれて〉が取り上げられたが、こういった歌の作曲家や演奏者がブラックリストに載せられていたり、番組をボイコットしていることに気づいている視聴者はほとんどいなかった。

さらに事態を複雑にしたのは、ポップフォークの大流行によって、テレビに出演した妥協的なフォーク・ミュージシャンや、バエズ、シーガー、ピーター・ポール&マリー（ＰＰＭ）などのオルタナティヴ・スターだけでなく、ミシシッピ・ジョン・ハートやドック・ワトソンなどの田舎のアーティストにも注目が集まったことだ。フォーク・クラブは全国に出現し、清潔感のある大学系グループを好む人もいる一方で、ネオ・エスニックや正統派エスニックどちらにもたくさんの仕事があり、また、ヴォーカルは心もとなく、楽器の演奏技術も限られているが、メインストリーム社会の現状満足を攻撃する歌を歌う若者にも仕事の場は多くあった。観客層も同様に重なり合い、「フーテナニー」を見るファンの多くはバエズのコンサートに群がり、デイヴ・ヴァン・ロンクやトム・パクストンが出演する大学のフォーク・コンサートにも足を運んだ。数年前には難解に思われた音楽の趣味が、次第に主流になってきた。これはある意味ではすばらしいことだったが、不安な側面もあった。もちろん、音楽の聴衆が増えたのはすばらしいことだが、秘密で貴重なものを共有するという感覚が薄れ、大衆の力が魂のこもった芸術を大量生産の安物に変えてしまうことを恐れる理由は十分にあった。シーガーがフェスティヴァルの初日の公開討論会でこう述べている。「誰もが知っているようにフォーク・ミュージックは急成長した。そして今、それがもたらす副産物について心配し始めている」

シーガー、バエズ、ディランについて、多くの人が関心をもっていた理由の一つは、それぞれが妥協することなく大勢の聴衆に訴えかけることができたからだ。そして、ディランの成功はシーガーやバエズよりもさらに衝撃的だった。シーガーもバエズもユニークなアーティストだったが、感じがよく信頼できる人物でもあり、政治的な大義を放棄する気があれば、「フーテナニー」の波に加わるのも簡単だったろう。ディランは特に論争の火種になりかねない存在だった。それは彼がフォークの正統性の象徴だったから、また絶えず変化し人々を驚かせていたから、そして彼の音楽が他のフォークのスター歌手とはまったく違っていて、聴く者を苛立たせる可能性があったからである。あらゆる局面で、ディランの支持者は、彼のことを耳障りで不機嫌な気取り屋として片づける困惑した批評家たちの声を耳にしたが、ディランが攻撃されればされるだけ、ファンたちは彼をより熱烈に擁護するようになり、だからこそ、彼が方向転換したときには、裏切られたと感じたのだ。

ニューポートでのディランの神格化によって、彼の典型的なペルソナ（仮面）が創り上げられた——社会問題について力強い歌詞を書き、シーガーたちと共闘する、ウディ・ガスリーの若く不格好な後継者。しかし、昔からの彼のファンにとって、これは方向転換を意味し、彼が道を見失っていると感じている者もいた。『リトル・サンディ・レヴュー』誌の古い友人ジョン・パンケイクとポール・ネルソンは、『フリーホイーリン』を軽蔑のまなざしで迎えた。「彼はメロドラマティックで感傷的になり、ガスリーの簡潔さをすべて失った。今や彼のメロディは、フォーク音楽というよりポピュラー音楽に近くなった。演奏者としては、時々気取ったり、大げさになったりしている」。彼らはディランがよく知っていて、尊敬し、同じ趣味を共有している者たちだった。だから、フォーク界の権威から刺激的な新人歌手として称賛されていたときでさえ、彼は自分の変化を説明する必要を感じていた。63年のニューポートのプログラムに載った彼の詩は、自分の新しい方向性を擁護するものであり、ハーモニカ奏者で『リトル・サンディ・レヴュー』のブルース評論家でもあるデイヴ・〝トニー〟・グラヴァーに宛てたものだった。グラヴァーはその頃、ギタリストのジョン・コーナー、そしてミネアポリスのブルース・ギタリストのデイヴ・レイとともにルーツ音楽のトリオを結成していた。

ディランはグラヴァーを「最高の親友」と呼び、連絡を取っていないことを詫び、古い音楽への関心は変わらないと強調した。「フォークソングが俺に道を示してくれた……歌は人間的なことを語れるということを教えてくれたんだ」。しかし今は、「今日的なことについて自分自身の発言をしなければならない」。彼はまだガスリーやシーガーの伝統を受け継いでおり、「俺は自分自身と、同じ感情を持つがゆえに引き合わされた何百万人もの俺の分身のために歌っている」が、ディランの世界は彼らの世界よりも複雑だった。それは左や右、白や黒ではなく、「一つの大きなロックンロールする複雑な輪」だった。彼は自分の道を模索し、「才能のない批評家や何も知らない哲学者」を気にしないように努めていた。それは時事的な題材を書くことであり、他にも多くの書くべきことがあった。新曲には、〈戦争の親玉〉や〈神が味方〉だけでなく、バルカン半島の馬泥棒と絞首刑の伝説に基づいた〈セヴン・カーシズ〉や、恋人が船に乗って外国へと旅立つ〈スペイン革のブーツ〉などがあった。政治的な歌が注目を集め、彼はさらにその類の曲を書くことになるが、最も有名なのは、次のアルバム『時代は変る』のタイトル曲だった。しかし、このレコードによってプロテストの王子としてのディランの地位が確固たるものになった頃には、それはすでに彼の過去を記録したものとなっていた。

ディランの作曲テーマの選択はこの時期の彼の聴衆にとって重要であり、彼らの反応は、彼について記録する者の見方に影響を与えてきたが、ディランの芸術的進化という点では、テーマが社会問題から離れることは重要ではなかった。当時の議論に巻き込まれるのは簡単で、彼が露骨な『ブロードサイド』誌風の政治プロパガンダをやめたとき、一部のファンは非常に動揺したが、振り返ってみると、〈はげしい雨が降る〉は、時事性があったかもしれないが、〈ミスター・タンブリン・マン〉や〈廃墟の街〉と音楽のスタイルという点ではつながっている。彼の大きな変化は、社会意識から内省へではなく、古い曲を歌うことから新しい曲を書くことであり、ギャスライト・カフェでの演奏からハリウッド・ボウルで演奏することだった。63年の夏、その変化の最もはっきりとした兆候は、音楽だけでなく恋愛の上でも新しいパートナーとなったバエズだった。

ディランとバエズはニューポート以前から親しくなっていたが、このフェスティヴァルがカップルとしてのデビューであり、その関係は彼のイメージと聴衆を根本的に変えた。バエズは古いバラッドを専門とするコーヒーハウスの歌手としてスタートし、依然としてギターと美しい声だけでステージに立っていたが、1万人から1万5千人の熱狂的なファンを集める大スターでもあった。63年の8月、彼女はディランをツアーに同行させた。彼女は後に「私の小さな放浪者をステージに引きずり出すのは、壮大な実験だった」と回想している。

ボブのことを知らない人々は、しばしば激怒し、時にはブーイングさえした。彼が生々しいイメージにあふれた歌や激しい怒りに満ちた歌、そしてユーモラスな歌でもって、世界で最も魅力的な女性歌手が奏でる陽気なメロディを中断させたから。私は、ヤジを飛ばす人たちに向かって、まるで女教師のように指を振り、この若者は天才なのだから、黙って歌詞に耳を傾けるように諭したの。

音楽的に言えば、その対比は際立っていた。ヴァン・ロンクはこう述べている。「ディランは、作曲家として何をしたにせよ、明らかにネオ・エスニック派だった。彼はきれいな声ではなかったし、ウディ・ガスリーのように、もしくは、少なくともオクラホマや南部の田舎出身者のように歌おうとベストを尽くし、常に荒々しく本物のフォークシンガーのような声を出した」。バエズの場合、「声の美しさがすべてだった」が、それは彼女だけの話ではなかった。事実上、女性フォーク歌手のほとんどが、ベルカントの影響を受けたスタイルで歌っていた。「男たちがわざと荒々しく歌っていたのに対し、女たちはより美しく、もっとずっと処女のように聞こえるようにがんばっていた。それが、ベラフォンテや年配の歌手たち、そしてさわやかな大学生グループを聴いていた人々にとって、クロスオーヴァー的な魅力に感じられたんだろう」

フォーク・リヴァイヴァルの中心的な神話は、都会に住む中流階級の若いリスナーが田舎の労働者階級の古い音楽に夢中になったというものだが、ピートの父親のチャールズ・シーガーが次のように指摘したように、これは常に怪しいパラダイムだった。「人々は、自分が属している階級がなんであろうと、その階級の伝統にのっとった音楽を作りたいと願っている。そして、他の階層の音楽は、まあ、たまには聴くだろうが、それほど聴きたいとは思わないんだ」。フォーク・ファンの中にはこのルールの例外もいたが、そういうファンはシカゴ大学フォーク・フェスティヴァルのささやかな観客であり、「フーテナニー」を見た何百万人もの人々やニューポートに来た数万人のことではない（本物の田舎のアーティストをフィーチャーしたシカゴ大学のフェスティヴァルでさえ、「フォークマニアの大集団」は、巨匠たちの演奏を聴くのではなく、地下室に集まって、「キングストン・トリオのレパートリーを通しで全曲歌っていた」と『リトル・サンディ・レヴュー』の評論家は嘆いている）。

メインストリームの人たちには、ディランの歌の魅力は、彼自身の歌い方では伝わらず、彼の評判は主にバエズ（ディランをステージに招き一緒に歌い、彼の作品を録音した）と、PPMによって広まった。一部のリスナーは彼のアルバムを購入し、コンサートに足を運んだが、作曲者のことを気にかけなくても曲を愛することはできた。実際、曲を好きになるのに、フォーク・シーンの事情など関係なかった。翌年、〈風に吹かれて〉は、レナ・ホーン、エディ・アーノルド、デューク・エリントン、スタン・ゲッツ、マレーネ・ディートリッヒなど50人以上のアーティストによってレコーディングされた。この曲の魅力の一端は、ファンがすでに知っていて楽しんでいた音楽と変わりなく聞こえることだった。

この曲の政治的アピールも同様だった。不正に対する懸念や意識を表現していたが、武器を持って立ち上がろうという過激な呼びかけではなかった。この曲は、公民権運動は崇高で歴史的な闘争だと感じていた何百万人もの人々に受け入れられたものの、そのほとんどはデモ行進や集会に参加したり、黒人と多くの時間を過ごしたりすることを必ずしも望んでいたわけではなかった。伝統的な田舎風スタイルを心から追い求め、その価値を高く評価していたハードコアなフォーク・ファンと同様に、積極的に闘争に参加し、場合によっては投獄され、暴行を受け、殺された白人アメリカ人もいた。しかし、大多数の人たちは、漠然と運動を支持し、同情はするものの自分のコミュニティに留まり、自分たちと同じような人々と付き合うことを好んだ。

このような複雑さを理解していた思慮深いメンバーは、フォーク側と公民権運動家の両方に存在した。ヴァン・ロンクは、プロテスト・ソングを歌うことは「ミュージシャン本人やその聴衆を世界のあらゆる悪から遠ざけてしまうだけで、何の役にも立たない」と言い、ジョン・コーエンは、トピカル・ソングは実は古いバラッドやフィドルの曲よりも社会的意義がないと主張した。そういった歌は、「若者の目をくらませて、何かを成し遂げていると信じ込ませるが、実際のところ、彼らはコンサートやレコード店、パーティに行くだけである」。政治的な歌の力を信じている人でさえ、疑念を抱く瞬間があった。PPMは62年にミシシッピ大学で演奏したが、そのとき学内では、ジェームズ・メレディスが人種差別撤廃の運動を行っていた。そのとき、マリーはある「恐ろしい考え」にとらわれた——〈天使のハンマー〉を一緒に歌う白人のみの聴衆は「歌の生命力と活力に魅了されながらも、その意味にはわざと気づかないようにしているのだ」（さらに皮肉なことに、『ジェット』誌は、学生たちが「ＰＰＭのベース奏者が、肌の色が薄いオランダ系黒人であることを知らずに」拍手をしたと書いている）。

公民権運動集会で歌うために南部へ向かったアーティストたちの中には、そのメッセージが曖昧だと感じた者もいた。ジャッキー・ワシントンと名乗り、初期のケンブリッジ・フォーク・シーンで唯一のアフリカ系アメリカ人だったジャック・ランドロンは、フリーダム・キャラバンとともにミシシッピを訪れた。彼らがプロテスト・ソングを歌っていると、「地元の黒人の子供たちは暑い中、退屈そうに座っていた」と回想している。

地元の人たちは、俺たちの歌を必要としていたのだろうか？　本当に一生懸命歌っていたのに！　それが南部の人たちにしてあげられる唯一のことであり、俺たちの1週間の使命だったんだ！　みんな集まって、全力を出して歌っていた！　でも、ジョーン・バエズやフィル・オクス、ついでに言えば俺のことなんて誰が必要としていたんだろう？　地元の人々は、シンガーたちを良く見せるために利用されていたんだ。俺たちは「黒人を助ける」ためにやってきたが、自分たちを人道主義者に見せるためのあらゆる宣伝活動を行って、終わるとばらばらに帰っていった。

南部の活動家の多くは、北部の支援者を強さとインスピレーションの源として歓迎した。ジュリアス・レスターは、ハーバード大学とイェール大学の学生会からの電報を見たときの「啓示」を次のように回想している。「南部のことを気にかけてくれる白人がいることにただただ驚きました……それは、南部で育った私が知っている白人だけが、この世にいる唯一の白人ではない、ということをわからせてくれる経験でした」。バーバラ・デインは、ミシシッピ州での集会で歌った後に、ある女性が会場のみんなに向かって「この女性は、はるばるカリフォルニアから子供たちを残して、ここまで来て私たちに歌を歌ってくれました。私たちにできるせめてものことは、明日の朝起きて選挙人登録をすることです」と宣言したことを覚えている。人種隔離が横行する社会では、人々が人種の境界を越えることに意味があった。ジョージア州アルバニーへの訪問を思い出しながら、シーガーはランドロンと同じ不安を語った。「アルバニーの黒人には独自の音楽があった。北部人にわざわざ歌ってもらう必要なんてあるんだろうか？」。しかし、彼はまた、自分のパフォーマンス中に起こったおかしくて意味のあるやり取りについても述べている。ある黒人女性がフリーダム・シンガーズのコーデル・リーゴンのもとにやってきて、「これが白人の音楽なら、大したものだとは思わないわ」と話しかけてきた。リーゴン（黒人男性）は彼女に、「静かにしてくれ。白人に俺たちのことを理解してほしいなら、俺たちも彼らを理解するよう努めなければならない」と答えたという。

共感を呼び起こす歌では世界を変えられないかもしれないが、少なくとも闘争に注目を集めることはできるだろう。63年8月18日、マーティン・ルーサー・キングがワシントンで雇用と自由を求める大行進を率いたとき、ディランとバエズはオデッタ、レン・チャンドラー、ジョシュ・ホワイト、マヘリア・ジャクソン、PPMとともにリンカーン記念堂の階段で歌った。ディランは〈しがない歩兵〉と〈船が入ってくるとき〉を歌い、大群衆が彼のパフォーマンスに拍手喝采したものの、ほとんどの聴衆が彼の歌をはっきりと聴きとり歌詞を理解できたか、また彼の歌詞が抱く抽象概念に関心があったかは怪しい。しかし、ハリー・ベラフォンテは、「私たちは独りよがりのメッセージを送るためだけにそこにいたわけではない」と述べ、以下のように続ける。

私たちは当時の文化の権力中枢に、とても差し迫ったことがあると伝えるためにそこにいたのだが、その権力の中心にいたのは白人だった。バエズとディランは、あらゆる人種の責任ある人々にとって、自由と正義こそが重要で普遍的な関心事であることを、参加することで実証した。

22歳のフォークシンガーのカップルが、マーティン・ルーサー・キングとアメリカの白人文化の権力中枢をつなぐ懸け橋となることができたのは、時代の兆しだった。ディランにとっては、人生が予期せぬ形で変化しつつあることの兆しでもあった。心地よいことばかりではないとしても。

63年秋、その事実をはっきりと思い知らせる二つの事件が起きた。一つ目は、ディランをインチキな一時的な流行として描いた一組のニュース記事だった。ダルースの『ニュース・トリビューン』紙は記事の見出しを「マイ・サン・ザ・フォークニク（フォークマニアの私の息子）」とした。これは、アレン・シャーマンのアルバム『マイ・サン・ザ・フォークシンガー（フォークシンガーの私の息子）』にちなんだものだ（これは、フォークの人気曲をユダヤ方言でパロディ化した作品だ）。記事は以下のように続く――ボビー・ジママンの古い知り合いたちは「彼の田舎訛りの鼻声や服装、そして彼について読まされてきた想像力豊かなプロフィールを笑っている。彼らが覚えているディランは、立派な家庭に生まれたごく普通の若者で、少し変わったところはあったかもしれないが、ショービジネスの世界で活躍する今の彼と共通するところはほぼない」。両親は記者に対し、ボビーはずっと詩を書いていたが、田舎者のようにふるまう彼を見て不安になったと語り、父親はディランの若いファンが特に不快に感じるだろうと説明をした。「息子は一つの会社のようなものであり、彼が発する公のイメージは完全に演技だ」

ディランはこれを田舎者の負け惜しみとして片づけたかもしれないが、2週間後、この話は『ニューズウィーク』誌に全国的に取り上げられ、さらにひねりが加えられた。「ディランのことをほとんど宗教として考え崇めている高校生や大学生」を同誌はあざ笑い、こう記している。

> 彼は苦しんできた。パンもなく、女もなく、ねじれた電線が体内で成長したまま苦悩してきた。ファンは同じ痛みを味わい、平凡な家庭で育ち平凡な学校に通ったがゆえに彼のことをうらやんでいるようだ。

これは特にバカげていた。というのも、ディラン自身はジママンという名の、彼らと同じような家庭で育った善良で平凡な少年だったからだ。彼は「両親のことはわからないし、両親も俺のことはわからない。もう何年も連絡を取っていない」と言って、すべては故郷に置いてきたと主張するかもしれない。しかし、なんと、「数ブロック離れたニューヨークのモーテルで、ミネソタ州ヒビングのエイブ・ジママン夫妻が、カーネギーホールで息子が歌うのを楽しみにしていた。息子ボビーが東部までの旅費を払い、チケットを送ってくれたのだ」。それだけではない。ディランが、本当はニュージャージーの高校生が作曲した〈風に吹かれて〉を盗作したという噂があった。ディランもその生徒もそれを否定したが、本当のことはいったい誰が知っているのだろうか？それでも若者たちは誠実で欺かれたままだった。「ボビーにはわからないことがたくさんある」とジョーン・バエズは言い、「でも、気にしない。彼の言葉は理解している。重要なのはそれだけ」と続けたと伝えられている。（以上『ニューズウィーク』63年11月4日号より）

もちろん、それだけ、というわけにはまったくいかなかった。ディランは『ニューズウィーク』の記事に動揺し、付きまとわれ誤解されているという孤独感と被害妄想が強まった。彼の友人や支持者たちも激怒し、ピート・シーガーは滞在先の日本からディランに「私が連中に言いたいのは〝ろくでなし《バスターズ》〟だけだ。奴らは、誰かを十字架にかけたいならもっと賢い方法を考え出すべきだ」と書いた手紙を送った。しかし、同誌の暴露記事に、ディランのファンが驚くだろうと考えている者がいたなら、彼らはひどく失望したことだろう。ディランの魅力の大部分は、彼の両親や『ニューズウィーク』の記者のような人々が彼の本質を理解していないことにあった。オスカー・ブランドは、これは単なる政治的な問題ではなく、多くの年配の左派たちは、同じく年配の中道派や右派たちと同じくらい現実離れしていると指摘した。彼らはディランを「再臨者と考えてしまっていたのだ……彼は、失ってしまった若さと自分たちを結びつけてくれる絆のようなもので、これによって自分たちが正しいことが認められ、再生への希望を抱くことができたのだ」とブランドは言う。このような思い込みこそが、ディランをウディ・ガスリーと同一視するものであり、ディランが正真正銘のプロレタリア放浪者ではなかったと知って驚く者も間違いなく存在した。しかし、『シング・アウト！』誌のアーウィン・シルバーでさえ、ディランがガスリーを崇拝していたのと同じくらい、彼にはジェームズ・ディーンの影響も多かったことを理解していた。そしてこの分析が適切だとすれば、新聞や雑誌の暴露によって逆に彼の正当性は確かなものになった。彼は、『理由なき反抗』の単調で順応主義的な世界で育ったのにもかかわらず、その生い立ちから抜け出して新たなアイデンティティを創った——この事実は勝利と言えた。

年長者たちからの攻撃があったがゆえに、若い崇拝者たちは、ディランの存在をより貴重で重要なものと考えるようになった。そして、ファンも敵も同じように、ディランに権威と意味を委ねようとしたが、それは彼が選んだものでも、多くの場合、望んでいるものでもなかった。彼はもともとミュージシャンとして、そして最近は作家として成功することを望んでいたが、ある世代のスポークスマンになることを志望していたわけではなく、60年代の文化闘争での何かの役割を担うことなどありえない話だった。彼以前の歌手が社会問題への懸念を表明したことはあったが、誰も彼らを国家の指導者として迎えたり、彼らの歌詞をイデオロギーの宣言として研究したりはしなかった。2年後（65年9月）にディランは、学生が運動の象徴として崇めた4人の顔の一部を組み合わせたモンタージュ写真で、『エスクァイア』誌の表紙を飾ることになる。彼のもじゃもじゃの髪と疑いを抱いたような視線は、フィデル・カストロの無精ひげ、マルコムXの鋭い視線、ジョン・F・ケネディの自信に満ちた笑顔と組み合わされて1枚の顔写真を構成している。このような人物たちの仲間入りをするために、ディランはいったい何をしてきたというのだろうか？

63年の時点では、ケネディをカストロやマルコムXと並んで急進派の象徴とみなす者は誰もいなかっただろう。アイゼンハワーからの歓迎すべき変化ではあったが、ケネディは依然として既存の権力構造の代表者だった。しかし11月、暗殺者の銃弾により、彼は公民権運動と進歩的変革の側にしっかりと据えられることになった。ケネディの暗殺は、国民の純真さ《イノセンス》の喪失、〈風に吹かれて〉の漠然とした懸念が厳しい現実となった瞬間としてしばしば思い出される。しかし活動家にとって、それはあまりにも馴染み深いパターンが再現されたものだった。前年の7月に『ブロードサイド』に掲載されたフィル・オクスのメドガー・エヴァーズに捧げられたバラッドは、「殉教者が多すぎる」と題され、リンチと殺人の長い歴史を強調しており、その後、バーミンガムでは教会が爆破され、4人の少女が犠牲となっていた。スーズ・ロトロは、ディランと一緒にテレビの前に座り、ケネディのパレードを見ていたことを覚えている。暗殺が起こったとき、彼もロトロも凍りついたという。しかし、多くの運動家たちにとって、そのショックは単純なものではなかった。暗殺は「自業自得だった」という、マルコムXによる反応も扇動的とはいえ一考すべき部分があったからだ。ケネディは胸を打つ演説をいくつか行っており、それを実行に移すかもしれないという希望はあったが、彼の政権が公民権運動家を保護したり、彼らを攻撃したり殺害した者を起訴したりすることはほどんどなかった。マーティン・ルーサー・キングが平等の夢を宣言した同じ場所で、SNCC（学生非暴力調整委員会）のジョン・ルイスも演説し、「いったい連邦政府はどちらの味方なのか?」と問いただすつもりだったが、主催者は演説の内容を穏健な内容に書き換えさせていた。そのワシントン大行進当日、ディランが歌った歌詞は、その後起きる悲劇を予感させるもので、「船が到着するとき、彼らは……それが本物だと知るだろう」(〈船が入ってくるとき〉の歌詞より)と警告していた。

バエズとディランは、焦点の定まらない政治姿勢で左翼の友人たちを苛立たせることが多かったが、社会的にみれば彼らは十分に急進派だった。リチャード・ファリーニャは、二人はプライベートでは「市民的不服従の戦術や生物化学兵器への嫌悪について考えるよりも、ロックンロール曲のハーモニーを試してみたり、最近観た映画の重要なシーンを話し合ったりすることがずっと多い」と書いているが、彼が描写しているのは、二人が自分たちの考えをどのように発展させるかであって、感情の強さについてではない。

20代前半の多くの人々と同様に彼らは、日常の会話や周囲のメディア全体から政治的憤りを感じ取っている。そのプロセスは論理的に考えていくというより少しずつ吸収している感じだ。そして、目の前の問題に対してこのように主観的なアプローチをとっているから、二人のそれぞれの性格を考えてみても、直接的な表現よりも比喩のほうが合っている。

ディランの周りの活動的な理論家や政治家たちが、組織に参加し、戦術を議論していた一方で、彼自身は、様々な人物たちとの交流を深めていた。人種に関しては特に積極的で、ニューヨークにやってきた当初、彼は年上のブルース・ミュージシャンと親交を深め、ニュー・ワールド・シンガーズのメンバーでアラバマ生まれの黒人ダンサー、デロレス・ディクソンとデートし、アフリカ系アメリカ人のカップル、メルとリリアン・ベイリー夫妻のアパートで多くの時間を過ごしていた。ベイリー夫妻はディランを食事に招き、膨大なレコードコレクションで彼の音楽の幅を広げてくれた。ディランはまた、SNCCの慈善コンサートで時々演奏し、公民権運動に心から関心を抱いていたが、人種や社会学的な抽象概念には気まずさを覚え、時事問題について書くときは、英雄であれ悪党であれ、主人公を個人的なものとして描く傾向があった。彼は前年の春から暗殺について考え、語り、歌い、メドガー・エヴァーズの殺害に対する複雑な反応を歌にした〈しがない歩兵〉で賞賛されていた。左翼の理論家たちが、この歌は南部の白人が彼らの指導者に操られているという主張を詩的に描いたと考えていたのに対し、ディランは殺人犯を人間として扱い共感もしていた。それは微妙な違いであり、アーティストとして彼は登場人物を創造し、比喩を使うことを期待されていた。ケネディ暗殺の3週間後、彼は全米緊急市民自由委員会（ECLC）の夕食会に出席し、毎年恒例のトム・ペイン賞を受賞したが、そこは彼の才能が役に立たない場所だった。

ECLCは有名なリベラル組織であり、出席者のほとんどはディランの両親と同年代だった。彼らはきちんとしたフォーマルウェアを身に着けた中流階級の成人たちで、彼らのメッセージは断固として進歩的であったが、この会はメトロポリタン歌劇場や共和党が主催する資金調達夕食会とほとんど変わらなかった。ディランは場違いな感じを覚え、気分も悪くなったので早く帰りたかったが、残って賞を受け取るように言われていた。ワインを飲み過ぎていた彼は、スピーチをするために立ち上がったとき、心の中にあったことを正直に吐き出してしまった。彼はこの栄誉に感謝し、SNCCの友人たちとキューバを訪れた友人たちに代わってこれを受け取ったと語った（それは単なる友人で、何かのグループではないということをはっきりさせなければならなかった）。「彼らはみんな若く、私も若くなるのに長い時間がかかりましたが、今では自分が若いと考えています。そして、それを誇りにも思っています……今夜ここに座っている皆さんが全員ここにいなければ、まだ頭に髪がある別の人たちの顔を見ることができたのにと残念に思います」。ディランによると、列席者は「俺のことを支配し、俺が従わなければならないルールを作っている輩」のように見え、そのせいで彼は緊張してしまい、全員が表のビーチに行ってくれればいいのにと願ったという。

ここまではそれほど悪くはなかった。彼は若者の代弁者として招かれ、ディナーの客たちは年上の世代がいろいろ台無しにしてきたことに同意し、彼の冗談を喜んで聞いていた。しかしその後、状況は混乱していく。彼は、いろいろなことがガスリーの時代からより複雑になっていると放談を始め、話が脱線する。ワシントン大行進で見た黒人はみんなスーツを着ていて、自分の友人たちとは違うと不満をあらわにし、「俺の友人で、自分が立派な黒人であることを証明するために、スーツを着る必要がある者はいない」と言い放った。話題はケネディ暗殺に移っていく。これまでの講演者たちはケネディ、エヴァーズ、ムーアの殺害を嘆いていたが、ディランはいつもの調子だった。「正直に言うと……ケネディ大統領を撃った男、リー・オズワルドがどこで何をしようとしていたのかはよくわからないが……奴の中に俺は自分を見た……いや、そんなはずはない。そこまでは言えないだろう。でも俺は立ち上がって、奴が感じたことを自分の中に見た、と言わなければならない」

それは彼の最も有名な曲の一つ（〈しがない歩兵〉）を生み出したのと同様の犯人との同一化だったが、今回その場にいた人たちはそんなことは聞きたくなかったし、中には非難の声を上げる者もいた。ディランは「ブーイングをしても構わないが、そんなことをしても意味はない」と応じた。自分の言っていることを皆がわかってくれないのは百も承知だった。後に彼はこのように説明している。「みんな俺のことを動物のように見ていた。俺がケネディが殺されてよかったと言っていると、本気で思っていた。それはちょっと考えすぎだ。俺はオズワルドについて話していた……新聞で奴が何を考えていたのかについてたくさん読んでいたし、奴が神経質なのは知っていた……俺は奴の中に、俺たちみんなが生きている時代を見たんだ」

ディランは酒に酔っていた。しかし、彼は歌手でありソングライターで、演説家ではなかった。後に彼は、説明のような謝罪のような長編詩を書いた。彼は、「私たちはみんな責任を共に負っている」のような一般論にはうんざりしており、代わりに「私は〝私〟独りであると言わなければならないし、独りで頭《こうべ》を垂れなければならない／私の人生を生きているのは私独りだから」と、その詩の中に書いている。彼のスピーチは支離滅裂で思慮に欠けていたかもしれないが、そこには厳しい真実の核心が含まれていた。多くの若者は、政治的信条に関係なく、年長者に裏切られたと感じていた。アメリカとソ連の指導者は非常に似ており、スーツを着込んだ老人たちが、それぞれ何メガトンの核弾頭の製造を許されるか、どのように勢力均衡を維持するかについて議論していた。世代の問題を持ち出すのは単純すぎるかもしれないが、多くの若いアメリカ人にとって、古い指導者は自分たちの両親のように見え、両親が問題の一部であり、解決ではないことに強く気づいていた。

だからこそ、キューバは特別な魅力を放っていた。60年代初頭のディランのライヴ録音では、彼がキューバについて言及するたびに拍手が巻き起こる。たとえば、〈フー・キルド・デイヴィー・ムーア？（デイヴィー・ムーアを殺したのは誰？）〉の歌詞だ。ロトロは、カストロやチェ・ゲバラに皆が魅了されていたことを回想している。彼らはあご髭を生やし、軍服姿の颯爽とした若者で、中流階級出身の大学生だったが、少数の同志とともにマエストラ山脈に向かい、米国が支援する独裁政権に対して革命を勝ち取り、米国とソ連という冷戦の巨岩に対して、どちらの国もくたばってしまえというような敵対的な態度で威勢よく挑むようになっていた。ジョン・ウェインやマーロン・ブランドの映画で育ち、スリリングで英雄的な行為を通じて新しい世界を創ることを夢見ていた若いアメリカ人にとって、それは完璧な革命だった。

進歩的な組織を構築することに人生を捧げてきた年配の左翼たちは、若い急進派に刺激を受けると同時に恐怖も感じていた。彼らは自分たちの挫折や失敗をよく理解し、若々しいエネルギーを求めていたが、ワシントンのデモ参加者が真面目くさっていると不満を漏らし、リー・ハーヴェイ・オズワルドに共感するディランのような軟弱な若僧が本当に必要だったのだろうか？　彼らは年をとって、ディランほどの鋭い感覚がなくなったのかもしれないが、ディランが代替案としていったい何を提案していたというのだろうか？　彼らが敵対する者たちは、資金の大部分、爆弾、国家権力機構を有しており、より良い未来を築くのは長く厳しい闘いになるはずだった。壊すのは簡単だが、創り上げるのは難しい。

とはいえ、ECLCでスピーチをしたり、運動や世代のスポークスマンになることはディラン自身の考えではなかった。その年の1月に『ブロードサイド』に宛てた6ページのガスリー風の詩のような手紙に書いたように、「俺は今や公的な名声作りのルールによって有名になった／それは俺にこっそり忍び寄ってきた」。彼は、自分のサインを欲しがる人たちをどう捉えていいのかわからなかった。うれしく感じることもあったが、奇妙な感覚が残った。彼は、入ってくる金をどう考えていいかわからず、罪悪感を感じるべきなのか悩み、使い方についても途方に暮れていた。彼は、フォークの大物たちが「フーテナニー」出演に同意したことに困惑したが、番組に出なかったことで英雄と呼ばれたことにも動揺した——くだらない番組で、出たくなかったから出なかっただけなのだ。「俺の心は、時々トイレット・ペーパーのロールのようにくるくる回り／それがほどけて乱れるのを見るのがすごく嫌になる」と彼は書き、みすぼらしいヴィレッジのアパートにも居心地の悪さを感じていた。そんなときありがたいことに、コロムビアが彼にレコードプレーヤーとピート・シーガーの新作『ウィ・シャル・オーヴァーカム』を届けてくれた。ピートはこのライヴ・アルバムでディランの作品を2曲取り上げているほか、トム・パクストンとマルヴィナ・レイノルズが出したばかりの作品やフリーダム・ソングを数曲歌っていたが、ディランが「何十億回」も聴いていたのはキューバの民謡〈グァンタナメラ〉だ。この歌は、亡命生活を送り、未遂に終わった蜂起の際に殺害されるまで70冊の本を著した詩人ホセ・マルティについての紹介から始まる。「所有できるものをすべて所有するより、ピートが『グァンタナメラ』を歌うのを聴きたい」とディランは書いている。「彼は人間的で、泣けるほどだ／彼は俺に多くのことを語ってくれる／彼は俺をとてもいい気分にさせてくれる……そう、俺にとって彼は本当に聖人だ／彼を愛している／たぶん言い表せないくらいに」。最近、彼はシーガーから手紙を受け取っていた。そこにはガスリーの昔の挨拶「気楽に、でもがんばって」と署名されていた。ディランは『ブロードサイド』の人々にも同じことを言い、「あなたたちと共に、共に、共にいる」と伝えたかった。一方、夜は更け、彼はすぐに『『ニューズウィーク』の記事に失望した人々の不満がくすぶり、議論の声が燃え上がる」とうなされながら、夢の中をさまよっていた。

その年の終わりには、『ブロードサイド』と『シング・アウト！』が、ディランが露骨なプロテスト・ソングに背を向けたことに疑問を呈するようになった。また、この頃初めて彼のことを知った者が多かったため、この二者の対立は誇張されがちだった。ディランは、知名度の高まりに困惑し、『ニューズウィーク』の悪意のあるジャーナリズムに傷つき、ＥＣＬＣディナーのような状況への備えがなかった。そして、それに呼応するように、より内向的で内省的になり、我が道を行くことに固執するようになった。しかし、64年の春、ディランは『リトル・サンディ』や『ブロードサイド』の関係者が依然として自分の同胞だと考えていた。彼らは皆、「フーテナニー」のあからさまな商業主義、主流のメディア、ポップ・チャートに反対しており、ディランに対しても同様に批判的だった。ジョニー・キャッシュは、ディランの瞑想的な手紙に応えて、自身の『ブロードサイド』での手紙で連帯を示し、世界に向けて叫んだ。「彼の声を聞くまでは、悪口を言うな……彼はほとんど新人なんだ。黙れ！　彼に歌わせろ！」。後世の記者の中には、これを『ブロードサイド』の批評家に対してディランを擁護していると誤解する者もいたが、キャッシュはあくまでディランと『ブロードサイド』両者への連帯を同時に表明していたのだと言いそれを否定した。

60年代初頭にこのような行動をナッシュビルのスターがとるのは驚くべきことだった。フォークとカントリー・ミュージックは常に重なっており、ウィーヴァーズやバール・アイヴスが50年代にポップ・チャートでヒット曲を出したとき、ナッシュビルのスターたちはそれに倣おうと全力を尽くした。しかし、64年になると、カントリー・ミュージックのコアな聴衆である南部の白人は『ブロードサイド』の支持層から限りなくかけ離れているように思われ、キャッシュがフォークの世界に手を伸ばそうとしたことは、彼が一匹狼である証拠だった。そして、それが成功すれば、賢明な商業的選択にもなりえた。フォーク・ミュージックは全米で最もホットな流行の一つであったのに対し、カントリー・ミュージックは限られた地域的なマーケットにとどまっていた。キャッシュはコロムビア・レコードに所属しているという利点があり、『ソングス・オブ・アワ・ソイル』『ライド・ディス・トレイン』『ブラッド・スウェット・アンド・ティアーズ』といった一連の歴史的なアルバムでフォークの聴衆にもアピールしていた。どのアルバムも大ヒットとはならなかったが、63年に努力の甲斐あって、「フーテナニー」（ＡＢＣテレビ）とそのスピンオフ映画『フーテナニー・フート』に出演。64年1月にはディランの〈くよくよするなよ〉のリライトである〈アンダースタンド・ユア・マン〉でカントリー・チャートのトップに躍り出て、ポップ・チャートでもトップ40入りを果たした。彼が『ブロードサイド』に前述の手紙を書いたのは3月で、当時彼は最初のあからさまなプロテスト・アルバム『ビター・ティアーズ：バラッズ・オブ・ジ・アメリカン・インディアン』をレコーディングしていた。このアルバムには、『ブロードサイド』のニュースレターの最も多作な寄稿者の一人であるピーター・ラファージの4曲が収録されていた。そして7月に彼はニューポート・フォーク・フェスティヴァルに出演することになる。

キャッシュの出演はニューポートにとって物議を醸す選択だったが、それは出る側の彼にとっても同じことだった。このフェスティヴァルは前年もポップ・ヒット曲をもつアーティストをブッキングしていたが、それはPPMやルーフトップ・シンガーズなどフォーク出身だった。一方、キャッシュはカントリー&ウエスタンのスターで、エルヴィスの後継者としてサン・レコードでレコーディング・キャリアを開始している。彼は土曜日（7月25日）の夜、陽気なエレクトリック・ロカビリー〈ビッグ・リヴァー〉でニューポートのステージに登場し、〈ロック・アイランド・ライン〉も演奏したが、それはレッドベリーのオリジナルではなく、ロニー・ドネガンのヒット曲に倣《なら》ったものだった。その曲に続いて彼は〈くよくよするなよ〉を演奏するが、「これは俺たちの友人からの特別なリクエストだ……人生でこれほど光栄に思ったことはない……それは、俺たちの良き友人ボブ・ディランだ……俺たちは全国各地のショーで、ボブが、ピート・シーガー以来、この時代で最高のソングライターだとみんなに伝えようとしてきたんだ」と紹介した。

フォーク界でシーガーをソングライターとしてディランと同列に扱う者はほとんどいなかっただろうから、キャッシュのこの賛辞は地元の神へ敬意を払ったのか、もしくは、その晩ステージに上がるキャッシュを紹介したのはシーガーだったから、単にその感謝を伝えたものであると解釈したくなる。しかしキャッシュは、外からだがフォーク・ブームを注目しており、メインストリームのラジオではディランの〈風に吹かれて〉より、シーガーの〈花はどこへ行った〉や〈天使のハンマー〉のほうが先に発表されていることを知っていた。また、3人にはコロムビア・レコード所属というつながりもあった。シーガーがコロムビアと契約したことにより、ディランにも道が開かれたわけで、偶然にもその年のフェスティヴァルのプログラムに掲載された同社の広告には、シーガー、ディラン、キャッシュのLPが並んで掲載されていた。

キャッシュの発言でもう一つ注目すべき点は、彼が「ディランについてみんなに伝えようとしていた」ということだ。ポップスやカントリー好きのリスナーの大半は、ラジオやテレビから最新の音楽を入手し、フォークやプロテスト・ソングに関する記事を読んでいなかったため、64年の夏、ディランはまだ彼らにほとんど知られていなかった。その年の後半に『ニューヨーカー』誌の紹介記事で、ナット・ヘントフは、ディランの最初の3枚のLPが累計で40万枚近く売れたことに触れ、彼が「成功に向かって加速している」ことを示した。比較してみると、ディランのセカンド・アルバムの直後にリリースされたキャッシュのLP『リング・オブ・ファイア』は、最初の1年で約50万枚を売り上げたが、それでもバエズの売り上げには遠く及ばなかった。一方、PPMは別格で、アルバムとシングルの両方を繰り返しチャートのトップに送り込んでいた。

キャッシュにとって、フォークとはインスピレーションとチャンスの宝庫だった。彼の最新のシングルはピーター・ラファージュが作曲した〈アイラ・ヘイズのバラッド〉で、硫黄島の戦いで英雄的存在となったが、国内ではやがて忘れ去られたネイティヴ・アメリカンの軍人について歌った辛辣なプロテスト・ソングだ。それは典型的なポップスやカントリーソングではなかったが、キャッシュは曲の価値を信じていた。コロムビアがレコードの売り込みに失敗したとき、彼は自費で『ビルボード』誌に1ページの広告を出した。公開書簡の形をとったその広告でキャッシュは、「お前らの勇気はどこにある?」とアメリカのDJたちに迫った。彼はその書簡で、リスナーは力強い素材を求めていると主張し、ニューポートを例に挙げた。

君の言う通りだ! 十代の女の子やビートルズのレコードを買った者は、この悲しい話を聞きたくないだろう……しかし、今月のニューポート・フォーク・フェスティヴァルで、私はピーター・ポール&マリー、セオドア・ビケル、ジョーン・バエズ、ボブ・ディラン、(何人か省略して)ピート・シーガーなど、たくさんの「フォーク」歌手に会いに行った……私のショーの人気をさらったのは〈アイラ・ヘイズのバラッド〉だ。そして、観客(約2万人)が「カントリー」やヒルビリーなどの田舎者ではなかったことは誰もが知っている。彼らはアメリカの若者や中年の知的な代表者たちなのだ。

多くのフォーク・ファンはキャッシュに対して複雑な感情を抱いていた。ニューポートでの彼のプロフィールには、田舎で過ごした幼少時代を「懸命に働き、家族と賛美歌を歌っていた」と記されていたが、彼の最初のレコードは「南部だけで10万枚売れた」との記述もあった。この組み合わせはナッシュビルでは普通のことだったが、一部のフォーク・ファンにとっては裏切りの匂いがした。一方、カントリー界の関係者は「キャッシュはディランとフォークの流行に乗っかって、より儲かるポップ界に入り込もうとしている」と不満を漏らした。これは、純潔と伝統を強く意識した二つの世界の出会いであり、フォークとカントリーの両者が、メインストリームからの回し者なのではないかとお互いに警戒し合っていた。そこに取り込まれれば、自分たちを特別にしているものが薄められてしまう、という恐れがあったのだ。

64年のニューポートは、フォーク・ブームの勝利と危機の両方を象徴していた。3日に及んだ前年は75名の出演者がいたが、64年には228名ものパフォーマーが4日にわたるコンサートに出演し、合計7万人を超える有料入場者であふれかえった。観客があまりに多かったため、ニューポート市は、市内に入る道路に、チケットを持っていない人は立ち入り禁止とする看板を立てた。木曜夜のオープニング・コンサートは、アラン・ローマックスがプログラムし、伝統的なスタイルの幅広さを示す27の演目が予定されていた。シェイマス・エニスのアイルランド・バグパイプ、ドック・リースのテキサス・フィールド・ホラー、グレン・オーリンのカウボーイソング、クレイトン・マクミチェンのオールドタイム・フィドル、アルメダ・リドルのアカペラバラッド、エリザベス・コットン、ジェシー・フラー、ジョン・ハートによるブルース、スタンレー・ブラザーズのブルーグラス、白人のセイクリッド・ハープ・グループと黒人のムーヴィング・スター・ホール・シンガーズによるゴスペル、最後にはアコースティック・デルタ・スライドギターを弾くマディ・ウォーターズをバックにジューク・ダンスが行われた。非常に多彩なラインナップだったが、聴きに来たのはわずか4千500人ほどで、その多くは無料チケットを受け取った地元の海軍基地の水兵だった。これは、伝統的なフォーク・プログラムとしては、大勢の観客と言えたが、バエズ、シーガー、ディラン、ジュディ・コリンズ、PPMなどのスターが出演した続く3夜にフリーボディ・パークに集まった1万5千の観客に比べれば大したことはなかった。ジョージ・ウェインは、「〝本物の〟フォーク・ファン（少数の熱心な愛好家）と一般の観客との間にこれほど明確な差異があったことはなかった。いわゆる全国的な〝フォーク・ブーム〟とは、草の根の深い関心というよりも、有名人が起こしているものだということを、私たちは直接学んだ」と回想している。

　ウェインとシーガー兄弟が思い描いたニューポートの理想には、巧妙な仕掛けがあった。ポップ・シーンの強みを逆手に取るのだ。聴衆は有名なフォークのスターたちに魅了され、その後、本物の伝統音楽や無名のアーティストの力と美しさを発見する。『プロヴィデンス・ジャーナル』紙は、ローマックスのコンサートを「大学の概論コース」と表現し、そのアプローチには限界があることを示唆した。チャールズ・シーガーが昔から夢見ていた「良い音楽」を大衆に届けるという夢のように、ローマックスのアプローチは、大衆は独自の嗜好を持っていないが、機会さえあればもっと難解で深遠なスタイルの価値を理解するだろうと想定していた。この戦略はうまくいくこともあったが、一般的にニューポートの学生の大群は夏休みの一環としてこの場にいるのであって、追加の授業を求めていたわけではない。また、ワークショップの観客が数百人から数千人に膨れ上がったときや、特に新しいファンの多くが単に好きなスターを見たいと願う不真面目なファンだったときは、筋金入りの伝統主義者《トラディショナリスト》は必ずしも喜ばなかった。

　金曜日は歌唱法のワークショップで始まり、様々な地域や民族のパフォーマーが、おなじみのスピリチュアル〈ユー・ガット・トゥ・ウォーク・ザット・ロンサム・ヴァレー（あの寂しい峡谷を歩かなければならない）〉

を様々な方法で歌った。クライマックスは、ジョーン・バエズとマリ・トラヴァースがデュエットで、この歌を〈ユー・ガット・トゥ・ゴー・ダウン・トゥ・ミシシッピ（ミシシッピに行かなければならない）〉というフリーダム・ソングに変貌させたことだった。このワークショップには、千人の観客が集まったが、これは、同時に行われたマイク・シーガー、ジーン・リッチー、ドック・ワトソンによるオートハープとダルシマーのワークショップの参加者をはるかに上回っていた。その日の午後は、比較的少なめの観客が、マディ・ウォーターズ、ロバート・ピート・ウィリアムズ、ハワイアンギタリストのノエラニ・マホエ、ドック・ワトソン、そして再びマイク・シーガー、ラルフ・スタンレー、フランク・プロフィット、エリザベス・コットンによるギターとバンジョーのワークショップに集まった。一方、マイクの異母兄弟ピート・シーガーが主催するトピカル・ソングのワークショップを2千人以上の観客が見守っていた。このワークショップは、アイルランド、キューバ、アメリカ本国からの年配アーティストたちの演奏で始まったが、聴衆のほとんどは『ブロードサイド』に寄稿する有名作曲家たち、レン・チャンドラー、フィル・オクス、トム・パクストン、マルヴィナ・レイノルズ、ヘディ・ウェスト、そしてディランを目当てに集まっていた。ディランは〈悲しきベイブ〉と〈ミスター・タンブリン・マン〉という新曲を歌って大きな拍手を浴び、『ブロードサイド』と『ニューポート・デイリー・ニュース』紙からも高評価を得た。しかし、観客を最も喜ばせたのは、チャド・ミッチェル・トリオが歌った〈バリーズ・ボーイズ〉だったようだ。これは、来たる大統領選挙でゴールドウォーターを支持する右翼の若者たちを風刺したボードビル風の歌である。続いて、ガイ・キャラワンが主催する2回目のセッションが開かれ、南部からやってきたフリーダム・シンガーズが、最新の闘争歌を歌い、シーガー、チャンドラー、マリー・トラヴァース、セオドア・ビケルはとどまって一緒に歌ったが、少なくとも一人の記者は、新たなセッションの始まりをバンジョーのワークショップに向かう合図と受け取りその場を離れた。

平日に仕事を休んでフェスティヴァルに行ける人はそう多くなく、最初の大観衆が集まったのは、金曜日の夕方だった。ニューポート史上最大の1万5千人以上の観客が集まったと推定されている。観客はバエズ、オクス、ミッチェル・トリオなどの若手アーティストに声援を送ったほか、ドック・ワトソンとその家族、そしてスリーピー・ジョン・エステスを温かく迎えた。エステスは騒々しいテネシー・ブルース・トリオを率いて、古いカントリー・ダンス曲を〈スリーピー・ジョンズ・ツイスト〉として作り変え、自分がまったく古びていないことを証明した。それでも報道陣は、その夜のハイライトはバエズだったと全員一致している。『ボストン・グローブ』紙はバエズを「フォーク界のグラマーガール」と呼び、彼女はディランとのデュエット〈悲しきベイブ〉と、それに続いて〈勝利を我等に〉を観客とともに歌いステージを締めくくった。

フェスティヴァルには、何百人もの出演者と何千人もの聴衆がいたわけで、そこに何か共通の雰囲気や経験のようなものが存在したなどと言うのはバカげている。ブルース・ファンは今でもその年を畏敬の念を持って思い出す。ジョン・ハートが再び出演し、新顔にはブルース界で最も深いアフリカの響きを持つギタリストであるロバート・ピート・ウィリアムズ、そして、ミシシッピで最も偉大なスライド奏者の一人フレッド・マクドウェル、エステスはマンドリン奏者のヤンク・ラシェルとハーモニカとジャグ奏者のハミー・ニクソンと組んで登場。ピアニストのオーティス・スパンを従えたマディ・ウォーターズも出演者に名を連ねた。マディは、古くからの師匠サン・ハウスの代役として出演して、アコースティック・ブルースを演奏した。他には、エリザベス・コットン、テキサス出身の歌手ドック・リース、ブルースとゴスペルの伝統を結びつけたレヴァランド・ロバート・ウィルキンス、手作りのパンパイプを演奏するジョー・パターソン、そして伝説のブルースマン、スキップ・ジェームズも出演。彼は、わずか1カ月前にミシシッピ州の病院で発見されたため、フェスティヴァルのプログラムには記載されていなかったが、彼の奇妙なファルセット・ヴォーカルとマイナーキーのギタースタイルは、多くのリスナーにとって、レコードに残されているものの中で最も深遠なブルースである。著書『カントリー・ブルース』で消えたブルースの伝説的ミュージシャンの捜索に火をつけたサミュエル・チャーターズは、ニューポートは聴衆にとって楽しみの場であるだけでなく、ミュージシャンにとっても貴重な出会いの場を提供したと回想している。「彼らの中には、古いプレイスタイルを残そうと努力しているのは自分たちだけではないことに、初めて気づいた者もいた」。年配のブルースマンの大部分は一軒家に宿泊していて、そこでは音楽が24時間鳴り響いていたという。

朝になると、ロバート・ピート・ウィリアムズが1階の部屋で簡易ベッドの端に座り、窓から見えるニューポートの灰色の霧を眺めながら独りで演奏していた。階上ではハミー・ニクソンがハーモニカを演奏し、ヤンク・レイチェルがマンドリンの弦を爪弾いていた。部屋で音楽が始まると、たいてい1分ほどでジョン・ハートがドアの前に現れ、立ったまま聴いていた……ブルースのワークショップが終わった夕方近く、床や簡易ベッドに座る静かな一群に向かって演奏しているのは、スキップ・ジェームズだった。

ベテランのフィドラー、バンジョー奏者、バラッド歌手も同様に他の地域からやってきたミュージシャンと会えて歓喜していた。都会の若いリヴァイヴァリストたちは、その週末に習った曲や録音した曲を現在でも演奏し、金曜のワークショップでは、ドック・ワトソンが初めて若いフラットピッキングの名手クラレンス・ホワイトと出会い、すばらしいデュエットを披露した魔法のような瞬間を大切にしている。

ニューポートがその使命として真剣に考えていたのは、伝統的な音楽スタイルのために初めてのステージを提供することだった。また前年、ニューポート財団は、将来に向けた基礎を築くべく、全米各地で民間伝承《フォークロア》の研究や上演に資金を提供していた。ガイ・キャラワンはニューポートの助成金を使ってサウスカロライナ州ジョンズ島においてフェスティヴァルをスタートし、ムーヴィング・スター・ホール・シンガーズを同行させ成功を期した。これは「フリーダム・サマー」と呼ばれる時期に当たり、何百人もの北部の大学生が有権者登録を手伝うためにミシシッピ州に赴いていた。『ボストン・グローブ』紙は、ニューポートでは「ディープサウス出身の白人の多くが同じ家に滞在し、黒人と一緒にバスに乗り、舞台に登場している。あちこちで聞き耳を立てたが、白人黒人のどちら側からも人種差別的な発言は聞こえてこなかった」と報じた。

『ボストン・グローブ』は、フェスティヴァルの周辺で繰り広げられた様々な演奏にも感銘を受けた。「クリフ・ウォーク・マナーからベルヴュー・アヴェニューまで1マイルにわたり、ほぼすべての木の下で、アマチュアのフォーク愛好家たちがギターを弾き、歌を歌っていた。そして、それぞれが25〜30人の観客を抱えていた」。『ブロードサイド』の記者は、「フェスティヴァル中で最も美しい光景」は夜のビーチにあり、「何千本ものキャンドルがギタリストやビールを飲む人々を照らしていた」と書いている。フォーク・シーンの消息通でもあるその記者は、出演者と友人たちのために開かれた金曜夜のパーティについても触れているが、そこではバエズとマリー・トラヴァースがツイストを踊ったという。

この週末は、アマチュアにもプロにも、数え切れないほどの小さな個人的な思い出を提供してくれた。ミネアポリスのブルース・トリオを率いて参加していたトニー・グラヴァーは、ディランと再会する機会を得て、ヴァイキング・ホテルで午後を過ごし、ハンク・ウィリアムズの古い曲と、その2カ月ほど前に発表されたローリング・ストーンズのファースト・アルバムからの新しい曲を一緒に歌った。グラヴァーはまた、ディラン、バエズ、ジョニー・キャッシュ、ジューン・カーター、ランブリン・ジャック・エリオット、マルチ楽器奏者のサンディ・ブルと深夜のパーティをしたこと覚えている。ディランとキャッシュは床に座って歌を歌い合い、バエズはポータブル・テープレコーダーをセットアップし、ディランはキャッシュのために〈悲しきベイブ〉と〈ママ・ユー・ビーン・オン・マイ・マインド〉の2曲を録音した。キャッシュはお返しにディランにギターをプレゼントした。二人が一緒に歌ったのはこれが初めてで、キャッシュはそれをフェスティヴァルのハイライトとして覚えている。キャッシュは金曜日の出演予定に1日遅れて到着し、あやうく公演をすっぽかすところで、アンフェタミン依存症でどん底の状態だったが、グラヴァーは彼を「本物」と評している。

キャッシュは、「そんなにたくさん記憶があるわけじゃないけれど、ホテルの部屋でジューン(・カーター)、ボブ、ジョーン・バエズがホテルの俺の部屋に来て、久しぶりに会えたのがうれしくて子供みたいにベッドの上で飛び跳ねていたことははっきりと覚えている」と後に記している。3カ月後、ジューンがハーモニーを付け、ナッシュビルのハーモニカの名手チャーリー・マッコイが、ディランのスタイルに合わせて控えめに伴奏を付けたキャッシュの〈悲しきベイブ〉は、ドラムス入りでポップなアレンジが施されたディランの曲として初めて『ビルボード』のホット100チャートにランクインした。

ニューポートのもう一つの側面として、フォーク・ミュージックが大きなビジネスとなり、即興のジャムセッションが重要な商取引の場になるというものがあった。グラヴァーはこの「親しみにあふれた態度と気取った行動、仲間意識と陰口が奇妙に入り交じった状態」を次のように回想している。

それが俺が初めて見た大物たちのリアルな駆け引きだった。重役やブッキング・エージェントたちが、狂った風車のような勢いで乱暴に交渉していた……。大人の男たちが互いにうなり声を上げ、握手を交わし、にやにや笑い、口論する中、ミュージシャンたちは自分がまるで牛のばら肉のように交換されるのを横で見ていた。正直言って、どうでもよかった。俺たちは、ただ音楽のためだけにそこにいたんだから。

シーガーの当初の構想は、ある程度まではうまくいっていた。新しいファンの中で、フェスティヴァルの伝統的な側面を高く評価している人がいるなら、それはもう全員が僅かであっても本物の田舎の音楽を体験していることになり、実際のところ大半の人が少なくともある程度は気に入っていた。いずれにせよ彼らは、アメリカにおいてこれまでで最も多彩なフォーク・アーティストが集まったフェスティヴァルに、お金を払って観にきていたのだ。しかし、フォーク・シーンは変化しており、その週末には亀裂が広がっていくのが露呈した。ピーター・ヤーロウは、ポップ・フォークのスターでも田舎の伝統主義者でもない新進アーティストを紹介するワークショップを開催するよう働きかけ、日曜の午後にニュー・フォークス・コンサートを主催した。このコンサートには、『ブロードサイド』のライターであるトム・パクストンとレン・チャンドラーのほか、バフィー・セントメリー、ジョン・コーナー、デイヴ・レイ、グラヴァー、ジム・クウェスキン・ジャグ・バンド、21歳のブルース・シンガーのジュディ・ロデリック、そしてフラメンコ風の〈ラ・バンバ〉とディキシーランド・バンドを一人で再現して観客を魅了した18歳のホセ・フェリシアーノが出演した。

『リトル・サンディ・レヴュー』での長々とした痛烈な批判でポール・ネルソンが指摘したように、問題は、こうした都会の若いミュージシャンが、田舎の伝統の担い手たちよりも観客の好みに合っていたことだ。

バンジョーを弾く老人たちは、若い世代がよく理解しているような土曜日のヒーローではない。ピート・シーガーが彼らのことを愛するように言うし、ジョーン・バエズやボブ・ディランと同じステージに立っているから、許容はされるかもしれないが、若者が理解することは期待できない。彼らは、顔にしわのある古いテディベアのように、古風で愛らしいだろうが、歌うとおかしく聞こえるし、とにかく大部分の時間、ただ座っているだけなのだ。

若いリヴァイヴァリストの中には、その溝を埋めようと熱心に取り組んでいた人たちもいて、ワークショップで年長者たちと合流し、ファンに年配の巨匠たちに注目するよう呼びかけた。バエズは金曜日の朝早くから歌唱スタイル・ショーケースに参加し、その日の午後にはフリーダム・ソングのプログラムに姿を現し、土曜日の午前10時には再び会場に現れ、インターナショナル・ソングス・ワークショップでアイルランド、イスラエル、スーダン、ハワイ、キューバのアーティストたちとポルトガルの歌を歌い、午後にはシーガー、ヤーロウ、ジーン・リッチー、ベッシー・ジョーンズ、2組のフォーク・ダンサー・グループと子供の歌のワークショップなどに参加した。彼女はまだ23歳だったが、例外的な存在で、すでに年上の世代を代表していた。フォーク・シーンはこれまで伝統主義者と普及主義者（両者ともシーガーの美学である古いバラッドや鳴り響くバンジョーにインスパイアされていた）に分かれていたが、次第に影響力を増す第3のグループが登場していた。彼らは田舎の伝統のことをネタの調達先としてさえ、ほとんど考えなくなっていたのだ。

シーガーが『ブロードサイド』に抱いていたヴィジョンは、新しい歌と古いフォークのレパートリーを交わらすことができるフォーラムを提供することであり、新しいスタイルや新しいジャンルを生み出すことではなかった。その考えは、伝統を最近の出来事と結びつけておくことで、ウディ・ガスリーはそれを40年代に、そしてフリーダム・シンガーズが当時南部で行っていた。それが30年間にわたって果たしてきたシーガーの使命であり、その時点まではうまくいっていた。彼は古いイギリスのバラッドを歌い、アパラチアのバンジョーの曲を演奏し、〈花はどこへ行った〉などの新しい曲を書いた。ほとんどの人はそれをフォーク・ミュージックと呼んだが、それを良しとしない者もおり、シーガーもそれに同意する傾向にあった。「［私の曲］がフォークソングかどうかと訊かれたら、ノーとしか言えません。なぜなら、古いフォーク・ミュージックだけでなく、ポップスやクラシック音楽など、様々なソースから借りているからです」。しかし、彼はこう付け加えた。「新しい歌の中で最高のものは記憶に残り、シンガーからシンガーへと受け継がれ、改良や追加が施されるでしょう。そして今から百年経ってから、民俗学者がやってきて、それをフォークソングと呼ぶこともできるでしょう。そして私たちの亡骸はそれに反対しないでしょう」

シーガーにとって、フォーク・ミュージックはコミュニティや伝統との関係で定義づけられた。つまり、プロではない人々が自宅や職場で自分たちの楽しみのために演奏し、その過程で後世に受け継がれた歌や音楽だった。だからといって、ベートーベンやガーシュインの音楽より優れているというわけではなく、違うものなのだ。大きな違いは、フォーク・ミュージックは共有されており、誰も所有したり管理したりしていないということだった。彼は自作の曲や、トラディショナル・ソングの編曲一部について著作権を有していたが、それは本来不本意なもので、それで得た報酬を適切な目的に充てることが多かった。そして、次は他の者がそれをアレンジしたり作り直したりすることを期待していた。トリニ・ロペスが〈天使のハンマー〉をロックンロール調に作り変えヒットを飛ばしたとき、シーガーは新旧二つのメロディが調和していることに気づき、「これは世界にとって良い教訓となるのではないか」と付け加えた。いずれにせよ、40年代から50年代にかけては、誰もそれほど大きな関心を寄せていたわけではない。彼のやっている音楽で金持ちになる人がいなかったためだ。

60年代に状況が変わったのには、様々な理由がある。一つは、LPという新しいフォーマットだ。〈グッドナイト・アイリーン〉のレコードはたくさん売れたが、印税を稼いだのはタイトル曲とその裏面に収録されていた曲だけだった。対照的に、もしキングストン・トリオが数枚のアルバムをそれぞれ百万枚売り上げ、すべての編曲の著作権を取得していれば、数十曲分の印税を得ることができ、プール付きの家を買うことができただろう。しかし実際、彼らが権利を管理して印税を得られたのは、〈トム・ドゥーリー〉と〈スループ・ジョン・B〉の自分たちのヴァージョンだけだった。これが、フォーク・ミュージックが本当に大きなビジネスになりえなかった理由の一端だ。レコードやアーティストはしばらくは金を生み出すかもしれないが、〈サマータイム〉や〈スターダスト〉の権利を所有するようにはいかない。PPMが、シーガー、ディラン、そして彼ら自身のオリジナル曲を歌ってヒットしたとき、それは作曲家や歌手だけでなく、出版社やマネジャーにとってもまったく新しいビジネスが現れたのだった。

当初、『ブロードサイド』のライターたちは、この変化に気づかない傾向があった。商業的な観点で考えていなかったからだ。もしディランが62年にヒット曲や印税を狙っていたなら、〈風に吹かれて〉や〈戦争の親玉〉は書いていなかっただろう。バフィー・セントメリーは、ギャスライト・カフェで〈ユニヴァーサル・ソルジャー〉を歌っていたら、親切な男性が彼女に賛辞を送り、その曲の出版に協力したいと申し出てきたという話をよくしていた。彼は紙ナプキンに契約書を書いて彼女に1ドル支払い、曲が世界的にヒットしたときに巨額の印税の半分を手に入れることになったという。しかし、ほとんどのトピカル・ソングは世界どころか、地元でもヒットしなかった。シーガー、ディラン、オクス、パクストン、セントメリー、マルヴィナ・レイノルズは、内なる衝動を感じ、意見を表現したくなり、ある特定の状況に合った歌詞が必要になったから曲を書いていたのだ。そのとき、シーガー、ディラン、オクスのようになりたいという理由で曲を書く、新しい世代が現れてきていた。その中にはプロを目指す者もいれば、単にそれらのアーティストを憧れているだけという者もいた。子供の頃、〈バーバラ・アレン〉を歌い、〈オールド・ジョー・クラーク〉を演奏したことがきっかけで音楽を始めた者も多かったが、64年までには、〈花はどこへ行った〉や〈風に吹かれて〉くらいしかフォークの伝統とのつながりがない者も出てきていた。そして彼らはこういった音楽を追求して、やがて「シンガーソングライター」と呼ばれるようになったのだ。その音楽は、60年代にはまだ「フォーク・ミュージック」と呼ばれていたが、シーガー、ディラン、バエズとは異なり、オクスのようなアーティストは、たとえ望んだとしても、昔ながらのストリング・バンドやブルースのワークショップに順応することはできなかった。彼らはそういったスタイルについての知識がなかったし、キャンプファイヤーの周りやキャンドルの灯るビーチで誰もが合唱できるような曲を必ずしも書いていなかったのだから。

シーガーは新しいソングライターたちが現れてきたことに興奮しており、最新のアルバムで彼らの作品を取り上げたが、ニューポートでは時事的な題材よりも伝統的な歌や楽器のスタイルに重点を置く傾向があった。彼にとってそれがフェスティヴァルの主眼であり、64年は特に精力的に活動していた。彼は前年、アメリカのフォーク・ミュージックの親善大使として世界をツアーしており、それは政治的闘争の日々からの喜ばしい気分転換になっていた。彼は新しい歌を取り上げ、外国のスタイルでの実験を増やし、新たな自信を得ていた。以前はめったにアカペラでは歌わなかったが、日曜夜のメインステージでのコンサートでは、イギリス諸島からの無伴奏の歌を2曲披露した。それは、〈メイズ、ホエン・ユア・ヤング、ネヴァー・ウェド・アン・オールドマン（娘さんよ、若いときには、老人と結婚しないで）〉という下品な歌と、自動車の出現によって仕事を失った肥料掘り労働者の嘆きを歌ったマット・マッギン作〈マニュラ・マニュア〉（原題 Manyura Manyah は肥料を意味する manure のスコットランド訛り）だった。1万5千人の観客は、「マニューラー、マニューラー」の合唱に嬉々として加わったが、数人の評論家は主題が低俗であると非難した。実際、反人種差別や反戦の歌よりも物議を醸すものであると受け取られたが、想定されていたことでもあり黙認された。

ディランもその晩演奏したが、そのステージは彼が逆の方向に進んでいることを示唆していた。ユニークで現代的な音楽を作ろうとしており、他の出演者に合わせようなどとは考えていなかった。彼は明らかに楽しんでいて、観客をからかったり、ふざけて歌詞の言い回しを変えたりしていた。ロバート・シェルトンはこの晩のディランの態度を非常に不快に感じ、『ニューヨーク・タイムズ』紙の記事ではディランの演奏には触れず、代わりにオデッタが最後に聴衆とともに〈勝利を我等に〉を歌った場面を取り上げ、「フォーク・ミュージックの社会的な使命感がその美的核心と混ざり合い、勝利の結末を迎えていた」と表現した。

日曜（7月26日）夜のラインナップは強力だった。前半にはスタンレー・ブラザーズ、スキップ・ジェイムズ、ヘディ・ウェスト、クランシー・ブラザーズ、ピート・シーガーが、後半にはステイプル・シンガーズ、ケンタッキー・カーネルズ、ミシシッピ・ジョン・ハート、フリーダム・シンガーズ、ディラン、デイヴ・ヴァン・ロンク率いるラグタイム・ジャグ・ストンパーズ、オデッタが出演した。ディラン以外の全員が（ポップ・ステイプルズのエレキギターは別として）、伝統に染まった音楽を演奏していたが、ディランははみ出し者であることを喜んでいるようだった。彼は〈オール・アイ・リアリー・ウォント〉で演奏を始め（後から振り返ってシェルトンは、この曲のウィットに富んだ「反愛」の歌詞を賞賛することになるが）、〈ラモーナに〉〈ミスター・タンブリン・マン〉〈自由の鐘〉、そしてバエズとのデュエット〈神が味方〉を続けて演奏するにつれ、彼の昔の熱烈な支持者だったシェルトンは次第に失望していき、「彼がステージに居座り続ける時間が長くなるにつれ、演奏もいいかげんになっていった」と書いている。「次の曲に行く前にギターのチューニングをしていると、ディランは時々ふらつき」、ハイになって「制御不能」になっているようだったとも記している。

聴衆の中でシェルトンと同じように考えていた者もいたようだが、フィルムに残っているものから判断すると、これはディランのパフォーマンスというよりも、彼らの気分の問題だったようだ。彼はとんでもなく陽気で、おそらくはハイになっているように見えたが、完全に自制しており、すばらしい声で〈自由の鐘〉を歌う7分半の間、難なく集中力を保ってみせていた。批評のほとんどはこびへつらう感じで、『プロヴィデンス・

ジャーナル』は、彼は「すばらしい」と書き、「すべての偉大な者が放つ奇妙な魔法」を見せ、「彼の模倣者は高校生のように見える」と書いた。『ニューポート・デイリー・ニュース』は、彼が「去年より身なりがよくなっている」のを喜び、「彼は明らかにアメリカの若者と抑圧された人々の代弁者であり、弱者の擁護者である……長い巻き毛、不精な外見、やせっぽちの体格にもかかわらず、彼には偉大なオーラが漂っている」と評し、彼の演奏はオデッタの「威厳があり、荘厳な」フィナーレへの理想的な導入部となったと記した。『リトル・サンディ・レヴュー』では、ポール・ネルソンも彼の演奏に満足したと述べているが、その理由はまったく逆で、オデッタを「痛ましい自己パロディ」と切り捨て、ディランが「社会を良くしならなければならないという感情的な妨げ」を捨て去り、「期待通りの簡単な道を行くのではなく、より個人的で内省的な曲を披露する」のを選んだことを称賛している。ただし、ファンはこの変化に心の準備ができておらず、「いつものように7、8回ではなく、おざなりに2回だけアンコールを求めた」と付け加えている。

映像では、聴衆はピーター・ヤーロウを野次っている。彼は、次に控えているヴァン・ロンクとオデッタを早くステージに上げさせてくれと客席に請う。「もっとディランが聴きたい！」と連呼する観客に対し、彼は「無理だ……本当に無理なんだ」と声を絞る。ついにディランがステージに飛び乗る。微笑んで最高の気分のようだった。「時間なんだ！」。彼はうれしそうに叫び、腕を振る。「すべては時間の問題らしいんだ……」。彼はマイクから飛び離れ、芝居がかったように肩をすくめる。笑顔がますます大きくなる。そして、つま先立ちで再びマイクの前に戻る。「ありがとう！　ありがとうと言いたい――愛しているよ！」。確かに彼は以前よりもきちんとした服装をしている。黒のタートルネックとスエードのジャケット、タイトなジーンズ、先のとがったカウボーイブーツという出で立ちだった。髪は襟まで伸びて、もじゃもじゃの頭の周りには後光が差している。彼はもはや痩せこけたオクラホマ州の吟遊詩人ではなく、陽気なビートルズのメンバーのように見えた。

第7章 ジングル・ジャングル・モーニング

「彼はフォークシンガーじゃない」
と人々が言うのを
やめるまで、
俺はフォークシンガーじゃない
と何回
繰り返せば
いいのだろう。

1964年5月、ディランはロンドンのメイフェアホテルの便箋の裏に、右のような7行の質問を走り書きした。裏面には〈悲しきベイブ〉の初期稿があり、この組み合わせは彼の熱狂的なファンへのメッセージだったことを思わせる。彼らはヒーローを探していた。ありとあらゆるドアを開けてくれる人、彼らのために命を捧げてくれる人だ。しかし、「ノー、ノー、ノー」（〈悲しきベイブ〉の歌詞より）、それは彼ではなかった。彼はしばらく皆が望むその道を歩んでいたが、今は別の旅に繰り出しており、「ヤァ！　ヤァ！　ヤァ！」という陽気なかけ声で世界を席巻したイギリスの地方都市の不良たちと決闘する準備ができていた。

「本当にすごく大変だったはずだわ」とマリアンヌ・フェイスフルはため息をついた。「アコースティックギターを片手に、一人でステージをこなすなんてね。特にイギリスでは、ミュージシャンは、みんなグループだった……アニマルズ、マンフレッド・マン、ブルースブレイカーズ、プリティ・シングス、ビートルズ、ストーンズ。男たちが集まれば、人生は明るくなるっていうような、独特の雰囲気ね」

イギリス・ツアーはニューポート・フォーク・フェスティヴァルの2カ月前だったが、ディランもイギリス勢と同じことを考えていたようだ。2月には、男たちのグループで活動してみたのだ。シンガーで歌の収集家でもあるポール・クレイトン、チェス仲間のヴィクター・メイミューズ、スーズ・ロトロの友人ピート・カーマンとともに、ロードトリップに出た。彼らは米国中をドライブし、ケルアックの足跡をたどって車を走らせ、ニューヨークからニューオーリンズ、そして西はサンフランシスコまで走り抜けた。それは伝説とノスタルジアに満ちた旅だった。最初の目的地はケンタッキー州ハーラン郡で、寄付された衣類をストライキ中の炭鉱労働者の家族に届けるためだった。途中一行はノースカロライナ州のカール・サンドバーグの家に立ち寄った。ボブは詩人同士一対一で話をしたいと思っていたが、老詩人は彼の作品に馴染みがなく、礼儀正しくあしらわれた。アトランタでは、フリーダム・シンガーズのバーニスとコーデル・リーゴン夫妻を訪ね、ジミー・ロジャーズの故郷であるミシシッピ州メリディアンに向かう途中で、ディランは〈自由の鐘〉を書いた。マルディグラのためにニューオーリンズに到着すると、にぎやかな仮装パーティやストリートバンドを目の前にして、彼は古彼は〈ミスター・タンブリン・マン〉を書き始めた。そこから彼らは北西のデンバーに向かい、そこで彼は古い友人を訪ね、セントラル・シティに立ち寄ってから太平洋岸まで横切っていった。

　道行く風景は典型的なアメリカーナだったが、そのサウンドトラックは驚きに満ちていた。ボブと仲間たちがミシシッピ州を走っているとき、ビートルズが「エド・サリヴァン・ショー」に出演し、ロッキー山脈を越える頃には、バンドのシングルは『ビルボード』誌のホット100チャートの上位5曲を独占し、〈抱きしめたい〉が1位の座に君臨していた。この病みつきになりそうなポップ・レコードは、派手なオーケストラやホーンなしの、エレキギターを中心にした4人編成のロックンロールバンドによる演奏だったが、完全な新しさを感じさせる何かをもっていた。ディランの回想によれば、「奴らが使っているコードはとんでもない、とにかくありえないんだが、ハーモニーによってすべてが納得させられた」。簡潔で、陽気で、楽しいこの曲は、中間部分で、ヴォーカルが「ハイになる！（I get high!）ハイになる！　ハイになる！」と叫ぶ瞬間があった。当時はマリファナ常用者が隠語で会話をしていた時代で、すでにしっかりその仲間入りをしていたボブと仲間たちは、陽気なイギリス人がティーン向けのポップ・ヒットに隠語をこっそりと忍ばせているのを聞いて大喜びしていた。8月にディランはニューヨークでビートルズと会い、一緒にハイになろうと提案するが、そのとき彼らは実際には「隠せない！（I can't hide!）」と歌っていたと説明したという。

　マリファナの常用者であろうとなかろうと、ビートルズはアメリカに新鮮な風をもたらした。彼らは、バディ・ホリー&クリケッツのようなバンドで、ラジオを席巻中だった。後を追いかけるように進出してきたイギリスのロック・バンドのリーダー的な存在でもあり、相当型破りなアメリカのミュージシャンにも扉を開いた。その年の2月のヒット曲には、トミー・タッカーが歌う〈ハイヒール・スニーカーズ〉がある。これはエレキギターが牽引するブルースで、出かけるときは、赤いドレス、ウィッグ・ハット、ハイヒールのスニーカーを身に着けて、「喧嘩したがるバカがいるといけないから、ボクシング・グローブをはめたほうがいい」と女の子にアドバイスする歌詞が印象的だ。ジョニー・キャッシュは〈アンダースタンド・ユア・マン〉をリリースしていた。これは〈くよくよするなよ〉のリメイク版だったが、ディランが腹を立てることはなかった。なぜなら彼のオリジナルもポール・クレイトンの〈フーズ・ゴナ・バイ・ユー・リボンズ〉のリメイクだったからだ。そして、キャッシュの曲がトップ40入りしたとき、二人とも驚いたに違いない。まもなく、チャック・ベリーも、50年代以来初めて、〈ナディーン〉という複雑な言葉遊びと勢いのある押韻をもつ傑作を携えて登場する。

多くのすばらしい音楽が再び流行し、新しいつながりが生まれていた。ジャッキー・デシャノンは、ビートルズの最初のアメリカ・ツアーでオープニングアクトを務めたおかげで、「アメリカン・バンドスタンド」(50年代から80年代まで続いたテレビ音楽番組)でバディ・ホリーの〈オー・ボーイ〉を歌い、一方、彼女の63年のシングル〈ニードルズ・アンド・ピンズ〉をイギリスのギター・バンドのサーチャーズが取り上げ、大ヒットさせていた。ディランの大ファンのデシャノンは、ケンタッキー出身の正真正銘のカントリー・ロッカーで、フォーク・リヴァイヴァルを軟弱で偽物だと切り捨てていた。彼女は、63年にニューヨークに立ち寄ったとき、『このすばらしいブルース・シンガー兼ソングライターを聴くべきだ』と言われて、「彼のコンサートに行ったら、リーバイスとブーツ姿の若者が出てきて、〈くよくよするなよ〉や〈神が味方〉を歌ったの。私はすごく興奮してしまった」という。デシャノンは、自分のシングルをリリースし、ブリティッシュ・インヴェイジョンのバンドのためにヒット曲を書いたりする傍ら、ディランの4曲を収録したフォーク・アルバムを録音している。

音楽の世界は集約しつつあり、ディランは依然としてフォークのカテゴリーに閉じ込められていたものの、彼の曲は様々なミュージシャンに取り上げ始められていた。3月に彼が東海岸に飛行機で戻ったとき、『ビルボード』のアルバムチャートではビートルズが1位と2位を占め、そのすぐ後ろの3位にはピーター・ポール

&マリー（ＰＰＭ）の『イン・ザ・ウィンド』が続いていた。ディランの〈風に吹かれて〉が収録されているこのアルバムは、１カ月間１位だった後、順位を落としていた。彼自身の『時代は変る』は20位に近づきつつあり、『フリーホイーリン』は22位から順位を落としつつあった。彼のアルバムはＰＰＭやバエズほど売れていなかったが、売り上げがすべてではなかった。ディランは彼らよりもヒップで、このことがその後数年間で大きな意味を持つようになり、そもそもはＰＰＭもバエズもディランの作品を歌っていた。すぐに彼は皆がほとんど想像もしなかった聴衆を獲得することになる。特にイギリスではディランの注目度は高く、５月に彼はロンドンのロイヤル・フェスティヴァル・ホールで演奏し、一連のインタビュー取材を受けることになる。

イギリスとアメリカの音楽状況は常に重なり合っていたが、60年代初頭には非常に異なっていた。第一に、イギリスは当時はるかに小さく貧しく、まだ戦争から立ち直っている最中だったのに対し、アメリカは非常に大きく豊かで刺激的に見えた。多くのイギリスの若者にとって、アメリカの音楽は光り輝く灯台であり、彼らの関心は、単にアメリカの若者の間で流行っていたり最新だと考えられている音楽に留まらなかった。アメリカでは地域的、民族的、あるいは古風だと考えられているスタイルが、イギリスではスリリングな連続体の一部として聴かれていたのだ。50年代、ロニー・ドネガンはクリス・バーバーのトラッド・ジャズ・バンドのバンジョー奏者として、セットの合間にレッドベリーやウディ・ガスリーの曲をギターで演奏していた。ドネガンの〈ロック・アイランド・ライン〉がヒットすると、イギリスでは、ニューオーリンズ・ジャズ、ヒルビリー・ソング、ブルース、ロックンロールをミックスしたスキッフル・バンドが急増した。マディ・ウォーターズはバーバーの招待でイギリスにやってきて、耳をつんざく音量のエレクトリック・シカゴ・ブルースで一部のトラッド・ファンを驚かせたが、他のファンはエレキギターを買いに走り、マディや同じチェス・レーベルに所属するチャック・ベリーやボー・ディドリーの曲のコピーに励んだ。

イギリスにも音楽の純粋主義者はいたが、境界線の引き方はアメリカとは異なっていた。キース・リチャーズは、シドカップ・アート・スクールの男子トイレで他の学生とジャムセッションをしたことを振り返っている。中心となるレパートリーは「基本的にフォーク・ミュージック、ランブリン・ジャック・エリオットの曲」で、ウディ・ガスリーの曲をフラットピッキングで弾き、〈コカイン・ブルース〉をフィンガーピッキングで弾いたが、自身の十八番はエルヴィスのサン・セッションからの〈アイム・レフト、ユーアー・ライト、シーズ・ゴーン〉だったと彼は述べている。友人の中には、彼がポップ・ファンだと言ってからかった者もいたようだ。「当時はまだエルヴィスやバディ・ホリーが好きだったんだ。アートスクールの学生でブルースやジャズにはまっているのに、そんなポップな音楽にも興味があるなんて、みんな理解できなかったんだな」。それでも、「そこには、音楽が、スタイルとしての音楽が、アメリカーナへの愛が爆発しているのが見て取れた。俺はアメリカに関する本を求めて町の図書館にも行ったよ。フォーク・ミュージック、モダン・ジャズ、トラッド・ジャズが好きな人もいれば、ブルージーなものが好きな人もいて、彼らはソウルの原型を聴いていることになるわけだ。音楽に影響を与えるすべてがそこにあったんだ」。その中には、最新のティーン・ポップも含まれていたが、ロネッツやクリスタルズのように正しいものでなければならなかった。「レコードを聴くと、あれは間違っている、あれは偽物だ、あれは本物だってなったものだ。どんな音楽の話をしていたとしても、それがいいものか、そうじゃないかのどちらかだった。とても明確な線引きがあったんだ」

すぐに、リチャーズは何人かの友人とイーリング・ジャズ・クラブのブルース・ナイトに参加するようになり、64年5月にディランが渡英する頃には、ローリング・ストーンズを結成し、〈ノット・フェイド・アウェイ〉で英米両方のチャートに顔を出していた。ディランのようなバックグラウンドを持つ者にとって、それは魅力的なレコードだった。バディ・ホリーのオリジナルは、ボー・ディドリーの荒々しいミシシッピのリズムをロカビリー風にアレンジしたものだったが、ストーンズは、歪んだギター、激しいドラムス、マラカス、泣き叫ぶようなハーモニカでそのルーツに立ち返り、デルタやシカゴのサウスサイドの音を再現するようベストを尽くしていた。彼らは長髪のポップスターだったが、熱心なネオ・エスニックでもあり、ヴィレッジの筋金入りのフォーク・ファンと同じくらい本物のルーツ・スタイルに浸り、ウィーヴァーズやＰＰＭよりもはるかに純粋主義者だった。アメリカでは、ストーンズはブリティッシュ・インヴェイジョンのバンドとして、より荒っぽいビートルズへの対抗バンドとして売り出されていたが、音楽的には異なった売り物だった。単に趣味が違うからというだけでなく、はるかに生々しかったからだ。彼らの使うコードはより単純で、曲のアレンジはよりゆるく、ミック・ジャガーはすすり泣くような鼻声の歌手で、ブライアン・ジョーンズは3年前のディランと同じようにハーモニカ奏者として研鑽を積んでいる途中だった。

5月には、さらに聞き覚えのある曲が、イギリスのチャートにもう1曲登場した。それは、〈ベイビー、レット・ミー・テイク・ユー・ホーム〉で、ディランのファースト・アルバム収録の〈連れてってよ（ベイビー、レット・ミー・フォロー・ユー・ダウン）〉とは違うタイトルだったが同じ曲で、「この全能の神の世界で、俺は何でもやる」という歌詞もディランのヴァージョンからそっくり頂戴したものだ。これは、アニマルズという新人バンドによる、大音量のエレクトリック・オルガンをフィーチャーしたロックンロール・シングルだった。彼らはその後すぐに、ディランのファーストから別の曲〈朝日のあたる家〉をカヴァーし、これは英米両国でナンバーワン・ヒットとなった。

ディランはビートルズに感銘を受けたが、彼らの音楽は完璧にまとまっていて、ソングライティングの手法は、ブルースやフォークの伝統よりも、ティン・パン・アレーやブリル・ビルディング（ニューヨークのビル名。音楽事務所やスタジオが入っている）に負うところが大きかった。ディランは、ビートルズの真似をするつもりもなかった。対照的に、よりブルージーでルーツにこだわっていたイギリスのバンドは、ディランが曲作りを始める前に演奏していたのと同じ音楽を演奏し、まったく異なる方法で多くのアメリカ人ミュージシャンにインスピレーションを与えた。ビートルズをすばらしい革新者と考えていたアメリカのロッカーたちは、ストーンズのR&Bのカヴァーを聞いて、「くそ、これがヒットしたのか？ 俺のほうが上手く演れる」と言ったのだ。イギリスのブルース・ロッカーたちは、ディランの曲をカヴァーし、すぐに彼のスタイルを真似た歌詞を書き始めたため、ディランはさらなる評価を得ることになった。

ディランはあいわらず旅の途中で、物憂げなアコースティック曲を演奏し、ポップ・シングルというより、複雑なアルバムをリリースしていた。しかし、彼の世界は変わりつつあり、マリア・マルダーはその異変に気ついていた。彼女は、その年の2月にサンタモニカ・シビック・オーディトリアムでの公演後に舞台裏を訪ねたとき、叫び声を上げるファンたちによってディランが楽屋に閉じ込められているのを目撃している。また、その後ハリウッドで行われたパーティに顔を出すと、「ゴージャスなカシミアの衣装を着た美しい若い女性たちが、『ボブ、どこへでもついて行くわ』と言って」いたのを覚えている。ロンドンはまだ比較的控えめだったが、ロイヤル・フェスティヴァル・ホールは満席となり、インターミッション時には、ジョン・レノンから「ビートルズは映画製作で忙しく観にいけなくて申し訳ない」という電報を受け取った。パリでは、彼の曲をフランス語に翻訳して歌っていたシンガーのユーグ・オーフレーと付き合い、上等なワインを飲み、素敵なレストランで食事をし、後にヴェルヴェット・アンダーグラウンドに加入するドイツ人ファッションモデルでシンガーのニコと関係をもった。そこから彼はニコを連れて、ベルリン、そしてギリシャへ向かった。彼はこれまで以上に曲を書き、より想像力にあふれるイメージとより親密なテーマを追求していった。

ニューヨークに戻ったディランは、一晩の徹夜セッションで次のアルバムをレコーディングした。ほとんどの曲はスローで、メロディは軽快で美しく、歌詞は内省的かつ詩的で、テーマのほうはロマンチックで苦々しいものになった。トーキング・ブルースをリメイクした2曲、シュールでパラノイア的な〈モーターサイコ・ナイトメア〉、そして〈アイ・シャル・ビー・フリー〉の別のヴァージョンがあった。また、前はラジオで流れているものと自分との距離を強調していたが、今や自分について冗談めかして歌うようになっていた。また、ディランがピアノを弾き、ぎこちなくロックする〈ブラック・クロウ・ブルース〉は、ジェリー・リー・ルイス風のグリッサンド（鍵盤を滑らすように弾く奏法）と力強いブギのベースラインが特徴的だった。

1カ月半後、彼はニューポートで、新しい曲と洗練された衣装を披露していた。衣服の話など些細なディテールに思えるかもしれないが、誰もがそれを意識していた。それは、特に服装が、文化的に共通項であるか分断を招くものかの指標になっていた時代であり、ディランやバエズに関する記事はすべて、二人の奇妙な服装と、ファンがそのファッションをどのように模倣するかに焦点を当てていた。その時代を回想する話の多くは、同様にファッションを意識している。真にヒップな人間は衣服など気にせず、逆にそのことがその人を際立たせることになったと考えている者もいた。「私たちは、服装が重要ではない文化を作り上げた」とポール・ロスチャイルドは回想する。「ジーンズが2本、シャツが3枚、ブーツが1足、下着が4枚あって、それで終わりだった。文字通りにね。ベルトはあってもなくてもよかった」。スーズ・ロトロが、ボブが「鏡の前でしわだらけの服を次から次へと試着していくと、最後には、たった今寝床から起き上がって、適当に何かを羽織ったかのようなファッションができあがる」と回想するときのように、ファッションが鋭敏な意識を示唆することもある。彼女が書いているのは、ボブと付き合い始めたばかりの頃のことだが、そのとき新聞は彼を「ダストボウルで道に迷ったホールデン・コールフィールド」のようだと記している。しかし、彼女は「イメージがすべて」だと言いながらも、それがでっち上げたものだと言っていたわけではない。「フォーク・ミュージックは世代の本質をしっかりつかんで、それを正しく表現することが重要だった。見た目を含めてね。本物であること、クールであること、そして言うべきことがあること……私たちは、知覚や政治、社会秩序を変えることができると信じていた」

無頓着な服装を効果的に見せることに心を配るボヘミアンや、仲間たちの間では似たような服装をする自称非協調主義者たちをあざ笑うのは簡単だ。しかし、その心配りも無頓着さも誠実さの表れだったのかもしれない。ディランはパフォーマーであり、彼の無造作に見える服装は、無造作に見える歌い方や演奏に合っていた。ディランは新しい基準を作り上げたのだ——彼の姿を見て多くの人々が、限られた技術しかなくそれを磨き上げることにほとんど興味がなくとも、ギターを手に取って歌おうとした。ジーンズをはき、その朝たまたま部屋にあったあまり汚れていないシャツを着て出かけたり、頭を駆けめぐるクレイジーなアイデアをすべて書き留めたりするようになった。シーガーやバエズのように、彼は非凡な技術を使って、より親しみやすくともに分かち合える空間を創り上げていた。ポール・ストゥーキー（PPMのポール）は、タウンホールのステージに登場したディランを見て衝撃を受けたことを思い出している。彼は、普段着で、ギターは弦を張り替えたばかりで、切り揃えていない弦の先端は激しく揺れていた。ストゥーキーは、このときのディランを「本物だった」と言い切っている。彼はディランがステージ上で見せるペルソナが、作られたものであることは理解していたが、本気でそう評価していた。それは、PPMがスーツやドレスを着て完璧なハーモニーで歌うのとはまったく違っていた。ディランもシーガーもバエズも、通りを歩いたり友人と気楽に過ごしたりしているときのような格好でステージに登場したが、それは、PPM、キングストン・トリオ、エルヴィス、デューク・エリントン、ハンク・ウィリアムズ、レオポルド・ストコフスキーなどではありえないことだった。ディランたちのファッションは、それまで常識だったステージ衣装は言うまでもなく、スーツ、メイク、きれいにセットされた頭髪という当時の観客にとってごく当たり前の身なりからも、意図的に著しく逸脱したものだった。

64年のニューポート・フォーク・フェスティヴァルでは、ディランはあいかわらずボヘミアン風の服装をしていたが、髪は長くなり、ジャケットとブーツの質は上がり、だらしないというよりはクールに見えた。黒のタートルネックは労働者階級の服ではなく、『ミート・ザ・ビートルズ』のカヴァーから拝借したもので、詩人、画家、クールなイギリスのロッカーたちが好んでいたヨーロッパ風のスタイルだった。アルバム『アナザー・サイド・オブ・ボブ・ディラン』のジャケットには、独特のクールなタッチが加えられている。上げられた左足には、ジーンズの足首にロトロが縫い付けたデニムのガセット（当て切れ）が見えているが、これは、ディランが履くカウボーイブーツにフィットするようにとのアイデアだ。

このアルバムは8月初旬に発売されたが、それは、アニマルズのシングル〈朝日のあたる家〉が全米チャートにランクインし、ビートルズの『ハード・デイズ・ナイト』がニューヨークの映画館で封切られたのと同じ週だった。その2週間後、ビートルズがニューヨークを訪れ、滞在中のホテルの部屋にディランが立ち寄った。彼が4人に初めてマリファナの味を教えたかどうかについて意見は分かれるが、彼らが一緒にハイになったのは確かなようだ。この世界で最も人気のバンドは、ディランのことを流行の先頭を走る仲間としてだけでなく、歌詞の芸術性やインスピレーションの手本として受け入れた。ジョン・レノンは〈ハード・デイズ・ナイト〉をディランのスタイルで書いたが、「あとでビートルズ風に作り直した」と説明している。彼らはディラン風の〈アイム・ア・ルーザー〉を録音したばかりだったが、この曲では調子っぱずれのハーモニカが苦しそうに鳴っている。ビートルズのファンはディランの影響に気づいていなかったかもしれないが、両者に関する噂は広めていた。イギリスの『ニュー・ミュージカル・エクスプレス』は1月に「ビートルズが語る——ディランが道を示してくれた」という見出しの記事を掲載。その中でジョージ・ハリスンは「彼の立ち居振る舞いのすべてが好きだ……服装、くそくらえという態度。歌と演奏で不協和音を出すところ。すべてを茶化すところ」と説明し、さらに「デンバーでジョーン・バエズにも会った。彼女も良かった。歌詞に関しては女性版ディランみたいな感じだったけど、もっと洗練されていた」とも語っている。

当時、フォークシンガーとロックンローラーは、互いに提供できるものがたくさんあった。ビートルズは当初、快活なポップスターとして売り出されていた。キュートで愛らしく、少女たちは、シナトラやエルヴィスが現れたときと同様に、叫び、恍惚となっていた。記者会見での彼らの答えは、並外れて巧妙で、映画が公開されると、大人たちからの反応を代表するように『ニューヨーク・タイムズ』紙がこう評した。「この映画には驚かされるだろう──椅子から転げ落ちてしまうかもしれない」とボズリー・クロウザーは書き、この映画を「最高のコメディ」と呼んだ。『ヴィレッジ・ヴォイス』誌では、アンドリュー・サリスが同様に驚きをあらわにしたが、より知識をひけらかす調子で、「ポップ映画、ロックンロール、シネマ・ヴェリテ、ヌーヴェルヴァーグなど、多様な文化的要素の見事な結晶」と書き、『トム・ジョーンズの華麗な冒険』や『蠅の王』と比較して好意的に評価した。そして「ビートルズは狡猾な反体制のアナーキスト集団だが、あまりにも巧妙なので、当局に手の内を漏らすことはない」と書いてレヴューを締めくくった。

確かに彼らは多くの真剣な音楽ファンにとって巧妙すぎた。「ディランは好きだけどビートルズは嫌いという、筋金入りのフォーク・ファンはたくさんいるはずだ」とハリスンは認め、「ディランが自分たちを好きだという事実に「俺たちは仰天した」と付け加えている。ディラン、あるいはバエズ、シーガー、あるいは他の真剣な大人のミュージシャンと比べて、ビートルズは商業的で子供っぽいと軽視する人は多かった。彼らが知識人たちから好意的な評価を受け始めたとき、それはバンドだけでなくロックとポップの将来にとって大きな変化であり、フォーク・ファンにとっては危機を予兆する変化だった。ロバート・シェルトンは『フーテナニー』

〈テレビ番組とは無関係で大衆市場向けの定期刊行物〉の11月号で警鐘を鳴らした。彼は「ビートルズの音楽には、ファンキーでブルージーな要素など、何か重要な価値がある」と認めたが、読者に近年の歴史を思い出させることも忘れなかった。「キングストン・トリオは、ビートルズが今復活させたような音楽が市場にあふれていた時代に登場した。最初のロックンロールの熱狂がもたらした動揺は、エルヴィス・プレスリーがメンフィスからもたらした本物のカントリー・ブルースの感覚を奪い、見る影もないほど歪めてしまった」。そう、ビートルズは優秀なミュージシャンだし、キングストン・トリオは洗練されたポップフォークを演奏したが、「〈トム・ドゥーリー〉と〈抱きしめたい〉に代表される二つの世界を比較してみれば、実際のエピソードを題材にした時代に寄り添ったバラッドと、過剰に加工されたラブソングの違い」がわかるだろう。欠点が何であれ、トリオにはフーテナニー・ボイコットに参加する勇気があったし、最新アルバム『タイム・トゥ・シンク』は、彼らの高まる社会意識を示していた。そして、彼らのファンは、泣き叫ぶビートルマニアのようにジェリービーンズを投げることで熱狂を表すこともなかった。もちろんキングストン・トリオはディラン、バエズ、シーガーと同じ格とは言えないだろうが、彼らが始めたフォーク・ブームは音楽的にも文化的にも重要な発展であり、「もしビートルズがそれを終わらせたら、我々は全員敗者《ルーザー》になる」とシェルトンは言い切った。

シェルトンは時代遅れの考え方にとらわれているし、64年11月の時点で、成熟して知的で社会意識の高いフォークと、デートやダンスのためのくだらない思春期向け音楽であるロックを対比するのは愚かだったと主張する人もいるだろう。だが、ビートルズとその信奉者たちがポップフォークの流行にとって脅威であるという彼の意見は正しかった——レコード・チャートを見ればリスナーが一方を見捨てて他方に群がっていることは明らかだった。しかし、キングストン・トリオがどれだけ多くのアパラチア地方のバラッドを歌ったからといって、ビートルズより知的であると考えるのは無理な話だった。また、アニマルズの〈朝日のあたる家〉がナンバーワンになったとき、トリオのレパートリーのほうが時代を深く反映し本物であると主張することすらできなかっただろう。ストーンズやアニマルズのように、ブルースなどのルーツ音楽を志向するグループに対して脅威を感じるフォークシンガーもいたが、インスピレーションの源であると考える者も多かった。ディランは65年にインタビューでこう語っている。「聴きたいなら、フォーク・ミュージックはまだまだあるよ。流行《はや》り廃りがあるわけじゃない。ソフトでメロウなやつばかりで、今やみんなが知っている新しい音楽に取って代わられているだけさ」

ポップフォークの流行によって、リスナーがより深く真剣なスタイルへと導かれ、何百万人もの若者が、ヒットパレードの商業的な作品を超えて独自の音楽を作るよう促されたというシェルトンの意見は正しかった。ディラン自身もその例に違《たが》わず、ハリー・ベラフォンテやオデッタを経てピート・シーガー、ランブリン・ジャック・エリオット、ウディ・ガスリー、ロバート・ジョンソンへと至り、その過程で自分の新しい声を見つけた人間だった。「フーテナニー」でさえ、ジョニー・キャッシュ、メイベル・カーター、ニュー・ロスト・シティ・ランブラーズといったアーティストや人種混交グループ、そして公民権、社会正義、戦争の悪について歌った曲を紹介した。ビートルズはエルヴィス以来最もエキサイティングな白人ロッカーかもしれないが、ポピュラー音楽産業はエルヴィスをハリウッドのキューピー人形に変えてしまい、彼の最新のトップ10ヒットは〈ボサ・ノヴァ・ベイビー〉というありさまだった。ビートルズの曲で最も社会的意識があったのは〈キャント・バイ・ミー・ラヴ〉だったが、彼らのアルバムを何枚か買ったファンなら、それと反対の歌詞をもつ〈マネー・（ザッツ・ホワット・アイ・ウォント）〉を彼らがカヴァーしていることに気づいただろう。

イギリスからの「侵略者」たちは、若いリスナーをチャック・ベリー、リトル・リチャード、場合によってはマディ・ウォーターズやハウリン・ウルフへと導いていた。65年5月、ローリング・ストーンズは、ウルフも出演するなら、人気のティーン向け音楽番組「シンディグ」に出演すると述べ、シカゴの伝説的ブルースマンは、これまでで最大の観客の前で演奏することになった。ストーンズと比べるとビートルズを軽薄だと考えていたとしても、それは正しい方向を指し示していたと言えよう。しかし、『シング・アウト！』のトム・ハーツというライターは、同誌が商業フォーク・グループをロックンローラーにたとえて酷評したことに「何年も不快感を覚えていた」と説明している。ポップフォークのような「味気ない商品」を「非常に感情的でリズミカルな音楽」と比較するのはバカげているからだ。今、彼は、イジー・ヤング（フォーク・ミュージックの振興に生涯を捧げた伝説的な人物。グリニッチ・ヴィレッジにフォークロア・センターを設立した）がビートルズについて好意的なことを書いているのを見て面白がりながら、「しかし、若いフォーク・ファンがキングストン・トリオで改心できるなら、ロックンロールでも改心できると思う」と書いている。

イギリスのロッカーたちがアメリカの白人を本物のアフリカ系アメリカ人の伝統へと導いていたという話は、ロックの歴史において常識になっていったが、64年や65年に、そんな主張をする人はまだほとんどいなかった。特に、マディ・ウォーターズやジョン・リー・フッカーが人気だったニューポートではそれは事実とは程遠かった。フォーク・ミュージックは成熟していて手作りであり、ロックは未熟で人工的であるというのが、依然として一般的な見方だった。コーヒーハウスのバラッド・シンガーとしてキャリアをスタートさせたマリアンヌ・フェイスフルは、イギリスのボヘミアンの間でもアメリカと同様、ロックは面白みがない迎合者のための音楽だったと回想している。「ジャズはヒップでブルースもヒップだったけど、ロックンロールは中身のない商業的なものと考えられていた。当時のロックンロールといえば、ビリー・フューリーや金髪にブリーチした男たちのことだったから」。レコーディングを始めたとき、フェイスフルは処女のイメージを備えたイギリス版ジョーン・バエズとして売り出されていた。彼女の最初のシングル〈アズ・ティアーズ・ゴー・バイ〉

の狙いは、悲しげにフォークを歌う少女というものだった――「私の富ですべては買えない／子供たちが歌うのが見たい」――彼女の宣伝プロフィールには、「はにかんだ笑顔が魅力の、〝長髪で社会的意識の高い〟人を好む」17歳の修道院の少女と記されている。2枚目のシングルは〈風に吹かれて〉で、B面は〈朝日のあたる家〉だ。

イギリスのシーンで複雑なのは、フェイスフルの曲がコーヒーハウスのフォークシンガーによって書かれたものではないということだ。それはミック・ジャガーとキース・リチャーズによって書かれ、二人はロッカーでありボヘミアンでもあった。ミック・ジャガーと深い関係になったフェイスフルは、彼の部屋でロマン・ポランスキーや「精神錯乱状態」やディランについて話し合い、それから公園を散歩して、アーサー王と聖杯について彼に質問をしたという。「かなり滑稽なことだった」と彼女は回想する。「でも、当時の私たちはそういう感じだったの。デートの相手に、ジャン・ジュネって知ってる？『さかしま』（ジョリス＝カルル・ユイスマンス作のデカダン小説）を読んだことある？って訊いて、イエスと答えたら、その男と寝たのよ」

その夜のコンサートのバックステージでは、ミック・ジャガーがティナ・ターナーから横向きのポニーステップ（チャビー・チェッカーの61年のシングル〈ポニータイム〉によって流行したダンススタイル）の踊り方を教わっていたが、ストーンズは、エルヴィスからもキングストン・トリオからもずっと距離があった。ジョーン・バエズはダンスが好きで、ポニーステップのレッスンも楽しんだかもしれないが、本国アメリカではティナ・ターナーと交わる機会はなかっただろうし、アメリカのロックスターがポランスキーやジュネについて語ることもなかった。ディランの歌を面白いと思う人はいたかもしれないが、畏敬の念を持って見る人はアメリカにはいなかった。

一方イギリスでは、「ディランは、その当時、地球上で最もヒップな人物に他ならなかった」。フェイスフルの記憶では、「時代精神が電気のように彼に流れ込んでいた。ディランは私の実存主義的ヒーローであり、ロック界の痩せたアルチュール・ランボーだった……フィル・スペクターのサングラスをかけ、髪には後光がさし、皮肉がわき出るようだった」

65年5月、ディランはエレクトリック・ロックのシングル〈サブタレニアン・ホームシック・ブルース〉を携えて英国を再訪していた。前回の訪問から1年の間、彼は二つの道を同時に追い求めていた。まず彼は、より長く複雑な曲を書いていた。64年の10月、彼はニューヨークのフィルハーモニック・ホールでコンサートを開き、〈トーキン・ジョン・バーチ・パラノイド・ブルース〉〈フー・キルド・デイヴィー・ムーア?〉、そしてバエズとのデュエット4曲を演奏した。新作の〈エデンの門〉と〈イッツ・オールライト・マ〉も演奏したが、それぞれ7分以上と9分近くもある曲だった。憤る象徴主義者の詩を聴きたがっている聴衆にとっても、少し長すぎたことに気づいた彼は、この傑作の間に、新曲〈イフ・ユー・ガッタ・ゴー、ゴー・ナウ〉を挟んだ。ニューポートのときと同じように、彼は情熱的で詩的だったが、同時に目がくらむほど陽気で、観客は最後まで彼と一体だった。ステージ後半で、古い曲のリクエストが何回かあった後、誰かが「メリーさんの羊を演って」と叫んだ。彼は「おや、あれは俺が録音したのか?」と応じ、それから「あれはプロテスト・ソングだったのかい?」とつぶやいた。ファンは笑い、歓声を上げ、拍手喝采した。

一方、ディランのプロデューサーのトム・ウィルソンは、ビートルズ、ストーンズ、アニマルズのことを念頭に置いていた。黒人のウィルソンは、ハーバード大学卒のジャズファンで、コロムビアに移籍する前には自身のレーベルでサン・ラやセシル・テイラーを録音していた。『フリーホイーリン』のセッションの終盤にジョン・ハモンドから引き継いだ彼は、フォークシンガーをあまり評価していなかったが、すぐにディランの歌詞のメッセージ性、そして特に「生々しく、他の白人とは違っていて、独創的」なブルースに感銘を受けた。彼はアルバート・グロスマンに「これにバックバンドを加えれば、メッセージを持った白人のレイ・チャールズが生まれるかもしれない」と言ったことを覚えている。そこまで至るにはしばらく時間がかかったが、64年12月にウィルソンは、ディランの〈朝日のあたる家〉など昔の何曲かにエレクトリック楽器のオーバーダビングを施した。どれもリリースできるほどよくはならなかったが、ウィルソンの方向性に皆納得し、翌年の1月にスタジオに戻ったときには、ディランはエレクトリック・バンドをバックに録音をしていた。

このバンドはある意味、有機的な進化を遂げたといえる。ベース奏者はベテランのサイドマンであるビル・リー、リードギタリストはブルース・ラングホーンで、彼は4年前のキャロリン・ヘスターのアルバムでディランのハーモニカに合わせてギターとフィドルを演奏し、62年のディランのシングル〈ゴチャマゼの混乱〉のロカビリーセッションでは、エレクトリックのリードギターを務めていた。ラングホーンはワシントン・スクエアの常連だったサンディ・ブルの影響でエレクトリックギターにも手を広げた。バンジョーなど様々な弦楽器を操るサンディ・ブルは、63年にオーネット・コールマン・カルテットのドラマー、ビリー・ヒギンズとアルバム『ファンタジアズ・フォー・ギター・アンド・バンジョー』を録音して皆を驚かせた。そのアルバムはバンジョーによる幻想曲から、ポップ・ステープルズ風の10分間に及ぶエレキギターの即興まで多岐にわたるものだった。ラングホーンは、ディランとの新しいセッションにはサンディ・ブルのツインリバーブ・アンプを借りて臨んだという。基本的に「オデッタのようなミュージシャンと演るときと同じようなギターを弾いたんだ。彼女は、ディランと同じものを提供してくれる……つまり、本当に必然的なリズムの枠組みだけをね」と彼は回想する。ラングホーンのリードギターは、彼の発言が示唆するよりもロック志向だったが、前述のディランとの古いシングルや、64年9月に録音されたリチャードとミミ・ファリーニャ夫妻の最初のアルバム『セレブレーションズ・フォー・ア・グレイ・デイ』の何曲かで演奏したものに似ていた。ミミはジョーン・バエズの妹で、みんなでよく会っていたので、このアルバムは、おそらくディランには馴染みがあったのだろう。

フォークとロックは、様々な方法と状況で、ますます頻繁に融合していった。7月には、フェアリーズというイギリスのバンドが〈くよくよするなよ〉のシングルをリリースした。この曲には、喘《あえ》ぐようなハーモニカの音に加え、ジミー・ペイジによる激しいエレキギターソロも入っていた。また、ローリング・ストーンズは〈イッツ・オール・オーヴァー・ナウ〉のヒットを飛ばしていた。この曲でミック・ジャガーは「浮気をして、贅沢をしながら遊び回っていた」恋人について、「今や立場がひっくり返って、今度はあいつが泣く番だ」とあざ笑っている。これは、ディランがまもなく〈ライク・ア・ローリング・ストーン〉で展開するストーリーとスタイルとほぼ同じものである。65年までに、ストーンズは〈プレイ・ウィズ・ファイア〉をレコーディングしていた。これも、自分と同じレベルにまで落ちぶれた上流の女性を揶揄する曲だが、この曲ではフォーク調のメロディとフィンガースタイルのアコースティックギターが使われている。そしてその夏、彼らは〈サティスファクション〉で英米両国で1位を獲得した。これは、極めてディラン風の歌詞で疎外感を歌った曲だ――「テレビを見ていると／男がやってきて／俺のシャツがどれだけ白くなるかって言ってくる／あいつは男とは言えない／俺と同じタバコを吸わないからな」。『ローリング・ストーン』誌のインタビューでミック・ジャガーは、ディランがキース・リチャーズに「俺には〈サティスファクション〉は書けたかもしれないが、お前は〈ミスター・タンブリン・マン〉は書けないだろう」と言ったと語っている。ジャガーは「あれはただただ可笑しかった。最高だった……本当の話だよ」と付け加えている。

一方、ロサンゼルスではまた別のフォークとロックの融合が起こりつつあった。リッチー・ヴァレンスは58年に〈ラ・バンバ〉でこのトレンドを先取りし、メキシコのフォークソングをロック・ダンスのヒット曲に仕立て上げ、ビーチ・ボーイズはギター・バンドのサウンドを生かし、チャック・ベリーのスタイルをカリフォルニアのビーチカルチャー・サウンドとして作り変えた。そして、フォーク・ブームが到来したとき、多くがこの流行に飛びつくことになった。最も勢いに乗ったのはトリニ・ロペスで、63年の夏にはラ・バンバ風の〈天使のハンマー〉をトップ10に送り込み、ロックンロール、カントリー、ラテンのカヴァーを詰め込んだ一連のアルバムをレコーディングした（取り上げたのは、レッドベリー、ウディ・ガスリー、そしてディランの曲だった）。サンセットストリップのナイトクラブ「ウィスキー・ア・ゴーゴー」で、ジョニー・リヴァーズはよりブルース寄りのアプローチをとり、小編成のライヴバンドと自身のエレキギターでレコーディングし、チャック・ベリーの〈メンフィス〉とレッドベリーの〈ミッドナイト・スペシャル〉をチャートに上げた。64年の夏までに『ビルボード』は「フォークロック」が流行する兆しを捉えていた。同誌はヴィー・ジェイ・レコードがホイト・アクストンの新しいアルバムのプロモーションにその用語を使用しており、LAの主要なポップフォークのライヴ会場であるトルバドールが、バンジョー、ギター、マンドリン、そしてロックンロール・ドラムという布陣のザ・メンという新しいグループを支援していることを報じた。これは東部でも即座に模倣され、ニューヨークのカフェ・オー・ゴーゴーは、同様の楽器を用いたオー・ゴーゴー・シンガーズという混合バンドを結成したが、スティーヴン・スティルスという若いメンバーが数曲でエレキギターの味付けをした。ニュー・クリスティ・ミンストレルズやモダン・フォーク・カルテットを経たベテランで、その後数多くのフォークロック・バンドで演奏したジェリー・イェスターは、ロックの影響は文字通り決定的なものだったと回想している。「ビートルズはエド・サリヴァン・ショーでフォーク・ミュージックを殺した。それが起こったとき、大きな矢が彼らの方向から飛んできたような気がした」

ロックンロールとともに育ったスティルスやイェスターのような人々にとって、その矢印に従うことはまったく自然なことだった。ウィーヴァーズはタイトなヴォーカル・ハーモニーとビッグバンド時代のキャッチーなリズムを組み合わせてポップフォークのスタイルを創造し、ロニー・ドネガン、ジミー・ロジャーズ、ハイウェイメンは皆、フォークの素材をロック寄りの楽器で料理していた。イギリスでは、スプリングフィールズ、シーカーズ、サーチャーズがポップフォークの曲をドラムスや時にはエレキギターを使って演奏し、そのサウンドはブリティッシュ・インヴェイジョンの不可欠な要素となっていた。振り返ってみると、ポップフォークのグループが最終的にトルバドールに集まり、ビートルズ風のバンドを結成したのは必然だったようだ。

ジーン・クラークはニュー・クリスティ・ミンストレルズ、デヴィッド・クロスビーはレス・バクスターズ・バラディアーズに所属していた（バクスターは『フーテナニー』の流行で儲けていたムード音楽の興行主だった）。そして、ロジャー・マッギンはライムライターズやチャド・ミッチェル・トリオでギターとバンジョーを演奏し、多くのフォーク・アルバムで編曲を担当していたが、その中には、ピート・シーガーの〈リムニーのベル〉と〈ターン・ターン・ターン〉を収録したジュディ・コリンズのサードアルバムも含まれている。彼らが結成した新しいグループは、ビーフィーターズ（beefeater には、英国王の護衛、口語でイギリス人という意味がある）というあからさまなイギリス風のパロディをバンド名にして始まったが、プロデューサーのジム・ディクソンはもっとクールなアイデアを用意していた。「ジムは、まったく思いがけず、ボブ・ディランの曲をやろうと提案してきたんだ」とジーン・クラークは回想する。「もう少し知的で、もう少し詩的なものをってね」。彼らは、遠慮がちにディラン風の綴りでバーズ（Byrds）と改名し、フォーク風のヴォーカル・ハーモニー、マッギンの12弦エレキギター、そしてLAの一流セッション・プレイヤーたちのバックを得て、ビートルズ風に作り変えられた〈ミスター・タンブリン・マン〉をレコーディングし、65年6月に全米ナンバーワンを獲得。その後、さらにディランの3曲とシーガーの1曲を収録したアルバムをリリースした。

バーズのサウンドは、ビートルズとPPMを巧みに融合させたものだったが、メインストリームのポップス評論家の見解では、チャビー・チェッカーがカリプソ風の〈ツイスト〉を録音するようなものだった。熱心なフォーク・ファンも同じようにすぐにこの曲の本質を見切ったが、その意味合いは違っていた——彼らの意見は、バーズは革新者などではなく、日和見主義者だったのだ。63年、彼らはボタンダウンのシャツを着てバンジョーを持っていたが、今では襟まで届く髪をしてエレキギターを持っている。キングズメンというグリニッチ・ヴィレッジのフォーク・グループが65年初頭にエレクトリックに転向したとき、彼らは自分たちの日和見的な姿勢を認めて、バンド名をセルアウッ（裏切者）と改名した。それは少しは笑えたが、もし彼らが成功していたら冗談にもならなかっただろう。フォーク・ミュージックとそれが象徴するものすべてが、美しいヴォーカル・ハーモニーと「シー・ラヴズ・ユー、イェー、イェー、イェー」よりもいくぶん知的な歌詞を操るダンスバンドの波に飲み込まれる危険にさらされていた。問題は単に音楽に電気を使うかということだけではなかった。それは、「ポップ・ミュージック」対「ルーツ・ミュージック」、「商業的な合成物」対「共同体の創造物」、「現実逃避」対「社会参加」といった、より広範な対立のぶつかり合いだった。

ロックの歴史を振り返ったときよく言われることは、ビートルズは、ケネディ暗殺後、絶望しているアメリカ人にとっての一種の解毒剤として歓迎されたというもので、この表現はフォーク・シーンの多くの人々が悩まされていた状況を正確に捉えている。ピート・シーガーはまったく異なる薬を提案していた。「もし悲観的な気分から抜け出したいのなら、確実な治療法が一つある。バーミンガム、ミシシッピ、アラバマにいる人たちを手伝うことだ」。それは63年のことで、翌年、何百人もの北部の若者が彼のアドバイスに従い、「フリーダム・サマー」のために南に向かったが、ミシシッピ州でグッドマン、シュワーナー、チェイニーの3人が殺害されたことにより、その旅は楽観的なものではなくなった。65年2月には、マルコムXが殺害された。3月、キング牧師の行進を支援していた北部の白人女性ヴィオラ・リウッツォがアラバマ州で射殺された。普遍的な兄弟愛は依然としてすばらしい理想であり、闘う価値があるものだと考えられていたが、それを達成するには、ただ手をつないで〈勝利を我等に〉を歌うだけではなく、長く苦しい闘いが必要だった。

その闘争に身を投じた人々、特に40年代から活動を行い、それがいかに厳しいものかをよく知っている者であれば、多くの白人の若者が、殺人が横行するミシシッピよりも活気あるロンドンに身を置きたいと考えるのはよく理解できることだった。逃避のための音楽に対抗する、参加のための音楽がこれまで以上に重要だった。ビートルズが「反体制のアナーキスト」であるという考えは知的で魅力的な過大評価だったが、政治的観点から言えば、『ハード・デイズ・ナイト』は『理由なき反抗』の陽気なヴァージョンに過ぎなかった。髪を伸ばし、ロックンロールに合わせて踊り、年長者をからかうことは、不機嫌になって不平を言い、崖から車を落としたりするよりも明らかに楽しいが、60年代初頭には、大義と目標を伴う反抗は、理由もなく反抗するよりもやりがいがあると考えた世代がいたようだ。フォーク・ミュージックは、そういった変化の一端を担い、人々を団結させ、共通のメッセージを伝え、大義のために闘うことは満足感や楽しみの源にもなり得ることを思い起こさせた。状況が厳しくなったとき、歌は若い反逆者たちを団結に導くもので、ジングル・ジャングルの朝にさまよい出て、心の煙の輪の中に消え去るように促すものではなかった（〈ミスター・タンブリン・マン〉の歌詞より）。

もちろん、ドラッグもその一部だった。ジーン・クラークがディランの〈ミスター・タンブリン・マン〉のデモを聞いたときの反応は「なんてトリッピーな曲なんだ！」だった。バーズによる曲のアレンジはそのトリッピーさを強調していた。彼らの初期のリスナーの大部分は流行に敏感ではなかったが、バーズたちの音楽は、マリファナを吸い、LSDを服用し、精神を解放し、意識を広げるためのものだった。ポール・ロスチャイルドの言葉を借りれば、新しいドラッグは「私たちと彼らを分ける大きな要素の一つだった。そして〝彼ら〟とは、もはや私たちの両親だけではなく、両親と同じような考えをする我々の世代の人間も指していた。この部分で世界は分裂した」。薬物のほとんどは以前から存在していた。私の父は33年に医学生のグループと一緒にマリファナを吸い、その体験を注意深くメモしていた。しかし、薬物の使用がドラッグ・カルチャーにまで高められ、そのカルチャーが若者、音楽、そして社会の変化と同一視されたことは新しいことだった。

60年代半ばの分断は多種多様で、世代、ドラッグ、政治、音楽、そしてもちろん人種の面での分断であり、明確で一貫した線に沿って始まったわけではない。64年の終わりごろ、アーウィン・シルバーは『シング・アウト！』で、そしてポール・ウルフは『ブロードサイド』誌において、ディランの最近の歌詞、音楽、社会的な選択について非難した。シルバーは、ディランが「道具として名声」を利用する流れに取り込まれつつあり、彼の新作は「内面を探るようで、自意識過剰で、やや感傷的で、また少し残酷なところがある」と記した。ウルフは、ディランがまもなく小説や映画に力を注ぐようになるだろうと示唆し、フィル・オクスをより積極的で献身的なソングライターとして称賛する一方で、オクスも「有名人であることに伴うプレッシャー、誘惑、報酬、そしてエゴイズム」に屈してしまうのではないかと懸念を表した。二人の記事のすぐ後に、他のフォーク歌手たちの意見は、異論と賛同で交錯した。『シング・アウト！』のライターの一人は次のように述べている。

何年もの間、トピカル・ソングを書いて歌って演奏してくれる人を探し回った末、ついに自分の好みの人物、ディランを見つけた。そして何が起きたか？　彼がその路線から外れ、個人的なことを言い始めると、突然、みんな彼を攻撃するようになる。みんなについて書くのはいいけれど、個人についてはダメなのか。彼はいつも激しい雨について書いているわけではない。でもそれがどうしたっていうんだ？　同じことばかりしている奴なんているのか？

ビートルズを愛し、ディランのような成功を夢見ていたオクスは、アンチ・ディランの旗手に指名されたことについて特に気分を害し、『ヴィレッジ・ヴォイス』に次のように語っている。「私がやっていることに高潔なところなど何一つない。私は金を稼ぐために曲を書いている。キューバやミシシッピについて書いているのは、内なる表現欲求からなんだ。世界を変えるためではない」。『ブロードサイド』への手紙で彼は、政治的音楽の重要性について主張したい人は、ガイ・キャラワンに注目すべきだと付け加えた。「彼は、南部の公民権運動に全時間を捧げ、実際の闘争に積極的に取り組み、運動で音楽を使用する方法についてのワークショップを展開している。彼はピケを張っている最中に、バンジョーで頭を打たれて壊されたことだってあるんだ」

その春に受けたインタビューでディランは、質問内容が本当にトピカル・ソングに関する場合は適切な回答を返し、これは政治活動と同じように流行りの問題であると語っている。

俺は、プロテスト・ソングを歌うシンガーよりも、ジミー・リードやハウリン・ウルフ、ビートルズ、フランソワーズ・アルディを聴きたい。誰かが「爆弾」という言葉を口にしたからといって、「ワー!」と騒いで拍手したりはしない。爆弾を恐れる人はたくさんいるだろう。でも、『モダン・スクリーン』誌を手に持って街中を歩いているのを見られるのを恐れている人だってたくさんいるだろう。マーロン・ブランドの映画が好きだって恥ずかしくて言えない奴もたくさんいるだろう。

しかし、フォーク界を揺るがしていたのは、実は歌詞をめぐる論争ではなかった。シーガーは、時事的な題材を書く若い作曲家だけでなく、ラブソングや子供向けの作曲家、伝統的なスタイルを演奏する人たち、友人と集まって好きな歌を歌いたいだけの人々も応援していた。シーガーはプロテスト・ソングをたくさん録音していたが、それは彼のレパートリーのほんの一部にすぎなかった。ジョーン・バエズが録音したトピカル・ソングは、それまで出していたアルバムの数と同じわずか5曲だった。ニューポート・フォーク・フェスティヴァルに出演した年配のパフォーマーの多くは、プロテスト・ソング運動についてさえ知らなかった。また、アンプを使う使わないという問題でもなかった。ニューポートのパフォーマーのほとんどは、まだアコースティック楽器を演奏していたが、それは一つには設備の問題であり、また一つには田舎の伝統を紹介するためでもあった。バエズが、アンプやエレキギターなどの電気機材を使うジョン・リー・フッカーやステイプル・シンガーズよりも正統なフォーク・アーティストであると主張する者はいなかった。

問題の核心は、どのように定義するかにかかわらず、当時数年にわたって、活気に満ちた意義深いフォーク・ミュージック運動が成長してきていたということである。新しいブルース・シンガー、バラッド・シンガー、ブルーグラスやオールドタイム・カントリーバンド、トピカル・ソングライター、大学のフォーク・グループなどが増え、より多くの正統な伝統の担い手が田舎の奥地で発見され、こうしたアーティストのライヴやレコードの数も増えていった。拡大を続ける聴衆のために、コーヒーハウス、クラブ、コンサート、フェスティヴァルの数も増加を続け、自分や仲間のために音楽活動をするアマチュア・ミュージシャンの数も増えていった。興味を示す大手レコード会社もあり、スターになったシンガーも出てきた。クラブオーナー、出版社、エージェント、マネージャーが大金を稼ぐこともあった。しかし、フォーク・ミュージックは全体として草の根運動のままであり、体制に取り込まれて大量消費されたときでさえ、ほとんどすべての人にとってフォークとは、社会的意識のことであり、抑圧された人々や労働者階級との連帯であり、そして少なくとも大量消費商業主義からの脱却の試みだった。それは、心ある人々のための音楽であり、彼らが大切に考える音楽だった。

こんなとき、儲けることに熱心で、政治に関心のない若いイギリス人の群れが揃いのスーツを着てロックンロールを演奏しながらやってきて、すべてが崩壊の危機に瀕していた。成功を追い求めるフォーク・ミュージシャンたちはエレキギターを手に取り、ビートルズのような音楽を演ろうとしていた。何百万ものファンが、ビートルズを追って奈落に落ちていく準備ができているかのようだった。一方、フォーク詩人で、社会的意義のある音楽の旗手であるはずのディランは、目を背け、ただ見て見ぬふりをしていた——もっとひどいことには、彼はこれみよがしに、その流行に飛びついているように見えた。3月に、ディランとバエズはアメリカ北東部で合同ツアーを行ったが、彼女は彼の態度の変化に困惑した。「若者たちは、自分たちにとって意味のある曲、たとえば〈戦争の親玉〉や〈神が味方〉をやってくれとディランに頼んでいた」と彼女は回想している。「しかし彼は意に介さなかった。若者たちが心を開いて寄り添ってきているのに、彼はどうでもいいと思っていた。彼はただロックンロールがしたかっただけだった」。ディランはツアーが楽しかったと述べ、バエズのことも褒め讃えたが、自分についての彼女の見方にもおおむね同意していて、「彼女と演奏していたときに唯一嫌だったのは、観客がまるで遺体安置所のようだったことだ。まるで葬儀場で演奏しているようだった」と語っている。

ディランはシリアスな音楽を捨てて軽薄なポップスに手を出したわけではなかった。彼の新しいアルバム『ブリンギング・イット・オール・バック・ホーム』は3月末に発売され、激しいエレクトリック・ロック調のトラックが何曲か収録されていたが、〈イッツ・オールライト・マ〉という7分半に及ぶアコースティック曲もあり、これは、「金はものを言わない、悪態をつく」などの警句や、「合衆国大統領でさえ、時には裸で立たなければならない」という警告が込められた痛烈な歌である。ジャケット写真で、ディランは、オーダーメイドのスーツジャケットを着て、ギリシャ風のマントルピースをバックに、ペルシャ猫を撫でる冷淡な淑女と一緒に写っている。部屋中に散らばっているLPレコードは、エリック・フォン・シュミット、ロバート・ジョンソン、ベルトルト・ブレヒトを歌うロッテ・レーニャなどの作品で、彼の音楽の趣味は依然として確かであることがうかがえる。マントルピースの上にはコメディアンのロード・バックリーのアルバムがあるが、ディランは彼の演目を暗記してギャスライトで披露したことがある。唯一の最新盤はインプレッションズの『キープ・オン・プッシング』で、これはフォーク・シーンだけが意義のある運動を行っているわけではないと示している。カーティス・メイフィールドとインプレッションズは、黒人解放運動を支持するだけでなく、その運動から生まれ出て、その言葉で音楽を作っていた。「前進し続けなければならない、今立ち止まることはできない／もう少し高い所に行こう、何らかの方法で、どうにかして」。この歌詞は、ディランを批評する者たちへの叱責としても聞こえる――「私には強さがあり／前進し続けないなんて納得できない」

ディランは過去を捨て去ろうとしていたのではなく、より大きな議論の一部になりつつあった。ゴスペル歌手からR&Bスターに転身していたサム・クックは、〈風に吹かれて〉に感銘を受け、彼自身の社会闘争への賛歌〈ア・チェンジ・イズ・ゴナ・カム〉を書き、それは彼の死後にシングルで発売され、ラジオで流れた。ミシシッピのブルース歌手リトル・ミルトンは3月に社会的意識の高い歌詞をもつ〈ウィア・ゴナ・メイク・イット〉でキャリア最大のヒットを飛ばした。同じ頃、キング・オブ・ロック&ソウル、ソロモン・バークはアトランティック・スタジオに入り〈マギーズ・ファーム〉を録音した。ディランの歌詞がもはや政治的ではないと思った人は、バークの唸り声を聴くべきだった――「保安官と州兵が彼のドアの周りに立っている／俺はもうマギーズ・ファームで働くつもりはない！」

バークのレコードは米国では目立たないB面だったが、英国ではシングルとなり、CBSはそれに対抗すべく、ディランのヴァージョンを急いでシングルとしてリリースした。アメリカ本国では、〈サブタレニアン・ホームシック・ブルース〉が4月にチャートを駆け上がり、ロックするリズムとチャック・ベリー風のヴォーカルにより、ディランのレコードとして、初めてポップラジオ局でオンエアされた。ブリティッシュ・インヴェイジョンによりチャートから消え去ったアメリカ人アーティストもいたが、イギリス人たちが目をつけたのと同じルーツとスタイルに立ち返ったレコードをリリースすることで、この新しい流行を利用している者もいた。ディランのシングルがホット100にランクインした週には、2組のテキサスのロック・バンドがチャートデビューを果たした。サー・ダグラス・クインテットの〈シーズ・アバウト・ア・ムーヴァー〉とサム・ザ・シャム&ザ・ファラオズの〈ウーリー・ブリー〉だ。どちらもスラングを多用した歌詞と生々しいエレクトリック・オルガンのリフが陽気なレコードで、ディランをあっという間に追い抜いてトップ20入りし、後者は2位まで上り詰めた。ディランの〈サブタレニアン〜〉は39位までしか上がらなかったが、イギリスではトップ10入りを果たした。しかし、ここでも話はもう少し複雑になってくる。その年の春、ディランはイギリスをツアーする予定だった。この頃、ドノヴァンがフォーク界の王座を狙うイギリス側の挑戦者として台頭しており、コロムビアが対抗策としてリリースした〈時代は変る〉は9位まで上昇し、11週間チャートに留まった。これは〈サブタレニアン〜〉より2週間長かった。

ディラン自身の定義によれば、古い曲を歌わなくなった時点で、彼はフォークシンガーではなくなった。今や変化しているのは、彼の聴衆と人脈、そして楽器編成であり、彼はそれらの変化を減算ではなく加算とみなしていた。英国ツアーで彼は依然として〈時代は変る〉のソロ演奏で幕を開け、〈ハッティ・キャロルの寂しい死〉を最新の曲と同じくらい情熱的に歌っていた。ロンドンのホテルの部屋では、依然として地元のフォークシンガーと歌を交換し合い、ハンク・ウィリアムズの曲をバエズと一緒に歌っていた。一部の若いファンが、彼の新しいロック・ヒットは彼らしくないと不満を漏らしたとき、彼は寛大に優しく十代の若者の言葉で答えた。「友達が僕と一緒に演奏してくれたんだ。友達に少し仕事を任せないといけないんだ。かまわないよね?」。数カ月後のインタビューでは、自分の選択について少し異なった説明をしている。「俺だけでやってもしっくりこなかったんだ。ピアノやハープシコードを試した。ブルースの曲としていろいろやってみたんだ。パイプオルガン、カズーも試したけれど、バンドでやったらピッタリはまったよ」

彼は実験を試み、様々な選択肢を活用し、より実力がある新しい友人たちと一緒に、高校時代に好きだった音楽に回帰した。ロンドンではある晩、地元のブルース奏者ジョン・メイオール、エリック・クラプトン、ジョン・マクヴィーらとセッションを行い、ロック界の大物たちからの称賛も楽しんだ。マリアンヌ・フェイスフルは、アニマルズとローリング・ストーンズがホテルの部屋に集まった夜を思い出し、「真面目な不良たちが敬意を表しにやってきたんだけれど、頭がおかしい貴族の王子（ディランのこと）が出たり入ったりしてアポカリプス（黙示録）やらペンサコーラ（フロリダ州の都市）やらについて話している間は、ソファに大人しく座っていた」と語っている。ビートルズも現れ、ディランはジョン・レノンと特別な友情を築き、イギリスの音楽界をさらに驚かせた。

その年の1月には、レノンは「ディランに若者たちが熱狂するようになる」とは思えない、若者たちは「彼の曲を好きになるかもしれないが、ディランマニアが現れるはずはない」と語っていた。数カ月後、撮影クルーがロンドンでディランを追いかけた際、ディランは依然としてあまり注目を集めずに通りを歩くことができたが、コンサートが終わるたびに『ハード・デイズ・ナイト』のように、叫び声を上げる十代の若者たちに囲まれた。好むと好まざるとにかかわらず、彼はポップスターになりつつあったが、それがどのようなものなのかは定かではなかった。コロムビア・レコードによる〈サブタレニアン・ホームシック・ブルース〉のプロモーションはその好例である。シングル盤のジャケットには、ディランが「道を示してくれた」とビートルズが称賛している『メロディ・メイカー』誌の記事が再現されていたが、コロムビアが『ビルボード』に全面広告を掲載した際には、バーブラ・ストライサンドとアンディ・ウィリアムズのレコードと抱き合わせだった。確かにディラン以外で、このレーベルから最近チャートインしていたのはこの2曲だけだったが、二人とも、ディランが親しくしているシーガー、ジョニー・キャッシュ、そしてビートルズとはまったく異質の歌手だった。

ストライサンド自身は異端者だったという意見もあるだろう。メインストリームのポップ・シンガーでありながら、ヴィレッジの音楽シーンの出身でもあり、ディランより1歳年下で、彼女のエージェントとクランシー・ブラザーズとのつながりを通じてコロムビアと契約したのだ。60年代初頭、アルバムの売り上げがシングルの売り上げを上回ったため、レコード業界は、通常のマーケティング・カテゴリーに当てはまらないあらゆる種類のパフォーマーに機会を提供し始め、中には意外な形でジャンルを超越するアーティストもいた。それが、キャッシュがコロムビアにたどり着いた経緯であり、レイ・チャールズがカントリーミュージックを歌うスーパースターになった理由だ。ニーナ・シモンがオペラとジャズの懸け橋となり、彼女の〈ミシシッピ・ガッデム〉が『ブロードサイド』に掲載され、アニマルズが〈朝日のあたる家〉に続く曲として彼女の〈悲しき願い〉をカヴァーした時代だった。ディランのビートルズとのつながりとイギリスでの成功は、コロムビアにとってビジネスチャンスと映り、同社は6月に、新作のタイトルを英米両国のファンに訴えるように組み入れた宣伝文句を展開した——ディランは「すべてを故郷に持ち帰る」(Dylan is "Bringing It All Back Home.")。

その時点でアルバムはトップ10入りし、エルヴィスやビーチ・ボーイズには及ばなかったが、PPM、ローリング・ストーンズ、ビートルズの最新リリースを上回っていた。ビートルズとストーンズの最新盤はすでにディランのアルバムより上位にランクしたあと下降していたのだが、その後PPMが再びディランの売り上げに並ぶことは一度もなかった。ストーンズの〈サティスファクション〉は6月12日にシングルチャートに登場し、歌詞は明らかにディランの影響力を物語っていた。『ビルボード』は彼の写真を一面に掲載し、フォークロックがホットで新しいサウンドであると宣言する記事と、彼を「流れを変え、イギリスからの波を押し返した」アーティストであると称賛する広告を掲載した。3日後、彼はコロムビアのスタジオAに戻り、次のシングルの制作に取り組んでいたが、それは彼をロックンロールスターへと変貌させることになる。

前回同様、トム・ウィルソンがバンドの大半を集め、スタジオ常連のミュージシャンを招き入れたが、ディランによって重要なメンバーが加えられた。シカゴで育ち、サウスサイドとウエストサイド両方のエレクトリック・ブルース界にどっぷり浸かってきたマイク・ブルームフィールドだ。ディランより2歳年下の彼は、凄腕のギタリストで、63年にディランのファースト・アルバムがブルースのレコードとして宣伝されていたのを聞いて「ひどい」と切り捨てた後、ライヴ中のディランを探し出したという。彼は、「ディランに会って、やっつけてやろうと思ったんだ。ステージから引きずり降ろそうと思った……でも驚いたことに、彼は魅力的だった……ギターを持っているだけで、会った人間がみんな参ってしまうような奴は、ランブリン・ジャック・エリオットだけだと思っていた。でもボブは、今まで会った誰よりも魅力的だったんだ」と回想している。

そのライヴの後、二人はジャムセッションをして意気投合し、本格的なロックンロールのシングルを録音する時期が来たと判断すると、ディランはブルームフィールドをニューヨークに呼び寄せた。最初彼は困惑したという。「ディランはブルースをやりたいんだと思った。ギターをチョーキングさせたサウンドとかね」。しかし「ディランは『B・B・キングみたいなのは要らない』と言ったんだ。ディランはバーズのレコードを聴いてノックアウトされて、俺にロジャー・マッギンのように弾いてほしいと言ってきた」。ブルームフィールドはそのとき流行っていたロックにはあまり注目していなかったし、ディランがスタジオに持ってきた曲は彼が予想していたものとはかけ離れていた。それでも二人は数日間セッションを重ね、最終的に「ディランが気に入るように演奏したら、グルーヴィーだと言ってくれた」とブルームフィールドは回想している。

その曲は〈ライク・ア・ローリング・ストーン〉で、ディランが6月15日にスタジオに持ち込んだヴァージョンは物憂げな7分間のワルツだったが、翌日には4分の4拍子のロックビートに変更され、オルガンのアル・クーパーを加えて最終版が録音された。クーパーの参加はうれしい偶然だった。彼はギターを弾きたかったが、ブルームフィールドのプレイを聴いて楽器を変え、シンプルで癖になるようなオルガンのリフを思いつき、それがすぐにディランの注意を引いた。それは自由でまとまりのないセッションで、偶然と一瞬の思いつきに左右され、結果としてできたレコードはバーズの綿密なアレンジやメロウなハーモニーとは似ても似つかないものだった。ディランの声は荒々しく痛烈で、バンドのサウンドは生々しく、フォークロックと呼ばれていたどんなものよりもローリング・ストーンズに近かった。同時に、この曲は6分を超える複雑でシュールレアリスティックな詩であり、コロムビアのマーケティング担当者はDJが曲を全部かけないだろうと予想し、最初のプロモーション盤では曲を45回転シングルの両面に分割した。マーケティング担当者が驚いたことには、一部のDJが両面をかけ始めたり、つなぎ合わせたりし始めた。レコード会社は間違いに気づき、7月20日に発売された公式リリース盤は45回転シングルとしては史上最長のものとなった。ただし、神経質なラジオ番組編成者を驚かせないように、レーベルには5分59秒という再生時間が記載された。

フォーク・ファンの中には、ディランがポップの流行に魂を売ったと非難する者もいたが、バーズが〈ミスター・タンブリン・マン〉をソフトに短くしていたのに対し、〈ライク・ア・ローリング・ストーン〉は彼の初期のすべての作品と同様に反抗的で妥協のない作品だった。彼はヒットを望んでいたが、自分の考える条件でヒットさせたかったし、ブルームフィールドへの指示にもかかわらず、彼の新しいアプローチは以前のブルース・スタイルに回帰したものだった。リリースされたのは何年も後になってからだが、〈ライク・ア・ローリング・ストーン〉セッションで彼が最初に録音したのは2曲ともブルースだった――〈ファントム・エンジニア〉という16小節の速いブルースは、ブルームフィールドが狂ったように弦をチョーキングし、ディランのハーモニカが泣き叫ぶ。そしてもう1曲〈シッティング・オン・ア・バーブド・ワイヤー・フェンス〉は、サー・ダグラス・クインテットの〈シーズ・アバウト・ア・ムーヴァー〉から拝借したオルガンのリフが入った、12小節のゆったりとしたブルースだった。

それはシーガーの伝統に則ったフォーク音楽ではなかったが、後に「ルーツ・ミュージック」として知られるようになったものであり、その方向に進んでいたのはディランだけではなかった。〈ライク・ア・ローリング・ストーン〉のセッションの翌日、スタジオAから4ブロック北にあるカーネギーホールで、第1回ニューヨーク・フォーク・フェスティヴァルが開幕した。「ファンクの進化」と題されたコンサートは、デイヴ・ヴァン・ロンクによってプログラムが組まれ、サン・ハウス、ミシシッピ・ジョン・ハート、エリック・フォン・シュミット、モーズ・アリソン、エレクトリック・バンドを従えたマディ・ウォーターズ、そしてチャック・ベリー（出演者の中で最大の扱いだった）が出演した。「それはバンジョーやバラードといったお決まりの音ではなかった」とロバート・シェルトンは『ニューヨーク・タイムズ』に書いている。「むしろ、世界中の若者の多くを熱狂させる音楽と波長を合わせたこのフェスティヴァルは、バックビートの効いたサウンドで始まった」。ヴァン・ロンクは、「スピリチュアル・トゥ・スウィング・コンサート」を現代風にアレンジし、現在のポップ・ミュージックの深いルーツを示そうとしていると説明した。「老人と少年たちが互いにけたたましく鳴き合うようなニューポートのブルースのイメージは避けたいんだ」。『シング・アウト！』は、この動きを称賛し、「チャック・ベリーの参加により、現代世界のフォーク・ミュージックの概念は突然まったく別の次元に至った」と書き、「まったく不十分なサウンドシステムで、聴衆は彼の音楽のもつ信じられない生命力を十分に理解することができなかった」と不満を述べるに留めた。

このフェスティヴァルのスポンサーは、『キャバリエ』という大学の音楽ファンを引き入れようとしていた雑誌であり、同誌はキャロリン・ヘスターとビル・モンロー&ザ・ブルーグラス・ボーイズを馬に引かせた干し草の荷馬車に乗せてグリニッチ・ヴィレッジを巡回させ、このイベントの宣伝に協力した。同誌はまた、その一年のフォークを総括した12ページの光沢のある小冊子も一緒に配布した。そこには、『『フーテナニー』の人気が陰る一方で、トピカル・ソング運動は勢いを増し、〝ビートルズへの反発〟が起こる一方で民族音楽とポップ・ミュージックの溝は縮まり、多くのフェスティヴァルが行われる中、フォークは依然として国内でポップ・ミュージックに肉薄する人気があった」と記されていた。署名はないが、この記事は再びロバート・シェルトンの手になるもので、4年前に『ニューヨーク・タイムズ』で彼が絶賛した24歳の歌手についての4ページにわたる記事「ボブ・ディラン：ザ・カリスマ・キッド」も小冊子に収録されている。

シェルトンは最近、ヴィレッジ・ゲートでポール・バターフィールド・ブルース・バンドの演奏を聴くためにこの「天才詩人」に同行し、ボブは以前よりも自信に満ち、幸せそうに見えたと書いている——「俺は幸運だ。たくさん金を稼いでいるからじゃない。クールな人たちと一緒にいられるからだ。俺は何も恐れる必要はないし、俺の周りにいる人たちだって何も恐れなくていい。金と自由があって、恐れるものがない。それが大事なんだ」。記事によると、ディランはおよそ100万ドルを稼ぎ、2冊の本を書く契約を結び、芝居の脚本を書いていて、映画のオファーも検討中だという。「俺が今いるのは、ショービジネスの世界なんだ」と彼は言う。「フォーク・ミュージックのビジネスではない。それが大事なんだ。ロスコー・ホルコム、ジーン・リッチー、リトル・オーファン・アニー、ディック・トレイシー、そしてジョンソン大統領までもが同じところにいるんだ」。成功によって「嫉妬、羨望、熱烈な支持者」が彼のもとに集中することになったが、シェルトンはディランを弁護するどころか、次のように書いている。

自分が正しいとわかっていて、権威や体制のようなものから公平な扱いを期待できないかのようにふるまうことは、いらぬ敵意を招いているようなものだ……このカリスマ・キッドは、彼や彼の歌について誰が何と言おうと、自分の道を進み続けるだけだ。彼はただ道をとりとめもなく転げ回り、他の人を自分の道に導こうとする前に、自分自身のコンパスの方向を探し続けるだけだ。

因習をうち壊す反逆者というイメージは依然として有効だったが、ディランのことをフォークを歌う放浪者と呼ぶのは次第に難しくなっていった。7月第1週にはシェールとバーズが〈オール・アイ・リアリー・ウォント〉のカヴァーを同時にチャートインさせ、その1週間後にはソニー&シェールが超ポップなディランの模倣曲〈アイ・ガット・ユー・ベイブ〉を発表した。メインストリームはディランを追いかける方向に流れ、ロックやR&Bはますます彼の影響を示しつつ、同時にフォークのルーツを掘り返していた。ジョニー・リヴァーズは〈セヴンス・サン〉でトップ10入りを果たしたが、これは南部のフードゥーをテーマにしたウィリー・ディクソンのシカゴ・ブルースで、サム・ザ・シャムは「ワニの爪とグーファー・ダスト（フードゥーの呪術に用いる物）」について歌う〈ジュ・ジュ・ハンド〉で同じ題材を取り上げている。ジェームズ・ブラウンは〈パパのニューバッグ〉という12小節のブルースでファンクの台頭を告げていた。当時はまだくだらないヒット曲がたくさんあった。〈サティスファクション〉の他にトップ5には、〈ヘンリー8世君〉（ハーマンズ・ハーミッツ）、〈何かいいことないか子猫チャン〉（トム・ジョーンズ）、〈カラ・ミア〉（ジェイ&アメリカンズ）などが入っていた。しかしポップ・ミュージックは新時代を迎え、ディランは、その激しくすすり泣くような声、辛辣な歌詞に込められた才能、ブルースに根ざしたエレクトリック・バンドの推進力を武器に、道を切り開いていた。「フォーク・ミュージックを真剣に受け止める人にとって、ディランはウディ・ガスリー以来最も重要な新人作家だ」とシェルトンは再び書いたが、今度は、残りの人たちも意識した追記を加えなければならなかった。「そうでない人にとって、ディランはフォーク・リヴァイヴァルよりも重要だ」

第8章
エレクトリック・イン・ジ・エアー

1965年のニューポート公演の舞台は整った。その物語の結末は誰もが知っている——黒い革ジャンにストラトキャスターを携えたディランが、熱狂的な若い信者と頭の固い古いフォーク・ファンに分かれた聴衆に向かって、新しいエレクトリック・ミュージックを爆音で鳴らす。まずは、その場にいた熱心なフォーク・ファンの二人が書いた記念碑的文章から始めよう。彼らは、この衝撃的なコンサートの直後に、見たばかりの光景について、いくつかの印象派的なメモを書き留めた。

彼らは全米各地から車やトラック、バイク、もしくは歩いてやってきた。暑くほこりっぽい午後、彼らは28もあるワークショップにできるだけ多く参加し、日陰に集まって歌を交わし合った。4日間で6つのコンサートに参加し、そのうち一つは土砂降りだった。彼らの多くは、車やテント、寝袋、野原で眠ったが、警察が許可した場所ならどこでもよかったのだ。そして最後の夜、彼らは、ピート・シーガーの指揮のもと、フォーク界の最も有名な歌手たちによる感動的な合唱に合わせて、フリーダム・ソングを熱唱したばかりだった。彼らが今沈黙しているのは、疑いもなく、純粋なインスピレーションに憑かれていたからで、おそらくは畏敬の念にもかられていたのだろう。多幸感に満ちた疲労のせいもあったかもしれない。

薄暗い丘の中腹を曲がりくねりながら、自分の車や自転車、そして道路へと向かって下っていくと、彼らは、歴史上現れてきた自分たちの仲間、他の「聖なる野蛮人」たちや、「絶対の巡礼者」たちに思いを馳せる。あごひげを生やし、長い髪をし、サンダルを履いた彼らは、カタコンベから出てきた初期キリスト教徒のように見えたかもしれない。若い男が空っぽで暗いステージに立ち、ハーモニカで〈ロック・オブ・エイジズ〉（キリスト教の讃美歌）を静かに演奏した。彼の乾いた足音と、ゆっくりとした物悲しいといってもいい音楽が、澄んだ暖かい夏の夜を満たした。そして、ハーモニカの祈りの調べは消え、足音も消えた。こうして、また一つのフォーク巡礼が終わりを告げた。

ディラン中心の視点からすると、この要約は不可解なものになる。最後のハーモニカ・ソロは彼の伝説の一部だ。クウェスキン・ジャグ・バンドの神秘的な導師メル・ライマンはディランの演奏に激怒し、誰も望まないのにステージに上がり、ハーモニカで〈ロック・オブ・エイジズ〉を吹いて、フォーク・コミュニティに生じてしまった亀裂を癒そうとした。しかし、時すでに遅しだった。ディランはコミュニティを真っ向から見つめ、冷酷に撃ち殺したのだ。右の文を書いた二人は、その意味をどうしてここまで誤解できたのだろう？

偶然にも、二人はディランのファンで、彼の変貌を振り返って「プロテスト・ソングが大ヒットしていたちょうどそのとき、彼は『もうだめだ、無意味だ』と言ってフォークロックに転向する勇気と誠実さを（そして抜け目のないショーマンシップも）持っていた」と書いている。彼らは、ディランが「観客の半分を感電させ、もう半分を感電死させた」日曜（7月25日）夜のステージを、65年のニューポート・フェスティヴァルの「ジヤーナリスティックな出来事」と認識していた。しかし、彼らは本流のジャーナリストではなく、リヴァイヴァルの広大さに巻き込まれた若いフォーク・ファンであり、感電と感電死というそのフレーズは、実際に起こったことを彼らが説明したものではなく、『タイム』誌の記事を言い換えたものだった。頭の固い記者によって書かれたその記事は、「あのディランの事件の後には、ピート・シーガーがジョン・バーチ・ソサエティ（アメリカの極右団体）に加わるなんてことが起こらない以外、フォーク・シーンで大衆の関心をかき立てるものはないだろう」とあるように、ディランの行動がいかに誤解され誇張されたかを象徴するものだった。

言い換えれば、このようなジャーナリストたちは、大切にされてきた伝統とエレクトリックな革新の両方を許容するほど、音楽シーンに包容力があることを理解していなかった。確かにディランのセットはエキサイティングだったし、フォーク界の有名人として彼はシーガーと同等だったが、ニューポートで起こったことは、名声とは関係なかったし、二人の存在よりも重要だった。また、夢想する理想主義者でもないかぎり、そのことがわからないはずはなかった。ピーター・ポール&マリーのマリー・トラヴァースは65年のフェスティヴァルにひどく失望し、友人に宛てた手紙の中で、64年のニューポートは「ユートピアに近いものだった」が、今年の雰囲気は、「世間ずれした敵意のあるムード」が漂っていて、「誰かとコミュニケーションをとる時間などない」という態度をとる若い都会のシンガーたちの言い争いによって台無しになったと書いている。しかし、彼女の4ページにわたる長文の手紙はディランの演奏については触れておらず、その代わりにバエズが常に注目の的であることへの苛立ちが強調されていた。彼女は特に日曜夜のフィナーレに腹を立てており、それが無秩序で自己中心的な混乱だと考えていた。「すばらしいアンサンブル」を担った一員として、「二度とあんな大失態を演じることを強いられたくなかった」と彼女は書いた。

ニューポートの観客の中には、ディランの演奏がその年で最もエキサイティングなイベントだったと記憶している人もいれば、がっかりさせられたと考えている人もいた。怒っている人もいれば、ワークショップやジャムセッションのほうが好きで見逃した人もいる。『ビルボード』誌は、ディランの演奏とシーガーのフィナーレを日曜夜のクライマックスとして挙げ（ジョシュ・ホワイトが僅差で3位）、フェスティヴァルを「芸術的にも商業的にも大成功」と総括し、「7万4千人以上の非常に熱心な観客が来場し、昨年の約7万人を上回り」推定総収益は「20万ドルを超える」としている。来場者数とは有料入場者数であり、フェスティヴァルに参加した総数ではない。4日間すべてに参加した人も延べ人数としてカウントされているが、それでもフォーク・フェスティヴァルとしてだけでなく、あらゆる種類の音楽イベントとして驚異的だった。2週間前に行われたニューポート・ジャズ・フェスティヴァルの有料入場者は4万7千500人で、当時はまだロック・フェスティヴァルというものはなかった。そして、この高い数字は祝福と懸念両方の源となった。その週末、会場で緊張があったとすれば、それはアコースティックの伝統とエレクトリックの現代性の間に生じたものというよりは、このように巨大でセンセーショナルなイベントに参加することに興奮している人々と、自分たちの巡礼地がポップファンや銀行屋であふれかえっている事態を憂慮している人々の間で生じたものだろう。

ニューポートでエレキギターは、そういった対立の象徴として、また音量が他の音楽の邪魔になるとして嫌われたが、それ以外はほとんど、あるいはまったく批判されることなく受け入れられてきた。63年にジョン・リー・フッカーがエレクトリック・ブギを演奏しても誰も困惑しなかったし、64年にジョニー・キャッシュが登場したことで眉をひそめる者もいたが、問題はナッシュビルの商業主義であり、ルーサー・パーキンスのエレクトリック・リードギターではなかった。64年、マディ・ウォーターズはアコースティック・ギターを演奏し、バンドのメンバーをほとんど置いてきたが、スワン・シルヴァートーンズやステイプル・シンガーズがエレクトリック楽器を使用したときに文句を言う者は誰もいなかった。ニューポートは時代の流れに遅れないことを使命としていて、65年のラインナップにはロックンロールのスターは含まれていなかったが、理事会の出演候補者の最終リストにはチャック・ベリーとエヴァリー・ブラザーズが名前を連ねており、ロジャー・ミラーの出演が決まっていたが、スケジュールの都合でキャンセルしなければならなかった。

その年はアンプの使用が目立ち、変化の兆しとして理解されたが、冒涜だと非難する人はほとんどいなかった。木曜夜のオープニング・コンサートの前半では、尊敬を集める伝統的な音楽が数多く披露された。アイルランドとケイジャンのグループ、レヴァランド・ゲイリー・デイヴィスによるギター伝道、ニュー・ロスト・シティ・ランブラーズをバックに従えた伝説のカーター・ファミリーのマザー・メイベル・カーター、1922年に最初の商業的なカントリーレコードを録音したテキサスのフィドル奏者エック・ロバートソンなどだ。後半には、ロバート・ジョンソンとマディ・ウォーターズの師匠であるミシシッピ・デルタ出身のスライドギタリストでシンガーのサン・ハウスが登場した。ハウスは前年も出演予定だったが、体調の悪化のため出演できず、今回、評論家は彼を63歳より老けて見えると評した。しかし、ブルース・ファンにとって彼は天啓以外の何物でもなかった。マイク・ブルームフィールドは数日後、そのショックを回想している。

ステージでの彼は手が震え、ナーバスになって、早口で話していた。本当にひどく緊張していたんだ。それからギターを手に取り、コードを一つ弾いた。俺はそんなのは見たことがなかった。それは変身であり、神秘的なことに思えた……サン・ハウスはブルースに変身し、悪魔のようなものに変身し、何も聞こえず、何も感じず、身体の神経と細胞のすべてがその音楽に吸収されていた。

ハウスは偉大なミュージシャンだったが、彼の音楽にとって、スタジアム規模の観客は理想的ではなかった。

レヴュー記事から判断すると、大観衆はそれほど感銘を受けなかったようだ。その夜出演していた大部分のアーティストと同様に、彼もまたニューポートが届けようとしていた種類の音楽を演奏していたが、マスコミはバエズ（「このフェスティヴァルの宝石のような存在」と『プロヴィデンス・ジャーナル』紙は書いた）と、後半に登場した2組の若手新人アーティストに注目した。それは、ロサンゼルス経由でミシシッピ州北東部からやってきたチェンバーズ・ブラザーズとドノヴァンだ。

65年の最初のコンサートには1万人が集まり、前年の2倍以上となったが、そのほとんどは若者や大学生だった。『ニューヨーク・タイムズ』誌は「フォークフォロワーのファッションのスタイルが、いつものように幅広く揃っていた。時にはマドラスの大群、またあるときはデニムの大群が見えた」と評した。デニムがフォーク・ミュージックと田舎の労働者という古い結びつきと調和するものであるとすれば、マドラスの生地は変化を示唆し、チェンバーズ・ブラザーズの音楽は時代の変化と同調するものだった。彼らのステージは〈シー・シー・ライダー〉で幕を開けた。ゴスペル・ヴォーカルが、絡み合うエレキギター、ハーモニカ、ベースで支えられ、ドラムスにはバターフィールド・ブルース・バンドのサム・レイが助っ人として入っていた。この曲は20世紀初頭のものだが、ラジオを持っている人なら誰でも、57年にトップ20入りし「ストロール」ダンスのブームを巻き起こしたチャック・ウィリスのR&Bヴァージョンの影響を受けていることに気づいたはずだ。続いて演奏されたのは、インプレッションズの〈ピープル・ゲット・レディ〉で、これは当時のラジオヒット曲だ。「みんな、ヨルダン行きの列車に乗る準備をしよう／国を縦断して乗客を乗せてくるあの列車に」という歌詞は、フリーダム・ムーヴメントの教会風の賛歌で、ニューポートにもぴったりの曲だった。これはチェンバーズ・ブラザーズが生涯歌ってきたような音楽で、豊かなゴスペルのハーモニーがミシシッピ訛りの荒々しさで味付けされ、観客は魅了された。ウィリー・チェンバーズのリード・ギターに後押しされた攻撃的でロックなブルース〈ゴーイン・アップサイド・ユア・ヘッド〉のエネルギーでさらに高められた雰囲気は、さりげなく季節を感じさせるガーシュインの〈サマータイム〉で鎮められた。その後バンドは、ソーダの瓶を吹いて作り出すハムボーンのリズムにファルセットの叫び声を交えて、観客を田舎の子供時代へと連れ戻した。これは、最も本格的でファンキーな類のフォーク音楽だが、ロックンロールファンにはボー・ディドリー・ビートとしておなじみのものでもある。締めくくりには、威勢のいいアイズレー・ブラザーズ風のゴスペル・ソウル曲〈アイ・ガット・イット〉を演奏し、観客を熱狂的なスタンディング・オベーションに導いた。

チェンバーズ・ブラザーズのステージは、ニューポートにとって異例のもので、『プロヴィデンス・ジャーナル』は、もしこれがフォーク・フェスティヴァルでなかったなら、「ロックンロールとリズム・アンド・ブルースと形容されなければならなかっただろう。しかし、彼らの音楽はフォーク・ミュージックであるらしいので、エレキギターも加わったこの5人組は、ビートルズの音を保存することに献身する純朴な研究者であるとしか考えられない」と書いた。『パトリオット・レッジャー』紙は、彼らを「チャック・ベリー風の4人のひょろっとした黒人たち」と表現し、観客の熱狂的な称賛は「ロックンロールがフォークのハードコア層に浸透したもの、あるいはその逆」の証であると示唆し、「現在の傾向がこのまま続けば、フォークンロールを歌うロッキンフォークのミュージシャンが数多く見られるようになるだろう」と付け加えた。

記者たちは驚いたが、ニューポートへの巡礼者やフォーク純粋主義者のほとんどは、何の抵抗もなくブラザーズを受け入れた。彼らは、バーバラ・デインとの共演を見たシーガーの推薦で招待されたもので、シーガーの好みや方針にぴったりだった。彼らはミシシッピ州出身のファミリーグループで、地元の地域や文化的背景に根ざした音楽を演奏し、また南部のアフリカ系アメリカ人の新しい精神の象徴でもあった。「民族《エスニック》」が伝統的なフォーク文化の同義語として使われる環境において、彼らは紛れもなく民族的であり、彼らの音楽は、ステイプル・シンガーズやマディ・ウォーターズを経て、ゲイリー・デイヴィスやサン・ハウスのスタイルから有機的に進化したものである。ロックンロールがフォークに浸透したとか、その逆といったことではない。彼らは黒人教会で演奏することで隙のないショーマンシップを培い、その音楽はコミュニティの一般的なスタイルとなっていた。そして、同様にR&Bを精力的に演奏していたサニー・テリーやブラウニー・マギーなどとともに、ロサンゼルスのフォーククラブで活動し始めた。アラン・ローマックスは50年代から、現代のフォーク・ミュージックの中で最も正統派なものは労働者階級の教会や安酒場《ホンキートンク》で演奏されるものであり、中流階級の白人師弟がワシントン・スクエア・パークで「復活」させているものではないと主張してきた。そして、ブラザーズはその点を強調するかのように、ミシシッピの田舎と最もヒップなスタイルの存在をラジオで知らしめた。ニューポートでサン・ハウスを紹介するため彼らの後にステージに登場したローマックスは、「今夜、ニューポート・フォーク・フェスティヴァルに、私たちの現代アメリカのフォーク・ミュージック、ロックンロールがついに登場したことをとても誇りに思う！」と声高に述べた。

　皮肉なことは、チェンバーズ・ブラザーズはフォークに深く根ざし、猛烈にロックしていたが、商業マーケティングの観点では、フォークロックのカテゴリーに決して当てはまらなかったのだ。『ビルボード』がフォークロックというとき、それはアイズレー・ブラザーズやインプレッションズがロックを南部の田舎の教会スタイルに戻したことを意味するのではなく、キングストン・トリオやPPMの音楽をエレクトリック化することを意味していた。チェンバーズ・ブラザーズは観客を踊らせ拍手をさせたが、当時のポップフォークにおける流行からすると、その夜の最も注目すべき演奏者はまだ登場していなかった。チェンバーズ・ブラザーズがその夜一番の拍手の中退場した後、サン・ハウスがデルタ・ブルースの短いステージを務め、その後ジョーン・バエズにステージを譲った。バエズはイギリス訛りを真似て19歳のシンガーソングライターを紹介した。当時センセーションを巻き起こしていたドノヴァンだ。

ドノヴァンはメディアが理想とするアイドルだった。彼の最初のシングル〈キャッチ・ザ・ウィンド〉は5月に全米トップ40入りを果たし、多くの人が彼の声とハーモニカ、そしてシングルのタイトルにはっきりとディランの影響を見てとった。そのつながりを確固たるものにするかのように、彼はバエズとともにニューポートに到着し、バエズは彼の新しいシングル〈カラーズ〉にハーモニーを付けるためにステージに上がった。彼は新人だったが、広がりつつある国際的なフォーク・ムーヴメントの象徴となり、その週の『ビルボード』は〈カラーズ〉を「イギリスのディラン」によるチャート上位の有力候補と評した。また、彼の登場は、フォーク界へのイギリスからの小さな侵略者に、フェスティヴァルが惨めに屈服してしまったとも考えられた。

「彼はディランではないが、才能にあふれてはいる」と『パトリオット・レッジャー』は報じたが、流行のファッションと象徴主義の詩を、絶え間なく続く社会抗議運動とブレンドさせるドノヴァンは、一部のリスナーにとってディランの過去と現在を組み合わせた模造品《パスティーシュ》だったに違いない。彼は童話仕立ての〈リトル・ティン・ソルジャー〉でステージを始めたが、続いてアメリカの人種差別、軍国主義、偽善を批判した〈クリスタルマンのバラード〉を歌い、ＢＢＣで放送禁止になったと言って喝采を浴びた。その後、イギリスのギタリスト、バート・ヤンシュ作のロマンティックな曲と、ベトナムの虐殺に幻滅した兵士の悲惨なほど予言的な〈ザ・ウォー・ドラッグス・オン〉（ミック・ソフトリー作）が続いた。当時は、まだ東南アジアに目を向けたアメリカ人歌手はほとんどおらず、『ニューポート・デイリー・ニュース』紙は彼がやりすぎたと感じ、「プロテスト・ソングが多くの若い世代の態度を反映していることは承知している」が、この曲が「国内有数の海軍基地の一つから聞こえる距離で歌われていたことを考えると、演奏されなくてもよかっただろう」と書いた。そして、「同じことはバエズの曲のいくつかにも言える」と記者は付け加えた。

実際は、バエズの選曲の大部分は政治とは無関係だった。ドノヴァンとのデュエットの後、彼女は南部なまりでボストンのカントリー・ブルーグラスの伝統を守るリリー・ブラザーズを紹介し、彼らと古いスタンダード曲〈ア・サティスファイド・マインド〉を歌った。彼女自身のステージはディランの〈さらば、アンジェリーナ〉で始まり、ナッシュビルのバラード〈ロング・ブラック・ヴェイル〉が続いた。彼女はトラディショナル〈ワイルド・マウンテン・タイム〉を「たとえ数が少なくても、恋をしているすべての人」に捧げ、それから、「ジョンソン大統領のすばらしい外交政策へのささやかな捧げものです」という短い社会的発言を挟みながら、〈ストップ・イン・ザ・ネイム・オブ・ラヴ〉の一節を歌い、「よく考えてみよう」という忠告の歌詞で締めくくった。彼女の論点を明らかに聞き逃した人もいたようで、『パトリオット・レッジャー』は「彼女は衝動を抑えきれないかのように、シュープリームスのヒット曲からの歌詞を何行か軽やかに歌った」と簡潔に報じている。続いて〈花はどこへ行った〉を歌ったが、そのメッセージは少し不明瞭だった——あるいは少なくともアメリカの文脈からははずれていた。なぜなら彼女は、マレーネ・ディートリッヒによって有名になったドイツ語歌詞のヴァージョン〈教えて、花はどこにあるの〉を歌ったからだ。ディランの新曲を取り上げたもう1曲〈イッツ・オール・オーヴァー・ナウ、ベイビー・ブルー〉は、高揚感と切なさに満ちたエンディングを提供し、観客は彼女を呼び戻して公民権運動の賛歌〈オー・フリーダム〉のアカペラヴァージョンを歌わせた。

力強いパフォーマンスだったが、フォーク界の関係者の中には、それを悲しく思った人もいたに違いない。ディランはイギリスツアーでバエズをパートナーではなく第三者として扱っていた。二人のロマンスは終わっており、彼女のステージは二人の過去への決別と解釈することもできたのだ。少なくとも一人のファンは明らかに同情的ではなく、彼女がシュープリームスを口ずさんだ後に「ディランを出して！」と叫んだが、彼女はそっけなく「彼はここにいない」と答えた。苦い瞬間だったし、個人的な別れをより大きな分裂のメタファーとして見ることもできたかもしれない。フェスティヴァルは依然として、主にトラディショナル、田舎、そして地域のスタイルをテーマにしていたが、オープニング・コンサートで話題をさらったのは結局、十代のイギリス人ポップスター（ドノヴァン）とエレキギターとツイストビートが売り物の黒人5人組（チェンバーズ・ブラザーズ）だった。『パトリオット・レッジャー』は、ニューポートは「フォーク・フェスティヴァル・ア・ゴー・ゴー」という新しい名前を採用する必要があるかもしれないと書いた。筆者は冗談のつもりでそう表現したが、読んだ全員が笑っていたわけではない。

ニューポートは、地方の伝統とヒューマニズムの価値観の聖域となるはずだったが、主催者たちは、それらの伝統と価値観が現代でも意義があることを証明し、社会変革のために、博物館だけでなく指標と実現の場を創りたいとも考えていた。今や彼らが愛する文化と軽蔑する文化の間に線引きをすることは、難しくなってきていた。ニューポートは依然として、ミシシッピ州の田舎の小作農やごく少数の友人の間でしか知られていない若いソングライターが、何千人もの観客の前でステージに立ち、重要なアーティストとして紹介され、評価され、拍手喝采され、新しいキャリアを与えられる、ユニークなステージだった。しかし、重要なことはキャリアではなく、音楽であるべきであり、雄弁な農夫や熱心な若いスポークスマンは、同じようにそのステージに立つ資格のあるすべての無名のアーティストの代表として認められるべきだった。しかし、必然的に、このフェスティヴァルという媒体自体がメッセージを弱めてしまった。1万、もしくは1万5千人の観客が一人の演奏を大人しく座って見ているとき、そのミュージシャンが集まった大勢の代表者であると単純に考えるのは難しい。シーガーの特別な魔法はその幻想を維持できることであり、それは63年のフィナーレで彼が用いた魔法でもあった。単なる観客としてではなく、フリーダム・シンガーズと一緒に〈勝利を我等に〉の大合唱に参加し、ピート・シーガー、ディラン、ジョーン・バエズ、PPM、セオドア・ビケル、そしてその広大で寛大なフィールドに一緒に立っている何千人もの人々と腕を組んでいるという感覚がそれだ。

熱心なファンにとっては、ニューポートは巡礼の地であり続けたが、そこまでの熱意がないファンのほうがずっと数が多く、彼らにとっては、レコードやラジオで知っているパフォーマーに会える楽しい音楽フェスティヴァル、もしくはちょっとしたポップ・フェスティヴァルのようなものだった。『ヴィレッジ・ヴォイス』誌のコラムニストは「大スターたちがおべっかを使われ、引っ張りだこになっているハリウッドの狂気と似ている……若い女性たちがヴァイキング・ホテルの中を駆け回って『ボビー！ドノヴァン！ディラン！』と叫んでいた」と批判した。出演者にとっては、古い友人に会ったり、自分たちの音楽のルーツに触れるチャンスであると同時に、見本市のようなものでもあった。ニューポートでの出演が成功すれば、レコードのオファーやコンサートツアー、プロのマネージメント契約につながる可能性があり、フィル・オクスのマネージャーを務めていたアーサー・ゴーソンは「人々がおしゃべりをし、取引をするフォーク界のカンヌ映画祭」にたとえた。これはうまくいけば、優れたミュージシャンの仕事が増え、全米、そして最終的には世界中で、より幅広いスタイルの音楽が聴けるようになることを意味していた。しかし、最悪の場合、それは徹底的に商業主義に取り込まれてしまうことになり、手作りで共有されていたものが、光沢のあるプラスチック製品のようなものに、もしくは大量生産され販売される朝食用シリアルのようなものに変わってしまう可能性もあった。

フェスティヴァルのプログラムでは、ロバート・シェルトンが劇的な方向転換を演出し、フォーク・ファンはポップ・シーンをそれほど恐れる必要はないとし、ワークショップのプログラムにロックンロールとナッシュビルのカントリーを少し加えるべきだと提案した。彼の記事はビートルズ、バーズ、バック・オーウェンズの写真で囲まれており、「ビッグ・ビート」（ロックンロールなどバックビートの効いた音楽）への転向を宣言し、読者に「ペトゥラ・クラークとジーン・リッチー、シュープリームスとオールマナックス、そして……チャック・ベリーとビル・モンローをちょっと聴いてみて」と呼びかけ、このように記した。

「フォークロック」は今や急速に進化しており、どこへ向かうのか推測することしかできない。開拓者であることの証明書など必要としないボブ・ディランは、チャック・ベリーの曲のリズムと活力に自分の歌詞を結合させている。バーズは、ディランとピート・シーガーの曲を、印象的なサーフミュージックのハーモニーで組み合わせている。ラヴィン・スプーンフルは、ブルース、ビッグ・ビート、ジャグバンド、フォークをミックスして新しいスタイルにした「アメリカン・ビートルズ」と言えるかもしれない。

シェルトンのエッセイが伝統主義者の不満を招いたとすれば、その向かいのページのディランの短編小説は痛烈な批判を浴びたに違いない。これは、「Off the Top of My Head（ちょっとした思いつきという意味）」というタイトルが、開拓者ディラン自身の巻き毛を切り裂き、新しい散文の見本を提供するというものだった（短編のタイトル文字が、記事に付されたディランのポートレイト写真の前頭部分を横に貫いている）。この作品は、ホースマンとフォトチック（ディランとバエズのことだろうか？）の冒険を記録した、意識の流れの手法で書かれたアンフェタミン・シュールレアリスムの噴出を記録したものであり、著者の名前を伝えることと、ディランがニューポート・フェスティヴァルの一部であり続けるというメッセージを伝える以外に、何の機能も果たさなかったが、ポップアートからの挑発と言えた。プログラムの他のエッセイには、田舎の横笛奏者とドラム・バンドの歴史、ハーモニカの人気の高まり、アーウィン・シルバーの「中間点にあるトピカル・ソングの革命」についての考察、そしてケープ・ブレトン島のゲール語の伝統をいかに保存するかについての議論などがある。ポピュラー音楽で得た名声を利用してポピュラー音楽業界に対抗するというモデルは、常にリスクを伴っていた。ピート・シーガーにとっては、それが使命だったため、理にかなったことだった。シーガーのファンであるということは、コンサートに行き、レコードを買うだけでなく、ウディ・ガスリーの作品を歌い、メイベル・カーター、シェイマス・エニス、ミシシッピ・ジョン・ハートの音楽を鑑賞し、バンジョーやギターを少し弾き、アフリカ、イスラエル、アパラチアのフォークダンサーと交流する機会を歓迎することを意味していた。しかし、ディラン、バエズ、ＰＰＭのファンであることは、そういうこととはまったく異なっている可能性があった。なぜなら、彼らのことを伝統的なフォーク・シーンを代表する現代のリーダーとして愛することができるかもしれないが、退屈な年寄りの中にいる特別で刺激的な若手スターとして愛することもできるからだ。ディランがビートルズと親しくなり、ロックンロールのヒット曲を出し始めた今、この二分法を軽視することは難しくなった。彼自身と彼の音楽が変化したからだけではなく、彼の新しいファンがニューポートにやってきて、最新のポップスターであるディランを見るためにフォーク・ミュージックを我慢して聴く可能性もあったからだ。

フォーク・コミュニティ自体にも世代間の亀裂が広がっていた。熱心な若いリスナーやミュージシャンは、ディランについてどう思っていたにせよ、古い世代のスターたちに飽き飽きしていた。マーガレット・バリーのバラッド、エック・ロバートソンのフィドル、サン・ハウスのデルタ・スライドギター、チェンバーズ・ブラザーズのロックするリズム、〈ライク・ア・ローリング・ストーン〉のエレクトリックな激しさを愛しながらも、ウィーヴァーズと同じ世代のミュージシャンたちの上品な声のトーンや、ナイトクラブで磨かれた洗練さに飽きたりイライラさせられたりすることは十分にありえた。黒人は平等の権利を持つべきだと常に主張してきた白人リベラル派が気づいたのは、若いアフリカ系アメリカ人が今やその白人たちのリーダーシップを拒否することによって、自分たちの権利を主張しているということだった。同様に、古きフォーク・アートと現代のオーディエンスとの橋渡しをしていると考えていた年配の歌手たちは、若い世代こそが本物の伝統を薄め歪めてしまったと感じ始め、その若者たちと対峙していた。

ケンブリッジのクラブ47を運営し、その後まもなくフェスティヴァルの理事に加わることになるカントリーおよびブルーグラス・ミュージシャンのジム・ルーニーは、当時の理事に宛てた手紙の中で、両者が分裂している状況をこう要約している。「若者の多くは、年配のパフォーマーのやることが相当わざとらしいと感じている。彼らのジョーク、曲のアレンジ、ジェスチャーなども、すべて演奏の一部なのだが」。年配の世代たちは、オスカー・ブランドやセオドア・ビケルを個人的に評価していないまでも、同じシーンの一部であると認めていた時代もあったが、65年頃には、彼ら自身が、時代遅れの疲れたキャバレー・シンガーのように聴衆には見え始めていた。ルーニーは、年配の世代にも不満があることは理解していた。年配の世代は、20歳の白人の都会人が、黒人の小作農のように歌うのは、ある意味「わざとらしい」ことに変わりはないし、若いパフォーマーの中には、だらしない服装でステージに上がり観客を無視することが本物のミュージシャンのふるまいと勘違いする者がいて、プロ意識が欠如している結果になっているとため息をつく。しかし、どちらの立場が正当であろうと、ルーニーは双方の「敵意」が高まっていると指摘した。

ルーニーは、自分の見解のバランスをとるために友情についての小話を挿入した。「ビル・モンローはマンス・リプスカムを聴き、彼の歌い方に感心していた。マイケル・ゴーマンはテックス・ローガンに魅了された。サミー・レイは、アーサー・スミスとカントリーミュージックについて夜遅くまで語り合った」。この名前の羅列自体が、ケンタッキーのブルーグラスはテキサスのブルースと、アイルランドのフィドルはヒルビリーのフィドルと、シカゴのブルースはナッシュビルのカントリーとうまく混じり合うという、一種の声明でもあった。

ここに名前の挙がったアーティストはそれぞれ独自の方法で「本物」であり、数年前には都会のフォークのオーディエンスに馴染みのあるアーティストは一人もいなかったが、この事実こそがニューポートの勝利だった。『シング・アウト！』誌のレヴューで、ポール・ネルソンは、次のようにこのフェスティヴァルを称賛している。「〝名前のある〟演奏者に興奮するオーディエンスが少なかったことは驚くべきことだったが、一方で、カズン・エミー、マギー・ブラザーズ、アーサー・スミス、ライトニン・ホプキンスなど、田舎のミュージシャンに対する喝采は皆を驚かせた……オデッタやボビー・ブランド、バエズの演奏中にホットドッグを買うためにぶらっと席を離れ、その後、伝統的なミュージシャンを聴くために急いで戻ってくる人々のことは忘れがたい」

しかし、本当にそれだけが忘れがたいことだったのだろうか？　ネルソンは、伝統的な民族音楽アーティストやフェスティヴァル会場に点在する親密なワークショップを賞賛した後、「ニューポートは今でも大きな驚きと衝撃にあふれ、脳を刺激する最高の瞬間を見せてくれる場所である」と記している。そして、日曜日の夜のディランのエレクトリック・ステージの衝撃は、彼が「これまで目にしたフォーク・ミュージックの中で最もドラマティックなシーン」だったのである。

シェルトンは『ニューヨーク・タイムズ』でニューポートを「3つのリングを持つアメリカのフォーク・ミュージックのサーカス」と表現したが、複数のリングを売り物にするサーカスと同様に、出し物は座席によって異なる。センターリングに新しく登場したドノヴァンは、『メロディ・メイカー』誌にその体験について語ったとき、興奮と困惑の両方の表情を浮かべた。

観客はすばらしかった。彼らはディランと僕に群がった――いや、ディランに群がったとき、僕が彼のそばにいたと言ったほうが正確かもしれない。彼らはポップファンのようにふるまっていて、僕はそのことを少し残念に思ったと認めざるを得ない。ニューポート・フォーク・フェスティヴァルの観客は静かだろうと思っていたから。でも、彼らは、自分たちが会場から締め出そうとしているはずのポップファンと同じように、叫び声を上げてサインを求めてきた……［一人の］男が興奮して叫んだ。「ボブ、君のために殺してやるよ。誰を殺してほしいんだ？」


「ディランは何か言いましたか？」とインタビュアーは訊ねた。

「いいえ」とドノヴァンは答え、その後、「ディランは何を言うべきだったんでしょうか？　あのとき何か言えた人はいたのでしょうか？」とつぶやいた。

レコードの売り上げと知名度という点では、ディランはPPMに後れをとり、バエズとほぼ同等だったが、今話題を呼んでいるという意味では別格だった。当初は木曜夜の出演予定だったが、初日の公演に行けないファンからの苦情があまりにも多かったため、バエズとディランの出演が入れ替わり、バエズが木曜、ディランが日曜に出演することとなった。金曜日に会場内を歩き回っていたジョー・ボイドは、「『ディランはどこだ？もう来ているのか？』と人々が訊ねている声が聞こえた」と回想している。翌日、ディランが現れると、記者たちは彼を「文字通りファンに取り囲まれた」唯一の出演者として取り上げた。バエズも人気者だった。「彼女はどこへ行っても群衆を引き連れ、ワークショップに出演するときには崇拝する信奉者たちが彼女の周りに集まっていた」が、それでもバエズは会場を回って音楽を聴くことができ、「ピート・シーガー、オデッタ、そしてPPMでさえ、ほとんど気づかれずに歩き回っていた」と『プロヴィデンス・ジャーナル』の記者は記している。

その違いは単に人気の問題だけではなかった。ディランはロックンロールのレコードをヒットチャートに載せ、スウィンギング・ロンドンの最新ファッションを身にまとい、超然とした謎のスターのようにふるまっていた。バエズは若い群衆と交流することを楽しみ、彼らの興奮を鎮めようとした。その年はサインをする代わりに握手をすると決めた彼女に対して、苛立つ人と喜ぶ人に分かれた。そして彼女によると、ディランのよそよそしさは被害妄想と不安の入り交じったもののせいで、彼は自分を崇拝する群衆を「心から恐れていた」が、「ある意味では、車を叩いたり、車のアンテナを壊したり、ボンネットの下に潜り込んだりする人々を必要としていた」と述べた。ドキュメント・フィルムを撮るために来ていたマレー・ラーナー監督の撮影クルーは、土曜日に叫び声を上げる群衆の中をゆっくりと進むヴァンの中にディランが閉じ込められ動揺している姿、そしてウインドウ越しに彼の頭をめがけて正気を失ったように叩く金髪の少女を、あからさまに無視する様子を捉えた。また日曜日には、こういうファンのふるまいに対する嫌悪感をあらわにする十代の青年たちのグループも撮影した。「人々はこういったアーティストたちを偶像化し始めるんだ。そしていったんそういうことになると、昨日のディランのように、皆が集まってくる。そう、大挙して。何人いたかわからないけれど」と。青年の一人は言う。また、別の青年は、口をあんぐり開けて見つめるファンの真似をして、「皆ただそこに座って、『ボブ・ディランだ、本当に彼だ！』と言うんだ」と言った。

別の若者は、ヨハネによる福音書から引用したポンティウス・ピラトのエッケ・ホモ（見よ、この人だ）の喩えを付け加えた。「ディランがやってきた、あの男がここにいる！　彼は神、そしてすべてだ」。彼らにとって、それは終わりを意味していた。「もう誰が彼を必要としているのか？　彼は受け入れられている――彼は体制の一部なのだから――彼のことは忘れてしまえ」

ディランは群衆を集めていたので、忘れることなど不可能なことだった。昼間のワークショップは数百人の聴衆が集まる親密なイベントになるはずだったが、彼の出演が予定されていた土曜日のコンテンポラリー・ソングスのワークショップには5千人から7千人が集まった。ジョー・ボイドは、観客が「多すぎて他のワークショップをのみ込んでしまうほどだった」と回想し、熱狂的なディランのファンたちは、申し訳なさそうな素振りさえ見せなかった。「みんな文句を言っていた。『ディランの音を上げろよ。向こうのバンジョーの音がうるさくて聞こえないんだよ!』ってね」

アパラチアのバンジョー、テキサスのフィドル、デルタのスライドギター、ケープ・ブレトン島のバラッドの名匠たちを聴くために、ほこりっぽい道を旅してきた誠実な巡礼者たちが、青二才のポップ崇拝者たちに静かにするよう言われて苛立つのは当然だった。ディランの仲間の何人かが前日にすでにトラブルを起こしていたことも良い兆候ではなかった。65年のニューポートの伝説では、ディランの日曜夜のステージは、エレクトリックの反逆者と偏狭なフォーク純粋主義者の3日間にわたる争いのクライマックスであり、戦いの火ぶたは、金曜日(7月23日)、ポール・バターフィールド・ブルース・バンドによって切って落とされた。

バターフィールド・ブルース・バンドはニューポートでは異例の存在だったが、それは単にこれまで登場したバンドの中で最も爆音だったからというだけではない。バターフィールドは22歳の白人で、十代半ばでブルース・ハーモニカに夢中になり、リトル・ウォルターのモダンR&Bスタイルを模範にして腕を磨いた。彼の関心は、音楽だけにとどまらず、シカゴのサウスサイドとウエストサイドの酒場街のライフスタイルにどっぷり浸かり、黒人ミュージシャンと付き合い、バンドに参加し、地元の音楽ファンから尊敬を集めていた。このニューポートでのステージが、このバンドでの最初のライヴ演奏となったマイク・ブルームフィールドは、バターフィールドに畏敬の念を抱いていた。

ポールは本物だった。奴の実力に魅了されたが、同時に恐怖も感じた。奴はそこまで行ったんだ——最もヤバイ黒人ゲットーに行き、そこの一番ヤバイ奴らと同じくらいヤバかった。誰からもバカにされなかった。そして誰にも負けなかった。そうなんだ、奴は自分の道を貫いたんだ。

それはグリニッチ・ヴィレッジやハーバード・スクエアで演奏するのとはまったく違う経験だった。もしこのことを思い出す必要があるなら、新聞を開けばいいだけの話だった。マーティン・ルーサー・キングはその金曜日にシカゴに到着し、シカゴを「米国で最も人種隔離された都市の一つ」と宣言し、公民権運動を北部に持ち込むための最初の拠点とした。闘いはミシシッピで起こっていると考えたがる都会の白人たちに食い込むのが目的だった。

バターフィールド・バンドがニューポートに招待されたのは、人種統合の象徴としてでもあった。バンドには、バターフィールド、ブルームフィールド、ギタリストのエルヴィン・ビショップという白人3人に、ハウリン・ウルフのバンドの中心だった黒人ミュージシャンであるベーシストのジェローム・アーノルドと、同じく黒人のドラマーであるサム・レイが加わっていた。しかし、もう少し深く掘り下げると、話は複雑だった。レイとアーノルドが加入したのは、バターフィールドがシカゴのオールドタウン地区のバーで定期的に演奏するようになった後であり、比較的無名の白人バンドリーダーだったバターフィールドが、ハウリン・ウルフのバンドからメンバーを引き抜けたことは、白人たちがその道を切り開いていたおかげだった。白人プレイヤーは黒人クラブシーンで苦労してきたが、黒人では不可能な聴衆を取り込むことができた。具体的にはサウスサイドのサウンドを楽しみたいがゲットーのバーでは居心地が悪いと感じている白人の若者たちだ。ブルームフィールドは同時期に自身のバンドをノースサイドに連れて行き、新しい聴衆を開拓することで黒人の仲間にもチャンスをもたらしたが、新参者であっても能力のある白人のほうが、熟練した黒人のベテランが得られない仕事にありつけたというのは厳然たる事実だった。

複雑で矛盾に満ちてはいたが、シカゴは、白人プレイヤーが黒人クラブで修行する機会、黒人プレイヤーが白人の聴衆に受け入れられる機会、白人と黒人のミュージシャンが交わって一緒にプレイするというユニークな機会を提供した。「ケンブリッジあたり出身の奴らはブルースを歌うが、まったく違う感じだ」と、ブルームフィールドはニューポートの会場でのインタビューでラーナー監督に語っている。「彼らはブルースを実際に聴くことはないし、ブルースマンたちに会ったり、クラブに行ったりすることもない。彼らが酒を飲む場末のクラブにね。売春婦が通りに出ているようなところだ……彼らはクラブには行かず、ブルースを本来の環境で観ることもない。そういうところが違うんだ。彼らのはもっとイデオロギー的で、偶像化されているんだ」。ブルームフィールドはマディ・ウォーターズやハウリン・ウルフのような人々を尊敬していたが、彼らを「自分と同世代の人たち」とみなし、「彼らと同じクラブで働き、同じ音楽を演奏している」と語っている。

同時に、ブルームフィールドは自分が部外者《アウトサイダー》であることを認識していた。「ブルースは俺の血筋にはないし、先祖や家族にあるわけでもない。俺はユダヤ人だし、生まれてからずっと何年もそうなんだ」。彼は自分の楽器の腕に絶対の自信を持っており、ブルースとの深い個人的なつながりを感じていたが、年配の田舎の演奏家について話すときは、まるでアイドルを崇拝するケンブリッジ界隈の学生のように聞こえることもあった。「おいおい、俺はサン・ハウスには及びもつかないよ」と彼はラーナー監督に語り、こう続ける。

> 俺は彼のように小便をかけられたり、踏みつけられたり、糞をぶちまけられたりしたことはない。そんな経験はしていない。知っての通り、俺の父親は億万長者だ。俺は裕福で太って幸せな人生を送ってきた。ブルースを演奏できるし、ある意味ではそれを感じることができる。でも、あの人たちの話はまったく別

なんだ。

彼のバンド仲間と違い、ブルームフィールドはシカゴのフォーク・シーンともつながりがあった。オールド・タウン・スクール・オブ・フォーク・ミュージックにも出入りし、アコースティック・スタイルで演奏し、ブルーグラスにも手を出し、『フーテナニー』誌に「アワ・マン・イン・シカゴ」のニュースレターを2回ほど寄稿したこともある。ニューポートでは、バターフィールド・バンドでの演奏に加え、金曜の朝にブルースギターのワークショップを主催し、ステージが終わった後もビル・モンローとのセッションを楽しんだ。しかし、エレクトリック・ブルースのことを伝統を汚すものと考える人たちには我慢がならず、ニューポートのワークショップで、ジョン・リー・フッカーとマディ・ウォーターズがアコースティック・ギターを演奏するよう促されたことに憤慨していた。

彼は、エレクトリック・ブルースが「ロックンロールと混同されやすく、フォーク・フェスティヴァルでロックンロールはダメで、ロックンロールはフォーク・フェスティヴァルの目的をなきものにしてしまう」と決めつけられているのをよく知っていたが、彼にとって都会のエレクトリック・サウンドは真のフォーク・カルチャーを象徴するものだった。彼は後にこう回想している。「これは街の通りや窓の外から、そして、シカゴやアメリカ南部のラジオ局やジュークボックスから聴こえてくる音楽だった。俺にとってフォーク・アートとはそういうもので、みんなが聴く音楽なんだ」。金曜日のワークショップでは、「俺のお気に入りのブルース・シンガー、ブルースの王様」と、ブルームフィールドはライトニン・ホプキンスを熱く紹介している。ステージではるばるテキサスからやってきて、エレキギターを弾きながら酒場のブギを演奏するホプキンスに、ドラムスのサム・レイがパーカッシブな力強さを加えていた。

ブルームフィールドは、肌の色でブルース・プレイヤーを評価しようとする白人ファンにも困惑していた。彼は、ブルースの伝統における人種と文化の役割を認識しており、状況によっては自分の正統性を軽んじることはいとわなかったが、バンドリーダーのバターフィールドに疑問を持つ者がいれば、それを正す用意があった。「バターフィールドには白人だからどうこうっていう、たわ言は関係ない……奴が緑色だったとしても、何の違いもない。奴はプラナリアやツナサンドイッチだったとしても、ブルースに夢中になるだろう」

つまり、バターフィールド・バンドは、ニューポートに強い意志を持ってやってきたということだ。「俺たちはシカゴそのものだった」と、バンドでキーボード奏者を務めたこともあるバリー・ゴールドバーグは回想する。「シカゴで成長して、シカゴが俺たちのルーツであり、着ていた服だった。東海岸の子供たちとは違っていた。俺たちはいつも、シカゴのタフさのようなものを持っていた」。このことが表れているのが彼らの代表曲〈ボーン・イン・シカゴ〉の冒頭の歌詞だ。「俺は1941年にシカゴで生まれた／父は俺に言った。『息子よ、銃を手に入れないといけない』と」。そしてジェフ・マルダーは、この歌詞は単なる大言壮語ではなかったと指摘している。バターフィールドは実際にピストルを持っていた。タフで世慣れていたバターフィールドたちは、エレクトラ・レコードと契約したばかりで、グリニッチ・ヴィレッジのクラブを満員にし、バンドのマネージャーになりたいと話していたアルバート・グロスマンから激励を受けるなど、フォーク界に旋風を巻き起こす準備ができていた。ニューポートはバンドを次のレベルに引き上げる可能性のある大きなステージであり、彼らはそれを最大限に活用したいと考えていたが、同時にそこを異質で、おそらく敵対的な場だろうとみなしていた。そしてその考えは完全に間違っているというわけではなかった。ブルースの純粋主義者にとって、チェンバーズ・ブラザーズ、ライトニン・ホプキンス、さらにはボー・ディドリーやチャック・ベリーは、民族フォーク文化の正統的な代表者であり、ブルームフィールド、バターフィールド、ビショップは、オ能はあったものの二番煎じだった。バターフィールドのバンドに黒人ミュージシャンが二人いたことは、彼が伝統と真に結びついていたことの証明であり、彼が真にその一部であったことの証明ではない。そして、白人演奏者の誠実さをどれだけ擁護したとしても、フォーク・フェスティヴァルに招待された最初の本格的なシカゴ・ブルース・バンドが若い白人によって率いられていたことは、議論の余地のない事実であり、彼らの肌の色はレコード契約を可能にし、グロスマンが関心を寄せた大きな要因であった。

フォーク界で、そうしたえこひいきを特に、そして少し高圧的に嫌う傾向がある人物が一人いるとすれば、それはアラン・ローマックスだ。音楽的には保守的だったと思われることが多いローマックスだが、ポップ畑でも長い経験があり、フォーク・ミュージックを大衆に広めたいと考え、フォーク・アーティストとスタジオ・オーケストラをミックスしたネットワーク・ラジオ番組や、ジョー・スタッフォードのようなメインストリームのヒットメーカーによるフォーク・レコードを制作していた。ローマックスは、41年にエレクトリック・スチール・ギターをフィーチャーしたグループを録音した最初の民俗学者であり、ロックンロールを受け入れた最も著名な民俗学者でもあり、59年にカーネギーホールでドゥーワップ・シンガーとエレクトリック・シカゴ・ブルースを出演させた際には、若い純粋主義者からブーイングを浴びせられたこともある。しかし、彼はフォーク・ミュージックとは労働者階級のコミュニティの表現であり、地方や民族の方言の音楽版であるという考えに強くこだわり、中流階級の若者たちがフォーク・スタイルで演奏していると主張することに強い疑念を抱いていた。ジョー・スタッフォードは例外的に許されたのだが、それは、シーガー、バエズ、ＰＰＭがニューポートで本物の伝統音楽のパフォーマーを聴くよう聴衆を誘導したのと同じように、彼女は自分のレコードで本物の音楽の魅力を聴衆に伝えることができる大スターだったからだ。しかし、ブルームフィールドやバターフィールドが生まれる前に、ミシシッピ州ストーヴァルの農園でマディ・ウォーターズを発見したローマックスは、シカゴにはもっとルーツに根づいたバンドがたくさん存在することをよく知っていた。

金曜日の午後、ローマックスは「ブルース：起源と派生」と題した野心的なコンサート兼講演を行った。これは「フロム・スピリチュアルズ・トゥ・スウィング」の更なる改訂版だったが、彼は単なる主催者や司会者ではなく、熱心な論客であり、聴衆を正し、叱責することを決意していたという点で異質だった。シェルトンは彼を「明瞭で、啓発的で、流暢だが、時に腹立たしいほど衒学的な司会者兼ナレーター」と評した。ローマックスはこの2時間にわたる講演で、ブルースを「イタリアのストルネッラ、スペインのコプラ、メキシコのコリーダ」と比較し、「ミシシッピで生き残った原始的なアフリカの音楽が、華やかでビートの効いた現代的なエレクトリック音楽へ進化する旅へと聴衆を導いた」のだった。この旅は、北ミシシッピの横笛とドラムを演奏するロニー&エド・ヤングが手作りのバスドラムを叩き、リード・フルート（リード付きの木製フルート）を吹くことから始まり、ローマックスは彼らとアフリカの伝統とのつながりをたどりながら、冗談交じりに二人を駐ガーナ文化大使に任命した。次に彼は、独唱のフィールドホラーを皮切りに、アフリカの声楽の伝統について論じ、都会の模倣者を軽蔑していたにもかかわらず、彼自身がこのスタイルを披露した。その後、テキサス出身の元受刑者5人組が2曲の労働歌を歌い、壮大な〈ゴー・ダウン、オールド・ハンナ〉で締めくくった。

ルーツについての論証を終えたローマックスは、サン・ハウスやマンス・リプスカムとともに初期のブルースへと話を移した。彼は、25年前にプランテーションの小屋でハウスの録音を行ったことを思い出し、ハウスの〈レヴィー・キャンプ・モーン〉をフラメンコのカンテ・ホンドと比較し、客がウイスキーに嗅ぎタバコを混ぜてスクローンチ、ビリーウォーク、ドッグダンスなどを踊っていた田舎の酒場についてハウスと懐かしんだ。リプスカムは、ラグタイムのナンバー〈アラバマ・ジュビリー〉や〈ママ・ドント・アラウ・ノー・ブギウギ・ラウンド・ヒア〉というより軽妙なスタイルの曲を歌った（今考えてみれば、この「ママはこのあたりでブギウギを演らせてくれない」という意味のタイトルは相当の皮肉だが)。その後、最初の「子孫」である、グランド・オール・オプリー出身の白人ヒルビリー・ギタリスト、サム&カーク・マギーが登場した。カークは、「俺たちが知っているブルースのほとんどは、始めた頃に黒人から学んだものなんだ。父親が店をやっていたんだが、その小さな田舎の店にみんなが集まってきて、そのおかげでブルースを学ぶことができた」と説明した。彼らはまず、ロバート・ジョンソンからエルヴィス、ディランまで誰もが取り上げた〈子牛のブルース〉を演奏し、次にサムが自身の名曲〈レイルロード・ブルース〉を演奏すると、ローマックスは「黒人ではないという不利を克服した男がいる」とコメントした。次はビル・モンローで、十代の頃、アーノルド・シュルツという黒人ギタリストとスクエアダンスをし、ブルーグラス・ボーイズを率いてジミー・ロジャーズの〈ブルー・ヨーデル・ナンバー3〉や、エネルギーあふれる競馬バラード〈モリー・アンド・テンブルックス〉を演奏したことを思い出しながら語った。

ローマックスはその後、「1914年以来ブルースの首都である聖地シカゴ」への大移動の軌跡をたどった。このプログラムでは、30年代から40年代にかけて何百枚ものレコードで演奏したピアニスト、メンフィス・スリムが出演する予定だったが来られなくなり、代わりにエディ・ボイドとラファイエット・リークが出演し、ベースはウィリー・ディクソンが務めた。全員がシカゴの重鎮たちだった。洗練されたブルース・バラード歌手で、短期間だがマディ・ウォーターズをギタリストとして雇っていたボイドは、52年にR&Bチャートのトップに躍り出た〈ファイヴ・ロング・イヤーズ〉を歌った。リークはフロントマンとしてはそれほど有名ではなかったが、ディープ・ブルースからチャック・ベリーの〈ジョニー・B・グッド〉や〈ロックンロール・ミュージック〉まで、あらゆる曲でピアノを演奏した。ディクソンはチャック・ベリーのレコードにとどまらず、チェス・レーベルでレコーディングするほぼ全員のベーシストとして参加していた。チェスでタレントスカウト、プロデューサーの役割も務めていた彼は、シカゴのシーンで最も影響力のあるソングライターであり、〈セヴンス・サン〉〈フーチー・クーチー・マン〉など、数多くのヒット曲が彼の作品だった。

このコンサートにおける次のステップは当然、現代的なエレクトリック・バンドをステージに上げることだったが、バターフィールドのグループは「フロム・スピリチュアル・トゥ・スウィング」というモデルに完璧にフィットしていた。というのも、39年の同コンサートは、バターフィールド・バンドと同様に人種混交のベニー・グッドマン楽団が、当時流行の黒人音楽を提供していたからだ。しかし、グッドマンは「スウィングの王様」として大スターだったのに対し、バターフィールドはシカゴ以外ではほとんど知られておらず、ローマックスが選ぶようなアーティストでは決してなかった。マディ・ウォーターズが出演できなかったとしても、彼はバディ・ガイやチェンバーズ・ブラザーズのようなアーティストを出演させたかっただろう。ローマックスが求めていたのは、サウスサイドでちょっと仕事をしたことがあるからブルースマンになったと思っている中流階級の部外者ではなかったのだ。彼はニューポートが商業的すぎると常に不満を漏らしており、フェスティヴァル理事会での自分の役割は本物の伝統を守ることだと考えていた。その年のプログラムでの彼の声明文は、「芸術において、金や名声は、誠実さに比べれば何の価値もない」という宣言で終わっている。彼はバターフィールド・バンドの演奏をまだ聴いていなかった——彼らのデビュー・アルバムが発売されるのは、まだ数カ月先だったのだ。しかし、彼らがブルース研究家たちの委員会ではなく、グロスマンとエレクトラ・レコードの支援を受けたピーター・ヤーロウによって選ばれたことは知っていた。さらに悪いことに、ニューポートでこれまでで最も真剣なブルースの探求へと聴衆を導いた後、ローマックスは白人の若者たちが高価な機材をセットアップしている間、彼らの紹介を長引かせなければならなかったのだ。

公平を期すために言うと、ブルームフィールドが、ハウス、リプスカム、モンロー、ディクソン、ボイドと一緒にプログラムの一角を占めている無名の白人バンドを紹介する立場だったら、同じように不機嫌になっていたかもしれない。彼はローマックスと同じくらい純粋主義者で、外交的でもなかったかもしれない。ローリング・ストーンズ以下の白人ブルース・グループに対する彼の見解は、ほとんどが「滑稽で誂りがあり、バカげていて、インチキで、卑屈で味気がなく、本当にすばらしいものの粗雑な模倣」というものだった。バターフィールド・バンドは、若い世代の純粋主義者で、シカゴのバーで長年活動し、ゲットーの黒人客に受け入れられていた存在であり、一方、ニューポートでブルースを演奏した多くのミュージシャンたちは、黒人クラブに足を踏み入れたことのない、ニューヨークやケンブリッジ出身の元フォーク・ミュージシャンだった。また会場では、グロスマンやエレクトラ・レコードのジャック・ホルツマン、そしておそらく他の多くの重要人物が、彼らの演奏を見守っていた。彼らは出演するミュージシャンたちにツアーを用意し、ヒット曲をもたらし、世界で最も売れるブルース・ミュージシャンに仕立て上げることができるかもしれない人々だった。そして、もちろんそれはローマックスの苛立ちを募らせるだけだった。

そこで、バンドがプラグを差し込んで準備を整えている間に、ローマックスはブルースの歴史について最後の大演説を行っていた。つまり「葦の横笛と壊れたドラムからエレクトリック機材へ」の旅についてだ。楽器は変わり、流行も変わったが、重要なのは技術ではなく、「マイクを通してどれだけ真実が伝わるか」だった。彼がこのとき紹介していたのは、ブルースを単なる音楽としては考えていないアーティストたちだった。ブルースとは彼らの生活、世界、家族や隣人、悲しみや喜びが編まれたものであり、この文化の外部からやってきて、その音を再現するのを学ぶことではない。もちろん、ベニー・グッドマンのように、ある種のブルースの演奏方法を学んだ者もいた。ローマックスは、「私たち白人はいつも、少しだけ遅れてやってきましたが、追いつこうとしてきました……ここにいる彼らは、他のバンドに追いついただけでなく追い越してしまったということです。そう聞いています。それが本当かどうか、ぜひ確かめたいものです」と言い、続けて演奏者を紹介する。「今夜、これから皆さんに紹介するのは、すでにシカゴのキングとして絶賛されているポール・バターフィールドです」。バンドの他のメンバーを続けて紹介し、最後に「とにかく、これはシカゴの新しいブルースです。演奏は……」と言っている彼の声をかき消すように、バターフィールドがリトル・ウォルターの〈ジューク〉のハーモニカ・リフを吹き始めた。

バンドは激しく演奏に突入していき、伝説によると、このインストゥルメンタル曲の演奏を背景に壮大な対決が繰り広げられた。ローマックスがステージから下りると、激怒したアルバート・グロスマンが彼に立ち向かった。ポール・ロスチャイルドの記憶によると、グロスマンの売り言葉はこうだ。「ミュージシャンたちを紹介するのに、そのやり方は一体何なんだ。恥を知るべきだ」

ローマックスは怒鳴り返した。民俗学者のリチャード・ロイスは彼が「口にパンチでも食らいたいのか?」と言ったと報告している。

グロスマンは言い返した。マリー・トラヴァースは、彼が言った言葉を正確に記憶している。それは「お前みたいなゲイ野郎からそんなことを言われる筋合いはない!」だった。

ローマックスはグロスマンを押しのけようとした、あるいはグロスマンがローマックスを押しのけたのかもしれない。いずれにせよ、数秒のうちに、太った伝統の預言者と太った富の御用商人——マリア・マルダーの表現では「二頭の大きな熊」——は下手なパンチを繰り出し、土埃にまみれていた。

「それは完璧な対決で、それが象徴するものは誰の目にも明らかだった」とロスチャイルドは回想し、ジョージ・ウェインも次のように記して伝説の空白を埋めようとする。

ローマックスはフォークロアの神聖な伝統を象徴し、グロスマンは陰の実力者であり、その存在自体が伝統を堕落させる恐れがあった。フォーク・リヴァイヴァルの穏やかな表面の下に潜んでいた緊張が初めてあからさまに噴出した。対立は人格化され、肉体を持ってそこに現れた。

象徴性はさておき、現場にいた者の多くは、その取っ組み合いをうれしそうに思い出している。エリック・フォン・シュミットの言葉を借りれば、「それは最高だったよ。みんなが楽しんだ。大勢のフォーク界の有名人が大喜びで乱闘を見守っていた」。十代の頃にはアマチュア・ボクシングのチャンピオンになったこともあるウィリー・ディクソンは、その夜ブルース会場でその場面を再現してみせ、サミュエル・チャーターズは、報酬を払うから、ローマックスとグロスマンにステージ上でもう一度取っ組み合いをするよう提案した。傍観者の中には片方の味方をする者もいた。ブルームフィールドは「アルバート（・グロスマン）、あいつの尻を蹴り上げてやれ！」と叫び、その場で「ブルースを演る権利を体を張って守る」この男と契約しなければならないと決めた、と回想しているが、大半の関係者はこの騒ぎを「喧嘩両成敗」と考えていた。

もっともなことだが、騒ぎの詳細についてそれぞれの記憶は混乱している。サム・レイがステージから飛び降りて二人を引き離したという者もいれば、それをやったのはブルース・ラングホーンとリチャード・ファリーニャだという者もいる。一方で、運動不足の二人が自ら倒れたと主張する人もいる。そして、複数の矛盾する証言は、日曜日のディランのショーに関する矛盾するストーリーにぴったりの前菜となっている。目撃者の中には、それがいつどこで起こったかについて意見が一致しない者もおり、日曜日のメインステージで起こったとしている者もいれば、バターフィールドのステージの際に起こったと言っている者もいる。ディランのサウンドチェックのときだという説もある。ほとんどの人は、それがローマックスのワークショップで起こったことに同意しているが、時系列がおかしくなっている。ほとんどの証言では、それはバターフィールド・バンドのイントロダクションの直後に起こったことになっているが、ドキュメント・フィルム映像では、グロスマンがバンドの最初のナンバーを通して満足げに微笑んでいるのが映っており、演奏終了後に喧嘩が起こったと記憶しているマリア・マルダーがおそらく正しいだろう。

パフォーマンスについては、『パトリオット・レッジャー』は次のように書いている。

ポール・バターフィールドは……ロングボブとハイブーツの観客を、マディ・ウォーターズ風に挑発的に振動する音で迎えた。彼のカタルシスにあふれ、混沌としてエロティックなリズムに触れた観衆は、瞬く間に身もだえをし、叫び始めた。それは、ライチャス・ブラザーズとローリング・ストーンズを足して2で割ったようなバターフィールド・バンドの興奮と恍惚である。

バターフィールドの泣きのハーモニカ、ブルームフィールドのギターの荒々しい妙技、そして大音量のアンプと組み合わされた高速のリズムに、聴衆は叫び、歓声を上げ、踊った。写真には、ケンブリッジのコーヒーハウスの一味《マフィア》であるエリック・フォン・シュミット、ジェフ&マリア・マルダー、リチャード&ミミ・ファリーニャが熱狂的にビートに乗り踊っている姿が写っている。マリア・マルダーは、「心臓が飛び出そうなほど興奮したわ。すごく力が湧いてきて感動した。最初の音から夢中になった。今まで聴いた中で最高のものだと思ったわ」と回想する。ジェフ・マルダーはさらにこう続けた。

私にとって、バターフィールド・ブルース・バンドは、65年にニューポートで起こった最も重要な出来事だった……人種的に平等なバンドがシカゴからやってきて、本物のシカゴ・ブルースを演奏したことで音楽の世界地図が変わったのだ。もちろん、手本はマディ・ウォーターズたちだったが、事実、この白人の男はとても優秀なプレイヤーで、マディたち王者に引けを取らないすばらしい演奏をするバンドを作った。瞬く間に、このバンドを手本にしたブルース・バンドが世界中に20万は誕生したはずだ。

バンドのデビュー・アルバムをプロデュースしたロスチャイルドは、1曲目の〈ボーン・イン・シカゴ〉は新しい融合を表していると論じている。「ソングライターの伝統とルーツの伝統の融合。ビートルズが現れたときに見たのと同じ現象だ」。ディランはワークショップには出ていなかったが、フェスティヴァル会場で『タイム』の記者にこう語っている。「俺が今注目しているグループが3つある。バターフィールド・バンド、バーズ、そしてサー・ダグラス・クインテットだ」

今にして思えば、彼が3つの異なるグループ――シカゴのブルース・バンド、最近エレクトリックに転じたポップフォークのバンド、ブリティッシュ・インヴェイジョンの流行に便乗したテキサスのホンキートンカー――を結びつけていたのは興味深い。そして、記者はディランの発言に続いて、「彼が私をからかっているのかどうかは定かではなかった」と注釈をつけた。彼がからかっていたかどうかはともかく、この組み合わせは、伝統主義者がバターフィールド・バンドに当惑させられた別の理由を示唆している。つまり、様々な批評や発言が、このバンドをライチャス・ブラザーズ、ビートルズ、ストーンズ、バーズ、サー・ダグラス・クインテットなどと一緒に、他のブルース・アーティストとは根本的に異なるカテゴリーに分類しているが、唯一の共通点は、すべてが白人で人気者であるということだった。後にライターのデイヴィッド・ダンが述べたように、バターフィールドとブルームフィールドが皆の度肝を抜いたのは、「アフリカ系アメリカ人の音楽の多くに不可欠な要素である装飾音と即興演奏のすべてが、二人の白人の青年によって生み出されていたからだ。つまり、私たちと同じような白人によって」。これはある意味、ニュー・ロスト・シティ・ランブラーズが、南部のバンジョーとフィドルのコンテストで優勝したときに若いニューヨーカーが感じた興奮に似ていたが、根本的に異なってもいた。ランブラーズは確固たる伝統主義者で、年配のミュージシャンを録音するために南部に渡り、メイベル・カーター、カズン・エミー、エック・ロバートソンのバックを務めていたが、彼らをビートルズやローリング・ストーンズと比較する者は誰もいなかった。

サン・ハウス、カズン・エミー、ランブラーズを評価し、バターフィールド・バンドやディランの新しいロックヒット曲も楽しんでいたリスナーはたくさんいたが、フォークのファンの中で、自分たちの理想的な音楽体験が脅かされると恐れた人がいたのは理解できる。商業主義に対する懸念はさておき、現代のエレクトリック・ロックやブルースで興奮するのが大好きだとしても、それがニューポートには合わないと感じる人はいただろう。土曜日、バターフィールド・バンドがブルース・ステージに戻ったとき、フォン・シュミット、ジョン・コーナー、トニー・グラヴァー、クウェスキン・ジャグ・バンドのメンバーなど、コーヒーハウス・ブルースの革新者たちによる様々なジャムセッションが展開し、より打ち解けた雰囲気があった。今回はブルース好きの間で軋轢はなかったが、バターフィールドが全開の演奏を始めたとき、メイベル・カーターとマイク・シーガーはオートハープのワークショップの最中だった。その現場を目の当たりにしたヴァンガード・レコードの解説者のメモを引用すると、「録音テープのこの部分で、エレクトリック・ブルース・バンドがすぐ隣のステージで演奏を開始し、アコースティック演奏の残りの部分が聞こえなくなった」という。

フェスティヴァル参加者の大半はこうした対立に気づいていなかったが、一部の人たちの神経は苛立っていて、ローマックスは舞台裏で商業主義の芽を根絶しようとしていた。ジョー・ボイドによると、彼は緊急の理事会を招集し（ヤーロウは慎重に除外された）、ローマックスを攻撃したことと、違法薬物を持ち込んでいるという噂があったことから、グロスマンを会場から追放することを決議した（グロスマンはマリファナ常用者で、噂はおそらく正確だったが、それは彼だけではなかった。ケンブリッジ界隈のフォーク・ミュージシャンはマリファナ使用で有名だった）。しかし、「この決定がウェインに伝えられると、彼は理事会を再招集し、厳然たる状況を説明した」。それは、グロスマンはディラン、オデッタ、イアン＆シルヴィア、ミミ＆リチャード・ファリーニャ、ゴードン・ライトフット、クウェスキン・バンド、ＰＰＭのマネージャーであり、もし彼が追い出されたら、おそらく彼は自分のアーティストたちも連れて去っただろう、ということだった。

理事会は引き下がり、フェスティヴァルは予定通り続行された。そして、ディランが新しい妙案を実行に移さなかったら、ローマックスとグロスマンの騒動は忘れ去られていただろう。このとき、ディランはバターフィールド・バンドの存在に刺激を受け、グロスマンはローマックスよりも個人的な怒りを募らせていた。多くの関係者は、この騒動をきっかけにグロスマンがフォーク界の権威に闘いを挑もうと考えたと言っており、彼がフェスティヴァル会場でアル・クーパーに遭遇したとき、パズルの最後のピースがはまった。いつものようにストーリーは絡み合い、詳細は不透明だが、土曜日の夜には、ディラン、クーパー、ブルームフィールド、バターフィールドのリズム・セクションがリハーサルのために招集されたのだった。

第9章　あのときより若く

エリック・フォン・シュミットは日曜（7月25日）の夜、愛用のギターを手に、クエスキン・ジャグ・バンドのファンの群れに囲まれてメインステージに立った。彼にとってこれまでで最大の観客数で、いつもの75人や150人ではなく1万6千人だったが、彼はいつものギグと同じようにこのコンサートを捉えていた。つまり、友人たちと過ごし、音楽を演奏し、ちょっとした冒険をしてみて、どんな結果になるか成り行きに任せてみる機会として考えていたのだ。彼は〈グリズリー・ベア〉でステージを始めた。これは、1951年にテキサスの囚人作業キャンプでピート・シーガーと妻のトシが録音したアフリカ系アメリカ人の労働歌だ。これは、無法者のバラッド、あるいはプロテスト・ソングなのかもしれない。グリズリー・ベアは、特に屈強な囚人、または特に無慈悲な看守のことを歌っている可能性がある。リーダーが一節歌うと、他の囚人がそれに加わる。

彼は息を切らしてやってくる（グリズリー・ベア）のように
彼は歩いてやってきて話す（グリズリー・ベア）のように

彼は大きくて長い牙をもっていた（グリズリー・ベア）のように
彼は大きな青い目をしていた（グリズリー・ベア）のように
彼の髪はすごく長かった（グリズリー・ベア）のように
ああ、グリズリー、グリズリー（グリズリー・ベア）

フォン・シュミットはギターパートを追加し、61年のフォークウェイズからリリースしたデビュー・アルバムでこの曲を録音し、これが彼のトレードマークとなった――ケンブリッジのコーヒーハウスの若い住人にとって、グリズリー・ベアは、ぼさぼさのあごひげ、並びの悪い歯、そして凶暴な目つきを持つフォン・シュミットそのものだ。ディランは、雨の日に彼の家の玄関に現れ、中で行われていたパーティに加わり、その後クラブ47まで歩いていって彼が歌うのを聞き、こんな感情にとらわれたことを思い出している――「エリック・フォン・シュミットの喜び、怒り、悲しみ、辛辣さ、興奮、恐怖に満ち、不機嫌で、幸福で、啓発的で、抱擁《ハギング》をして、ガタコト音《チャギング》をたてる世界……歌うと電線から鳥が飛び立ち、タイヤからラバーが外れてしまう男……空が存在する理由、海が荒れる理由を歌う男」

ニューポートでは、背後でフリッツ・リッチモンドのウォッシュタブ（洗濯桶）ベースの音が鳴り、ジェフ・マルダーのギターがカウンターリズムを刻み、フォン・シュミットのファルセットの叫び声に合わせて高音弦をチョーキングさせる中、彼はいつも通りワイルドかつ自由にうなり声を出し、遠吠えを上げ、跳ね回り、足を踏み鳴らしていた。そして、南部の説教師のように話し始める。

みんなに教えてあげることがあるんだ！　この歌を聴いたのは随分前で、5年くらい前かな。そう、〈グリズリー・ベア〉だ。この歌のことは前から知っていたけれど、誰が書いたのかは知らなかった。そして、これを書いた男が昨日の夜、この歌を歌っていたことがわかったんだ。このステージで古い切り株を切り倒しながら歌ったんだ。男の名前はR・G・ウィリアムズだ！　彼はグリズリーのことを知っていた。イエエエエエーオウ、主よ！

つまり、ものすごくでかいグリズリー、グリーズリー・ベアだ。

そう、ニューポートのことだ！

すごくて大きなグリズリーだ。

それができないなら、来ないでくれ！　サプライズが欲しくないなら、ニューポートに来ないでくれ！

うわー、主よ！

その週末はたくさんのプログラムがあったが、問題は、どうやってそれについていって、それを吸収し、見逃してしまったもののことを考えすぎないようにするかだった。金曜の朝、テキサスの労働歌グループを見たければ、黒人グループの歌唱とリズムパターンに関するワークショップに行き、ムーヴィング・スター・ホール・シンガーズ、ミシシッピの横笛とドラムのグループ、そしてチェンバーズ・ブラザーズと一緒に彼らの演奏を聴くことができた。『パトリオット・レッジャー』紙によると、チェンバーズ・ブラザーズは、「ロックンロールは今後もおそらく生き残っていくだろう」ということを示していた。しかし、こちらに参加すると、マイク・ブルームフィールドが、ライトニン・ホプキンス、レヴァレンド・ゲイリー・デイヴィス、サン・ハウス、ミシシッピ・ジョン・ハート、ジョン・コーナーらと主催するブルース・ギターのワークショップを見逃してしまうことになった。どちらのワークショップもブルース・ファンなら夢のようなイベントだが、他にもクウェスキン・ジャグ・バンド、ニュー・ロスト・シティ・ランブラーズ、サム＆カーク・マギー、リリー・ブラザーズ、ビル・モンロー＆ザ・ブルーグラス・ボーイズによる弦楽団のワークショップもあった。そして、それだけでは十分ではないとすれば、「ブロードサイド：過去と現在」というワークショップがあり、それは、マンス・リプスカムとイギリスの民俗学者で歌手のA・L・ロイドが過去を、そして、ドノヴァン、レン・チャンドラー、マーク・スポールストラ、ガイ・キャラワンが現在を探求するというものだった。それに加えて、シーガーは終日にわたる「バラッドの系図」というアイデアを思いついたが、出演予定のアーティストにはミシシッピ・ジョン・ハート、ジョーン・バエズ、メイベル・カーター、イアン＆シルヴィア、ジーン・リッチー、アイルランドの歌手マーガレット・バリー、ニューファンドランドのアーサー・ニコル、そして故郷のスコットランド以外で初めて演奏する赤毛の新人ノーマン・ケネディなどが含まれていた。

ディランはその日の朝、まだ会場に現れていなかった。金曜日（7月23日）の夜に到着したようだが、誰もはっきりと覚えていない。どうやら彼は自分の部屋か、少なくとも誰かの部屋へ直行したようで、ボブ・ニューワースか、あるいはアルバート・グロスマンと一緒に、グロスマンとローマックスの諍《いさか》いやバターフィールド・バンドのすばらしさについて語り合ったようだ。最初に公式に目撃されたのは土曜日（7月24日）で、彼はコンテンポラリー・ソングスのワークショップに参加する予定だった。

ニューポートのワークショップはもともと、教育的な議論やデモンストレーションを交えて音楽を発表することを目的としていたが、65年の時点では、ほとんどの人がそれをミニコンサートと考えるようになっていた。土曜日にはダンスのワークショップがあり、１００人のフェスティヴァル参加者がクロッギングやコントラステップを学び、他の参加者は特定の楽器や奏法を披露したが、一般的には、大きなステージよりも親密で気楽な方法でパフォーマーが歌のやり取りをする場だった。これらは、大勢の観客の前で歌うことに抵抗がある特に静かなスタイルのアーティストに適しており、彼らの近くに腰を下ろした聴衆は、年老いたヴァイオリニストやバラッド歌手を訪ねて玄関先で数曲聴いているような感覚を味わうことができた。ニューヨークから来たある学生は、「サン・ハウスのような人たちの演奏を聴いていると、草むらの中にでもいるような気分になるんです。まるであの人たちが住んでいる場所にいるように思えてくるんです。そして、カモメが鳴き始め、ジェット機が通り過ぎ、会場から口笛の音が聞こえたりすると、彼らが演奏しているのはここニューポートであることに気づき、現実に引き戻されるのです」と説明した。

典型的なワークショップでは、芝生の上に座ったり横になったりして50人から数百人の聴衆が集まるが、演奏者によってはそれだけでも怖気づいてしまう人数だった。ノーマン・ケネディは、バラッド・ステージに集まった群衆を見たときの恐怖と、伝説的シンガーのメイベル・カーターの隣に座らなければならなくなったときのプレッシャーを思い出す。ラルフ・リンツラーが、目を閉じて一人ぼっちのふりをするようアドバイスをした。「私は目を閉じて〈バーバラ・アレン〉を歌った。目を開けると、彼女は私に寄りかかり、私の右膝に手を置いて、私の顔を覗き込んでいた。そしてこう言ったんだ。『まあ、あなた、私もその話を知っているわ』」

ワークショップは、このようなささやかで貴重な場面を提供する場所として用意されていた。他にも、南アフリカのペニーホイッスラー（縦笛奏者）がミシシッピの横笛奏者と曲を交換したり、サン・ハウスとマンス・リプスカムが即興でデュエットしたり、というような場面があったり、あるいは、テキサスの労働歌グループが、コール・アンド・レスポンスの歌詞を歌いながら丸太を割るのを見守っていたピート・シーガーが、「自らも古ぼけた斧を振り回し、自分が歌う労働歌に合わせて熟練したやり方で大きな木片を切り取る」といった具合だ。午前11時から午後5時の間はいつでも、6つのワークショップが同時に行われ、金曜日にはその6時間の間に合計3千500人から4千人の観客を集めた。対照的に、メインステージで行われた夜の大コンサートは、チケットが完売した1万5千人の観客でいっぱいで、さらに2千人から4千人が駐車場から聴いていた。日中の参加者が少ないのは意図的だったが、それは、64年には観客がしばしば過剰に感じられたためだ。65年に理事会はワークショップのほとんどを、熱心な愛好家向けに、特定の伝統的な楽器とスタイルに焦点を当てることに決定した。ある記者は、ステージからステージへと歩き回り、「価値がありそうなものや面白そうなものを見つけよう」として、時折、即興の掘り出し物に偶然出くわすという体験を記している。ブルースのステージでは早朝のジャムセッションが行われ、ラファイエット・リーク、ウィリー・ディクソン、ブルース・ラングホーン、オデッタ、そしてナイジェリア人ドラマーのハッサン・ララックが〈バック・ホーム・アゲイン・イン・インディアーナ〉を合唱したり、ケープ・ブレトンの一座が予定されていたワークショップを終えて広場の端で歌い続けたりした。「それは、フォーク・フェスティヴァルで時々起こるすばらしい体験のひとつだった。厳しい風雨に耐えてきた顔の皺《しわ》が見事な老人たちが、草の上に座って、純粋に楽しむために歌っていた。誰が聴いていようが気にも留めずに」

このように記した記者によると、土曜日は観客が多く、ほとんどの人がより現代的なスタイルを求めていたという。ブルースのステージでは「伝統主義者の演奏を聴いているのはほんの一握り」だったが、1時間後には「エリック・フォン・シュミットやシティ・ブルースの人気演奏家の演奏を聴き声援を送るために大勢の人が集まっていた」という。コンテンポラリー・ソングスのワークショップについて彼のこのような記述が残っている。

広場のずっと端に立って、正式にはエリア2として知られている場所（コンテンポラリー・ソングスのワークショップが行われた場所）の方向に、（人々の動きと一緒にわき上がる）砂煙が移動しているのを見るのは、なかなかの体験だった。すぐに疑問が湧いてくる。「この大移動を引き起こしたのは誰なのか？部族たちに砂漠を横切らせたのは誰なのか？」

そのとき記者は、それはイアン&シルヴィアだと結論付けたが、彼らはワークショップの終わりごろに現れており、群衆の多くは二人の後に控えていたディランを探していた可能性が高い。他のステージも熱心なファンたちを集めている一方で、エリア2に押し寄せる観客は5千人から7千人に膨れ上がっていた。

商業フォーク界が若いシンガーソングライターに目を向けていたことを考えると、彼らのステージが群を抜いて人を集めたのは驚くべきことではなかったが、このフェスティヴァルが彼らを軽視していると感じる人もいた。伝統主義者は、都市の第一線で活躍するパフォーマーは、本物のフォーク・ミュージックをより多くの人に聞いてもらうためのおとりのようなものだと考え続けたが、他の人々、特にピーター・ヤーロウは、これらのシンガーソングライターがこの時代における正真正銘のフォーク・アーティストであると主張した。都会の歌手が田舎の伝統を単に解釈していたときには、この古いやり方は理にかなっており、より正当なアーティストへの懸け橋とみなすことができた。キングストン・トリオが好きならフランク・プロフィットを聴くべきであり、バエズが好きならアルメダ・リドルを聴くべきで、デイヴ・ヴァン・ロンクが好きなら、ライトニン・ホプキンスをチェックすべきだ、といった具合だ。しかし、現在のディラン、ドノヴァン、レン・チャンドラーのファンが伝統的ミュージシャンと同じようなつながりを見出すことはなかった。どう定義するかによってだが、ディランたちが現代のフォークを創り出していると言うこともできるし、彼らの作品がフォークのカテゴリーに属していることを否定もできるが、いずれにせよ彼らは本質的に新しく異なったことをしており、ヤーロウは他の理事たちに、彼らがもっと出番を与えられるべきだと理解してもらおうと努めた。「ジョーン・

バエズやボブ・ディラン、ピーター・ポール＆マリーたちが大勢の観客を集めているのに、彼らのように実力を上げてきた新しいアーバン・シンガーたちを認めないのは適切ではないと考えた」と語るヤーロウは、シーガーの支援を受けて、日曜日（7月25日）の午後に新進気鋭のソングライターの出演を増やし、「新しいフォーク」がテーマのコンサートを開催することに成功した。しかし、ワークショップのプログラムは依然として伝統主義者が占め、土曜日に、自分たちと同世代のミュージシャンが今現在の人生体験を歌う姿を見られる機会は、コンテンポラリー・ソングスのワークショップだけだった。

その結果として、たとえディランが参加していなくても、土曜のそのワークショップは最も人気のあるイベントになっていただろう。他の選択肢はインターナショナル・ソング、フォーク管楽器、子供向け音楽、そしてライトニン・ホプキンス、マンス・リプスカム、サン・ハウスなどが出演するブルースだったが、熱心なブルース・ファンは金曜日にすでにそれらのアーティストを観ており、違う音楽を待ち望んでいた者もいた。ジェフ・マルダーは、ニューポートの昼の部は、どれを観るかいつも苦渋の決断をしなければならなかったが、その朝は「カレンダーには、ディランと書かれていた」と回想している。多くの人にとって、それは決断が必要なことでさえなかった。

このコンテンポラリー・ワークショップは、別の意味でも流行の変化を確認できるものだった。ニューポートが時事問題に焦点を合わせないソングライター・ワークショップを開催したのはこれが初めてだったのだ。政治的な歌詞もいくつかあったが、愛と失恋、疎外感と放浪についての曲、モダン・ブルース、コミカルなノヴェルティソングなどが多数を占めていた。プレゼンテーションの仕方も異なっていた。他のワークショップでは、出演者が一緒に座って順番に演奏し合うことが多かったが、ここではアーティストやデュオたちは、それぞれ独立した4曲のセットを演奏し、演奏の順番は当時の人気をおおよそ反映していた。ジョージア州出身のブルージーなソングライター、パトリック・スカイが最初に登場し、続いてピート・シーガーが1曲だけカメオ出演し、続いてゴードン・ライトフットが続いた。ライトフットはまだデビュー・アルバムをリリースしていなかったが、イアン&シルヴィアが最新アルバムのタイトル曲にした〈アーリー・モーニング・レイン〉を作曲したことで注目を集めていた新人だった。その後、エリック・フォン・シュミット、リチャード&ミミ・ファリーニャが演奏し、リッチー・ヘイヴンズによる予定外のステージ（〈マギーズ・ファーム〉が1曲目）、ウィーバーズのロニー・ギルバートによる3曲（〈戦争の親玉〉など）、ドノヴァン、イアン&シルヴィア、そしてディランだ。

このラインナップはそれ自体で、アーバン・フォーク・シーンの変化を示唆していた。スカイとフォン・シュミットは、昔ながらの意味でフォークシンガーであり、田舎の伝統に浸り、ブルースやバラッドのレパートリーが豊富で、その中に自作曲を散りばめていた。ドノヴァンも同じような音楽的嗜好でキャリアを始めていたが、大西洋を隔て5千マイルも離れていた彼は、この音楽を異国風の輸入品として手に入れ、抜け目のないテレビ司会者の目にすぐに留まり、最初のシングルでイギリスの繊細なビート族系フォーク詩人としての地位を確立していた。ニューポートでは、ミシシッピ・ジョン・ハートのような人たちを間近で見たり、ディランやバエズと親交を深め、アメリカのシーンを味わったりする機会を楽しんでいたが、その日の早朝彼に会ったロバート・シェルトンが最初に注目したのはドノヴァンの外見だった。サングラス、デザートブーツ、色あせたブルーのコーデュロイ、グレーのタートルネック、スエードのジャケットという出で立ちの彼は、ジャック・エリオットの昔のバンジョー仲間であるデロール・アダムスからもらった金のイヤリングも身に着けていた。彼は、誠実なボヘミアン主義の指導者であり手本とみなしていたアダムズについて熱心に話したがった。しかし、シェルトンはフォークロックについて興味があり、「すべてを融合させるべきだ」というドノヴァンの意見に注目した。

これは、コンテンポラリー・ソング・ワークショップと伝統的なスタイルのワークショップのもう一つの違いだった。他のステージでイギリス、カナダ、アメリカの様々な地域のアーティストが混在していたとき、その目的は、コミュニティの伝承と知恵を守る者として、彼らの音楽が哲学的に関連していることを示すだけでなく、それぞれの伝統の違いと特殊性を強調することにもあった。対照的に、コンテンポラリー・ワークショップでは、ステージ上でもステージ外でも、融合《フュージョン》と混合がすべてだった。ドノヴァンの声は、ある曲ではディランの抑揚、次の曲ではバート・ヤンシュ、また別の曲ではバフィー・セントメリーの抑揚をもち、シェルトンは、舞台裏でバエズとヤーロウがドノヴァンのイギリス訛りを真似しているのを見ていた。

リッチー・ヘイヴンズもまた融合の先駆者だった。2年後に最初のアルバムがリリースされたとき、そのアルバムは『ミクスト・バッグ（*Mixed Bag*）』というタイトルで、アコースティックギター、エレクトリック楽器、シタールをバックに、物憂げなアレンジの〈サンフランシスコ・ベイ・ブルース〉が、ディランやビートルズの曲とともに収録されていた。しかし、台頭するシンガーソングライターの中で、黒人フォークシンガーの彼は異端の存在だった。詩人、画家、ミュージシャンとして長年ヴィレッジで活動していたヘイヴンズは、67年にアルバート・グロスマンと契約したことで、メジャーレーベルからのリリースと幅広いリスナー層を約束され、ついにブレイクすることになった。その頃、グロスマンはピーター・ポール&マリーで切り開いた道を開拓し続けていて、このワークショップは彼の最新の関心を象徴するものだった。予定されていた7組のうち4組が彼の契約アーティストだったのだ。

ゴードン・ライトフットは、グロスマンが契約したばかりのアーティストの一人で、オーケストラ編曲を学び、50年代後半には、ロサンゼルスでＣＭソングのライターとして活動した経験もあるカナダ人ソングライターだった。その後トロントに戻ってポップフォーク・デュオを結成し、イギリスでBBCのカントリー&ウエスタン・ショーの司会を1年間務めた後、ソロアーティストとして頭角を現し始めたところだった。彼はすぐにカナダでスターになったが、70年代初頭にジェイムズ・テイラーやジョン・デンバーなどのカントリーに影響を受けたソフトなロック・アーティストの波に乗ってアメリカに進出するまでには、さらに5、6年の年月を要している。この土曜の朝、シェルトンにインタビューされた彼は、「フォークとカントリーの中間の領域で新しいものを目指している」と述べ、主な影響を受けたアーティストとしてディラン、ボブ・ギブソン、ハンク・ウィリアムズを挙げ、トロントのサポーターの一人が彼のスタイルを「カントリー&ライトフット」と呼んだことに言及した。彼はニューポートへの参加をうれしく思っていたが、フォークシンガーとして分類されることは明らかに望んでいなかった。

ライトフットの作品が受け入れられるかどうかの基準がほしいなら、その時点では、イアン&シルヴィアが格好の存在だった。本国カナダで大人気であり、アメリカへの音楽親善大使的な存在だった彼らはニューヨークに移り、62年にグロスマンと契約し、63年のニューポート・フェスティヴァルでは、タイトなハーモニー、ブルーグラス風のギターとオートハープ、そしてカナダのバラッド、カウボーイソング、ブルースの雰囲気を巧みに混ぜ合わせた演奏で人気を博した。彼らは伝統音楽とポップフォークの分野にルーツを持っており、グロスマンはワーナーブラザーズと契約して大成功を狙うようにアドバイスしたが、彼らは代わりに、バエズが大成功を収めたより「上品な」ヴァンガードレーベルを選んだ。その結果、彼らは大学生の間では確固たる評判を確立したが、レーベルはシングルのプロモーションをしたり、レコードをメインストリームのラジオ局に売り込んだりすることはなく、イアン&シルヴィアは二人とも優れたソングライターであったにもかかわらず、他のアーティストがカヴァーした作品がヒットすることになった。ボビー・ベアはイアンの〈フォー・ストロング・ウインズ〉をカントリーとポップのチャートに載せ、ジョニー・キャッシュの〈悲しきベイブ〉（ディラン作）と熾烈な競争を繰り広げた。ニューポートに到着すると、シルヴィアの〈ユー・ワー・オン・マイ・マインド〉がカリフォルニアのグループ、ウィー・ファイヴによるフォークロック・バージョンで『ビルボード』のシングル・チャート入りした。ディランの〈ライク・ア・ローリング・ストーン〉より13位上の78位に登場し、一緒にトップ5まで上昇した。その年の後半には、イアン&シルヴィアはよりエレクトリックなサウンドを導入したが、その新しいスタイルはまったく受け入れられず、イアンは後に65年を、フォーク・ブームが終わり「ビートルズが俺たち全員を一掃した年」だったと回想している。

イアン&シルヴィアがフォークロックの流行とともに自分たちの人気が衰えていくのを感じていたとしたら、グロスマンにはもう一つの黄金デュオが控えていた。ニューポート出身のリチャード&ミミ・ファリーニャ（ファリーニャズ）だ。ミミはジョーン・バエズの妹で、自然にこのフォークの殿堂に出演することになっていた。一方リチャードは『ブロードサイド』誌一派の中では知られたソングライターで（ジョーンは64年にニューポートで彼の〈バーミンガム・サンデー〉を歌っていた）、極めて伝統的なアメリカの民族楽器であるアパラチアン・ダルシマーの稀有な革新者でもあった。彼はケンブリッジとニューヨークの両方のシーンにつながりがあり、ミミとの前にキャロリン・ヘスターと結婚していた。当時ヘスターは、コロムビアでデビュー・アルバムをレコーディングしており、後にロンドンでフォン・シュミットとデュエット・アルバムも出していた（偶然にも、どちらのプロジェクトにもディランがサイドマンとして参加していた）。

プレイボーイでやり手だったリチャードのことを、ほとんどすべての人が、颯爽としてハンサムで、愉快で才能があり、歌手であろうが作家であろうが冒険家であろうが、絶対にスターになったであろう人物として記憶している。アイルランド人とキューバ人のハーフである彼は、アイルランド共和国軍（ＩＲＡ）やキューバの革命家とのつながりがあると言い張り、パンプローナで闘牛をし、『マドモアゼル』誌に若者の動向に関する記事を寄稿したほか、大学での経験に基づいて執筆した小説『ビーン・ダウン・ソー・ロング・イット・ルックス・ライク・アップ・トゥ・ミー』で確固たる文学的地位を確立した。彼の音楽的スキルは限られていたが独特だった。古い曲を再利用し、複雑なメロディラインよりも力強いリズムに頼る傾向があったが、対位法を用いたミミのギターと非常に優れた演奏をしてみせた。シェルトンは二人の影響の大きさに注目し、彼らの作品の一つは「ブズーキ、シタール、ヒルビリーのサウンドを融合させたものだ」と書いている。彼らのデビュー・アルバムは4月に発表され、アングロ・アイリッシュ的なメロディ、えもいわれぬ中東風のテクスチャー、中世のバラッド詩を思わせる言葉遣いで現代的なテーマを探求した歌詞世界が展開し、エレキギター、ピアノ、ベースをバックにしたロックンロールも2曲収録されていた。

ニューポートに到着したとき、このデュオはまだあまり知られておらず、リチャードは特にこのフェスティヴァルを大きなチャンスとみなしていた。ミミは喜んで同行したが、いくぶん複雑な気持ちだった。彼女は夫のリチャードも、共同で作っている音楽も愛していたが、同時に理想主義的なバエズ家の血も引いていて、姉バエズにとって、スター街道をひた走るディランを見るのが辛いことや、ニューポートでデビューという娘の大舞台を見に来ていた両親と姉が、夫を野心的な日和見主義者だと考えていることを痛感していた。仕事の面でも感情の面でも、この夫婦にとって複雑な状況だったが、それが現実となる瞬間が、到着して数分以内に訪れた。それはミミが、プログラムに掲載されたグロスマン・マネージメント社の半ページ広告に、二人の名前が契約アーティストとして載っているのを見たときだった。リチャードは彼女に相談することなくグロスマンとマネージメント契約を結んでいたのだ。「私は本当に怒ったわ」とミミは評論家のデイヴィッド・ヘイジューに語っている。「彼が正直に行動したとは言えないから」。しかし彼女はこう付け加えてもいる。「リチャードがなぜこんなことをしたのかは理解できた。彼は私たちが成功して、お金を稼げればいいと思っていて、グロスマンと一緒にニューポートに行くことが、それを実現するための大きな一歩だと考えていたの」

リチャードのもう一つの狙いは、ニューポートでの公演が確実に注目を集めるようにすることだった。リチャードはパーカッションとエレクトリックの機材を追加することでそれを実現する予定だった。コンテンポラリー・ソング・ワークショップでは、ディランがいれば大勢の観客が集まり、エレクトリック・スタイルを好むファンもかなりいるはずだったが、時間の制約がタイトで、ヤーロウは彼らにデュオ形式のみでのステージを求めた。それでも二人はブルース・ロックの〈ワン・ウェイ・チケット〉で幕を開けたが、バンドなしではやや薄っぺらく聞こえた。また、彼らのステージには〈セルアウト・アジテーション・ワルツ〉が含まれていた。これはリチャードが書いた手の込んだディラン風の社会批判の1曲で、歌詞は「髪を切れ、そして、気づいていない人々を決して見つめてはいけない／毎朝目覚めたのに死んでいることに気づいていない人々を」というものだった。数時間後、彼らはジーン・リッチーのダルシマー・ワークショップにも参加したが、ブルース・ラングホーンがタンバリンを、アル・クーパーがギターを弾き、フル編成のバンドに近づいた。リチャードはラングホーンを「ボブ・ディランの前作『ブリンギング・イット・オール・バック・ホーム』のリード・エレクトリック・ギタリスト」と紹介し、自分たちのレコードに彼が参加したことには触れなかった。こうして実現したファリーニャズのロック・セッションはディランに先行していたが、このとき誰が皆の行動を支配していたかは明らかだった。リチャードは後に「ディランの速いペースについていかなければならない」とプレッシャーについて不満を述べている。

ディラン自身はというと、その土曜日の午後、ダークパープルのシャツ、ゆったりとした黒のスーツジャケット、タイトなブラックジーンズ、つま先が尖っている1・5インチヒールの黒いレザーブーツというクールな出で立ちだった。彼の新しいルックスに喜んだファンは明らかに一部にとどまっており、ある学生記者は、ディランは「十代のロックンロール好きの一群を惹きつけ、彼がステージに登場した瞬間にあがった恍惚の叫び声や悲鳴は明らかに不快だった」と嘆いていた。彼は、翌月に〈トゥームストーン・ブルース〉として録音することになる曲の未完成ヴァージョンで演奏を開始したが、サビはなく、最終テイクの痛烈なブルース・ロックではなく、不機嫌そうな単調なメロディだった。観客はシュールな歌詞を楽しんだようで、ところどころ笑い声が聞こえたが、シェルトンは感心せず、「無気力だ」と表現した。

ディランは続けて、前作のアルバムから、よりおなじみの曲でロマンチックな〈ラヴ・マイナス・ゼロ／ノー・リミット〉を演奏した。そよ風が吹き始め、霧を吹き飛ばし、朝のうっとうしい息苦しさを和らげ、彼のひどく絡まった髪は、背後で揺れる木の葉や枝とともに揺れた。〈イフ・ユー・ガッタ・ゴー〉はいつものように笑いを誘うことはなかった。日当たりの良い屋外のステージは、深夜がテーマの曲にはそぐわなかったからだ。しかし、観客は夢中になって聴き入っていた。観客の表情がタペストリーのようにフィールド全体に広がり、芝生のあらゆる部分を埋め尽くした。皆ステージ上の小柄な男を見ようと、そして、はるかに少ない観客向けに作られた音響システムから流れてくる彼の言葉を聞こうと、一生懸命身を乗り出した。

プログラムはすでに遅れており、低い木製のステージの後ろでは、エック・ロバートソンや他のベテランたちが楽器を取り出し、フィドルとマンドリンのワークショップの開始を待ちながら、動き回って小声で話しているのが見えた。ディランは〈イッツ・オール・オーヴァー・ナウ、ベイビー・ブルー〉という締めくくりにふさわしい曲を歌い、観客に感謝を述べて立ち去ろうとしたが、鳴りやむ気配のない拍手とアンコールを求める怒号に会場は包まれたため、ヤーロウは彼を呼び戻した。〈ミスター・タンブリン・マン〉を求める声が何度か聞こえ、続いて〈ライク・ア・ローリング・ストーン〉を求める声が殺到した。さらに〈ハッピー・バーステージ〉を歌ってという声も聞こえ、ディランは思わず笑い声を上げた。観客がずっと叫び続けているのを面白いと感じたようだ。「これはいい曲だよ。みんな気に入ると思うよ」と彼は言い、「ローリング・ストーン！」という叫び声がさらに何度かあったにもかかわらず、〈オール・アイ・リアリー・ウォント〉を歌い始めた。最初の一節は、それまでよりもはるかに大きな拍手で迎えられたが、シェールとバーズのヒット曲として覚えていた曲を聞くことができて喜んだ観客もいたようだ。

ディランは依然として古いファンを魅了し、ニューポートの常連客のお気に入りだったが、同時に新しい観客も取り込み始めていた。演奏中ずっと、カメラマンが群がり、背後の防雪柵によじ登り、ステージの隅に陣取り、芝生にひざまずき、望遠レンズを調整していた。マレー・ラーナーの撮影クルーは、ディランの表情を間近で捉え、彼の背後から明るい色の夏服を着た観客にレンズを向け、ギターを抱えた細身の黒ずくめの男のシルエットを浮かび上がらせた。彼はワークショップで最も有名で最も才能のあるパフォーマーだっただけでなく、ファッションもサウンドも違っていた。他のパフォーマーは依然としてフォーク・モードのままで、作業着姿やボヘミアン風カジュアルを身にまとっていて、その声は昔の田舎の歌手のようにしゃがれていたり、プロのコンサート歌手のように滑らかだったりした。ディランの声には最先端の切れ味があり、彼のオールド・ブルース・スタイルのサウンドは、全盛期のアーティストが持つ冷静な自信で研ぎ澄まされ、今なお粗野で荒々しいが、絶対的かつ決定的に彼独自のものだった。そのサウンドには好き嫌いはあるかもしれないが、それが唯一無二であることは否定できなかった。

その2時間前、ピート・シーガーは同じステージに立ち、レパートリーの中から、最も静かでシンプルな作品の一つ〈ワン・グレイン・オブ・サンド（一粒の砂）〉を少し震えるテノールで歌った――「海の一滴の海水／一粒の砂――一人の小さなあなた、一人の小さな私」。彼はニューポートのうねりに身を任せながら、あいかわらず精力的だった。彼は初日の木曜夜からブルーリッジ・マウンテン・ダンサーズのバックでバンジョーを演奏し、レヴァレンド・ゲイリー・デイヴィスを紹介し、金曜にはグループ・シンギング・スタイルのワークショップのホストを務めた。その後バンジョー伴奏ワークショップに現れ、若い演奏者にスタイルをシンプルにするよう促した。彼は、フランク・プロフィットによる〈トム・ドゥーリー〉はたった一つのコードで演奏されていること、そしてB・F・シェルトンが1928年には、ヴァースの伴奏にたった2つの音符を使った〈ダーリン・コーリー〉を録音していたことを指摘した。それは50年に彼が最初のソロアルバムに録音したヴァージョンでもあったが、それについては触れず、代わりに上空を通り過ぎるカモメについて「カモメたちもなかなかいい音楽を奏でるよ」とコメントした。その夜、彼はメインステージに立って、ラファイエット・リーク、ウィリー・ディクソンたちとバンジョーでブルース・ジャムセッションをしていた（この3週間前にシーガーとディクソンは、ニューポート・ジャズ・フェスティヴァルでメンフィス・スリムと共演しており、そこで彼は5人編成のジャズバンドと〈サマータイム〉も演奏している）。そして、その夜、ファイナルを飾るべく、バエズ、ドノヴァン、マリー・トラヴァース、ジョージ・ウェインが〈わが祖国〉をシーガーと一緒に歌った。

このシーガーのステージにはまた、彼がいつも観客と歌う〈イット・テイクス・ア・ワーリード・マン〉〈オー・メアリー、ドント・ユー・ウィープ〉のほか、バンジョーのインストゥルメンタル曲〈コール・クリーク・マーチ〉も含まれていた。彼はこの曲を、「この国のフォーク・ミュージックのすべての流れを見ると、人里離れた山の小川の細々とした流れを思い出すことがあります。人々はその近くの高速道路を急いで通り過ぎますが、その小川を近くで見ることはありません。それは、とても美しい流れです。この歌のようなものです」と紹介し、少し演奏した後、「本当に流れ続けるのです。終わりはないのです」と言って次のように続けた。

すべてのフォーク・ミュージックの小さな流れは、国中をただ流れ続けています。そして、まだ枯れていません。ずっと山奥か、誰かの記憶の片隅に残っています。ここニューポートには、ポルトガルの古い歌を覚えているポルトガル人がいます［聴衆から小さな歓声が上がり、地元のポルトガル人に敬意を表した］。我が国のどの都市でも、音楽がささやかに流れる音が聞こえてくるのです。

音楽の流れは週末を通して続いた。バラッド、オートハープ、横笛、フォークダンス、ダルシマー、ハーモニカ、ストリング・バンド、労働歌。午後、最後に行われたイギリスのシンガーのワークショップは、50年代にイワン・マッコールと組んで英国フォーククラブ運動を創設したA・L・ロイドが司会を務めた。62年の写真には、ロンドンのシンガーズ・クラブを訪れた若きアメリカ人、ボブ・ディランの後ろで彼が満面の笑みを浮かべる姿が写っている。ロイドはニューポートに対してうれしい驚きを覚え、シェルトンに「大サーカス」が始まることを覚悟していたが、現実は「予想よりずっと好ましいものだった」と語った。ただし、英国でフォークは、ポップやトピカル・ソングとは区別されており、ドノヴァンは彼の世界とは何の関係もないと付け加えた。

ロイドは土曜の夜のコンサートでもイギリスのミュージシャンたちを率いたが、薄い襟のチェック柄のジャケットとサングラスをかけた粋なライトニン・ホプキンスのエレクトリック・ブルースと、クウェスキン・ジャグ・バンドのサイケデリックでレトロで楽しいショーの間に挟まれて、うらやましくない出番となった。『プロヴィデンス・ジャーナル』紙はクウェスキン・バンドを「おどけた妖精たち」と呼び、「ビートルズに対するアメリカのフォーク界からの一つのアンサー……しばしばラグタイム風の演奏をするこのバンドの若い男女は、フォーク熱狂者のより激しい思いをさりげなくからかい、地元ボストンではなくコニー・アイランド（ニューヨークのハドソン川河口の島）の音を響かせている」と評した。この夜の最大のサプライズは、南アフリカの「クウェラの王」として知られるスポークス・マシヤネが予定外に登場したことだった。シーガーの招待で出演した彼は、バンジョーのシーガー、ピアノのジョージ・ウェイン、ドラムスのサム・レイをバックにペニーホイッスル・ジャイブを演奏した。『パトリオット・レッジャー』は、彼が〈スウィンギング・シェパード・ビート〉（58年のジャズ・フルートのヒット曲〈スウィンギン・シェパード・ブルース〉へのオマージュ）で、この夜唯一のスタンディング・オベーションを受けたと記している。

一方、ディランは自分自身のサプライズを計画していた。バンドを組むというアイデアは、ブルームフィールドとバターフィールドたちがフェスティヴァルにいると聞いて思いついたのかもしれないし、金曜の夜、あるいは土曜のある段階での土壇場の決断だったのかもしれない。グロスマンがディランの要請でニューヨークからアル・クーパーを飛行機で呼んだことを覚えている人が数人いるが、クーパーは彼がすでにそこにいて、実際のところ毎年ニューポートを訪れていたと書いている——「音楽的嗜好が何であれ……ニューポートは、数あるイベントの中でも最もすばらしい場所の一つだった。ニューヨークのダウンタウンのミュージシャンのほとんどが毎年この地を訪れ、まるでグリニッチ・ヴィレッジのブロック・パーティが海辺に移ったかのようだった」。土曜日、会場内をぶらぶら歩いていたクーパーと妻にグロスマンが声をかけ、バックステージ・パスを2枚手渡し、ディランがその晩会いたがっていると伝えた。

リハーサルは、ネザークリフという名のニューポートの大邸宅で行われた。ここは、フェスティヴァルのスタッフや出演者の宿舎、食堂、そして中央会議室として使われていた。クーパーがキーボード、ブルームフィールドがギター、サム・レイがドラムス、ジェローム・アーノルドがベースを担当した。バリー・ゴールドバーグもそこにいたかもしれない。彼はバターフィールドのバンドでピアノを弾くためにニューポートに来ていたが、ロスチャイルドがよりシンプルなサウンドを望んだためにそれがかなわず、ようやく登場するディランのバンドに加わることができて喜んでいた。しかし、彼は日曜日のサウンドチェックで初めて彼らに加わったと考えている。ブルームフィールドとクーパーは〈ライク・ア・ローリング・ストーン〉のセッションで演奏していたが、アーノルドとレイはディランのやり方に慣れる必要があった。レイは、ラジオでこの曲を聴いて気に入っていたと言っていたが、リハーサルに招待されたときの最初の反応は「ボブ・ディランっていったい誰?」だった。アーノルドはディランのことも曲も知らなかったため相当混乱していたようだ。クーパーによると、それでも「かなり楽しかった……良いリハーサルだった」ということで、彼は皮肉っぽく「本番よりもずっと良かった」と付け加えた。対照的にブルームフィールドは、アーノルドが正しいコードを弾けず、すべてが大失敗だったと回想している。「俺たちは部屋で練習していて、オデッタがじっと見ていて、マリー・トラヴァースもそこにいた。俺たちの演奏はとにかくひどい音だった」

ブルームフィールドはディランの歌詞とヴォーカルスタイルを高く評価していたが(後に彼はディランを、ブルースを本当に歌える数少ない白人アーティストの一人として考えるようになる)、バンドとの無造作な関わり方には困惑していた。翌月に行われたレコーディング・セッションを思い出し、彼はこう不満を漏らした。「俺たちはただその場で曲を覚えさせられ、ディランが歌って、俺たちは彼の周りで演奏する。彼はバンドと一緒になってグルーヴを出せるようにはしなかった……彼はいつもバンドとケンカをしているようだった」。ニューポートでは、リハーサルは夜遅くに行われたため、皆が疲労困憊になり、ミュージシャンの何人かはシカゴのミュージシャンで、ディランたちが考えているような音楽を演奏したことがないという問題もあった。それでもディランは、アンプにプラグを差し込んで大きな音を出すチャンスに興奮したようで、他のミュージシャンが帰った後も演奏を続けた。午前4時30分に家に立ち寄った記者は、『プロヴィデンス・ジャーナル』でその様子を次のように伝えている。「白いメキシコのウェディングドレスを着たオデッタが、タンバリンをたたきながら上下に飛び跳ね、長い髪にマッチしたハイヒールのブーツを履いた痩せた男、ボビー・ディランがエレキギターをガンガン弾いていた」。ディランは周囲のことに無頓着で、オデッタを無視し、バエズからの電話にも出ようとしなかった。「誰も状況をどう捉えていいのかわからなかった。ボビー・ディランはまるでロックンロールのアイドルのようにギターを弾きまくっていた。歪む表情、揺れ動く身体、轟音をあげるアンプ。『これがフォーク・ミュージックか?』と誰かが訊ねた」

ウェイン夫妻も起きていて、これをフェスティヴァルにありがちな乱行として受け入れているようだった。彼らはコンサート後のパーティを2時半まで主催し、ジョージ・ウェインは「別の部屋で飲み物を口にし、疲労と闘い」ながら、『プロヴィデンス・ジャーナル』の記者に来年66年にはフェスティヴァルを1週間に拡大し、その追加日を「本物のフォーク愛好家のために」伝統的なアーティストに捧げるという話をしていた。その後、彼らは2階に上がって近くの警察署に電話し、問題はないか確認した。その夜は静かだったが、住民は車中や庭で寝ている訪問者について苦情を言っており、警察は巡回して「若者たちを追い払っていた」。ジョイス・ウェインは階下で、まだ起きているゲストに飲み物、ピーナッツバター、ポテトチップス、マシュマロ・クリーム、ハム・ソーセージなどを配り、夜明けまでそこにいて、その後朝食を用意すると言った。「その頃には霧は晴れ、ボビー・ディランは再びフォークシンガーに戻っていたはずだった」と記事は締めくくられている。

第10章

転がる石のように

日曜日（7月25日）の朝は、蒸し暑くどんよりとした曇り空で、朝の宗教コンサートに集まった人はまばらだった。ムーヴィング・スター・ホール・シンガーズが先陣を切り、メイベル・カーター、ミシシッピ出身のヴィオラ・ジェームズ、ロスコー・ホルコムが続き、ホルコムの最後の曲ではジーン・リッチーが加わった。リッチーはステージに残って〈ブライテスト・アンド・ベスト・オブ・ザ・サンズ・オブ・ザ・モーニング〉を歌い、『プロヴィデンス・ジャーナル』紙は「奇妙な偶然だが、海軍訓練所のそばの霧笛が、彼女の曲と調和するかのように小節の終わりごとに悲しく鳴り響き、それはミス・リッチーが奏でたものとほぼ正確に同じ音だった」と報じている。レヴァランド・ゲイリー・デイヴィスが彼女に続き、「私は退屈でだらだらしたものを聞かせるためにここに来たのでない」と宣言し、サムソンとデリラの物語を韻を踏みながら語り直した〈イフ・アイ・ハド・マイ・ウェイ〉を力強く歌い、観客を説教した。その後、チャールズ・リヴァー・ヴァレー・ボーイズがカントリー・ゴスペルを演奏し、ケープ・ブレトン島から来た歌手たちがハーモニーを聴かせた。そして、サン・ハウスがアカペラで2曲を歌い、ニュー・ロスト・シティ・ランブラーズがカズン・エミーのバックを務め、チェンバーズ・ブラザーズが〈アイ・ガット・イット〉を熱唱して締めくくり、観客は立ち上がって拍手喝采した。

午後はニュー・フォークス（新しいフォークの担い手たち）のコンサートに充てられることになっていた。バターフィールド・バンドのサウンドチェックをきちんと行いたいと考えたピーター・ヤーロウは、メインステージから観客を遠ざけるために、「学者と演奏者」と題したパネルディスカッションを開いた。ブルースのワークショップが行われたステージには、アラン・ローマックス、A・L・ロイド、チャールズ・シーガー、アフリカ系アメリカ人の民俗学者ウィリス・ジェームズが参加した。ヤーロウの準備作業は天候によって難航した。週末の大半は曇り空で、正午になると空は不吉な表情を見せた。誰も雨の中で電気楽器で演奏したくはなかったが、スタッフは最善を祈り、バターフィールド・バンドの機材の設定は完了した。ヤーロウはディランのチェックも同時に行いたかったが、一晩中続いたジャムセッションの後、彼がそんなに早く現場入りするはずはなかったため、午後と夜のコンサートの間の休憩まで延期された。

ニュー・フォークスはヤーロウの特別な思いが込められたステージで、よく知られたスターでも神聖な伝統の担い手でもないパフォーマーたちを紹介するチャンスだった。出演者は土曜日のコンテンポラリー・プログラムと重なっていて、パトリック・スカイ、ゴードン・ライトフット、ミミ&リチャード・ファリーニャ（ファリーニャズ）などが含まれていたが、加えてジョン・コーナーのアコースティック・ブルース、マーク・スポールストラのトピカル・ソング、バイロン&ルー・バーリンやチャールズ・リヴァー・ヴァレー・ボーイズの昔ながらのカントリーミュージック、キャシー&キャロルの優しいハーモニー、そしてハミルトン・キャンプによるハーマンズ・ハーミッツの最新ヒット曲〈ミセス・ブラウンのお嬢さん〉を含む演劇仕立てのステージも含まれていた。通常であれば、チェンバーズ・ブラザーズが最大のニュースになっていただろう。彼らは

〈ジャスト・ア・クローサー・ウォーク・ウィズ・ズィー〉でバエズをステージに呼び、『プロヴィデンス・ジャーナル』は彼らを「ビートルズに対するミシシッピからの回答」と呼び、観客の熱狂的な反応を「観客の多くは、ロックンロールのためにフォーク音楽を捨てる用意があること」の証拠だと評した。ファリーニャズもロックの要素を取り入れようとしており、この日は天候も二人の後押しをすることになる。ファリーニャズは曲ごとにミュージシャンを追加していくステージを計画しており、その一人であるボストンの人気ロックバンド、リメインズのメンバー、バリー・タシアンはギターアンプを持って現れたものの、音響設備に対して複雑すぎるとしてヤーロウに拒否されたという。それでもヤーロウはファリーニャズを「とても美しく新しい音楽形式」の先駆者として紹介し、「新しいフォーク・ミュージックの新しく決定的な方向性の一つには電気楽器も含まれ、これは当然のことながらますます広く使用され、高く評価されるようになり、破壊的にはならない。もちろんボビー、そう、ボブ・ディランが彼の最新アルバムでそれを使用したことはご存知でしょう」と続けた。

ファリーニャズに、ウォッシュタブ・ベースのフリッツ・リッチモンドとパーカッションでブルース・ラングホーンが加わった。ラングホーンは〈ミスター・タンブリン・マン〉のインスピレーションをもたらした存在であると広く噂されていた。リチャード・ファリーニャは、ディランの最新アルバムでラングホーンがギターを弾いていたことを思い出した。彼らはリチャードのリズミカルなダルシマーがバンドを先導する7分間のインストゥルメンタル・メドレーで幕を開け、続いてジョーン・バエズをステージに上げ、リチャードの最も有名なトピカル・ソングの〈バーミンガム・サンデー〉を一緒に歌った。これは間違いなく観客の心をつかんだが、ボストン出身のロック・シンガーであるザ・ロストのカイル・ギャラハンがハーモニカで加わり、エネルギーに満ちた〈ハウス・アンアメリカン・ブルース・アクティヴィティ・ドリーム〉でさらに勢いを増していった。しかし、この曲の途中で、観客の一部が落ち着かなくなり、立ち去ろうとしているのにバンドは気づいた。「俺たちは腹を立てたよ」とリチャードは回想する。「みんな俺たちのことが嫌いだから帰っていくのだと思っていた」。そして稲妻が光り、雨が降り始めたことに気づいた。

バンドは演奏を続け、土砂降りとなった雨の中、熱狂的な拍手を受けながら演奏を終えた。リチャードはヴォーカル・マイクに寄りかかって「待って！　待って！　待って！　まだ演るよ！」と叫んだ。ステージに上がったヤーロウはなだめるように「そうだ。戻ってきて、戻ってきて」と呼びかけ、それからスタッフに叫んだ。「マイクも何もかも、全部後ろに動かすんだ」。彼は観衆のほうを向いて説明した。「壊れてしまうといけないので、雨があたらないところにマイクをセッティングする間、一つだけはっきりさせておきたいことがあります。実は、雨は降っていないんです」。この発言に対し、歓声とブーイングが起こったが、彼は続けた。「とても単純なことです。神様がとても感動して、少し泣いています。マイクがセットされ次第、この曲で神様をなだめてほしいと思っています」。それから1分ほどかかったが、ファァリーニャズが戻ってきて、次の曲を「ビーチ・ボーイズの思い出」に捧げると告げると、〈リーヴィング・カリフォルニア（ワン・ウェイ・チケット）〉へと突き進んだ。リチャードは「立ち上がって踊ろうぜ！　気分が良くなるよ」と観客を煽る。

ピート・シーガーは、その後の数分間を「私にとって一生忘れられない光景」と表現し、こう記している。


7千人がびしょ濡れになり、「もうどうでもいい、濡れよう」と言った。彼らは服を脱ぎ捨て、音楽に合わせて踊り始めた。すばらしいリズムの本当にロックする曲だった。シャツを振り回してあらゆる種類のダンスを踊る人もいたし、女性たちはシャツを脱ぎ捨て、ブラジャー姿で踊っていた。大混乱だった。7千人が雷雨の中で踊り、リチャードとミミが激しく演奏していた。すばらしかった。

この場面を思い出しながら、ジョー・ボイドはこう指摘をしている。「雨で透けてしまった薄手のトップスを着て踊る少女たち、そして、恍惚とした笑顔を浮かべる若者たちの顔に泥がついた姿――このような、その後何年にもわたってロック・フェスティヴァルの定番となるイメージが、その日の午後のファリーニャズのパフォーマンス中にほとんど初めて現れたと言っていい」。ドキュメンタリー映画『フェスティヴァル！』（マーレイ・ラーナー監督／67年）は、この光景を捉えている。音響スタッフがステージに群がり、マイクを豪雨から遠ざけ、アンプを覆うために毛布を持ってくる。ラルフ・リンツラーがファリーニャズの後ろに立ち、傘で彼らを守る中、彼らは〈リノ・ネバダ〉という別のアップビートなブギに移る。リッチモンドはウォッシュタブ・ベースを叩き、ラングホーンはタンバリンを鳴らし、ギャラハンはマイクに近づいてブルースハープを吹く。バエズはチェンバーズ・ブラザーズと一緒にフルーグを踊り、ポール・ストゥーキーはそれに合わせて手拍子をする。土砂降りの中、聴衆は踊り、笑顔を浮かべ、シャツや毛布で頭を覆っている。サングラスをかけたままの聴衆も少なくない。

フィナーレでは、ファリーニャズにバエズと他の出演者が加わり、〈パック・アップ・ユア・ソロウズ〉で観客を先導し、リチャードは「歌ってまた太陽に出てきてもらおう」と促した。雨は降り始めたのと同じくらい早く止み、観客は衣服を絞り、座席の水を払っていた。午後の締めくくりとしてはすばらしくドラマティックな展開となったはずで、多くの人がそのように記憶している。デイヴィッド・ヘイジューは、「セオドア・ビケルが舞台裏でファリーニャズを祝福し、天候のため夜のプログラムはキャンセルせざるを得ないが、彼らの演奏はフェスティヴァルを締めくくるには完璧だったと語った」と書いている。ボイドは、「ファリーニャズの演奏が終わると、バラ色の光が西の空を照らした。コンサートが終わって10分も経たないうちに土砂降りは止み、東の雲を追いかけるように虹が現れ、会場は柔らかな夕焼け色に輝いた」と書いている。実際、ファリーニャズの後にバーニス・リーゴンがアカペラで演奏し、『ニューポート・デイリー・ニュース』紙は「びしょ濡れの観客が拍手と足踏みの伴奏をした」と書いている。それからヤーロウがまたステージに上がって、次に出る予定だったバターフィールド・バンドはこんなに濡れたステージでは演奏できないが、夜のコンサートのオープニングで特別に演奏することになったので、ショーが15分早く始まることをみんなに知らせてくれるよう観客に頼んだ。その後、チャールズ・リヴァー・ヴァレー・ボーイズが〈スウィング・ロー、スウィート・チャリオット〉を歌い、それからブルーグラスの4曲で午後を締めくくった。

群衆は夕食を取るため移動し、ディランがサウンドチェックのために到着した。彼はこれまで以上に目立つ服装で、ピスタチオ色で白い大きな水玉模様（ポルカドット）とフレアスリーブがついたシャツを着ていた。アル・クーパーがハモンドB3オルガンを担当し、バリー・ゴールドバーグはピアノを弾くことになっていた。ゴールドバーグは、ディランがピアノでふざけて〈わが祖国〉のロック・ヴァージョンを弾いている間、オルガンの長椅子に座ってタバコを吸っていたことを思い出す。「とても気楽な感じだった。その後、通常のサウンドチェックがあったが、それには本当に不安な気持ちにさせられた。ピーター・ヤーロウが叫んでいて、とても居心地が悪く、彼は最初から最後まで場の雰囲気を悪くしていた」。アルバート・グロスマンに雑用係として雇われたばかりのティーンエイジャーだったジョナサン・タプリンも同じような思い出を語る。「完全にカオスだった。何も計画していなかったんだ。ディランがアンプをセッティングするスタッフを用意していたわけでもない。正直に言うと、ステージでエレクトリック・ミュージックを演奏することについて、わかっている者は誰もいなかった……ヴァースとコーラス（サビ）を演奏しては止まり、ピーター・ヤーロウが走り回ってみんなに怒鳴り散らしていたが、ディランはまったく真剣に受け止めていなかったし、ブルームフィールドも同様だった」

このやり取りの一部はフィルムに記録されており、ヤーロウは確かに興奮しているように見えるが、彼を責めるのは難しい。彼は上半身裸でサングラスをかけ、その場をまとめようとしている。マイクの位置を決めようとすると、同時にミュージシャンたちは自分の楽器の音出しを始めようとする。ヤーロウは、「ちょっと待って、みんな、今は音を出さないでくれ」とミュージシャンたちの手を止めさせ、それから「楽器とアンプの音量レベルをきちんと調整して、頭にそれを叩きこむことが大事なんだ！」と声をかける。ミュージシャンたちは〈ライク・ア・ローリング・ストーン〉のコード進行をざっと演奏してみる。なかなかいい感じで、ドラムスのサム・レイがビートをキープし、ベースのジェローム・アーノルドがルート音にアクセントを付ける。ポール・ロスチャイルドが一時的なバンドリーダーとして、コーラスに入るときに短く区切ったフレーズをどう演奏すべきかについて「バーバーバーバー、バー！」と口頭で指示を出す。ポール・バターフィールドは端にあるアンプの脇に座り、タバコを吸いながら退屈そうにしている。ディランは明らかにイライラしていて、また別の問題が起きると、芝居がかったように「マジかよ」とため息をつき、マスキングテープが必要だ、と繰り返すスタッフの真似をする。

ボイドは、自分とロスチャイルドがグロスマンと一緒に数百ヤード離れた座席エリアのサウンドボードにいたことを思い出した。3人は特にディランの音量レベルに細心の注意を払っており、暗闇でも確認できるよう各チャンネルのヴォリュームとイコライゼーションを蛍光ピンクのマーカーでマークしていた。ボイドは語る。

ステージに戻ると、私は各ミュージシャンにアンプの位置と音量レベルに満足しているか訊ねた。当時ステージモニターはなく、電気楽器をサウンドシステムに直接つなぐこともできなかったため、信号を拾うために各アンプの前にマイクを置く必要があった。私はアンプとマイクの位置とダイヤルの設定についてピンクのマーカーで示した。リハーサルで作り上げたサウンドを最初の一音から出さなければならなかった。ステージが片づけられ、ゲートが開けられたとき、誰も食事になんて行かなかった。アドレナリンがあふれすぎていて空腹など感じなかったのだ。

コンサートは午後8時に始まる予定だった。ヤーロウが7時40分頃にマイクの前に立ったとき、多くの観客がまだ入ってきている最中だった。彼は「今夜のコンサートは特別な理由で早めに始まります」と説明した。

今日の午後、神からの介入がありました。彼は喜びの涙を流して泣きました。雨が降りましたが、私たちはそれが雨だとは認めませんでした。そして、多くの理由から、主にグループが感電するからという理由ですが、出演するはずだったグループが演奏できなくなりました。電気楽器を演奏しているからです。皆さんのほとんどは、週末に彼らの演奏を聴いたことがあるでしょう。彼らは様々なミュージシャンのバックを務めており、フェスティヴァル全体に深く関わっていて、一人一人が賞賛に値するのです。しかし、彼らはサイドマンではありません――今夜遅くにボブ・ディランのバックを務める予定ではありますが。彼らは今夜、自分たちとリーダーである人物のために演奏をします。さあ皆さん、私たちと一緒に、そして私と一緒に、ポール・バターフィールドを迎えましょう！

サム・レイを除いて、バターフィールド・バンドのメンバーたちはその週末にあまりファンと交流していなかった。ヤーロウの紹介は、彼が懐疑論者をなだめ、バンドがニューポートの一員であることを証明しようとしていたことを示唆している。歓迎の拍手から判断すると、心配は無用だった。バンドの演奏は穏やかに始まり、バターフィールドが、スロウな〈ブルース・ウィズ・ア・フィーリング〉を歌い終えると拍手に歓声と叫び声が混じった。彼らは続いて、ロック調のハーモニカがフィーチャーされた〈メロウ・ダウン・イージー〉を演奏し、〈ルック・オーヴァー・ヨンダーズ・ウォール〉では、ブルームフィールドがスライドギターを披露し、ソウル・ジャズのインストゥルメンタルでキャノンボール・アダレイが作曲した〈ワーク・ソング〉で雰囲気を落ち着かせ、〈ボーン・イン・シカゴ〉で締めくくった。その頃には、観客の数はかなり増えてきており、バターフィールドのコーデュロイジャケットの肩越しに撮影された映画『フェスティヴァル！』では、フィールドの後ろまで席が埋まっている。バターフィールドは前後に体を揺らし、ハーモニカはテナーサックスのように勢いよくブロウし、震え、高く舞い上がる。アーノルドは彼の後ろで体を揺らし、ブルームフィールドは背を丸め顎を突き出し、鋭い音の塊を放った。彼らのステージはほぼ20分続き、サンキューと言いながらステージを去るバターフィールドに、群衆は「もっと！」という叫び声とともに拍手喝采を浴びせる。

それからシーガーがマイクの前に立ち、バターフィールドへの感謝の言葉を述べた後、週末最後のパーティの舞台を整える。

4日間この場にいた皆さんはご存知でしょうが、おそらくどこの州のフェスティヴァルよりも、ニューポートの音楽は多種多様です。テキサスから斧で演奏する人が来てくれました。ケープ・ブレトン島やはるかノバスコシア州からゲール語で歌う人たちも来てくれました。カリフォルニアやジョージアから、都会からも田舎からもみんな来てくれました。ブルースを叫ぶ人もいれば、低い声で悲しく静かな歌を歌う人もいます。若者もいれば、年配の人もいます。なぜこんなことをしているのか。それは、私たち、つまりニューポート・フォーク・フェスティヴァルの理事会全員のことですが、この機械の時代であっても、普通の男女が自分の音楽を生み出すことができるという考えを信じているからです。すべての音楽が拡声器から流れ出る必要はありません。叫んだり、ささやくように歌ったり、優しく歌ったり、荒々しく歌ったり、いかなる歌い方も自分で生み出すことができます。そしてそれはあなた自身の音楽かもしれません。そして私が「あなた自身の」と言うとき、それはあなた自身がその一員である音楽なのです。それは、あなたの家族かもしれませんし、あなたの町や地域、人種、場所、宗教などかもしれません。

今、皆さんは屋外に座って、ニューポートの明かりを眺めています。向こうに大きな煙突が見え、こちらには海軍基地が見えます。もう少し晴れていて、それほど霧がなければ、向こうの海が見えるでしょう。そしてミュージシャンとしての私たちは、常に向こうを見ています。私たちは、近くにある汚らしいものの向こうを見て、もう少し向こうにある美しいものを見たいと思っているのです。しかし今夜私は、年齢にかかわらず、すべてのパフォーマーにあることを心に留めておいてほしいと頼みました。向こうの右側の建物は病院で、海軍兵の妻たちは赤ちゃんが生まれるとき、そこに行くのです。そしてある意味、今夜の曲はすべて、生まれてくる人類の新しいメンバーに向けて歌うようにお願いしたのです。彼らが大人になり、私たちが年老いて白髪になったとき、彼らはどんな世界に生きることになるのでしょうか？

シーガーの妹ペニーと夫のジョン・コーエンに赤ちゃんが生まれたばかりだったが、彼はテープレコーダーをマイクに近づけて「ちょっとした世界共通のフォーク・ミュージック」を流した。赤ん坊のソニアがのどをゴロゴロと鳴らしながら泣いている音だ。聴衆は拍手喝采し、シーガーは瞑想を続ける。

この小さな赤ちゃんは、自分がどんな世界に出ていくのかと疑問に思っているようです。我々も、そのことについて考えてあげなければなりません。赤ちゃんの頭上には、どんな爆弾が向けられているのでしょうか？　赤ちゃんの触れる空気や水にどんな汚染物質を撒き散らしているのでしょうか？

そうして、シーガーはその夜の最初の出演者であるマンス・リプスカムを紹介した。「彼の音楽はまさに都会のロックンロールのルーツであるカントリー・ブルースです」。ラグタイム、ポップ、ブルースなど多彩なレパートリーを持つ70歳のテキサス農夫リプスカムは、ラグタイム調の〈トラッキン・マイ・ブルース・アウェイ〉からノスタルジックな〈シャイン・オン、ハーヴェスト・ムーン〉、スライドギターがうめき声を上げる〈マザーレス・チルドレン〉まで、14分間のステージを展開した。

続くエリック・フォン・シュミットのステージは、水素爆弾の父エドワード・テラーに捧げる17秒間のシュールレアリスティックな頌歌《オード》で幕を開け、フリッツ・リッチモンドと一緒に、マドリガル風のハーモニーで「エドワード・テラーは昨日、自分の眉毛は本物ではないと言った」と歌った（テラーは、図太い眉毛で有名だった）。次の〈グリズリー・ベア〉にはジェフ・マルダーが加わり、続いてマリア・マルダーとメル・ライマンがロマンティックなブルース〈マイ・ラヴ・カム・ローリング・ダウン〉に参加した。その時点でフォン・シュミットはステージから下りるよう合図されたが（各ステージは約12分間の予定だった）、観客の熱狂的な叫びに勇気づけられ、グループをリードしてアカペラでバハマの舟歌〈アウト・オン・ザ・ローリング・シー〉を歌った。

次に、「フィドラー」ことボブ・ビアーズが妻のエヴリンと娘のマーサとともに、フィドル、バンジョー、そしてハープシコードの先祖である大型の撥弦楽器であるプサルタリーで、初期のアメリカ音楽を演奏した。彼らの穏やかな演奏に続いて、その夜最も人気のあるカズン・エミーがステージに上がった。ニューポート初登場の彼女はカントリー界の伝説的存在で、47年にアラン・ローマックスによってレコーディングされていた。マイク・シーガーによって「キャデラックを所有した最初のヒルビリー・パフォーマー」として紹介された彼女は、ディズニーランドの常連の出演者にもなっていた。ある評論家によって「蛍光色ブロンドの髪と蛍光色の笑顔をして、ステージで燻製にされたハム」と形容された彼女は、ニュー・ロスト・シティ・ランブラーズをバックに陽気な演奏を披露し、観客を沸かせた。彼女はバンジョーを鳴らしながら、傷心の〈プリティ・リトル・ミス・イン・ザ・ガーデン〉を歌い、フィドルのインストゥルメンタル曲を挟み、〈ロスト・ジョン〉ではブルージーなハーモニカを吹く。頬を叩いて〈ターキー・イン・ザ・ストロー〉のメロディを奏で、最後にもう1曲バンジョーで締めくくった。演奏中彼女は、「友人や近所の人」全員に、彼らの応援がすばらしく、「元気いっぱい!」になったと感謝することを忘れなかった。それは陳腐ではあったが見事なステージで、観客は歓声を上げてアンコールを叫んだが、フェスティヴァルは前に進まなければならなかった。

「カズン・エミーは最高だろう?」とヤーロウは訊ね、そして自分自身で「その通りだ」と答える。スタッフがステージのセッティングを変更する間、彼は時間をつながなければならなかった。そして、これから大変な場面が訪れることも理解していた。前年、彼はもっとディランが聴きたいと怒った観客と対峙しなければならなかったが、今年はその夜最も人気のあるパフォーマーである彼が、夜の前半の途中というさらに不都合な時間帯に、また他のアーティストに挟まれて登場する予定だった。さらに悪いことに、ディランは明らかに不快感を示していた。「彼は侮辱されたと感じていた」とヤーロウは回想する。「ディランは、もっと聴きたいと思う観客がすごく怒るだろうと言ったんだ。みんな、俺の扱いがよくないのは俺のことを軽く見ているからだって考えて怒るだろうとね」。ヤーロウは、有名人を利用して客寄せをするのは避けたいからこういう順番になったのだと説明して、ディランをなだめようとしたが、ディランは、リハーサルしたエレクトリック・ソングを3曲演奏するだけで終わりだと言った。もうヤーロウには、観客の高まる期待を和らげることしかできなかった。「実のところ、今夜のプログラム全体は、小さなパフォーマンスがたくさん集まったものとして企画されています……私たち全員がステージに立てる時間は限られていますが、それには特別な理由があります。今夜のプログラムのコンセプトは、非常に多くの異なる視点で構成するということです」。彼は、もちろん後で演奏する自分のグループ（ピーター・ポール＆マリー）も含めて、全員のステージの持ち時間には限りがあることを再度強調した。

アンプが鳴り始め、ミュージシャンたちがステージに登場した。ブルームフィールドはギターを差し込み、チューニングを確認した。ヤーロウは「みんな、ちょっとの間、演奏しないでくれないかな」と文句を言ったが、ブルームフィールドはさらに数音を弾いた。それからヤーロウは正式なイントロダクションを始めた。

これから登場する人物は、ある意味で［ブーンという大きな電気音に邪魔される］、大勢のアメリカの大衆にとって［また電気音］、フォーク・ミュージックの様相を変えた人物だ［ギターの音がする］。なぜなら、彼はフォーク・ミュージックに詩人の視点を持ち込んだからだ。皆さん、これから登場する人物の時間は限られている［この時点で、群衆は誰が登場するかを知っており、バカにしたような叫び声で反応した］。彼の名は［歓声、叫び声、口笛］ボブ［さらに歓声］・ディランだ！

ディランが登場すると拍手が沸き起こったが、ミュージシャンたちが楽器の音を試しているうちに拍手は小さくなっていった。ディランがギターでコードをいくつかかき鳴らすと、ブルームフィールドはヤーロウに指示した。「もっと上げてくれ。ボビーのヴォリュームをもう少し上げて」。クーパーはオルガンを大きく鳴らした。ゴールドバーグはピアノを少しだけ叩いた。ディランはギターの低音弦をかき鳴らした。「もっと大きいほうがいいか？」ヤーロウが訊ねると、ブルームフィールドは「もっとトレブル（高音域）が欲しいな」と言って、ディランにささやいた。「始めよう」。ディランはヴォーカル・マイクに向かってハーモニカを吹き、ギターをまたかき鳴らし始めた。「もっと、もう少し」ブルームフィールドはヤーロウに伝え、「ＯＫだ」と言う。ディランはいつものリズムを刻み始め、レイのドラムスが彼の背後から入ってくる。ブルームフィールドが逃走車に飛び乗るかのように「行くぞ！」と叫び、キャッチーなバッキングリフを弾き始める。ディランは数秒間耳を傾け、バンドの雰囲気をつかんだ後、マイクの前に立ち、どんな音がするか確かめるかのように一音吹いた。そして再び後ろに下がり、ミュージシャンと観客を見回した。ブルームフィールドがチョーキング音を何回か素早く鳴らすと、ディランは彼のほうをちらっと見てうなずき、肩をすくめて他の演奏者たちに視線を戻した。

　彼が着ているレザージャケットは照明に照らされて光り、サーモン色のシャツは首元のボタンできつく留められ、タイトな黒いジーンズを黒いカウボーイブーツの上にはいていた。ギターはソリッドボディのストラトキャスターで、ツートーンのサンバースト仕上げだ。照明はディランだけを正面中央に浮かび上がらせ、他の演奏者たちは彼の背後の暗闇の中に控えていた。彼はもう少し伴奏を聞いてバンドの力を感じた後、マイクに向かって踏み出し冒頭の歌詞を歌い始めた。「もうマギーの農場で働くつもりはない」。彼は一歩下がって、ブルームフィールドが鋭いギターで応えるのに再び耳を傾け、一瞬リズムに身を任せてから、また一歩前に出て同じ歌詞の一節を繰り返す。ブルームフィールドは再びギターで応じ、ディランはさらに一瞬耳を傾けてから、ヴァースに突入していく。「さて、俺は朝起きて、手を合わせて雨を請う／頭の中は、おかしくなってしまうような考えでいっぱいだ」

ヤーロウはバンドの後方でしゃがみ込んで、機材のコードの位置を動かしたり、アンプを細かく調整したりしていた。ディランの右手の暗闇の中に立っているブルームフィールドの姿が、時折ステージの下にいるカメラマンのフラッシュに一瞬浮き上がる。ディランの声はブルームフィールドのタイトで生々しいギターのオブリガート（メインメロディの裏で演奏される短いフレーズ）と交互に聞こえる。各ヴァースの合間にブルームフィールドのギターが鳴る――それは感覚的で、特定のパターンはなく、つんざくような音を上げ、低音弦と不協和音の塊を鳴らし、それからディランのヴォーカルの再登場を告げる反復リフに戻る。彼はただ伴奏しているのではなく、ディランと対決し、彼を挑発し駆り立てていた。ディランは最後のヴァースにうなり声で突入していった。「俺は俺らしくいようとベストを尽くしているが／みんな自分たちと同じようになってほしいと思っている」。彼はブルームフィールドのほうを振り返った。ブルームフィールドは前に進み出て、ギターを持ったまま前にかがみ込み、ソロに合わせて首を振った。ディランは彼と向き合い、リズムを刻み、それからバンドのほうを向いてうなずいて合図をし、最後の数コードをかき鳴らして演奏を終えた。

〈マギーズ・ファーム〉の最後の音とともに、私たちは歴史の領域を離れ、神話の領域に入る。ブーイングが爆発したことを覚えている聴衆もいれば、歓声を覚えている聴衆もいれば、ショックで沈黙した聴衆もいる。シーガーが斧を持って舞台裏を闊歩し、音響ケーブルを切ると脅したり、車の中でうずくまって涙を流し、夢が死んでしまったことを直視できなかったという話もある。ディランも涙を流し、ステージを早めに切り上げて姿を消したが、群衆は怒りや失望で叫び、ヤーロウはディランに戻ってくるよう懇願する――最後に悔恨か挑戦的かどちらかの感情を抱きながらディランはステージに戻り、ヤーロウかジョニー・キャッシュから借りたアコースティック・ギターを持って、物悲しくつらい別れの曲を歌ったと記憶している人もいる。

記憶の中には、確認や反証ができるものもある。ディランは特定の曲順で演奏し、ステージに出入りをしていたのは一定の時間で、観客のざわめきの一部はテープに録音されていた。しかし、聴衆は1万7千人以上で、すべての座席とスペースが埋まり、さらに2～4千人が駐車場から聴いていた。誰が何を体験したかは、ディラン、フォーク・ミュージック、ロックンロール、名声、裏切り、伝統、純粋さなどについてどう思うかだけでなく、どこに座っていたかや側《そば》にいた人にも左右され、最終的には、論争や矛盾する記憶のほうが、テープや映像に保存された証拠よりも重要になるかもしれない。そういった証拠の中には、鵜呑みにしてはいけないものもある。というのも、映像は場面を盛り上げるために編集されており、最初の曲の後にステージのマイクが捉えた比較的控えめな反応を補強するために、ステージのオープニング、もしくはエンディングの騒々しい観客のざわめきが挿入されているからだ。

ステージ近くに立っていた人々にとって、最大の問題は音響だった。ニューポートの音響システムを設計し、監修したビル・ハンリーは、ステージが観客に向かって傾斜していたため、アンプからの轟音が前方の観客の顔に直接ぶつかっていくのに対し、ディランの声は脇のフィールドPAスピーカーからしか聞こえなかったと説明する。その結果、ミュージシャンの足元近くや舞台裏にいた聴衆は楽器の鳴り響く音をフルに聞き、ディランの歌声はほとんど聞こえなかったと多くの人が記憶している。後ろの観客席では音響はもっと良かった。ハンリーは屋外音響の先駆者で、このシステムはディランよりもはるかに大きな音のバンドにも対応できると述べている。しかし、それでも座っている場所からの距離によって音量は多少変化し、ほとんどの聴衆が慣れているよりもはるかに大きな音だった。また、当時はギターアンプをオーバードライブさせ意図的に歪ませた音に慣れている者もあまりいなかった。興奮する者もいれば、パニックになる者もいたが、誰もが驚いた。「みんな感情に飲み込まれそうだった」とピーター・バーティスは回想する。彼は今ではベテランの民俗学者だが、当時は両親に嘘をついて、その日のためにニューポートまでヒッチハイクでやってきた15歳の少年だった。「歓声を上げる人もいれば、ブーイングする人もいた。泣いている人もいて、彼らは本当におかしくなるくらい興奮していた。私はなかなかいいと思ったが、混乱はしていた」

テープとフィルムに残っているのは、凝縮された内容で――マイクはステージ上にしかなく、カメラはディランに向けられていた――しかし、それでも混沌と興奮の強烈な感覚を伝えている。その中では、ディランの登場は熱狂的な拍手で迎えられ、バンドが準備を進める次の50秒間で次第に静まっていった。〈マギーズ・ファーム〉の演奏が始まり、5分まで引き延ばされた後、ブルームフィールドの弾けるギター、レイのドラムスの強打、ディランの「サンキュー・ヴェリー・マッチ」というつぶやき、そしてオルガンの揺れる音が流れる中、ドラムスの連打で終わる。最後の音が聞こえてから激しい拍手が起こるが、終了から数秒以内に止む。

すぐに次の曲に入るのではなく、クーパーがオルガン（ハモンドB3）からベースに持ち替え、ゴールドバーグがそのB3を引き継ぐ間、少し間があった。ベースのアーノルドは馴染みのない曲に苦労しており、〈マギーズ・ファーム〉では他のプレイヤーがコード進行を行うのを無視して、一つのコードだけ弾くことで演奏を終えていた。〈ライク・ア・ローリング・ストーン〉はより複雑な曲で、ゴールドバーグはブルームフィールドからレコードの見本盤を受け取っていてクーパーのオルガンパートを知っていたため、楽器を交代することになったのだが、少々厄介だった。コードが絡まってしまい、それを解《ほど》くためにちょっとした混乱があり、その間に群衆の中から女性の声で「ビートルズ！　ビートルズを演奏して！」と叫ぶのが聞こえる。クーパーがベースをつま弾いて音を出してみる。ステージの照明がバンドに当てられ、クーパーは、ディランと同じサングラスかけ、これも同じ水玉模様のシャツを着て、ディランの後ろに立っている。ディランはハーモニカを数音吹き、チューニングをチェックし、「ＯＫ」と言って、観客に背を向けたままオープニングのコードを弾き、他のミュージシャンが彼のリズムに乗ってくるのを待つ。さらに20秒かかり、彼は困惑した様子でマイクに向かって歩き、後ろに下がり肩越しにバンドを見て、口を開け歌いかけて、また後ずさりして、ようやく最初のフレーズを吐き出した。「その昔、君はすごくいい服を着て、一番いい時には、ホームレスたちに10セント硬貨を投げていたよね？」

暑い夜で、ディランの顔には汗が光っている。公の場でこの曲を演奏したことは一度もなく、歌詞を数行間違えているが、アップの映像を見ると落ち着いているように見える。バンドはレコードと同じアレンジに従って、しっかりと彼のバックを務めている。中心にあるのはディランの歌で、楽器のソロはないが、最後にブルームフィールドが一瞬登場し、舞い上がるようなギターの音を響かせ、その後ディランがバンドのほうを向いて終了の合図をする。ブルームフィールドは明らかに動揺しており、「そこで終わるなんて知らなかったよ……」と言う。ヤーロウの声が割り込む。「マイク（・ブルームフィールド）！ギターのヴォリュームを少し下げてくれ。音が大きすぎる……」。観客は拍手を送っているが、10秒後には不明瞭な叫び声を除いて静かになった。ディランがギターをかき鳴らし、クーパーが再びオルガンを担当する。群衆の中から、一人の女性が「カズン・エミーをもう1回出して！」という抗議の叫び声を上げる。

ところどころブーイングが起こり、怒鳴り声も増えてくるが、マイクから離れてディランが〈ファントム・エンジニア〉と言う。これは彼が次のアルバムで〈悲しみは果てしなく〉として作り直し、レコーディングする曲の仮タイトルだ。これについて、ステージ上では少し混乱が生じ、不明瞭なささやき声でブルームフィールドが「ストレートなシャッフルだよ」と説明する。それからブルームフィールドはバッキングリフを弾き始める。ギターはこれまで以上に大きい音で歪みも荒々しく、クーパーのオルガンに促され、ディランが入ってくるまで同じパターンを繰り返す。そして、ディランのゆったりとした落ち着きがブルームフィールドの電気的なエネルギーにマッチする。力強く歌い出したが、最初のヴァースの半ばですべてが崩れてしまう。リズムは確かにストレートなブルース・シャッフルだが、各ヴァースの4分の3が過ぎると小節の数が揃わなくなる。ディランが想定よりフレーズを伸ばしたかと思うと、通常のパターンに戻るときは走ってしまう。ベースに戻ったアーノルドは完全に混乱し、ディランの変化についていけず、他のメンバーとタイミングがずれてしまう。ディランはアーノルドに合わせて軌道修正を試みるが、それがまた他の全員を混乱させる。ブレイクで、ブルームフィールドのギターが入り、エネルギーが戻るが、彼のソロはルート・コードをなぞるに留まり、ディランの歌うヴァースに合わせることもない。アーノルドはまだ自分の世界から出ることができず、次のヴァースでまたディランがトリッキーな歌い方をして、バンドはまた合わなくなってしまう。ブルームフィールドがまたソロを弾く。そして、バンドはディランのヴァースにもう一度合わせようとし、今度はほぼ成功する。ブルームフィールドは、クーパーがバックでオルガンをうならせる中、最も長くて熱いソロを披露。その後、ディランが「さあ、みんな、これで終わりだ」と怒鳴りながら、曲を不完全な形で締めくくる。ブルームフィールドは「これで終わりなのか？」と驚いたように言う。

観客は彼らの小声のやり取りを聞いてはおらず、静かに待っている。そして、ディランがギターのプラグを抜いてステージを去り、他のミュージシャンもそれに続くと、叫び声を上げブーイングし始める。ヤーロウは、サングラスをかけたまま疲れて不安そうな表情でマイクの前に立つ。会場は大騒ぎだ。「ボビーは……」と彼は話し始め、そして一息ついて、力を振り絞って言う。「そうだ、呼び戻せば、きっともう1曲やってくれるよ」。ディランのステージは17分で、通常の時間枠を少し超えたが、演奏したのは3曲だけで、観客はディランを観るためにわざわざニューポートに来た人々でいっぱいだった。彼らがそう簡単に彼を帰すはずはなく、ひどく興奮しながら、ブーイング、拍手、口笛、そして「もっと！」という叫び声を出して、ヤーロウの呼びかけに応えた。

映像では、ヤーロウは当然ながら慌てている様子だ。彼は観客に「ボビーにもう1曲歌ってほしいですか？」と、当たり前のことを訊ね、腕を上げて拍手を促した。そして、「皆さん、間違っているのは……」と言い、仲間である主催者を責めようとしていたことに気づき、言葉を止めて続けた。「ボビーは、限られた持ち時間しかないと言われたのです」。そしてヤーロウは左の奥を見て、「何？」と言う。舞台袖からのジョージ・ウェインの声が彼を安心させる。「彼はもう1曲歌うつもりだ」。マイクに戻ったヤーロウは、「ボビー、もう1曲歌ってくれないか？」と声を上げる。

観客はまだ叫び声を出し続けており、ヤーロウはジャズ界で使われるスラングを使って彼らを落ち着かせようとしたが、そのことが、その夜に生まれ、現在まで最も根強く残る伝説の一つを無意識のうちに生み出すことになる。ステージの袖で、マイクから遠く離れているためはっきりと聞こえないが苛立った会話が聞こえ、誰かが（再びウェインのように聞こえる）大声で「ピート、それは放っておいてくれ」と言うと、シーガーが耳慣れた声で返事をするがこれもよく聞こえない。ほぼ同じ瞬間、マイクの前に立つヤーロウは、観客を安心させようと、ジャズ・ミュージシャンがギターを指す隠語を使って「彼は〝斧〟を持ってくるよ」と言った。彼とはディランのことでありシーガーではなかったが、明らかに一部の聴衆はこれを誤解していた。

一方、群衆はリズミカルに「ディランが欲しい！　ディランが欲しい！」とチャントを始める。ヤーロウは「今来るところだ」と応じ、チャントが続く中、「彼はアコースティック・ギターが必要なんだ」と言う。そしてチャントは、リズミカルな手拍子と、時折挟まれる口笛の音で後押しされる。「ボビーは今出てくる」とヤーロウ。「ああ、わかってるよ。そうなんだろう。『ボビーが欲しい』んだろう。本当に欲しいんだね。時間の問題で、彼はこの3曲しか演奏できなかったんだ」。さらに叫び声が上がり、憤慨したフォークファンの「木箱を持ってくるように言ってくれ！」（おそらく中が空洞になっている木製の楽器のこと）という怒号が響く。別の声が

「ブー！」と叫ぶ。ヤーロウがなだめるように「アコースティック・ギターを手に入れたらすぐに出てくるよ」と応じる。ディランが目撃され歓声が上がるが、すぐに静まり、「ディランが欲しい」という叫び声が再び高まると、もっと大きな男の声が「昔のディランが欲しい」と叫び、女性の声が力強く「昔のディフンが欲しい！」と繰り返す。勇気づけられたと感じたのか、男性の声は「ピート・シーガーが欲しい！」と叫ぶ。女性もこの叫び声を繰り返すと、ディランが目撃される。誰かが「ギターを持っている」と叫ぶ。舞台袖から「そっちに向かっている」という声が聞こえ、群衆の中から「おい、頼むよ、俺たちが金を払ったんだぞ！」という怒った男性の声が最後に響く。そしてディランがギブソン・サザン・ジャンボを持って舞台に上がり、熱狂的な拍手で迎えられる。

ディランがステージを下りていたのはたった2分だったが、もっと長く感じられた——目撃者の中には10分か15分だったと断言する者もいる。ディランは明らかにイライラしている。人々が叫び声を上げ、ある女性は「ボブ、一晩中いてよ」とけしかけ、別の女性は「残りのプログラムをキャンセルして！」と調子を合わす。ディランはマイクから離れて、「信じられないよ、なんてことをしてくれるんだ」と呻き、さらにはっきりと「なあピーター（・ヤーロウ）、ギターもう1本持ってるだろ？」と言う。ギブソンのギターのどこがおかしいのかははっきりしないが、ヤーロウは「わかった、別のを持ってくる」と答える。ディランがギターを爪弾き、チューニングをし、ハーモニカを何回か吹く間、さらに1分が経ち、「お願いだから、別のギターを持ってきてくれないか？」と彼は訴える。やがてヤーロウが自分のマーティンD-28Sを抱えて戻ってくるが、そこでディランはカポタストを持ってくるように頼む。群衆は落ち着きがなく、何か叫んでいるがはっきり聞こえない。一人の男の「エレキギターを捨てろ。この野郎！」という叫び声が割り込んでくる。「黙れ！」「そうだ！」「いやだ！」という声も聞こえる。

ディランは2分ちょっと前からステージにいるが、騒ぎに対処しようともせず、騒ぎが起こっていることを認めようともしなかった。ついに彼はハーモニカのコードをいくつか吹き、ギターで規則的なリズムを刻み始め、〈イッツ・オール・オーヴァー・ナウ、ベイビー・ブルー〉を歌い始める。最初のギターの音で歓声が上がり、彼が「今すぐ出発しなければならない／必要なものを、長持ちすると思うものを持って」と歌い始めると、さらに歓声が上がる。

それは激しいパフォーマンスで、すべての歌詞がはっきりと発音され、苦い別れの気持ちを伝えている――「街の手ぶらの画家が／お前のシーツにおかしい模様を描いている／空もお前の下で押しつぶされている」。ディランは圧倒的な拍手の中、演奏を終えるが、今度は拍手が収まらない。彼はステージを下りようとするが、マイクに戻り、歓声が静まると、ヤーロウか舞台裏の誰かがEのキーのハーモニカを持っていないか訊ねる。どうやら誰も持っていないようで、ディランは「俺のギターケースの中をのぞいてみろ」と言う。観客の誰かが「ボビー、〈タンブリン〉をやれ！」と叫び、他の観客も「タンブリン・マン！」と呼びかける。ディランは「わかった、これはみんなのためにやるよ」と答え、熱狂的な歓声を浴びる。さらにディランはギターをかき鳴らし、叫び声が上がり、男が「お前らのバンドは好きじゃない！」と叫び、女が「静かにしなさい！」と返す。前の曲からまた数分が経過していた。ディランは「よし、これはみんなのために歌うよ」と繰り返し、一定のゆったりとしたリズムで演奏を始めるが、歌う代わりにしばらくギターを弾き、それからマイクを通して訊ねる。「Eのハーモニカを持っている人はいないか？　Eのハーモニカだ、誰かいないかい？」。彼は少し間を置き「全部投げてよ」と言う。複数のハーモニカがステージに降り注ぎ、ヤーロウは身をかがめて1本をディランに渡す。「どうもありがとう」とディラン。

「キーはFだ、ボブ、Fだ」とヤーロウは念を押す。

「OK」。ディランはカポを1フレット上に上げながら「どうもありがとう」と言う。ディランが〈ミスター・タンブリン・マン〉のハーモニカを吹き始めると、熱狂的な叫び声と拍手が沸き起こる。より抑えられた演奏だが、彼の声は力強く、特に注意深く優しく言葉を発して、歌詞を味わっているようだ。彼の顔は汗で光っている。曲は5分半続き、ディランは「どうもありがとう」と言ってステージを去り、ヤーロウは鳴り響く拍手の中、彼に別れを告げる。「ボブ・ディランでした、みなさん。ありがとう、ボブ。詩人ボブ・ディラン。ありがとう、ボブ」

ディランの演奏に興奮した聴衆もいれば、当惑し、魅了され、彼に腹を立てた聴衆など様々だった。他の聴衆に腹を立てた聴衆もいた。それぞれの意見はともかく、反対派が主張する事実がいくつかある。バンドのリハーサルは不十分で、最初の2曲はすばらしいと考える者がいるとしても、〈ファントム・エンジニア〉はエネルギー過剰な大失敗だった。バックの演奏は別として、ディランのパフォーマンスはまとまりがなかった。また、彼は観客と関わろうとしないだけでなく、起こっている問題について弁解をしようともせず、混乱から目をそらそうともしなかった。彼の演奏はおよそ35分で、その夜は誰よりも長かったが、これにはステージ外で2分、ステージ上でチューニングをしたり、他のメンバーの準備が整うのを待ったり、新しいギターやカポタストやハーモニカが届くのを待ったり、肩越しに振り返ったり、文句を言ったり、単に不規則にギターをかき鳴らしたり、ハーモニカで時々音を鳴らしたりしていた時間をすべてひっくるめた8分間も含まれている。

ニューポートの聴衆は、老ミュージシャンたちがハンマー・ダルシマーをセットしたり、あまり知られていないフィドルの曲をかき鳴らしたりするのを辛抱強く待つことに慣れていたし、リハーサルもなしのフィナーレで、ミュージシャンたちが舞台に集まりフリーダム・ソングを歌うのを見て歓喜していた。しかしディランのセットは何かが違っていて、多くの聴衆には故意の侮辱、あるいは裏切りのように思えたのだ。ディランのと回想する。

言う。「ディランは私たちを見捨てたのかと思った……途方に暮れたように群衆の中をさまよったのを覚えている……ディランが突然黒い革ジャンを着て、それはそれは大きい音だった。私はしばらくそこにいたと思うけれど、その後、ぼんやりした感じで立ち去ったと思う」

舞台裏では、裏切られたという思いはさらに強かった。ハロルド・レヴェンソールはこう回想する。「ボブがスタンドに上がっていったとき、私は踏み段のところにいた。そのときボブは私に『ピート・シーガーはどこだ?』と言った。私は『どこかにその辺にいるよ』と答えた。ステージが終わってスタンドから下りてきたとき、ボブはまた私に『ピート・シーガーはどこだ?』と言った。私は思わず彼に『知りたくないだろう』と言いそうになった」

ウェインは、セットが始まったとき、ヤーロウ、ビケル、グロスマン、シーガーとともにステージの左端に立っていたが、「最初にアンプを通したギターのコード音が鳴ると、ピートの顔は真っ赤になり走り去った」と回想する。

私たち全員も同じようにショックを受け動揺していた。おそらく、その瞬間を楽しんだに違いないグロスマンを除いて……。耐え難い数分が過ぎた後、誰かが私の肩をたたいた。「ピートは本当に動揺している。彼と話をしたほうがいいかもしれない」

私はピートがステージの後ろのフィールドに駐車した車の中に座っているのを見つけた。

「あの騒音はひどい!」と彼は叫んだ。「やめさせてくれ」

私は言った。「ピート、もう遅い。私たちにはできることは何もない」

シーガーがもっと積極的な役割を果たしていたことを覚えている者もいる。ボイドは、ローマックス、ビケル、シーガーの3人に舞台裏で詰め寄られたと書いている。音量を下げるようにというフェスティヴァル理事会からの命令をロスチャイルドに伝えるようにボイドに求めてきたというのだ。ボイドは群衆の中をかきわけてステージの左側にあるサウンドブースまでたどり着いたが、そこには「猫のようにニヤニヤ笑っている」グロスマン、ヤーロウ、ロスチャイルドがいた。彼がローマックスからのメッセージを伝えると、ヤーロウはこの音量はミュージシャンが望むものであり、理事会からの「音量についての意図は的確に反映されている」と答え、ローマックスらへの返答として中指を立てた。ロスチャイルドは、シーガー本人がブースに現れ、「我々より1フィートは優に背が高い彼が、こちらに向かって叫び脅迫していた」こと、そしてヤーロウが「ピート、ここから出ていけ、さもないとぶっ殺すぞ」と言い返したことを覚えている。

様々な証言は矛盾し混乱している——ロスチャイルドはシーガーが斧を持っていたと主張した唯一の人物でもある——しかし、誰もがシーガーの狼狽を覚えている。ヤーロウは彼を「激怒していた」と表現し、ビケルは彼が「『あいつのところに行って、あのクソギターをぶっ壊したい気分だ』と言ったことを思い出す。「ピートにはまったく似つかわしくない言葉だね」。ミカ・シーガーは、父親が「急いであちこちのプラグを抜いていた」ことと、そして母親がそんな父を止めようとしたことを覚えている。「母は『ピート、落ち着いて……』と叫んでいました。私たちは父が冷静さを失うのをめったに見たことはありませんでしたが、そうなったときは本当にすごいものでした。理不尽なんてものではありません……。誰も父の言うことを聞かなくなったので、一線を超えてしまっていたのです」。しかし彼女は、問題は音量だったと主張している。「父はエレクトリック楽器に反対していたわけではありません。父は『音量を下げろ!』と言い続けていましたが、『音を消せ』とは言っていませんでした」
大音量のロックのコンサートを聴いたことのない人々、つまりその場にいたほぼ全員にとって、その音量は衝撃的で、刺激的で、あるいは耐え難いものだった。「とんでもなく大きい音だった」とマリア・マルダーは回想する。「私にとっては刺激的だったけれど……多くの人がパニックに陥ったの。大音量に耐えられなかった」。シルヴィア・タイソンは耐えられないほうのグループに属していた。「音量は最悪だった」と彼女は回想し、こう付け加えた。「すばらしいものになる可能性があったのに、そうはならなかった。演奏はひどかった。演奏の音が大きすぎて、何をやっているのかわからなかった」。ミュージシャンたちは、ステージの前に集まって演奏を聴いていたが、多くが彼女と同意見だった。エリック・フォン・シュミットによると、「ディランはヴォリュームを切って歌っているように見えた。私は最初に『ディランのマイクの音を上げて、ギターの音を下げろ！』と叫び始めた人の一人だった」

はっきりしていたのは、ブルームフィールドがみんなの度肝を抜こうとしていたことだ。彼はギターの音量を可能な限り上げ、できる限り多くの音を出していた……。〈マギーズ・ファーム〉は私のお気に入りのディランの曲の一つだが、ブルームフィールドにとっては、演っているのが〈マギーズ・ファーム〉でも、〈オールド・マクドナルド・ハド・ア・ファーム〉（邦題〈ゆかいな牧場〉で知られるアメリカの民謡）でも関係なかった。それは、彼にとって思いっきり弾くべき瞬間だったのだ。（フォン・シュミット）

ブルームフィールドの友人バリー・ゴールドバーグは、フォン・シュミットの反応は理解できると言う。「彼は本当に大音量で演奏していた。悪意を持っているくらいといってもよく、相手の喉元に自分のギターの音を押し込もうとしているようだった。彼の性格には以前から少しそういうところがあったのかもしれない。『このクソ野郎どもに見せつけてやる』ってね」。バターフィールドのステージでのブルームフィールドの演奏も同じように猛烈で、フォン・シュミットを含む全員が彼を称賛していた。激しいギターソロはシカゴ・ブルースの基本であり、ゴールドバーグは「彼は自分を解き放っていただけなのかもしれない」と付け加えた。
ブルームフィールドは、ショーに興奮し、その反応に困惑したことを回想している。

俺たちは最高だと思った。終わった後、俺はこう言った。「ボブ、俺たちはどうだった？」。すると彼は、「みんなブーイングしてたよ。聞こえなかったのか？」と言った。私は「いや、歓声が上がっているんだと思ったよ」と言った。彼は怒っているようには見えず、当惑しているようだった。彼はヒットシングルを出した男なのに、みんなはブーイングしていたのだ。

テープでは、このエレクトリック・ステージの間、ブーイングを聞くのは難しい。それは、ステージのマイクが楽器の大音量を拾わないように下げられていて、観客が出す音はほとんど入ってこなかったからだ。しかし、観客のほとんど全員がブーイングがあったことを覚えている。中には、その反応を数値化しようとして、半分が歓声で、半分がブーイングだったとか、60対40、80対20の割合で歓声が多いと言っている者、あるいは3分の1の観客がブーイング、3分の1が拍手、3分の1がショックを受けていたと言っている者もいる。また、ブーイングしたのは実際は少なかったのだが、そのブーイングがあまりにも意外だったため、誇張されてしまったと主張する者もいる。
マリア・マルダーが指摘したように、どんな否定的な反応も驚くべきものだった。というのも「ディランのステージをこれまで観てきた者にとって、彼は常に神であり間違うことなどない、という感じだったから」だ。あの大群衆の中では、自分の周りにいる人の声以外は何も聞いていなかったため、たとえ全員が正確に記憶していたとしても、異なる証言が出てきても不思議ではない。ディランがロックンロールを取り入れたことに困惑した人や、新しいスタイルをニューポートに持ち込むのは不適切だと感じた人を見つけるのは難しいことではないが、たとえ後付けの考えからだとしても、ニューポートのディランに興奮したと言う人を見つけるほうがはるかに簡単だった。そして、反応の中には、ディランがニューポートのステージ上で行ったこと以外の要因によって引き起こされたものもあったのだ。

18歳のジュディ・ランダーズとボーイフレンドのハーブ・ヴァン・ダムは、何カ月も前からニューポートを楽しみにしていた。このフェスティヴァルのすべてを体験したいと思っていたが、ディランが彼らの最優先事項だった。彼らは人混みと熱狂を楽しみ、写真を撮りサインを集めた。フィル・オクス、マリー・トラヴァース、ポール・ストゥーキーとの写真、ドノヴァンがジュディ・コリンズのピザを一口ねだっている写真、そして「すばらしいピート・シーガー」の写真、フォン・シュミット、ジョン・コーナー、オデッタ、セオドア・ビケルのサイン入りの紙切れなどだ。そして、気に入ったものから、嫌気がさすものまで、様々な音楽をずっと聴いていた。多くの若いファンと同様、彼らは都会のフォークブームの活力に満ちた雰囲気に夢中になったが、古風な田舎の伝統にはあまり興味がなかった。「私たちは夜のコンサートのいくつかにうんざりしていた」とランダーズはスクラップブックに書いている。「歌えない年配のシンガーや木こりのシンガーやケープ・ブレトン島のシンガーたちは楽しめませんでした。彼らはフォーク・シンギングのすばらしい部分を象徴しているのでしょうが、私たち向きではなかったのです」

彼らは最初の2日間、他の有名人にディランがどこにいるのか訊ねていた（バターフィールドは返事をしてくれず、バエズは彼は風邪をひいていると言った)。土曜日の午後にはついにステージでディランを観て、すばらしい写真を何枚か撮り、日曜日に向けて準備万端だった。少なくとも、最初のステージの途中で、彼が紹介されるのを聞くまでは、そう思っていた。

誰もがボブが最後に登場すると思っていたので、みんなで食事をしたりビールを飲んだりしていました。でも、ボブは2番目に出てきたんです。何千人もの人々が急いで席に戻ろうとし、座っている人たちを邪魔しました。何百人もが通路に立っていました。会場の雰囲気が最高潮に達したとき、彼は黒い革ジャンに身を包み、ポール・バターフィールド・バンドをバックにエレキギターを持って立っていました。演奏が終わったら、もっと拍手をしようと思っていたけれど、彼は「ロック」を歌い始めて、バンドのほうを振り返ってばかりいます。彼氏のハーブはうなだれていて、私はひどく悲しい気持ちになって、観客の半分がブーイングを始めました……。3曲歌った後、彼はステージを去りました。1万6千人の観客が彼を観に来て、彼は3曲で去りましたが、カズン・エミーは10曲歌いました!! 彼は戻ってきて、たくさんのブーイングの後、ちゃんとしたギターとブルース・ハープを見つけようとしましたが、見つけられません。なんとか1本用意したけれど、ギターのチューニングをしなければなりませんでした。そして彼は、〈ミスター・タンブリン・マン〉を歌いました。その曲を選んでくれてよかった。これで消えかけた彼への好意が半分くらいは戻ってきました。

ディランには満足していたが、観客にはゾッとしたという人もいた。ニューポートは2度目だったという若いファンのアン・オコンネルは、64年には友人たちとすべてのミュージシャンの演奏を楽しんだが、「今回はみんなボブ・ディランを見るために来ました。他のミュージシャンもいいとは思ったけれど」と話す。彼女と友人たちは、ラジオで〈ライク・ア・ローリング・ストーン〉を聴いていたが、ディランがバンドと一緒に登場したとき、彼女は「本当にすばらしいと思いました。音がひどかったようには記憶していません……。ただ、私にはすごく音が大きく感じられた。でもそれもいいと」思ったという。

人々がブーイングを始めたとき、私は少し驚いたのを覚えています。人々がそんなに失礼になれるなんて信じられなかった……。3曲目が始まった頃には、観客が本当に怒っているように感じられました。ディランがステージを下りたとき、私も本当に怒りました。当時、彼がいなくなった理由は、観客が無礼だったからだと思っていたので、私の怒りはディランに向けられたものではありません。彼は戻ってきて数曲演奏したけれど、私の怒りは収まらなかった。彼はあきらめてしまって、怒った観客が聴きたがっている曲を演奏させられているように思えました。次に出てきたミュージシャンのことはよく覚えていません。私はボーっとしてしまって、一日中待っていたのにだまされたように感じてがっかりしていました。最後にはっきり覚えているのは、ピーター・ポール＆マリーです。私は彼らがとても好きでしたが、気分がまったく乗りませんでした。観客がキャンドルに火を灯して、彼らの曲に合わせてそれを振り回していたので、私はまた腹が立ちました。みんな愚かで、単純なメロディの単純な曲しか理解できないんだと思いました。私たちは演奏が終わる前に会場を後にしました。

数日後、アラン・ローマックスは友人に宛てた手紙の中で、ディランが「フェスティヴァルを事実上台無しにした」と書いている。「バイクと同じ黒い服を着て、とても下手くそで、すごくうるさいエレクトロニック・

ロックンロールバンドを引き連れて」ステージに登場し、「4曲を演奏した後、一言も聞き取れず、拍手は1回だけ」で去った。観客は「唖然として沈黙して」座ったままだったが、「ジョージ・ウェインがアコースティック・ギターを押し付けて彼をステージに連れ戻した。その後、ディランはギターを交換したり、愛用のハーモニカを探したり、チューニングしたりと、ゾッとするような10分間を費やし、その間1万6千人の観客は恐怖さと好奇心半々で見守っていた」と彼は述べている。そしてついに彼は演奏を終え、「演奏が終わるとすぐに4千人の観客が一斉に立ち上がり、会場を後にした。誰もが落胆し、その後のステージはめちゃくちゃになった……。あいつは本当に破壊的な男だ」。ディランがバンドとともにステージから下りてきたとき、ウェインは舞台袖で待っていた。

私はボビーに「アコースティックの曲を歌いに戻らなきゃ。そうしないと暴動が起きるぞ」と言った。彼は「ギターを持ってないんだ」と言った。私は振り向いて「ディランが使えるギターを持ってる奴はいないか？」と叫んだ。もちろん20本のギターが一斉に飛んできた。

『パトリオット・レッジャー』紙のために舞台裏をレポートしたアーノルド・ライスマンは、ディランがもっとドラマティックな答えをしたと述べている――「観客は俺がステージに戻ってほしくないんだ」

ディランが観客の反応に驚いていたことに誰もが同意するが、その夜に起こった多くのことと同様に、彼が示した反応に関する証言は矛盾している。望遠レンズを彼の顔に向けていた数人の人々は彼が泣いていたと主張しているが、映画のクローズアップ画像からわかるのは、彼らはおそらく汗を見て涙だと思ったのであり、バーニス・リーゴンはディランが泣いていなかったと主張する。「彼はステージから下りてきて、私たちと一緒になった。だからその分析を完全に否定するよ」。ディランはアンソニー・スカドゥートに「涙は出なかった。ただ呆然としていて、少し酔っていた」と語った。ヤーロウはディランが悲しんでいたというより怒っていたと表現している。「ディランは反省も謝罪の気持ちもなく、腹を立てて、何てことをしてくれたんだ？」と問いただしていた。ヤーロウはこれを、理事会にひどい出演時間をあてがわれたことを言っているのだと解釈したが、ディランは1カ月後のインタビューで別の非難をしている。「奴らはサウンドをねじ曲げたんだ。俺が演奏するつもりだったものを気に入らなかったから、演奏を始める前にサウンドをねじ曲げたんだ」

サウンドに関する苦情をすべて考慮すると、この反応は理にかなっているように思える。ただし、それらの苦情はほぼ例外なく舞台裏の人々とステージに立っていたミュージシャンからのものだった。記者や評論家の中で、音響システムの問題やディランのヴォーカルが聞き取りにくいことに言及した者は一人もいなかったが、ほとんどが観客から否定的な反応があったことについて触れている。『ビルボード』誌によると、「ディラン目当てではない観客が、『エド・サリヴァン・ショー』に戻ってこい、エレキギターはやめろ、などと叫び、歓声が上がった」といい、『ニューポート・デイリー・ニュース』は、バンドがステージを去る際に「一人で戻ってこい、エレキギターを捨てろ、などという叫び声が何度も上がった」と報じた。

ショー自体については、各媒体の反応は入り交じったものだった。『パトリオット・レッジャー』は、ディランが演奏を終えて「苦々しく落胆した様子で、ブーイングと賛同の嵐の中」ステージを去ったと評したが、「フォークではなかったが、それでも彼の音楽はよかった」と締めくくった。『ビルボード』はブーイングに関する報道に反論し、「論争を好むような雰囲気の中、彼はすぐに観客を掌中に収めた。特に感動的な〈タンブリン・マン〉では、観客は立ち上がって歓声を上げ、もっと演奏してほしいと叫んだ」と付け加えた。

フォーク専門誌の記事も同様にまちまちだった。フィル・オクスは『リアリスト』誌で嘲笑的な評を記した。

ブーイングする者、泣く者、「ステージから出て行け」と叫ぶもいたが、ほとんどの人はただショック状態で黙って座り込み、くしゃくしゃになったビールのカップを吸っていた。私は神の怒りで天が開くだろうと期待していたが、その代わり、恥ずかしいことにピーター・ヤーロウがディランを呼び戻し、彼は言われるがままにアコースティック・ギターでアンコールを2曲演奏した。バンドは容赦のないディラン・ファンによってステージ下で惨殺されたようだ。

『ブロードサイド』誌は、ディランが「熱狂的な叫び声」の中ステージに上がったが、「黒革のスポーツジャケット、赤いシャツ、黒の先細りスラックス、エレキギターで観客の一部を驚かせ、多くを落胆させた」と報じた。記者は「観客の一部から大きなヤジや口笛が上がった。その後、お決まりのブーイングと歓声が交錯した」と記している。記者はディランが「明らかにかなり動揺していた。観客の前であんなふうになった彼を観たのは初めて」と思ったが、アコースティック曲で戻ってきたときには「またしても昔ながらのほぼ全観客から雷鳴のような拍手が起こった。全体的に、劇的な対決だった」と述べている。『ブロードサイド・オブ・ボストン』（ニューヨークの『ブロードサイド』とは無関係のフォーク・ニュースレター）は、ディランに割り当てられた演奏時間が限られていたとか、準備していた曲が3曲しかなかったなどという証言には与《くみ》せずに、広く流布していた意見と同じく、「彼がステージを去ったのは、大勢の観客からブーイングを浴びせられたからだ」と主張した。これを書いた批評家は、ブーイング自体の問題はさておき、聴衆が「意見を述べるだけの十分な嗜好と自主性を持っていた」のは健全だから、この事件は良い兆候であると感じたという。

しかし、同じ号の別の記者は、ディランが「完全に拒絶されたわけではない……根っからのディラン・マニアやティーンエイジャーの女性ファンは、彼の新しいサウンドに賛同してうなずいた」と指摘している。

ブーイングについて触れなかった評論家はわずか数人だった。『ボストン・グローブ』紙はディランを「トピカル・ソングを歌うレザージャケットを着たアイドル」と呼び、「観客の叫び声を誘ったのは、彼の一番人気の曲〈ミスター・タンブリン・マン〉だった」とだけ記した。『プロヴィデンス・ジャーナル』はバンドを「不気味な風貌」と評し、「ディランは今やロックンロールを歌い、歌詞よりもビートが重要だ。賛同を得られるかは別として、彼がかつて象徴していたものは、今の彼が象徴しているものより明確だった。同じことがおそらく彼自身の人格についても言えるだろう」と書いた。しかし、この曖昧な感情にもかかわらず、この批評家は「若者たちはエレキギターとオルガンの荒々しい音に対して叫び声を上げていた」と付け加えた。

ディランの演奏中はブーイングよりも拍手が多かったのは確かだが、以前の恍惚とした大喝采に比べるとはるかに早く静まった。しかし、新聞の古い格言にあるように、「犬が人を噛んでも」ニュースにはならない。ディランが拍手喝采を浴びるのは当たり前のことだが、ブーイング、特にニューポートでのブーイングは話題になる。また、このときの演奏中にどんな動揺が訪れたとしても、ディランがステージを去ったときの反応に比べれば大したことはない。ブーイングや野次も浴びせられたが、群衆の怒りの最も明白な矛先はヤーロウと、皆を落ち着かせようとする彼の真摯な努力に対して向けられた。ヤーロウの友人メアリー・キャサリン・アルディンはこう言う。「誰も『子供たち、座って行儀よくしなさい。ムーヴィング・スター・ホール・シンガーズの出番ですよ』なんて諭されたくはない。彼らはディランを見に来たのだし、ディランを見るためにお金を払ったのだし、ムーヴィング・スター・ホール・シンガーズなどどうでもいいのだ」

今後数カ月、そして数年にわたってさらに事後分析が行われることになることは明らかだったが、コンサートは続行されなければならなかった。ヤーロウはマイクの前に戻り、敬意と同情、あるいは少なくとも、ちょっとばかりの理解を求めた。「みなさん、次に登場するのは、この音楽のすべてを生み出したグループです。我が国のブルースの伝統は、もともとアフリカの伝統に由来しており、アフリカの伝統は……」。群衆が叫び声を上げると、彼は言葉を止めた。「みなさん、ボブは戻ってきません」。誰もまったく注意を払わなかったが、彼はもう一度試みた。「アフリカの伝統は、もともとこの国にやってきたとき、深南部に持ち込まれたのです……」。彼の言葉はブーイング、拍手、「ディラン！」の叫び声の雪崩《なだれ》に埋もれた。今や彼の声には絶望の響きがあった。「みなさん、ボビーのことを思いやってください。彼は戻ってはこられません。これ以上状況を難しくしないでほしい」。群衆は少しずつ彼のメッセージを受け取り、静かになり、多くはただ立ち去ったが、ムーヴィング・スター・ホール・シンガーズが実際にステージに上がるまで、時折「ディラン！」「ディランが欲しい！」という叫び声が聞こえた。彼らは明らかに緊張していたが、勇気を振り絞って最初のスピリチュアルソング〈ヒー・イズ・エヴリシング・トゥ・ミー〉を歌い始めた。彼らが落ち着くまでに数ヴァースかかったが、最後にはすばらしい歌声を披露し、観客の反応も良く、コンサートの前半は大きな歓声の中終了した。

短い休憩の後、後半はナイジェリアのイシャンギ・ダンス・トループで始まり、『プロヴィデンス・ジャーナル』はこれを「色彩豊かで最も歓迎すべき夜のステージ」と評した。次に登場したのはアフリカ系アメリカ人のシンガーソングライター、レン・チャンドラーで、初めてメインステージに登場したチャンドラーは、エレキギターの音量よりも大きな論争が待ち受けていることを思い起こさせた。その日の朝の『プロヴィデンス・ジャーナル』には、「新記録の1万6千人で満員のフォーク・フェスティヴァル」という記事のすぐ下に、「アメリカ、ヴェトナム活動のすべてを増強」という見出しの記事が掲載されていた。ジョンソン大統領は米国の政策を検討する会議を招集し、報道官（若き日のビル・モイヤーズ）はいかなる決定もなされていないと断固として否定したが、その週末、アメリカは東南アジアでの地上戦に踏み切ることを決定した。このフェスティヴァルで、チャンドラーはこの決定に対して公に反応した唯一のパフォーマーだったようだ。最初の歌の後、チューニングをしていたとき、弦を1本切ってしまい、それを交換しているときに「この場を借りて言わせていただきたいが、私はヴェトナムでのアメリカの政策に反対だ」と述べた。一部の聴衆から大きなブーイングが起こり、それに対抗して歓声を上げる聴衆もいる。「ジョンソン大統領は火曜日に予備役を召集する。ブーイングしている人たちが全員召集されることを願っている」と付け加えた。それに反応して、「お前が逮捕されればいい！」や「あなたが国を愛していることを願っている！」という叫び声が上がった。「愛しています」とチャンドラーは静かに答えた。「だからこそ私はこうして言うべきことを言っているんだ」

チャンドラーの後には、古参のフォーク・スターたちが続いた。まずロニー・ギルバートが登場し、フィル・オクスの2曲を歌い、尊敬と残念な気持ちが入り交じった声で、「可能なら、若い頃にしか生まれず、いつかは別の何かに変わってしまうに違いない、あの天才詩人に敬意を表したい。それまでの間、その才能はすべての生命に輝きを与えるものなのだ。私たち全員のために」と言って、ディランの〈戦争の親玉〉を歌い始めた。

ジョシュ・ホワイトは、ピアノのジョージ・ウェインとジャズ・ベーシストのボブ・クランショーの伴奏でブルースを演奏。続いて、ジーン・リッチーがアパラチア地方のバラッドを演奏。『ニューポート・デイリー・ニュース』は「彼の声は、冷たい渓流のように爽やかで、これまでと同様に爽快だった」と評した。

夜は予定通りフィナーレに近づき、シーガーはガイ・キャラワンを呼び出し、彼が次の歌手ファニー・ルー・ヘイマーを紹介した。彼女は、ミシシッピ・フリーダム民主党を率いて前年の大統領候補指名大会に出場している。キャラワンは言葉を濁さず、ただ彼女を「フォーク・ヒーロー」と呼んでステージを譲り、ヘイマーはフリーダム・シンガーズをバックに公民権運動を鼓舞する4曲を歌い、次第にシーガー、バイケル、ギルバート、ウェイン、オデッタ、リッチー・ヘイヴンズがコーラスに加わった。

次はピーター・ポール&マリーが登場。〈時代は変る〉を皮切りに5曲を歌い、最後は、ブルース・ラングホーンがギターで参加した、レヴァランド・ゲイリー・デイヴィスの〈イフ・アイ・ハド・マイ・ウェイ〉で締めくくった。『ビルボード』の報道によると、その時点ですでに真夜中を過ぎていたが、スタンディング・オベーションが起こり、観客は3人がステージを下りるのを拒んだが、群衆の扱いに長けた洗練されたパフォーマーであるマリーは、丁重に観客をなだめた。それから彼女は、フェスティヴァルの出演者をステージに上げた。いつものように全員で合唱してライヴを終えるつもりのマリーは、古いスピリチュアル・ソング〈カム・アンド・ゴー・ウィズ・ミー・トゥ・ザット・ランド〉をリードし、ヘイマー、フリーダム・シンガーズ、オデッタ、シーガー、リッチー、ギルバート、ビケル、バエズ、ゲイリー・デイヴィス、チャンドラー、ヘイヴンズ、クウェスキン、ボブ・ビアーズ、ファリーニャズらがバックコーラスで加わった。

通常ならこれで終わりだったが、シーガーはまだ動揺しており、その夜の雰囲気をなんとか修復しようとしていた。「まだ誰も家に帰りたくないだろう!」とミュージシャンたちに呼びかけ、バエズにポルトガルの歌をやってくれるかと訊ねた。彼女はアップビートの〈アテ・アマンハ〉で応え、「ラ、ラ、ラ」とコーラスを歌い始めると、手拍子をしたり、タンバリンを叩いたりしながら全員で合唱した。その後、シーガーは南アフリカのペニーホイッスラー(小型の吹奏楽器奏者)、スポークス・マシヤネをステージに上げ、ダンス・セッションが始まった。ステージにはシンガー、友人たち、マネージャー、DJ、第一次世界大戦時のパイロット帽とゴーグルをつけた男など雑多なメンバーが集まり、手拍子をしながらツイスト、ジャーク、フルグを踊った。最後にシーガーが引き継いで、高揚感あふれる〈ダウン・バイ・ザ・リヴァーサイド〉をリードした。『ビルボード』の記者は、この最後の盛り上がりに魅了され、シーガーが再び「フォークの理念を成し遂げんと身を捧げる者のオーラ」を出していると称賛したが、ニューポートの関係者の多くは、ロバート・シェルトンが「暴徒出現」と表現したのと同じ意見だった。『シング・アウト！』誌の中で、アーウィン・シルバーは、その夜は「歌手、ミュージシャン、自称参加者、変人たちが大挙してステージを占拠し、趣味の悪い狂乱の近親相姦を繰り広げる」という状況に陥り、「ニューポートの責任者もこの大失態に参加していたが、彼らの中でさえ嫌悪感を覚える者がいた」と書いている。批判される側だったマリー・トラヴァースは、軽蔑され、憤りを覚え、惨めな気持ちになり、シェルトンとシルバー（彼女の言葉は、彼らの記事の中で匿名で引用された）を名指しで非難した。

フィル・オクスは、来年のフィナーレは「ビル管理人、酔っ払った船乗り、街の売春婦、あらゆる宗派の聖職者、ごみ収集作業員、ロードアイランド州の小物政治家、当惑したタクシー運転手たちが、ラジオシティ・ロケッツのダンスを踊るという趣向」で行くべきで、そのバックは「最愛のミシシッピ・ジョン・ハートが新しく結成したエレクトリック・バンドが務める。メンバーは、ベースにスキップ・ジェイムズ、ドラムスにサン・ハウス、ヴィブラフォンにエリザベス・コットンで、今やノイローゼ気味の民族音楽愛好家から非難のブーイングを浴びる」と楽しそうに提案した。

そして『ニューポート・デイリー・ニュース』は「様々なことが起こっている最中、ずっとディランを呼ぶ声が聞こえていたが、ステージ上の人たちには聞こえていないようだった」と締めくくった。

コンサートは終わったが、ジム・クウェスキン・ジャグ・バンドのメル・ライマンは嫌な雰囲気を和らげるために何かしなくてはならないと感じていた。ジョー・ボイドは、フィナーレの直前にライマンがシーガーに何か相談していて、それを受けたシーガーが、すべてが終わったらステージの照明を消してマイクを1本オンにしておくようにスタッフに指示していたと回想している。観客が荷物をまとめている間、ライマンはハーモニカを持って暗いステージに上がり、古い賛美歌〈ロック・オブ・エイジズ〉を静かに演奏し始めた。音がフィールド全体に広がった。か細く、くぐもって、ヴィブラートで律動し、穏やかに悲しげだった。最後の迷い子がフィールドから去るまで、彼は12分以上、シンプルなメロディをふるわせ、そして愛撫した。

長い夜だった。ジョー・ボイドには、皆が闘いの後の放心状態に陥っているように感じられた。「古参のミュージシャンたちは敗北に頭を垂れ、若者たちは勝利に酔いしれるどころか、神妙な面持ちだった。彼らは自分たちの勝利の中に、すばらしかったものの死が横たわっていることに気づいていたのだ」。ジョン・コーエンは妻と赤ん坊を部屋に連れていった後、アフターパーティの会場に赴くと、そこにはディランが一人で佇んでいた。二人は短く静かに話をした。「彼は本当に困惑していた」とコーエンは言う。「彼は私に『何があったんだ？　何が悪かったんだ？』と訊ねた。彼は攻撃的でも強引でもなく、それが正直な思いだったのだろう。それで私は、『そういえば、歌詞がかなり聞き取りにくかったかな』と言った。会話を続けようと思っていたが、そのとき他のみんなが入ってきた」。シェルトンは、ディランが「隅っこのほうで……不機嫌そうに……ケンブリッジのクラブ47を運営していたベッツィー・シギンズの膝の上に座っていた」ことを思い出した。シギンズは、それはパーティではなくバックステージでのことと記憶しているが、いずれにせよ「彼は一言も話さなかった……。疲れ果て、圧倒されているようで、まるで私が彼の椅子のようだった」と回想している。

出演者たちはネザークリフの食堂に集まった。「それはディナー・パーティだった」とマリア・マルダーは回想する。「大きな長テーブルがあって、私たちはみんな一方の端に座り、古参の人たちはもう一方の端にいて、重苦しい緊張感が漂っていた……。そんな中、突然リチャード・ファリーニャがキューバのリズムを刻み始めた。カトラリーでグラスや食器を叩いてあらゆる種類のシンコペーションのリズムを作り出したのだ。すぐにみんながそれを真似し始め、まるで刑務所の食堂のシーンで囚人たちがブリキのコップを叩いているようだった」。チェンバーズ・ブラザーズは、楽器とアンプを持ってきていた。彼らがダンス用の音楽を提供する手はずになっていたと記憶している者もいれば、即興のジャムセッションだったと言う者もいるが、いずれにせよ、ロックンロールとともに育った若い演奏者たちは深刻な雰囲気を振り払おうとしていたとマリア・マルダーは回想している。「フォークのくだらない揉め事が全部終わった後、私たちは立ち上がってブギウギが踊りたくてたまらなかった」。彼女はミミ・ファアリーニャと踊り始めた。「私たちはフォーク界のゴーゴーガールだったから。非公式だけれどね」。彼女がダンスを休んでテーブルに戻ってきたとき、リチャードは彼女の注意をディランに向けさせた。「彼は隅っこに一人で座り、背中を丸めて足を組んで、いつものように足と足を小刻みに揺らしていた。そしてリチャードが私に言うの。『マリア、ちょっとボブのところに行って、ダンスに誘ってみたら？』」

マルダーは、ディランがダンスをするなんて聞いたことがなかったが、彼のところに行って、肩に手を当てて一緒に踊らないか訊ねた。「彼はただ、私を見上げて、疲れたような表情を浮かべた。怒っているというわけではなく、ただうんざりした表情を浮かべていた。そしてこう言った。『マリア、踊りたいんだけれど、手が火照《ほて》っているんだ』」。その瞬間、それは至極まっとうな返答に思えた。

シーガーはパーティには来なかったが、翌朝、ホテルで朝食を食べていたある若いフォークファンが、隣のテーブルにシーガーが父のチャールズと一緒に座っているのに気づいた。「シーガーは、耳の遠い父親に、何が起こったのか、ディランについてどう思っているのか話していました。そして、彼は身を乗り出すようにして、まさにこう言ったんです。『彼には大きな将来があると思っていたんだが』」

第11章　祭りが終わって

多くの人にとって、1965年のニューポートの物語はシンプルなものだった――ボブ・ディランは生まれることに忙しく、変化を歓迎しない者は死ぬことに忙しかった――それだけだ。ポール・ネルソンは、『シング・アウト！』誌を辞める際、激しい非難を込めた別れの言葉に、そのことをはっきりと記した。「誤解しないでくれ。聴衆は、はっきりと選択を迫られ、それを行っただけだ……彼らは創造や冒険よりも窒息を選び、前進よりも後退を選び、生きた手よりも死者の手を選んだだけだ」

これが分岐点であったことを理解するのに、ネルソンの意見に同意する必要はない。「ディランがエレクトリックに転向したとき、それは終わりの始まりだった」とジョージ・ウェインは言う。フォーク・フェスティヴァルは「その後4年間続いたが、以前と同じでは決してなかった。その後の私たちは、もはや〝最高〟ではなく、ヒップでもなく、流行でもなくなった。私たちは単なる時代遅れのフォークシンガーだった」

ウェインはディランを批判も称賛もせず、ただ自分が見た通りの事実を次のように述べているだけだ。

ビートルズが登場したとき、とてつもない数の若者がビートルズに同調した。しかし、アコースティック音楽のために闘っている者も大勢いた。そして、ボブ・ディランとジョーン・バエズがその世界の王と女王だった。ピーター・ポール＆マリー（ＰＰＭ）でもキングストン・トリオでもなかった——彼らは商業的な存在だった。しかし、真の純粋主義者をつなぎ止めていたのはボブとジョーンだった。ボブが去ったとき、ファンは友人たちと一緒に彼の後を追いかけることができた。彼らはもう友人たちと争う必要はなかった——彼らのアイドルがそこに行っていたから。

もちろん、ディランは6カ月前に『ブリンギング・イット・オール・バック・ホーム』ですでに「そこへ行って」いた。しかし、ニューポートでは別のことが起こった。その夜の休憩中に、セオドア・ビケルは『ブロードサイド』誌の記者に短くこう述べた。「教会では口笛を吹いたりはしないものだ——フォーク・フェスティヴァルでも、ロックンロールを演奏したりはしない」。この比喩が成り立つためには、ニューポートは教会でなければならなかった。つまり、善良な人々が上品にふるまう方法を知っている、静かで立派な場所だ。ピート・シーガーは牧師のような存在だった。混乱したファンは、コミュニティの礼儀正しく正直な一員だった。そしてディランは口笛を吹く反抗的な若者だった。彼は、常にそういう人間であり、同じことはシーガーにも当てはまり、それはニューポートが称賛してきた姿勢でもあった。

その週末に変わったのはディランではなかった。変わったのは、ニューポートであり、フォーク・リヴァイヴァルと60年代の精神を形成してきた結束の微妙なバランスだった。60年代を古いと考える人はまだほとんどおらず、爆弾が頭上に落ちてくるかもしれない脅威が存在し、若い左翼は依然として昔の労働組合のオルガナイザーを尊敬し、人種統合と万人のための公民権が実現できるという希望が存在した。あるいは、その時代を人間に置き換えて言うと、変わったのはディランではなく、シーガーだった。ネルソンが聴衆の選択について言いたかったのは次のようなことだ――彼らは過去か未来かを選ぶことができたが、結局はシーガーを選んだ。驚くべきは、ディランが未来を体現しているということではなく、シーガーが過去であるということだった。それもただの過去ではない。彼は、斧を手に立っている道徳的で保守的な過去だ――ヒビング高校の校長のようなものかもしれない。「彼が地団駄を踏んでいるのがはっきりと見えた。そして、次の日、みんなが斧のことを話していた」と、ある若い観客は回想し、こう続ける。

僕は、ピート・シーガーのステージ上でのファシズムをそれからずっと嫌うことになった。ディランとバターフィールドは、僕たちに代わって、そして僕たちに向けて話していたが、(気づいたことは)シーガーは……僕の両親の世代を代弁していた。赤狩りのブラックリストとか、ギターによってファシストを退治するとか、子犬みたいにウディ・ガスリーについて行くとか、そんな殉教者のたわ言は、僕にとっては意味のないことになった。シーガーがステージに上がり、音楽はどうあるべきかというフーテナニーと『シング・アウト!』のヴィジョンを強要しようとしたときにね。

65年のニューポートの大きな神話は、斧を持ったシーガーだ。ディランとバンドがロックンロールの大音量で演奏し始めたとき、ポール・ロスチャイルドがその場にいて、「ピート・シーガーは激怒した。彼はどこかへ走っていき、斧を手にして戻ってきて、『あいつらを今すぐステージから下ろさないなら、電源ケーブルを切るぞ!』と言った」と回想している。他の者たちは彼が実際に斧を持っていたことを否定しているが、斧を探していたことは認めている。「シーガーがそう言っているのを多くの人が聞いた。斧を手に入れて電線を切りたかったと……これは彼の怒りを考えれば信じられる話だ」とピーター・ヤーロウは言う。ウェインは、テキサスの労働歌グループとのステージで、シーガーが斧の扱いの腕前を披露したことが、この話に真実味を加えていると指摘し、同じ夜に、そのテキサスのグループか、もしくはシーガーが丸太を切りながら歌を歌っていたと誤って記憶している人も何人かいる。

伝説はこうして生まれる。ヤーロウは1万7千人に向かって「彼は斧（ギターのこと。326ページ参照）を持ってくる」と言い、「彼とはシーガーのことを言っているのか」という質問が発せられ、それが、「ピート・シーガーが斧を取りにいったって聞いたか？」に転換していくのは容易だった。すぐに、自分もしくは友人が、シーガーが斧を振り回しているのを見たと言って話を膨らませる者もいた。また、斧がどこから来たのかについて説明する人もいた。そしてついにシーガー自身も、自分の記憶にそれを当てはめる方法を見つけた。彼はその夜のことをよく聞かれ、90年代までには、斧が伝説の一部になった理由を次のように説明していた。

私は、音が歪んでいて、彼が歌っている歌詞をまったく理解できないことに激怒した。〈マギーズ・ファーム〉というすばらしい歌を歌っていたが、理解できなかった。それで私は音響担当者のところへ走って行き、「彼の言うことが理解できるように音を調整してくれ」と言った。すると彼らは「いや、バンドがこうしてほしいって言っているんだ！」と怒鳴り返してきた。私は非常に腹を立てて、「くそっ、斧を持っていたら、今すぐケーブルを切断するのに」と言ったんだ。

この記憶が真実であることを疑う理由はない。それは、シーガーが斧を振り回していたというロスチャイルドの記憶が真実であり、ディランがそれまで聴いた中で最高のロックンロールを演奏していたと記憶している聴衆がいること、それが惨憺たるものだったと記憶している聴衆がいることを疑うことができないのと同様だ。しかし、当時シーガーが不快に思ったのは、音響システムだけではない。事件の数日後に彼はこう書いている。「私は目と耳を隠すために逃げ去った。叫び声を上げる群衆にも、地獄のこちら側に存在する最も破壊的な音楽にも耐えられなかったからだ」

それは個人的なメモであり、自分の気持ちを整理しようとする試みだった。シーガーは「61年にニューヨークにやってきた虚弱で落ち着きのないホームレスの青年」が「ステージでは虚弱で落ち着きのないホームレスのスター」になり、〈激しい雨が降る〉の探求する詩人から「俺の行くところはない」（〈ミスター・タンブリン・マン〉の一節）と書く人間に変貌するのを見ていた。彼は「ディランの魅力的なうなり声にはもはや希望はない」と落胆し、その理由を考えた。「恋人が去ってしまったのかもしれない。新しいマネージャーのせいか。ファンからの攻撃か。それともチヤホヤされてダメになったのか？」。彼は、自分の過大な期待が問題の一部だったのではないかと心配した。義母がガンで亡くなったことを思い出し、「彼女の体から生命の液を吸い取った、中が空洞の牙を持つ獣」を想像し、「ひょっとすると、私はボブから生命の液を吸い尽くした牙だったのかもしれない。いつでも学ぶことはできるという希望から、私はこのようなことを書いている。助けがないと答えられない質問をし、意図していなかった言葉を使っている。自分が間違っていることを願っているが、もし私が正しかったら、二度とこのようなことが起こらないことを願っている」と書いた。

シーガーは、プライベートな思索の中でも、ロックンロールやエレクトリックのステージに反対していないと主張し、マディ・ウォーターズやチャック・ベリーが好きだと述べているが、「告白するが、ブルースやフラメンコのような激しい音楽は、長時間続けて聴くことはできない。私はそれほど攻撃的な気持ちになる人間ではないから」と付け加えた。音量、リズム、情感は、グルーヴへと誘《いざな》うものには感じられなく、攻撃的なものと彼には思えた。たとえグルーヴを感じられたとしても、彼はその感情を信じなかったのかもしれない。7年後にその夜のことを振り返って、彼は「当時は〈マギーズ・ファーム〉をまったく理解していなかった。つまらない曲だと思っていた——ちゃんと聴いていなかったと思う」と語った。その後、ヴェトナム反戦集会でアール・スクラッグスがこの曲を演奏するのを聞いて、「すばらしく妥協のない」曲だと判断したが、フォークとポップのシーンが進化し、重なり合っていく状況に板挟みになり、しばしば葛藤を感じていた。67年、彼は父親にディランの最新アルバム『ジョン・ウェズリー・ハーディング』を送り、ディランの進化について見解を伝えた。

左翼は彼をもてはやそうとしたが、彼はこれに激しく反発し、彼らに向かって「くたばれ」と言い放った。奇抜な服装をし、エレクトリック・バンドを従えて新曲を叫び声で歌い、冷笑的な態度が前面に表れてきた。彼は何らかの薬物の影響下にあるというのが一般的な見方だった。

この新作はまた別の変化を示すもので、シーガーはこのように結論付けた。「ボブ・ディランはピカソのように、数年ごとに新しい時代《ピリオド》で私たちを驚かせるようになるかもしれない。彼がそれくらい長生きすることを願う。唯一の独創性をもっているという意味で彼に匹敵するソングライターは他にいないと思う。もちろん、彼でさえも伝統の一部なのではあるが」

シーガーにとって、これが問題の核心だった。一方では、アーティストが個人的で意味のある創作をすることの重要性、もう一方ではコミュニティと伝統の重要性だ。あのディランのエレクトリック・パフォーマンスに対する彼の最初の反応は怒りであり、次に、それによってできた傷を癒す共同のフィナーレを作り上げようとした。後に彼は、あの状況に別の方法で対処すべきだったと考えるようになった――ディランの演奏の後にステージに上がって、「なぜボブにブーイングするんだ?」と観客に訴えかけるべきだったと。公の場ではディランを批判しないように気をつけ、彼が怒っているのは音楽ではなく音響システムについてだったと言った。

彼はあのときの状況を考慮に入れながら異議を唱えようとした。彼は常にポップ・ミュージックを一種のソーマ(興奮を促す飲料)、つまり現実世界の問題から人々の目をそらせるものだと考えており、ロックンロールも同じものの一部だと考えていた。ディランのステージに反対していたのは、ニューポートでの大規模なコンサートは、より平等な方法で音楽を共有するという理想を掲げる上でぎりぎりの妥協点であり、エレキでの大音量によって演奏者と聴衆の間にまた別の障壁が生まれると感じていたからだ。しかし、時が経つにつれて、60年代半ばのロックの進化はある意味では前向きなものだと彼は認めるようになった。ラジオで流れていたもののほとんどはまだ「商業的なガラクタ」だったが、かつてないほど良質のポップ・ミュージックが増え、ディランが「その進歩に大きく貢献している」と評価した。

67年には、そのシーガーでさえも、自身のエレクトリック・プロジェクトを行う準備を整え、ハーモニカのジョン・ハモンド・ジュニア、ブルース・プロジェクトのダニー・カルブによるエレキギターを起用し、エレキベース、ドラマーを交えた録音を数曲行っている。レコードのライナーノーツには、「これを聴いて私の友人たちは驚くだろう。しかし、私が高校のジャズ・バンドで演奏を始めたことを思い出してほしい。マイクを使う人は誰でも電気を使っている。問題は、人間と機械のどちらが支配権を握るのかということで、それは永遠に続く争いだ」と彼は語った。しかし、争いを仕掛けたのは彼であり、エレクトリック楽器の音量を低く抑え、アコースティック楽器と変わらないくらいに設定した。

いずれにせよ、電化に焦点を当てることは、本当に重要な問題から注意をそらすものだった。マーロン・ブランドが暴走族を率いてライツヴィルに轟音を立てて入ってきたとき、町の人々はバイクが嫌いだったから恐怖を感じたわけではないし（映画『乱暴者』より）、ニューポートの観客はディランがストラトキャスターを弾いていたからショックを受けたわけではなかった。ピーター・ヤーロウは、あの日ディランが、同じ曲を同じ楽器で演奏しても受け入れられていたはずだと確信していて、いきなりではなく、エレクトリックでの演奏に徐々に移っていくように彼にアドバイスしたという。「アコースティックで数曲歌ってから、『この新しいやり方で作業していて、とてもエキサイティングなので、みんなと共有したいんだ』と言えばいい。そうすれば、これが必ずしも君の本質や目的と矛盾するものではないと観客は理解してくれるだろうってね」

しかし問題は、あのときディランは、まさに自分が何者かを示そうとしていて、自分がまだ、あの大切なフォーク集団の一員であると示すつもりがまったくなかったということだ。フェスティヴァル理事会に宛てた手紙の中で、ジム・ルーニーは日曜日のコンサートを、相容れない二つの哲学の対決として位置づけた。

シーガーは生まれたばかりの赤ん坊の泣き声を流して夜のコンサートを始めた。そして、その赤ん坊に歌を歌ってあげて、どんな世界に生まれてきたのか教えてあげてほしいとみんなに頼んだ。しかし、歌うべき曲はシーガーにはすでにはっきりとわかっていた。今あるのは汚染、爆弾、飢餓、不正の世界だが、人々はそれを克服（オーヴァーカム）するだろうと歌ってもらうつもりだった。そして多くの人がそのように歌い、赤ん坊に希望が与えられた。そして、ディランによる光、音、怒りの爆発の時間がやってきた。シーガーが作り上げたその夜の雰囲気は消え去った。希望は絶望に、無私無欲は傲慢に、調和は繰り返し続く不協和音に取って代わられた。

ルーニーは、ディランが「シーガーが聞きたかった歌」を歌えないことは「まだ希望を抱く我々にとって不安で気が滅入る」と書いた。しかし、彼は、それはもはや重要ではないのでは、という問いかけもしている。「フォークソングは、この国中の山や谷、兄弟姉妹の愛について歌わなければならないのか？」。もう30年代ではなく、50年代でさえなかった。ディランは飛行機で旅をし、「ヨーロッパのハイヒール・シューズとハイスタイルの服」を身に着けていた。彼のパフォーマンスに人々が不快感を覚えたり、攻撃されたと感じたりしても、それは偶然でも誤解でもなかった。ロニー・ギルバートは前年、ディランを若い世代の代弁者として紹介し、「みなさんは彼をご存知ですね。彼はみなさんのものです」と聴衆に語ったが、ディランはその考えを恐ろしく不愉快に感じた。ルーニーの言葉を借りよう。

ピート・シーガーが愛した「民衆」は、ディランが憎む暴徒である。暴力に直面して、ディランは自分だけ守ることを選んだ……。そして彼は、自分と同じように孤独で、他人に対して無関係で無感情でいる勇気を他の誰もが持つべきだと挑発する。オルガンとドラムとエレキギターを通して彼は叫ぶ。「独りぼっちになるのはどんな気分だい？」。そして、自分の前に座っている何千人もの、独りぼっちではない、独りぼっちになることができない人たちに対する彼の敵意、反抗、軽蔑は明らかだった。そして彼らはその夜、ディランが1年以上言い続けてきたことを理解したようだった――彼は彼らのものでも、他の誰のものでもないということを。

それは美しいものではなかったが、「従来のリベラリズムの安易で偽善的な言葉より、はるかにましだった」。誰もがニューポートで肯定され、慰められ、同じ考えを持つ人々に囲まれていると感じることに慣れていた。「そしてフェスティヴァル全体で私たちの立場に疑問を呈した唯一の人物はボブ・ディランだった。おそらく彼はそれを最良の方法で言い表さなかったのだろう。彼は無礼だったのかもしれない。しかし彼は私たちを揺さぶった。そして、だからこそ私たちには詩人や芸術家が必要なのだ」とルーニーは記している。

ネルソンは、ルーニーの手紙の多くを、自身の怒りに満ちたマニフェストとともに『シング・アウト！』に転載した。彼は日曜日のコンサートが「フォーク音楽界の二大スターを永遠に引き裂いた」と書いた。シーガーは、誰もが自分の古臭い党の方針に従うように強制しようとし、ディランは「勇敢な若いスペイン人の無法者のように」彼に立ち向かった。どちらを選択するかは明らかだった。ネルソンは続ける。

マシュマロと綿菓子か、肉とジャガイモか？　バラ色のメガネか、虫眼鏡か？　かつて存在したことも、これからも存在し得ない世界について常に主張することで、自分の芸術を抑圧し弱体化させてきたナイスガイか、それとも自分の芸術がすべてであることを要求する、怒りに満ちた情熱的な詩人か？　それは、私自身を含め、多くの人にとって悲しい別れだった。私はディランを選ぶ。私は芸術を選ぶ。

シーガーの音楽はまさに肉とジャガイモ、つまり伝統的で平凡なアメリカの食事だったと主張する者もいるだろうが、ネルソンの考えは『理由なき反抗』に置き換えるとよく理解できる。つまり、ディランはジェームズ・ディーン、シーガーは不平ばかりで男らしい活力を失った父親だった。ルーニーは自分の手紙がシーガー攻撃のきっかけに使われたことに憤慨し、自分としては「二人の巨人の間で劇的な選択を迫られたとは思わない」と書いた。しかし、ネルソンだけがこのような見方だったのでは決してなく、シーガーの評判は以前と同じではなくなった。彼は左翼の象徴であり続けたが、次第に反抗的というよりは尊敬すべき人物として位置づけられ、聖人ぶった雰囲気が漂い始めた。数週間後のフィラデルフィア・フォーク・フェスティヴァルで、フィル・オクスは優柔不断な中道派を攻撃する〈ラヴ・ミー、アイム・ア・リベラル(愛してくれ、私はリベラルだ)〉を歌い、ステージ近くの小川を指差して「ピート・シーガーがここにいたら、彼はその上を歩くだろう」と言った(聖人化するシーガーを皮肉っている)。

こうした攻撃には皮肉な面もあった。というのも、シーガーは保守派にとって赤に染まったのけ者であり続け、ディランやオクスが歓迎されるメインストリームの会場から締め出されていたからだ。ロングアイランドにある高校の講堂でのシーガーの演奏禁止命令を覆すには、66年に出されたニューヨーク州最高裁判所の判決が必要だった(教育委員会は、シーガーは「非常に物議を醸す人物」であり、その存在は学校の施設に危険な騒動を引き起こす可能性があると主張していた)。また69年には、ABCテレビの番組で司会としてディランを招いたジョニー・キャッシュが、シーガーが依然として出演が禁止されていることに不満を述べた。翌年、ABCテレビはシーガーの出演を認めたが、ナッシュビル行きの飛行機の中でシーガーは、「何が歌えるっていうんだ? どうせヴェトナムについては歌わせてくれないだろう。人々が直面する多くの現実の問題について歌わせてはくれない。〈グッドナイト・アイリーン〉や〈オン・トップ・オブ・オールド・スモーキー〉を歌わせようとするだろう」と考えていた。

若いリスナーにとって問題だったのは、シーガーの公民権や反戦の歌がその2曲に似ていることだった。歌詞はかつてないほど過激で、〈ウェイスト・ディープ・イン・ザ・ビッグ・マディ(腰まで泥沼にはまる)〉は、ヴェトナム戦争が陥った泥沼の状況を警告し、〈ラスト・トレイン・トゥ・ニュルンベルク(ニュルンベルク行き最終列車)〉は米国の戦争犯罪を非難しているが、曲調はサマーキャンプを彷彿させるものだったのだ。

対照的に、ディランの音楽は、声の調子、服装、髪型、そして答えは風に舞っていると考える善良な人々に対する不遜な態度など、すべてにおいて反抗を象徴していた。ニューポート後に行われたイギリス・ツアーで、記者がなぜプロテスト・ソングを書くのをやめたのかと訊ねると、彼はこう答えた。「誰がそんなことを言ったんだ？ 俺の歌はすべてプロテスト・ソングだ。すべてだ。俺はプロテスト（抗議）しかしないんだ」。別の日には反対のことを言うかもしれないが、それこそが狙いだったのだ。彼は予定や計画に従うことを拒否しており、その反応自体がプロテストだったのだ。『追憶のハイウェイ61』の表紙で彼が着ていたバイクのTシャツは、映画『乱暴者』との親近感を強調していた。映画では、色っぽいブロンド女性がマーロン・ブランドに「何に反抗してるの？」と訊ねると、ブランドは「全部にさ」と答えている。

ニューポートは、ディランが騒ぎを起こして、反撃を受けたのどかな田舎のコミュニティだが、彼の伝説を読み解くために引き合いに出される場所としてふさわしい。ニューポートでのブーイングは比較的少なく散発的だったが、彼が初のエレクトリック・ツアーを全米、そしてオーストラリアやヨーロッパで続けるにつれ、ブーイングはより大きく、より執拗になった。彼の新しいギタリスト、ロビー・ロバートソンは、敵意を抱く観客との毎夜の闘いを回想している。「セットアップして演奏を始めると、彼らはブーイングして物を投げつけてきた。それから次の町に行って演奏すると、ブーイングして物を投げつけてくる。そして、次の町に行って、また同じことの繰り返しだ」

ニューポート後の最初の公演は、8月28日、ニューヨークのクイーンズのフォレスト・ヒルズ・スタジアムで行われ、ディランはステージの前半をアコースティックのソロで演奏し、その後ロバートソン、オルガンのアル・クーパー、ドラムスのリヴォン・ヘルム、ベースのハーヴェイ・ブルックスが加わった。『ヴィレッジ・ヴォイス』誌は、24歳のディランが「1万5千人の群衆の中で最年長だったかもしれない」と記し、観客は歌詞を聞きたがる「フォーク純粋主義者、新左翼、感受性の強い大学生」と「ディランの最近のエレクトリックの演奏に合わせて足を踏み鳴らす」ロッカーに分かれていると続けた。出番前にディランは舞台裏で、「みんなが叫んだりブーイングしたりしても気にするな。できる限り最高の演奏を続けるだけだ」とバンド・メンバーに声をかけている。「5人目のビートルズ」として知られることを好んだニューヨークのDJマレー・ザ・Kは、このときディランを「アメリカの最新のクールな流行」を象徴する者として紹介したが、軽蔑の大合唱に遭遇した。前半のソロパートは広く喝采を浴び、観客は10分間の新曲〈廃墟の街〉を夢中で聴いていたが、後半にバンドが登場すると、怒ったファンがブーイングし、ゴミを投げつけ、「ディランが欲しい」と連呼した。そして、「ゲス野郎！」というあるファンからの叫びに対し、ディランは「おいおい、もうそれくらいにしてくれ」と、控えめに言い返したが（その夜言い返したのは、それが最初で最後だった）、聴衆はそれに笑いと拍手で応えた。

一方、熱狂的なティーンエイジャーの群れがステージに押し寄せ、警察の柵を突破した者もいれば、警察に追われながらミュージシャンの間を走り抜ける者もいた。そのうちの一人が通り過ぎる途中でクーパーのピアノ・ストゥールに引っ掛かかり、その勢いでクーパーが床に倒れこんだ。残されたテープからその瞬間を拾い出すのは簡単だが、それは観客の笑い声、野次、拍手が混ざり合った喜びの不協和音で沸き立っているからだ。それ以外は、騒々しく、落ち着きがなく、熱狂的な雰囲気が伝わってくる。どの曲もブーイングと拍手が混ざった騒々しい歓声で終わり、次の曲の最初のヴァースまで続くことが多いが、ディランが歌い始めると、感情に関係なく、ほとんどの聴衆は静かになり耳を傾けていた（このライヴで彼の声は高くて澄んでいた）。〈悲しきベイブ〉（その週、タートルズのヴァージョンがトップ40入りしていた）と〈ライク・ア・ローリング・ストーン〉というおなじみのヒット曲の歌い出しでは、観客から大きい拍手が沸き起こった。

フォレスト・ヒルズはテニス競技場だったが、観客の反応は、まるでコンサートとスポーツイベントを組み合わせた会場にいるかのようで、聴くだけでなく、お気に入りのチームを応援し、相手チームをブーイングするという行為に似ていた。それはすばらしい劇場といえ、ディランはニューポートには辟易したが、フォレスト・ヒルズには興奮させられていた。コンサート後のパーティのためにクーパーとブルックスがグロスマンのアパートに到着すると、「ディランは飛び跳ねながら駆け寄ってきて、僕たち二人を抱きしめ、『すばらしかったよ。本物のカーニヴァルみたいだった』と言った」とクーパーは語っている。ディランによると、ある若い女性がバンドでの演奏を楽しめなかったというので、ブーイングをしたのかと訊ねると、「していない」と答えたので、彼女をこう叱ったという。「どうして自分の本当の気持ちを表さなかったんだい？　ブーイングをするべきだった。何か反応してくれるべきだった。それが俺の音楽のすべてなんだ」。数カ月後、彼はツアー中「ほぼどこでも」ブーイングをされたと記者に陽気に語ったが、すぐに例外も付け加えた。「テキサス、アトランタ、ボストン、それに、オハイオでもブーイングはなかった。ほとんどの場所でブーイングされたけれど、そう、ミネアポリスでもブーイングはなかったな」。ディランがフォレスト・ヒルズの公演からわずか1カ月後にカーネギーホールに出演したときにも、ブーイングはなかった。彼は「みんなが俺のことを理解してくれるとわかっていた……そんなに時間はかからないと思っていたよ」と上機嫌だった。

ディランはソロ・コンサートに飽きてきていた。毎晩ステージに上がって、同じ歌を歌い、同じ顔を見て、同じ反応を得る。65年の初め、彼は友人にこう語っている。「自分自身にこう訊くんだ。『今夜、俺を見に来てくれるかな？』と。正直に言うと、『いや、行かないよ。何か他のことをする』って答えるしかない」。しかし、この夏の時点で、ディランの心境は変化していた。「今夜、これを聴きに行きたいかと自分に訊ねると、行きたいと答えるしかない。好きなんだよ。わかるだろ？　本当に気に入っている。もうやめようなんて思わない」。彼はずっとロックンロールを愛してきたし、一部のファンが彼に落胆したとしても、真のファンは彼を支え続けた。「俺に裏切られたと感じている人たちは、ほんの数年前に俺の存在に気づいたんだと思う。そういう人たちは最初から俺と一緒ではなかったんだ。なぜなら、最初から一緒だった人たちとは今でも時々会うし、彼らは俺が何をしているかを知っているからね」。ディランがエレクトリックの演奏をしたとき腹を立てたのは、〈サリー・ギャル〉や〈ハイウェイ51〉に声援を送っていたファンではなく、〈風に吹かれて〉以降にディランを発見した人たちだった。また、筋金入りの伝統主義者が怒ったわけでもなかった。彼の新しい方向性を好まなかったフィールドホラーやフィドル曲の信奉者たちは、そもそも初めから彼のプロテスト・ソングも好きではなかったのだ。彼らはシーガー、バエズ、PPMのファンであり、『シング・アウト!』の読者であり、仲間意識、道徳的目的、メインストリームの商業ポップシーンへの嫌悪感からフォーク音楽に魅力を感じていた人たちだった。

一方、ディランはまったく新しい聴衆を獲得していた。ミネアポリスのコンサートを観ていたトニー・グラヴァーは、前半の途中に到着した若い男性が、コンサートを少し観てから「すみません、あれが誰か知っていますか?」と訊ねてきたことを思い出した。グラヴァーは、彼に誰を観にきたのか訊ねた。「ボブ・ディランです。〈ライク・ア・ローリング・ストーン〉の」と彼は答えた。私が、今歌っているのがそのディランで、バンドは後で登場すると説明すると、彼は困惑したようだった。そのとき私は、シーンがまったく別のレベルに進んでいることに気づいた」

ディランは、その65年の夏と秋にポピュラー音楽界で大きな話題となり、彼の変化にもかかわらず、2、3年前にフォーク界が使ったのと同じ表現——社会意識を持った風変わりな若き詩人——で称賛された。『ビルボード』誌は9月初旬、「西海岸のレコード会社はボブ・ディランのレコードを急いで増産中だ。彼の抗議メッセージを含む曲は、サーフィン、ホットロッド（改造車)、その他のティーンの話題をほとんど抹殺している」

と書いた。またもや彼自身のレコードは話題に上らなかった。〈ライク・ア・ローリング・ストーン〉は好調で、続くシングル〈寂しき4番街〉は11月にトップ10入りを果たしたが、『ビルボード』の主眼はバーズとシェールが巻き起こしたフォークロックの流行、それに続いたタートルズの〈悲しきベイブ〉、そしてジョニー・リヴァーズ、リンク・レイ、ビリー・ストレンジ、リバプール・ファイヴ、サファリーズ、ジョー&エディ、リロイ・ヴァン・ダイク、デイヴィッド・ローズ（〈ストリッパー〉で有名）らによるディランのカヴァーだった。バーズ、タートルズ、シェールはシングルの後にディランの曲を中心に据えたアルバムを出し、ディノ・デシ&ビリー（ディーン・マーティンとルシール・ボールの息子たちが率いるボーイズバンド）も追随した。デュアン・エディはディランの曲を集めたインストゥルメンタルアルバムをリリースしたが、ジャケットには、ヒッピー風の独身男に扮したエディが手縫いの枕に寄りかかり、足元には『ウィズダム』と題された百科事典が散らばっている写真が使われている。一方、東海岸では、フォー・シーズンズが、チップマンクス風のシングル〈くよくよするなよ〉が収録されている『シング・ビッグ・ヒッツ・バイ・バート・バカラック／ハル・デイヴィッド／ボブ・ディラン』で、この流れに割って入っていた。

カヴァー曲のおかげでディランは億万長者になったが、それよりはるかに重要なのは、〈イヴ・オブ・ディストラクション〉をはじめとした、サウンドや作風が似ている無数の作品だった。〈イヴ〜〉は、ニュー・クリスティ・ミンストレルズを脱退したバリー・マグワイアがしわがれ声で歌い、P・F・スローンという名の19歳のサーフィン・ロックのソングライターが書いた曲だ。これは、スローンがプロデューサーのルー・アドラーから依頼された仕事だったようで、手本としてディラン初のエレクトリック・アルバムを渡されていた——歌詞には、世界は「爆発している」、若者は「人を殺せる年齢になのに、まだ投票はできない」「ヨルダン川にさえ死体が浮かんでいる」（人間が沈まない死海の水源であるヨルダン川に、戦争のため死体が浮いているという皮肉）など悲痛な社会問題が並べられ、ハーモニカで大雑把なアクセントがつけられている。歌詞はぎこちなく、音楽は大げさだが、欠点こそがこの作品の力になっていた。これは絶望の悲痛な叫びであり、全国のラジオ局が論争になることを恐れ放送禁止にしたとき、その真価を発揮してみせた。この曲はポップ・チャートでナンバーワンになり、いくつかのR&Bチャートにもランクインし、音楽業界の関係者を驚かせたのだ。

この曲の後には、社会的意識の高いテーマを扱った何十枚ものレコードが続いたが、その多くがシンプルなハーモニカの音を印象的に用いている。シェール抜きでソニー・ボノは、ヒッピーファッションの試練と苦難について〈ラーフ・アット・ミー〉を歌ったが、これはボニー&ザ・トレジャーズの〈ホーム・オブ・ザ・ブレイヴ〉やバーバリアンズの〈アー・ユー・ア・ボーイ・オア・アー・ユー・ア・ガール?〉でも取り上げられたテーマである。リッチー・ケイは〈ヒア・カムズ・アンクル・サム〉で召集令状を受けとったときの苦悩を歌った。ボビー・ヴィントンの〈ホワット・カラー(イズ・ア・マン)〉には、「彼を赤く塗れば、誰かが彼の土地を奪うかもしれない……黒く塗れば、彼は決して自由にはなれないかもしれない」という不朽の歌詞がある。グレン・キャンベルはバフィー・セントメリーの平和主義賛歌〈ユニヴァーサル・ソルジャー〉を取り上げたが、その後、『バラエティ』誌のインタビューですぐに撤回し、「祖国のために戦う勇気がなければ、男ではない」と宣言した。ジョニー・リヴァーズとバーズもシーガーの曲でこの流れに加わり、リヴァーズの〈花はどこへ行った〉は26位に、バーズは〈ターン・ターン・ターン〉で1位を獲得した。この一連のプロジェクトは型にはまったものだったが、ディランのサイドマンを起用したプロデューサーたちの意図がはっきりと反映されていた。アル・クーパーはその後の数カ月間に引き受けた膨大なセッション・ワークを思い出して、「もちろん彼らは〝俺〟のことを望んでいたわけじゃない。彼らが望んでいたのは新しい『ディラン・サウンド』だった……たくさんのミスター・ジョーンズたちは皆、何が起こっているのか知らなかったかもしれないが〈デイランの〈やせっぽちのバラッド〉より）、それについて何をすべきかは知っていた。それは、カヴァーして！　コピーして！　ってことだよ」と語っている。ジュディ・コリンズは、ディランの〈アイル・キープ・イット・ウィズ・マイン〉をクーパーのオルガンを従えシングルカットした。アルバート・グロスマンは、若きカーリー・サイモンの〈連れてってよ〉（ディラン作）のバックにもクーパーとブルームフィールドを起用し、66年のPPMのエレクトリック・アルバムでは、ディランのスタジオ録音チーム全員を起用した。シカゴのシンガー、ディック・キャンベルはバターフィールド・ブルース・バンドを従え、ディランを模倣したオリジナル曲でアルバムを録音した。（ディランは当時、ジョニー・リヴァーズ風のサウンドを望んでいたようで、当初ツアー・バンドのメンバーとして、リヴァーズのリズムセクション、つまりベースにジョー・オズボーン、ドラムスにミッキー・ジョーンズ、リード・ギターにジェイムズ・バートンを想定していたと語っている）。

これら作品のほとんどはすぐに雑学の箱に中に追いやられたが、このディラン熱狂は長く続いた。それは主にビートルズとローリング・ストーンズによるところが大きい。その夏、ストーンズは完全にディラン・モードだった。〈サティスファクション〉に続いて〈一人ぼっちの世界〉と〈19回目の神経衰弱〉（どちらも〈ライク・ア・ローリング・ストーン〉の続編としては、ディラン自身がその後にリリースしたシングルよりも商業的に成功した）、そして、あからさまにフォーク調の〈アズ・ティアーズ・ゴー・バイ〉を出した。ビートルズの音楽には、ストーンズほどはっきりとはディランの影響は表れていないようだった。〈恋を抱きしめよう〉や〈デイ・トリッパー〉といったシングルで、ますます複雑な歌詞のテーマに踏み込んでいたが、彼らのメロディのアイデアはディランのものとはかなり異なり、楽器の面ではアコースティック・ギターとポップフォークのテクスチャーを取り入れて、逆の方向に進んでいた。彼らはアルバム『ラバー・ソウル』で新たな方向性を宣言し、イギリス盤はディラン風の皮肉を効かせたアップビートなロック〈ドライヴ・マイ・カー〉で幕を開けたが、アメリカ盤はフォーク調の〈夢の人〉が1曲目に置かれた。

ロック・ファンからは崇拝されていたものの、多くのメインストリームのリスナーからは耳障りだと思われ続けていたディランやストーンズとは異なり、幅広い層に受け入れられ、フォークとロックの融合を推し進めた最も影響力のあるバンドといえばビートルズだった。ディランのソングライティングは扉を開き、ロックとポップスの歌詞を永遠に変え、彼の反逆的なペルソナは、何千人ものパフォーマーにインスピレーションを与えた――エリック・クラプトンは、ディランの乱れたモップ頭にあやかって自分の髪をカールさせたほどだ。しかし、フォークがロックへもたらした主な貢献は、知的な歌詞と社会的意識であると考えられがちだったが、フォークはずっと控えめで心地よい音楽を好むリスナーへの懸け橋も提供した。マーケティングとジャンルの観点では、ビートルズのポール・マッカートニーが作曲した〈イエスタデイ〉はロックの歴史の一部だが、音楽的にみると、アコースティック・ギターと弦楽四重奏団を伴奏に歌われる昔ながらの美しい旋律をもつポップ・バラードであり、チャック・ベリーやピート・シーガーは敬遠するが、ジョーン・バエズやバーブラ・ストライサンドなら聴いてもいいと考えるような何百万人もの人々にアピールした。

バエズはまだディランの曲をたくさん歌っていたし（その秋にリリースしたアルバムには4曲入っていた）、その65年の夏にはフィル・オクスの〈ゼア・バット・フォー・フォーチュン〉をシングルとしてチャートに初めて載せていたが、〈イエスタデイ〉のレコーディングも考えていた。そして、それを聞いたディランの反応は、ロックやポップの評論家が目をそむけていた美的な境界線を引くものだった。

「ビートルズが好き」と言って、十代前半の少女たちに向けて〈イエスタデイ〉や〈ミッシェル〉のような曲を歌うってのはどんなものだろう。どちらの曲もくだらない。米国議会図書館に行けば、それよりずっといいものが見つかるし、ティン・パン・アレーでは、〈ミッシェル〉や〈イエスタデイ〉のような曲が何百万も書かれてきたんだよ。

そこにはライバル意識が存在していた。ディランはビートルズが自分より売れていることを痛感し、〈ノルウェイの森〉を〈フォース・タイム・アラウンド〉に書き直すなど、ビートルズが見せる最新の進化に対抗していた。しかし、彼らの書くバラードを聴くことによって、音楽界の保守派たちが、最新の感覚を理解した気になっていたのは事実だ。〈風に吹かれて〉はPPMや他の多くのパフォーマーのおかげで同様の幅広いリスナーを集めていたが、ディランは注文に応じて作曲するソングライターではなく、この曲は彼の自作曲リストの中では異例の存在だった。ディランは、フォークシンガーとしてよりもロッカーとしてのほうが多くのリスナーを獲得したが、彼の声は耳障りで、歌詞は攻撃的かつ曖昧で、フォークロックの種を蒔いたという評価は得たものの、ヒット曲のほとんどは他のミュージシャンが収穫した。その代表的な存在がサイモン&ガーファンクルで、2年前に作られていたアコースティック曲に、プロデューサーのトム・ウィルソンがディランのセッション・クルーによるエレクトリック・バッキングをオーバーダビングした結果、彼らの〈サウンド・オブ・サイレンス〉はナンバーワンになった。その優しいハーモニーはディランの風変わりなしゃがれ声よりもずっと受け入れられやすく、60年代の残りの期間を通じて、ディランのアルバムは50万枚程度の売り上げに留まり、ローリング・ストーンズは一度100万枚を突破しただけだったが、サイモンとガーファンクルのアルバムは1枚につき少なくとも200万から300万枚売れた。

アコースティックでもエレクトリックでも、ディランは風変わりな扱いにくいアーティストで、リスナーを魅了するのと同じくらい遠ざけていた。チャートで見ると、フォークロックの最も成功した代表的な存在は、ウィーヴァーズやキングストン・トリオの伝統を受け継いだ心地よい響きのヴォーカル・グループだった。それは、バーズ、タートルズ、ラヴィン・スプーンフル、アソシエーション、そしてクロスビー・スティルス&ナッシュなどだ。この中には他よりも激しくロックするグループもいれば、南部の田舎風のスタイルに近いグループも、楽器のスキルに長けたグループもいたが、商業的なマーケティング用語では、「フォーク」はほとんどの場合、メロウな音楽を意味し、ルーツ音楽を意味することはなかった。

ヴィレッジの昔からの常連の中には、フォークロックの波に乗ろうとした者もいたが、その多くが学んだ大きな教訓は、自分たちはディランではないということだった。ディランがフォレスト・ヒルズで歓声とブーイングを浴びた週、スタンプフェルはギャスライトでデイヴ・ヴァン・ロンクの前座を務めていた。二人ともエレクトリック・バンドを結成し、メジャー・レーベルからレコードを出しているが、ヴァン・ロンクはこれを身の程知らずの野心にとりつかれた短い期間だったと回想している。

俺たちには基本的に二つの反応があった。一つ目は嫉妬で、「なぜあいつ（ディラン）なんだ?・」「あいつは俺からこれを盗んだ、誰それからあれを盗んだ」というようなものだ。もちろん、俺たちはずっと互いに盗み合っていたが、みんな同じようなものだったから、問題にはならなかった。俺たちはチップを稼ぐために演奏し、床で寝ていたのだが、突然、仲間の一人がニューヨークのプラザ・ホテル最上階のスイートルームに泊まるって聞いたら、当然それには傷ついた。もう一つの反応は、ずっとバカバカしいものだったが、「次は俺の番だ。ちゃんとしたエージェント、ちゃんとしたレコード会社、ちゃんとしたコネさえ見つければ、第二のボブ・ディランになれる!」というものだった。ああ、もちろんできるんだよ。〈激しい雨が降る〉を書くだけでいいんだ——最初にな。それがボビーのしたことであり、でも俺たちの誰もそんなことはできなかった。誰も認めなかったとしても、あいつが俺たちの中で一番才能があることは誰もが知っていた。

他のみんなと同じようにヴァン・ロンクは、ディランの作詞に注目する傾向があったが、ディランをかつての同業者と区別するものはそれだけではなかった。作詞が重要な要素となる前から、ディランは独特なミュージシャン、パフォーマーとして認められていた。そして、偶然だったのかもしれないが、〈ライク・ア・ローリング・ストーン〉はミック・ジャガーやキース・リチャーズと共有していたルーツへの回帰だった。エレクトリックであろうとなかろうと、この3人は60年代のほとんどのシンガーソングライターよりも熱心な伝統主義者だった。その秋、ディランはナット・ヘントフにこう語っている。「フォーク・ミュージックがどんなものかはわかっている。だから、自分をフォークシンガーと呼ぶことはできないんだ……。フォーク・ミュージックは遊び半分でやるものではない。遊びでフォークソング・グループを作ったり、フォークの集まりを開いて、『みんなでフォークソングをたくさん歌おう』なんてことはできない」。同じ頃、彼はロバート・シェルトンにこう語っている。「俺にとってのフォークソングは、ジーニー・ロバートソンかドック・ボッグスだ。「歴史的伝統音楽と呼んでほしい」。彼にとって、フォークソングはメロウで心地よい音楽ではなく、複雑に入り組んだ神話的な過去とのつながりだった。「フォークソングは伝説、聖書、疫病から生まれたものなんだ」と彼はヘントフに語った。「人の脳からバラが生えたり、恋人たちが実は天使に変わるガチョウや白鳥だったりする歌のことだ」。そして「フォークソングはなくならない」と付け加えた。彼は20年後のインタビューでも同じ線引きを続けていた。「最近フォークシンガーを見に行くと、フォークシンガーは何をしているんだっていう気になる。自分の曲ばかり歌っているんだ。そんなのはフォークシンガーじゃない。フォークシンガーっていうのは昔のフォークソングやバラッドを歌うものなんだ」

ディラン自身が、オールド・バラッドを自身の作品に作り変えるということに関して影響を与える存在だったが、彼はその区別について配慮をしていた。自身の基準では、ディランは63年にフォークソングを歌うのをやめたが、65年の決別はフォークの伝統との決別ではなく、フォーク・シーンの門番たちが彼の音楽に課そうとした制限との決別だった。それは世代間の決別でもあった。12月にテレビで放映された記者会見で、ある質問者が「ミスター・ディラン、あなたが分類されるのが嫌いなのは知っていますし、それは当然のことでしょうが、30歳をはるかに超えた私たちに対して、自分自身を分類して、役割を教えていただけますか?」と訊ねた。「そうだね、俺は自分を『30歳よりかなり下』と分類するね」と彼は答えた。「そして俺の役割は、できる限りここに留まることかな」

他の状況では、彼は他の分類分けとともに、この年齢に関する分類をも拒否した。インタビュアーが〈時代は変る〉は世代間の対立のアンセムではないかと示唆したとき、彼は「俺が言おうとしたのは、そういうことではないんだ。たまたま、生きていることと死んでいることを区別できる言葉がそれしかなかったからかもしれない。年齢とは何の関係もないんだ」と答えた。彼は「30歳以上の人間を信用するな」という決まり文句を「バカげている」メディアの作り話だときっぱりと否定し、「俺自身ももうすぐ30歳になる」と付け加えた。

彼はまだ30歳まで6年、18歳からも6年しか経っていなかったが、65年当時、18歳はかつてないほど重要な年齢だった。18歳の若者たちは召集令状を受け取り、ヴェトナムに送られていたからだ。ニューポートでのディランと観客の間の断絶は、すぐにより大きな断絶の象徴として理解され、それがブーイングが誇張された理由の一つだった。よく飛び交っていたのは、彼が単にブーイングされたという事実ではなく、「ステージからブーイングで追い出された」という風説だった。多くの人が本当にそれを見たと思い、ディラン自身も時々同じように表現し、あるときは「町からブーングで追い出された」とさえ言った。しかし、詳細がどうであれ、彼が何を演奏したかということよりも、観客の反応が重要だった。それは、ディランを受け入れた人々が誰であったかについての話であり、ほとんどの場合、ディランを受け入れなかった人々の視点から語られ、時代遅れで見当違いの考えを持つフォーク・ファンからは距離を置いていた。『バラエティ』は「ディランの進化は若い支持者の一部にとって速すぎたようだ。彼らは、他のほとんどすべての点においては急激な変化を歓迎するのだが」と書いたが、これこそが核心だった。ニューポートに代表されるおなじみのフォークを歌う左翼は、時代の流れに合わなくなっていたのだ。

両者の葛藤がこれほど力強い物語を形作った理由は、音楽はさておき、時代がかつてないほど急速に変化し、多くの人が取り残されたと感じていたからだ。64年夏のミシシッピ州では、公民権運動への白人の関与が最高潮に達したが、その夏の終わりの民主党大会へは、ミシシッピ自由民主党は民主党とは別の代表団を派遣し、軽視され裏切られたと感じながら会場をあとにしていた。多くの黒人活動家が学んだ教訓は、白人の支援は常に誠意がなく、一時的で、上から目線だということだった。〈風に吹かれて〉は、多数派が目をそらすのをやめて抑圧された人々の叫びに耳を傾ければ世界が変わるという夢を表現していたが、これはあくまで、多数派がアメリカの黒人たちの声を聞いてあげるだけで、仲間に引き入れるのではなく、その言い分を聞くか無視するかの力を保持することを前提としていた。SNCC（学生非暴力調整委員会）のクリーブランド・セラーズは、今やそんな時代は過ぎ去り、「私たちが不正をあらわにすれば、アメリカの〝善良な〟人々がそれを取り除いてくれるなどと思い込まされることは二度とない」と書いている。66年には、ブラック・パワーという言葉は流行語となり、最も熱心な白人の公民権運動支持者の間でさえ、白人は自分たちのコミュニティに留まって活動し、黒人の闘争をリードするのは黒人自身であるべきという態度が強まっていた。白人活動家の中にはこの変化を理解し、受け入れ、同意する者もいたが、傷つき、怒る者もいた。同意した者でさえ、昔の仲間意識を懐かしむことが多かった。

数年間、フォーク・ミュージックは大衆運動を団結させ鼓舞する役割を果たしてきた。これは、シーガーの世代が30年代から育んできた夢の集大成だった。ニューポートでは、他に何が起ころうとも週末は、全員が腕を組んで〈勝利を我等に（ウィ・シャル・オーヴァーカム）〉を歌うというグランド・フィナーレを繰り返すことで幕が閉じられた。前提にあったのは、「ウィ（私たち）」には、アフリカ系アメリカ人や南部の最前線の活動家だけでなく、あらゆる場所に存在する正しい考えを持つ人々が含まれているということだった。65年には、その団結意識は弱まり、SNCC、CORE（人種平等会議）、学生非暴力調整委員会（SDS）の若い活動家と、まだボロボロのオールマナック・シンガーズのアルバムを大切にしている古い左翼とのつながりも弱まっていた。4月、SDSはヴェトナムへのアメリカの介入に反対する初の全国デモを主催し、約2万5千人の人々が、ジュディ・コリンズが〈時代は変る〉を歌うのを聴き、コリンズ、バエズ、オクス、バーバラ・デインとともに〈勝利を我等に〉を歌った。しかし、リンドン・ジョンソンが3月に包括的な公民権法案を発表する際の演説に、自由を求める闘争の賛歌である〈勝利を我等に〉を引用したとき、そのメッセージは必然的に複雑なものとなった。この大統領の演説は感動的なものだったが、彼がヴェトナムにさらに多くの爆撃機と軍隊を派遣するにつれて、その「ウィ（私たち）」は別の意味を帯びるようになったのだ。

北部のリベラル派にとって、ヴェトナム戦争は、投票権や人種隔離されていない水飲み場の実現よりもずっと対立を招く問題であり、彼らの中には、国際共産主義の拡大を食い止めようとするジョンソンの政策を支持した者が多かった。その後、ニューポートでのディランのエレクトリック・デビューから2週間後、ロサンゼルスのワッツ地区のゲットーで暴動が起こった。シカゴでは、黒人シンギング・コミュニティのオーガナイザーであるジミー・コリアーが〈バーン・ベイビー・バーン〉を作曲して反応し、『ブロードサイド』と『シング・アウト！』がすぐにそれを掲載した。前者にはガイ・キャラワンによる紹介文が添えられていた。しかし、保守派がコリアーを歓迎したとしても（コリアーは66年にニューポートにいて、マーティン・ルーサー・キングやピート・シーガーとツアーをしていた）、キャラワンやシーガー、あるいはバエズが「手に持っていたのはマッチだけだったが、闘いたかった／だから言ったんだ、〝燃やせ、ベイビー、燃やせ〟」と歌う姿を想像するのは難しかった。

ニューポートは時代に合わせて変化しようとしたが、時代のほうは協力してくれなかった。66年、SNCCの活動家で『シング・アウト！』の副編集長であり、シーガーと共著した『レッドベリーの12弦ギター奏法』の著者でもあるジュリアス・レスターが理事会に加わり、ミシシッピ州での地元フェスティヴァルの運営に1年の大部分を費やした。そして、SNCCがニューポートの会場にブースを設営すると、警察は「ブラック・パワー」のかけ声に反応して彼らを退場させ、主催側は両者の仲裁に時間を取られる羽目になった。その年はハウリン・ウルフ、チャック・ベリー、ブルース・プロジェクト、ラヴィン・スプーンフルなどエレクトリック・バンドが多かったが、音響の問題に悩まされ、ファンは騒々しく、ラインナップにはディラン、バエズ、PPMの姿はなかった。その結果、例年より参加者が少なくなり、フェスティヴァルは初めて赤字となった。

ディキシー・ハミングバーズ、スワン・シルヴァートーンズ、ゴスペル・ハーモネッツといった優れたゴスペル・グループの出演など、すばらしい音楽をまだたくさん提供したが、雰囲気は変わっていた。それまでのニューポートは単なる音楽イベントではなく、強いコミュニティ意識と献身的な思いが参加者の心を高揚させる毎年恒例の集会だった。だが今では、多くの人にとって、観客がほぼ白人で中流階級であるという事実を無視したり、ニューポートを未来の理想のモデルとして信じることは難しくなっていた。レスターはその年の秋に『シング・アウト！』に次のように書いている。

もう終わりだ。自由の歌を歌い、弾丸や警棒に愛で対抗する時代は。〈勝利を我等に〉は古くて時代遅れに聞こえ、ＩＷＷ（世界産業労働者組合）の歌や労働組合の歌とともに偉大な歌の殿堂入りさせるのがふさわしい。ミシシッピ行進の後にＳＮＣＣのベテラン運動員の一人が言ったように、「人々は闘う準備に忙しくて、もう歌う気にはなれない」のだ。

60年代初期の楽観主義は消え去っていき、過激主義と疎外感が危険に混じり合ったものに取って代わられていた。若い白人活動家にとって、公民権運動からヴェトナム戦争への移行は、解放的だった。他人の闘争に参加するのではなく、自分たちの闘いをしていたからだ。しかしその過程で、古くからの結びつきへの関心を多くの人が失った。フォーク・ミュージックは過去とのつながりであり、古い歌や田舎の伝統だけでなく、ニューディール政策やヘンリー・ウォレスの言った「庶民の世紀」のような進歩的な夢に根ざした左翼とのつながりでもあった。これに対してロックは、独自の闘争と発見に満ちた新世代の音だった。ロックは、冷戦、マッカーシズム、保守主義、人種差別、軍国主義の政治と決別するだけでなく、古い左翼の政治――それが、クレムリンの老人たちと結びついたものであれ、時代遅れの反共産主義リベラル派と結びついたものであれ――とも決別するものだった。これをエディプス的反抗と呼ぶのは単純すぎるが、これほど多くの若者が親やその世代を軽蔑したことはかつてなかった。新たな闘争は、特定の不正やイデオロギーに対するものだけではなく、「システム」に対するものだった。それは、資本主義システム、共産主義システム、あるいは、ニューポート・フォーク・フェスティヴァルの主催者を含む、あらゆるシステム、あらゆる形態の権威に対するものだった。

ディランがマギーの農場で働くことをエレキギターの音にのせて拒否したとき、それは、カウンターカルチャー（まだそんな呼び名はなかったが）のための独立宣言だった。言葉とマニフェストの政治は、服装、髪型、セクシュアリティ、ドラッグ、音楽の政治に取って代わられつつあった。ノーマン・メイラーが生み出した「ホワイト・ニグロ」（想像上の黒人体験を内面で自分のものにするヒップスター）は、アビー・ホフマンの「ホワイト・ニガー」（個人的に差別を経験し、ただ存在するだけで体制と闘うヒッピー）に取って代わられた。こうした型にはまった表現は常に問題があったが、多くの若い白人アメリカ人の気持ちを代弁しており、ディランは新しい感性の象徴だった。63年にバエズとのツアー中、彼はだらしない身なりを理由にホテルの部屋を拒否され、〈船が入ってくるとき〉を作曲してそれに応えた。そのイメージはブレヒトの〈海賊ジェニー〉から取られたもので、復讐に燃える海賊の船が港に入り、自己満足したブルジョワジーを虐殺する夢を、ホテルのメイドが見るという歌だ。

65年には、ディランは流行の服を身にまとった大富豪となり、一時は体制に魂を売ったかに見えたが、ニューポートでの闘いは、彼が以前と変わらず飼いならされてはいないことを証明した。彼は現在に屈服したのではなく、過去と決別したのだ。そして、メインストリームが彼の反抗に報酬で応えたとしても、それはメインストリームが変化していたからであって、彼が変化したからではない。50年代、法廷闘争によって名声を高めたアーティストはシーガーだけだった。60年代には、投獄は名誉の印となった——最初は公民権運動の座り込みや抗議デモで、次に徴兵拒否者やマリファナ喫煙者の若者で刑務所がいっぱいになった。すぐにファンは、お気に入りのロッカーがドラッグ所持で摘発された話を抵抗が本物である証として語り合い、68年にコロムビア・レコードは、アンダーグラウンド新聞に「その男は私たちの音楽を摘発できない」というスローガンを掲げた全面広告を掲載し、企業による便乗が最高潮に達した（奇妙なことに、売り込もうとしていたレコードは前衛的なクラシックの作品だったが）。

ディランのニューポートにおけるパラドクスは、それが有名になったのは、フォークと決別したからという点にあるのだが、彼がフォーク界の基準とその聴衆の多くを連れ去ったという意味でもニューポートは重要である。チャーリー・ギレットは「ボブ・ディランが叫びながらポップスに引きずり込むまで、フォークは独自の世界に存在していた」と書いた。フォーク・ファンはそれを逆に捉えるかもしれないが（ディランは大声で叫びながらポップスをフォークの世界に引きずり込んだ）、それはロックンロールから独立してロックが登場し、ある世代の真剣で知的な声としてフォークに取って代わった象徴的な瞬間だった。その過程で、ロック・ファンはフォークのプライドや偏見の多くを取り入れた。ロックンローラーは揃いの衣装を着て、ティーン向けのダンスミュージックを演奏し、ヒットシングルを作ろうと努力した。ロック・ミュージシャンはストリートウェアを着て、想像力豊かで自意識過剰なほどルーツにこだわった楽器を従え、詩的で意味深い歌詞を歌い、注意深く繰り返し聴くことを要求する長時間のアルバムを録音した。これらのアルバムは数百万枚売れたかもしれないが、芸術的な表現として提示され、60年代後半にはジム・モリソンやジャニス・ジョプリンのような人物を「商業的」と呼ぶことは侮辱であるとさえみなされた。

65年、そのような変革は始まったばかりだった。アルバムはロック界ではまだ大きな要素ではなく、ディランが〈ライク・ア・ローリング・ストーン〉に続いて、憂鬱な〈寂しき4番街〉と印象が薄い〈窓からはい出せ〉をシングルとして出したとき、フィル・オクスは愕然とした。彼は「すばらしい歌詞をもち音楽的にもエキサイティングで、壮大なプロデュースを施されたヒットシングルを15曲リリースして、音楽業界に革命を起こす」チャンスがあったのに、「すべて無駄にした」と主張した。バエズは、ポピュラー音楽業界の歯車になることをはっきりと否定することで、フォーク・スターになったが、同じことをしてロック・スターになる者が現れることをオクスは、想像できなかった（そんなことができた者はほとんどいなかったが）。それを成し遂げたのがディランの功績であり、ニューポートは重要な役割を果たし、彼がただ富や成功をつかもうとしているのではなく、困難な芸術的選択をしていることを証明した。バンド編成は彼をエルヴィスやビートルズに結びつけたが、ブーイングは彼をストラヴィンスキー（1913年の『春の祭典』は初演時に暴動を引き起こした）に結びつけたのだ。

ディランは、66年5月にリリースした曲で、〈ライク・ア・ローリングストーン〉のチャート成績と同等の成功（シングルチャート第2位）を収め、オクスの考えが間違っていたことを証明した。その曲〈雨の日の女〉は怒った群衆を直截に表現したもので、「車に乗っていると石を投げつけられる／ギターを弾いていると石を投げつけられる」とディランは歌い、自ら吹くハーモニカの音を救世軍風のマーチングバンドとブレンドさせ、「みんな石を投げつけられなきゃいけない！」というコーラスへとつなぐ。この曲は、これまでのどの音楽ジャンルのヒット曲とも似ておらず、アウトサイダーであること、石を投げつけられること、そして誰の期待にも応えないという姿勢を讃える歌だった。この曲を放送禁止にしたラジオ局もあったし、ディランの古いファンの中には「誰かを思いやり助けることと正反対だ」と首を傾げる者もおり、バエズは、「破壊的すぎる」と嘆いたが、この曲は新たな若者運動の特徴であるパラノイアと熱狂を完璧に捉えていた。ドラッグは明らかにその動きと歩調を合わせており、マリファナと幻覚剤は、認識の扉を開き、社会の洗脳から精神を解放し、世界を理解し、願わくは世界を変えるための新しい方法を示す重要なツールであると多くの人が信じていた。

ビートルズは特に傑出した例であり、ディランがロックの歴史の中で中心的な位置を占めているのは、彼とビートルズが互角に競い合った短い期間があるからだ。彼は65年の春に『ブリンギング・イット・オール・バック・ホーム』、その夏に『追憶のハイウェイ61』、それから1年後に『ブロンド・オン・ブロンド』をリリースした。ビートルズがまとまった芸術的声明として生み出した最初のアルバム『ラバー・ソウル』は65年12月にリリースされ、その7カ月後に『リボルバー』が続いた。商業的にビートルズは別格だった。アメリカ市場では、65年に新曲で構成されたLPを4枚、66年に2枚リリースし、それぞれが『ビルボード』のアルバムチャートで5週間以上1位を獲得したのに対し、ディランは70年代半ばまでアルバムで1位を獲得したことはなかった。しかし、ビートルズはティーンポップのヒットメーカーから成熟した思慮深いアーティストへと進化し、ディランを手本として認めていた。ポール・マッカートニーは、66年の春にディランがロンドンに立ち寄った際に、彼に新曲のテープを聴かせたときのことを回想している。「ディランはこう言った。『ああ、なるほど。君たちもうキュートにはなりたくないんだな!』。それがすべてを物語っていた……。キュートな時代は終わった。アートが始まったんだ」

それは、現在までずっと続く新たな世界の夜明けだった——そこでは、ロック・ミュージシャンが楽しくエキサイティングなだけでなく、意味があり重要な仕事をすることが期待されている。ニューポートでのディランへの反応がこれほどまでの反響を呼んだのは、彼がそれまでのポップ・ミュージックでありえないくらい聴衆にとって重要だったからであり、そのメッセージの力はディランだけでなくニューポートからも生まれた。愛され尊敬される音楽の集会で、シリアスで献身的な若者たちからブーイングを受けたという事実からも生まれたのだ。その後1年間ファンたちは、フォレスト・ヒルズからマンチェスター・フリー・トレード・ホールに至るまで彼をブーイングすることになるのだが、彼らはメインストリームにディランが屈服したことに対して怒っていただけでなく、ニューポートで最初に怒りをあらわにした、今や伝説になりつつある真の信奉者たちとの連帯を示すために声を上げたのだ。

ニューポートの理事会は、シーンが変化していることを認めながらもその使命を守ろうとした。67年にはフェスティヴァルを1週間に拡大し、1日のフォークダンス・ワークショップ、チルドレンズ・デイ、物語とトピカル・ソングの夕べを設け、ロックの枠はバッファロー・スプリングフィールド(病気のため土壇場でキャンセルしたが）とマディ・ウォーターズ・バンドがエレクトリック・ブルースを演奏して埋めた。68年は5日間に短縮され、ブルースはバディ・ガイとB・B・キングが担当したが、ウェインの言葉を借りれば、「ロック・ミュージックの存在が、財政破綻するか興行収入の黒字を維持できるかの明暗を分けた」。フェスティヴァルは「一つのグループによって破滅から救われた。それは前年の夏にモントレーで大絶賛されたサンフランシスコのサイケデリック・ロックバンドだった。アルバート・グロスマンがマネージメントする彼らは、ビッグ・ブラザー・アンド・ザ・ホールディング・カンパニーと呼ばれ、リードシンガーはジャニス・ジョプリンだった」。『ニューヨーカー』誌のエレン・ウィリスは、エレクトリック・ステージは音量制限で足かせをはめられていたが、それでも伝統的なパフォーマーの存在を目立たなくし、誰もが満足できない結果になってしまったと書いている。ワークショップは「B・B！」「ジャニース！」の叫び声で中断され、すばらしい音楽もあったが「フェスティヴァルとしては失敗」だった。ジム・ルーニーは、ジョプリンが楽しい時間を過ごし、B・B・キング、ロイ・エイカフ、そして彼女のテキサス時代の後援者であるケネス・スレッドギルと共演したことに「とても感激していた」と指摘し、「ディランは今年来たがっていた。家庭の事情が邪魔しなければ出演しただろうが、過去の繰り返し、つまり〝スター〟であることで生じるくだらない些事に煩わされたくなかったのだ」と付け加えた。それはおそらく本当だった。ディランがその年に公の場に姿を現したのは、ウディ・ガスリー追悼コンサートのみで、ザ・バンドと3曲、それから、シーガー、ジュディ・コリンズ、ウディの息子アーロと4曲目を演奏し、ニューポートの演目にはその追悼コンサートの縮小版も含まれていた。

しかし、ニューポートの時代は過ぎ去っていた。翌69年にはロックバンドはいなかったが、エヴァリー・ブラザーズとジョニー・キャッシュのステージによってスター枠が確保され、日曜午後に行われたヤング・パフォーマーズのステージには、ジョニ・ミッチェル、ジェイムズ・テイラー、ヴァン・モリソンなどが出演し、移り変わる流行に理事会がまだついていこうとしていることを示唆していた。しかし、損失を出し、フォーク・フェスティヴァルにはいったん終止符が打たれた。その年のジャズ・フェスティヴァルは反対の方向に進み、ジェスロ・タル、マザーズ・オブ・インヴェンション、レッド・ツェッペリンなどのハード・ロック・アーティストをラインナップし、ニューポートの観客動員数記録を塗り替える8万5千人の有料入場者数を記録。しかし、観客は手に負えない状態となり、ジョージ・ウェインは「人生最悪の4日間」と表現し、二度とこのような経験をしないと誓った。70年、フォーク・フェスティヴァルは1年間の休止の予定だったが、翌71年、怒った若者たちが無料入場を要求してフェンスを破壊したため、ジャズ・フェスティヴァルは最終日を中止せざるを得なくなり、ニューポート市議会はフォーク・フェスティヴァルの中止も再び決定した（フォーク・フェスティヴァルは85年に再開し、現在まで継続して開催されている）。他のフォーク・フェスティヴァルは様々な形で継続されたが、60年代後半までには、時代の精神を捉えたイベントを求める者は別の会場に目を向けていた。

時にはその別の会場も、かなり馴染み深く思えた。69年のウッドストック・フェスティヴァルの出演者の4分の1以上が同年のニューポート・フォーク・フェスティヴァルに名を連ねており、音響と照明はニューポートのベテラン、ビル・ハンリーとチップ・モンクが担当した。ウッドストック週末の初日はアコースティック・プログラムで、ジョーン・バエズが観客を率いてシーガーのおなじみのスタイルで〈勝利を我等に〉を歌った。伝説的なロック・フェスティヴァルは（特にモントレーとウッドストックだが、他にも多数存在した）、ニューポートが確立したのと同様の、音楽と目的意識を共有する感覚を達成しようと最善を尽くした。つまりステージで起こっていることは観客の間で起こっていることの延長であるという感覚だ。しかし、変化をもたらしたのは、必然的にテクノロジーだった。ニューポートの観客はギターやバンジョーを持った人々でいっぱいで、公式プログラムが終わっても、非公式の音楽作りは続き、それはステージから聞こえるものと非常によく似ていたといえる。良くも悪くも、電気楽器はアンプと電源コンセントを必要とし、アンプの後ろに演奏者、前に聴衆という分断を生み出した。ロックバンドと一緒に歌うことは不可能ではなかったが、無関係だった。ディランが言うように、シーガーは「聴衆こそイベントにとって重要不可欠であり、彼ら自身がイベントに貢献していると感じさせる」のに対し、ロックバンドを聴くことは「フットボールの試合を観戦しているようなものだ。シーガーは、真の意味で部族の呪術師のようなものだ。ロックンロールの演奏者はそうではない。彼らは他人の空想を形にしているだけだ」

ディランの経験は間違いなく彼自身の考え方に影響を与えた――彼にとってロックバンドはコミュニケーションの一形態であると同時に、身を守ってくれる殻でもあった。ソロ・パフォーマーとして、彼は観客とおしゃべりしたり、しかめ面をしたり、冗談を言ったり、常に隙間を埋め、何らかの形で観客と関わっていた。ニューポートでの最後の公演が古くからのファンにとって非常につらいものだった理由の一つは、過去との隔たりだった。彼はファンに背を向け、エレクトリック・バンドと身を寄せ合い、アンプにより増幅されたギターとハーモニカの反響音だけを聞いていた。それ以来、ディランは気難しい人間として知られることになり、コンサート中ずっと一言も発さずに演奏した。ファンの多くは、エレクトリック化よりも彼との距離が遠ざかったことを残念に感じた。ルース・ペリーはニューポート公演を見逃したが、その直後にコンサートで彼を見て、「彼は『何が起きているのかわからないでしょう、ミスター・ジョーンズ』という歌詞を、観客に向かってあまりに冷笑的に歌ったので我々全員は引いてしまった。私たちを動揺させたのは彼の声の調子であって、彼がエレクトリックに転向したことではない」と回想している。他の人々は、彼が別の点で無関心だったことを思い出している。ジョン・レノンは66年を二人共通のヘロイン中毒時代と表現し、シェルトンは、ドラッグからか疲労からかわからないが、ディランは疲れ果てて死にそうに見えたと書いている。エレクトリック転向は問題のすべてではないが、様々な移行の過程における一部だった。

そして、『ブロンド・オン・ブロンド』のリリースから1週間後、ニューポートのステージで、自らの暴走族集団ともいえるエレクトリック・バンドを率いてからほぼ1年後、ディランはウッドストック近郊の田舎道で本物のバイクに乗って転倒事故を起こす。これは、ヒーローがキャリアの絶頂期にジェームズ・ディーンのように亡くなるという、彼の物語が神話的な結末を迎える出来事だった。それから彼は巧妙に肉体的復活を遂げ、物語を再開させるが、その後8年間でコンサートを行ったのは1回だけだった。

つまり、ヴェトナム戦争、大学キャンパス暴動、サマー・オブ・ラヴ、ヒッピー、ドラッグ文化、ウェザーメン（アメリカの極左組織。ディランの〈サブタレニアン・ホームシック・ブルース〉の歌詞にちなんで命名された）など、私たちのほとんどが「60年代」として記憶している時代を主導したディランは、まさに時代精神《ザイツガイスト》だった。それは、フォーク・ミュージックの神殿の長老たちの前に立ち非難され、1年間のツアーという名のゲッセマネの園で電気の十字架を背負って鞭打たれ（彼をキリストではなくユダと呼んだマンチェスターのファンは、状況を逆に取り違えていた）、そして最後にはロックが救済されるために犠牲となったディランの亡霊だったのだ。

復帰するまで、彼は生死の境をさまよっている、もはや回復できない障害を負ってしまった、事故を隠れ蓑にして静かな夫や父親として別の人生を送るために引退した、という噂が流れた。彼は風評を避け、沈黙を破ったときはロックをその過剰から救う、神秘的な隠者として現れた。1年半の間、彼はポップアートの王座をビートルズと争っていたが、67年に彼らが『サージェント・ペパーズ～』で覇権を確立したとき、彼の反応に誰もが興味を持った。ディランの復帰作『ジョン・ウェズリー・ハーディング』は、ほとんど誰にとっても想定外の作品だった。控えめで、ほとんどがアコースティックなアルバムで、歌詞は彼が初期に書いたブルースやバラードよりも意識的に古風なものだった。唯一例外的な意見を記したのはエレン・ウィリスで、彼女はニユーアルバムのリリースの1カ月前に『コメンタリー』誌にディランの紹介記事を掲載し、「ディランはエレクトロニック時代の使徒などではない。むしろ彼は、過去からやってきた第五列主義者（味方のふりをして背後から裏切る者）だ」と書いた。

振り返ってみると、このウィリスの言葉こそがニューポートの夜の最も強力なメッセージだったかもしれない。65年、ディランの行動がニュースになったのは、その瞬間の緊張と対立を捉えていたからであり、時が経つにつれ、その瞬間を生きた人々にとってより象徴的なものになっていった。その年はヴェトナム戦争、ワッツ暴動、フリー・スピーチ（言論の自由）運動とＬＳＤパーティが行われ始めた年であり、ニューポートでの対決は、フォーク・ブームの終焉と成熟した芸術形式としてのロックの到来、新左翼と旧左翼の決別、そしてカウンターカルチャーの勝利を象徴するものだった。それは便利で説得力のあるシンボルであり、無数のドキュメンタリーで再利用され、やがて一種の決まり文句になった。しかし、その細部が特定の瞬間を象徴しているとしても、中心となる対立は時代を超えたものであるため、それは今も意味をもち続けている。それは古い夢の死と新しい夢の誕生ではなく、非常に古く、そしてどちらもまだ我々と共にある二つの夢の衝突だった。これらは現代の二つの理想である――平等な人々が共通の利益のために協力し合う社会という民主的で共同体的な理想、規則や慣習の束縛に縛られない自由な個人のロマンティックで自由意志論的《リバタリアン》な理想だ。あの夜ニューポートでは、シーガーが一方の理想を、ディランがもう一方の理想を擁護し、多くの人がどちらかの側を選ばざるを得ないと感じ、しばらくの間、歴史が下した判決は、ディランが正しくシーガーが間違っていると断じているかのようだった。

50年後の今、話はそれほど単純ではないようだ。今日のディランはルーツ・ミュージックとアメリカーナの擁護者であり、シーガーは死してなお進歩的な闘争の象徴であり続けている。後から考えれば、なぜあの瞬間に一部の人々がシーガーを支持し、他の人々がディランのために戦ったのかは理解できるが、今我々は同じ選択に直面しているわけではない。若いミュージシャンは今でもバンジョーやアコースティック・ギターを手に取り、ロックバンドを結成し、古いスタイルを学び、新しい曲を書き、過去を振り返り、未来に居場所を見つけようとしている。半世紀前に二人が代表した相反する理想は今も私たちの中にあり、衝突し続けており、依然として選択を迫られていると感じている人々もいる。しかし、ずっと以前からシーガーとディランは、問題は一方を他方から守るのではなく両者を調和させることであると理解していた。

二人はそれぞれまったく異なる方法で、その問題の解決策を見つけた。ディランは新しい方向性を開拓し続けたものの、常に自分の音楽のルーツに戻っていった。その過程で彼は、ゴスペル・シンガー、カントリー・シンガー、アコースティック・ブルース兼バラッド・シンガー、南部のルーツ音楽のリヴァイヴァル主義者、さらには昔ながらのティン・パン・アレーの作曲家など様々な顔をもつことになる。80年代の活動休止期間を経て彼は、新たなエネルギーで復帰し、ノンストップでツアーを開始し、新しくバンドを結成しアルバムを作り続けている。それは、ジャンプ・ブルースからホンキートンク、ウエスタン・スウィング、ロマンティック・ポップのスタンダードまで、30年代と40年代のロードハウス・ジュークボックス・スタイルを再構築したものである。2001年のアルバム『ラヴ・アンド・セフト』で彼はこう歌っている。「彼女は『過去は繰り返すことはできない』と言う。俺は『できないだって？　それってどういうこと？　もちろんできるさ』と言う」

21世紀になった現在、彼は60年代を代表するパフォーマーの中で唯一、コンスタントに新しく若いファンを獲得し続けているが、彼らの多くはディランの初期作品すら知らない。彼は年間100回に及ぶコンサートを行っており、それはどのスター・ミュージシャンよりはるかに多い数だ。熱心なファンですら現在の彼のパフォーマンスに複雑な思いを抱くことが多いが、古い曲をアレンジし直し、新しい曲を加え、現在のルーツ音楽シーンで最もエキサイティングなサイドマンたちと共演したりと、常に新しい驚きがあるため、彼らは何度も足を運ぶ。多くのファンはディランを60年代の反逆精神を体現した存在だと考え続けており、2014年に彼がクライスラーのCMに出演した際には、彼のことを裏切り者だと糾弾したり嘆いたりする声がインターネット上で殺到した。しかし、それが企業の商業主義の産物であったとしても、広告の根底にあるメッセージは、彼がニューポート初期の大衆主義的理想を体現し続けているということだった。消えゆく伝統と20世紀半ばの工業化した中西部の残像を讃えるこの広告は、農場や工場、ジェームズ・ディーン、オートバイ、地平線まで続くほこりっぽいハイウェイのモンタージュを映し出していた。冒頭の映像は、65年のニューポートで土曜午後に行われたワークショップからのもので、ディランは明るい日差しの下、芝生のフィールドで群衆に向かい、アコースティック・ギターを弾いている。

シーガーは、60年代後半の変化に対処すべく、地元の問題に根ざし、コミュニティ・グループを結成してハドソン川で旧式スループ型帆船「クリアウォーター」を建造し、川を行き来して人々の注意を環境の危機に向けさせた。78年には音楽フェスティヴァル「グレート・ハドソン川リヴァイヴァル」を開始し、これは現在も毎年開催されるクリアウォーター・フェスティヴァルとして続いている。彼は全米各地、そして世界中でコンサートを続け、有給の仕事と左翼運動やコミュニティ組織のための慈善活動をバランスよく続けていった。2006年、『ニューヨーカー』の紹介記事の最後は、イラク戦争勃発時の寒い冬の日、ビーコンの自宅近くの道路に立つシーガーの写真で締めくくられている。年老いていたが、あいかわらず背は高く背筋が伸び、「平和」と書かれたボール紙を掲げている。声は衰えてきていたが、彼は演奏を続け、2008年には、孫のタオ、ブルース・スプリングスティーン、ゴスペル合唱団とともに、アフリカ系アメリカ人初の大統領就任式で〈わが祖国〉を群衆と歌ったのがほぼ最後のテレビ出演となった。2010年には、旧友や、近くの学校で一緒に歌っていた子供たちの合唱団とともに最後のアルバムを制作した。そのアルバムは『トゥモロウズ・チルドレン』と題され、グラミー賞を受賞した。シーガーは、2014年1月27日に亡くなった。

ニューポート・フォーク・フェスティヴァルは85年に復活したが、2日間のコンサートに留まり、ワークショップや伝統音楽の要素はほとんどなく、古くからのファンはこの変化を嘆いた。2002年にはディランが再登場し、2時間のショーを行ったが、おそらく昔の侮辱を思い出したのか、つけひげとウィッグを着け、ステージに上がる前にニューポート・フェスティヴァルのバナーを外すよう要求した。2009年、40年間直接関わっていなかったジョージ・ウェインが再び指揮を執り、50周年記念ラインナップとして、シーガー、バエズ、ジュディ・コリンズ、ランブリン・ジャック・エリオットなど60年代のベテランたちと幅広い若手ルーツ・アーティストたちを揃えた。以来、このフェスティヴァルは急成長するアメリカーナ音楽シーンを披露する毎年恒例のステージとなっている。2002年以来、ディランは戻って来ていないが、彼の影響はいたるところに感じられる。演奏されるのは、アメリカの田舎の伝統を引き継いだオリジナル作品が主流で、エレキギターにフィドルやマンドリンがミックスされている。

2014年には新しいプログラムが追加されたが、それは古くからのワークショップを復活させた「ハンマー・ダルシマー、バグパイプ、ハーディ・ガーディ、ニッケルハープ、オートハープ、バンジョー、フィドル、ダンスに関する質疑応答を交えた伝統的で親密なパフォーマンス」だった。そして、そのワークショップのタイトルは、「ピートのために」だった（原文のFor Pete's Sakeには、「ピートのために」以外に「お願いだから、なんてこった」などの意味がある）。

謝辞

この本は私が育った世界を探求するものだが、最初に遠い昔に遡って感謝の意を示したい。まずは、私に大きな影響を与えたピート・シーガーとボブ・ディランに感謝する。残念ながら、ディランに会ったことはないし、シーガーのもとを訪ねたのも数回だけだが。次に、音楽、執筆、人生について多くのことを教えてくれたデイヴ・ヴァン・ロンク、そしてハーモニカ奏者として私を雇ってくれた唯一の人物、エリック・フォン・シュミットに感謝したい。そして、レコードを買ってくれてコンサートに連れて行ってくれて、1960年代の政治闘争のことを私に詳しく教えてくれた両親のジョージ・ウォルドとルース・ハバードにも。残念ながら、ニューポート・フェスティヴァルには連れていってはくれなかったが。

私は可能な限り、録音、映像、対象にしている時代の文書など一次資料を参照した。幸運なことに、これまでこの分野の多くを扱ってきた数多くの研究者よりも、いくつかの重要な資料に十分アクセスが可能になった。特に、ニューポート・フォーク・フェスティヴァルのほぼすべての録音テープのコピーを、クリーンな状態で聴くことができた。その結果、コンサートやワークショップに誰が出演し、何を歌ったかという情報を得た上で、ディランの演奏だけでなく、シーガー、ジョーン・バエズ、ポール・バターフィールド・ブルース・バンド、チェンバーズ・ブラザーズ、リチャード&ミミ・ファリーニャ、その他多くのアーティストのパフォーマンスに関する以前の記述を修正し、より多くの説明を加えることができた。

このプロジェクトの最大の喜びは、このフェスティヴァルのすばらしい音楽に何日も浸ることができたことだ。ニューポートのパフォーマンスを出典を記さずに引用または説明するときは、イベントの音声または映像に直接あたり、フェスティヴァル理事会の審議や書簡などの背景資料で補足をした。録音テープのほとんどはブルース・ジャクソンが保存し、現在はアメリカ議会図書館で閲覧可能となっている。同図書館で、ニューポート理事会の会議や書簡に関するアラン・ローマックスのファイルも提供してくれたトッド・ハーベイ、そして、テープをデジタル化し、私が見逃していたであろう音声の微妙なニュアンスを説明してくれたアン・フーグ、ロブ・クリスタレッラにも感謝する。残りのギャップを埋めることができたのは、ヴァンガード／ウェルク・ミュージックのフレッド・ジャスパーのおかげだ。また、ニューポートとディランに関する比類のないリソースである映画『フェスティヴァル!』と『ボブ・ディラン／ニューポート・フォーク・フェスティヴァル1963〜1965』の監督であり、オーディオテープに収録されていない映像へのアクセスと背景情報を提供してくれたマレー・ラーナーにも深く感謝したい。

ニューポートのテープとの独自の照合作業と限りない忍耐力に対して、メアリー・キャサリン・アルディンに特に感謝したい(ニューオーリンズでのディナーにも感謝)。さらに、ラルフ・リンツラーのニューポートの理事会議事録と書簡、ダイアナ・デイヴィスの写真のファイルについて案内してくれたジェフ・プレイス、ステファニー・スミス、グレッグ・アダムス、そしてスミソニアン・フォークライフの皆さんにも感謝したい。私を自宅に迎え入れ、たくさんの書類を見せてくれ録音を聴かせてくれた、並外れたディラン研究家のミッチ・ブランクにも感謝。そして、長年にわたりディランのコンサートやインタビューのテープを保存してきたすべての方々にも感謝したい。また、エクスペリエンス・ミュージック・プロジェクトのジェイセン・エモンズには、65年のフェスティヴァルについてのロバート・シェルトンのノートを提供してくれたことに感謝する。ハーブ・ヴァン・ダムには、その年にジュディ・ランダーズと一緒にまとめたスクラップブックを提供してくれたことに感謝したい。ロン・コーエンには、フォーク・リヴァイヴァルに関する膨大なファイルを再び公開してくれたことに感謝したい。ノースカロライナ大学南部フォークライフ・コレクションのスティーヴン・ワイスとアーロン・スミザーズ、ウィーバーズのエレクトリック・セッションの音源を提供してくれたデイヴ・サミュエルソン、主要人物へのインタビューを転送してくれたジェフ・ローゼン、トッド・クウェイト、ニック・スピッツァー、ジョー・カルドゥッチに、タフツ大学図書館、メドフォード公共図書館、ボストン公共図書館の親切なみなさんに深く感謝したい。同様に、私がインタビューした人々やメールでの質問に答えてくれたすべての人々にも心から感謝したい。また、本書に引用できなかった人々には謝罪させてほしい。私は当時の資料を優先させたが、それは当時あの現場にいた人々と話す機会があったからこそ理解できたものも少なくない。しかし残念ながら、最も助けになった会話の中には本書に残らなかったものもある。

　アルファベット順（姓の）に、M・チャールズ・バクスト、ジェシー・カーン、ウィリー・チェンバーズ、レン・チャンドラー、ジョン・コーエン、ジム・コリアー、ジョン・バーン・クック、バリー・ゴールドバーグ、ビル・ハンリー、ジル・ヘンダーソン、ブルース・ジャクソン、ロバート・ジョーンズ、ノーマン・ケネディ、ジョン・コーナー、アル・クーパー、バリー・コーンフェルド、ジム・クウェスキン、ジャック・ランドロン、ジュリアス・レスター、ラウン・マッキノン・バーナム、ジャニー・メイヤー、ジェフ・マルダー、マリア・マルダー、マーク・ナフタリン、トム・ペイリー、ジョン・パンケイク、トム・パクストン、アーニー・リースマン、ジム・ルーニー、ミカ・シーガー、ベッツィ・シギンズ、ピーター・スタンプフェル、ジェフリー・サミット、ジョナサン・タプリン、ディック・ウォーターマン、ジョージ・ウェイン、デビッド・

ウィルソン、ピーター・ヤーロウに、同等の感謝の意を伝えたい。さらに、当時ニューポートにいて、価値のある情報や見識を提供してくれたピーター・バーティス、クリストファー・ブルックス、ディック・レヴィーン、アン・オコネル、ルース・ペリー、レダ・シューベルト、他にもたくさんの方々に感謝したい。

また、ヒントや励まし、アドバイスをくれたデイヴィッド・ダン、グレッグ・ペネル、クリントン・ヘイリン、ベン・シェーファー、そして私の Facebook クラウドソーシングの試みに応えてくれたみなさんにも感謝したい。みなさん全員の名前を挙げることは不可能なので、省略した場合は容赦してほしい。省略しなかったみなさんの中で、長く実りある会話をしてくれたピーター・キーンと、原稿に目を通してくれていくつかの重大な間違いから私を救ってくれたマシュー・バートンに感謝したい。

最後に、まず妻のサンドリーン・シーオン（別名ヒポリット・キャラマー）に感謝しなければならない。彼女はクラリネットの練習を中断して引用の文字起こしを手伝ってくれ、私が直面した6カ月間の締め切りのパニックにも一緒に耐え、デザインスキルを駆使して写真の挿入部分を作り上げてくれた。私の頼もしいエージェント、サラ・レイジンは、この本の出版元を見つけるために残業をし、私にいくつかの難しい選択肢を提示してくれた（スザンヌ・ライアンとベン・シェーファーの理解と友情に感謝）。デイ・ストリート・ブックスのデニス・オズワルドは、常に親切で励ましてくれ、適度に刺激を与えてくれる編集者だ。ヘザー・パンクルは、インタビューの多くを迅速かつ確実に書き起こしてくれた。ベン・サドックの校閲は、私を恥ずかしい思いから救ってくれ、興味深い事実調査の旅へと導いてくれた。また、音楽と言語に関する彼の幅広い知識は、思いがけない情報をもたらしてくれた。マリリン・ブリスは、今回もすばらしい索引作成スキルを提供してくれた。以上のみなさん、そしてこの本を書き上げる上でサポートしてくれたすべての方々に、心から感謝の意を伝えたい。

BIBLIOGRAPHY

Artur, ed. *Every Mind Polluting Word: Assorted Bob Dylan Utterances*. Don't Ya Tell Henry Publications, 2006 (online), http://dvdylanjim50reviews.yolasite.com/ resources/Reference%20%281%29.pdf.

Baez, Joan. *And a Voice to Sing With: A Memoir*. New York: Simon & Schuster, 2009.

Bauldie, John, ed. *Wanted Man: In Search of Bob Dylan*. New York: Citadel, 1990.

Bloomfield, Michael. "Dylan Goes Electric," *in The Sixties*, edited by Lynda Rosen Obst. New York: Rolling Stone, 1977.

Boyd, Joe. *White Bicycles: Making Music in the 1960s*. London: Serpent's Tail, 2006.

Brand, Oscar. *The Ballad Mongers: Rise of the Modern Folk Song*. New York: Funk & Wagnalls, 1962.

Brauner, Cheryl Anne. "A Study of the Newport Folk Festival and the Newport Folk Foundation." MA thesis, Memorial University of Newfoundland, 1983.

Bush, William J. *Greenback Dollar: The Incredible Rise of the Kingston Trio*. Lan- ham, MD: Scarecrow, 2013.

Cohen, Ronald D. *A History of Folk Music Festivals in the United States*. Lanham, MD: Scarecrow, 2008.

———. *Rainbow Quest: The Folk Music Revival and American Society*, 1940–1970. Amherst: University of Massachusetts, 2002.

Cohen, Ronald D., and James Capaldi, eds. *The Pete Seeger Reader*. New York: Oxford, 2014.

Coleman, Ray. "Beatles Say—Dylan Shows the Way." *Melody Maker*, 9 Jan 1965.

Cott, Jonathan. *Bob Dylan: The Essential Interviews*. New York: Wenner, 2006.

Crowe, Cameron. Notes to *Bob Dylan: Biograph*. Columbia C5X 38830, 1985.

De Turk, David A., and A. Poulin Jr. *The American Folk Scene: Dimensions of the Folksong Revival*. New York: Laurel, 1967.

Dunaway, David King. *How Can I Keep from Singing: Pete Seeger*. New York: Ran- dom House, 2009.

———. *Singing Out: An Oral History of America's Folk Music Revivals*. New York: Oxford University Press, 2010.

Dylan, Bob. Chronicles. New York: Simon & Schuster, 2004.

Einarson, John. *Mr. Tambourine Man: The Life and Legacy of the Byrds' Gene Clark*. San Francisco: Backbeat, 2005.

Faithfull, Marianne. *Faithfull: An Autobiography*. With David Dalton. New York: Cooper Square, 2000.

Glover, Tony. "Second Annual 2000 Words." Mariposa Folk Festival program, 1972.

Haas, Joseph. "Bob Dylan Talking." *Chicago Daily News*, 27 Nov 1965; available online at http://www.interferenza.com/bcs/interw/65-nov26.htm.

Hadlock, Richard. "The Kingston Trio: Tom Dooley—Tom Dooley!" *Down Beat*, 11 Jun 1959.

Hajdu, David. *Positively 4th Street: The Lives and Times of Joan Baez, Bob Dylan, Mimi Baez Fariña, and Richard Fariña*. New York: Farrar, Strauss & Giroux, 2001.

Hentoff, Nat. "Folk, Folkum and the New Citybilly." *Playboy*, June 1963.

Heylin, Clinton. *Bob Dylan: Behind the Shades Revisited*. New York: HarperCollins, 2003.

———. *A Life in Stolen Moments: Day by Day, 1941–1995*. New York: Schirmer, 1996.

———. *Revolution in the Air: The Songs of Bob Dylan, 1957–1973*. Chicago: Chica- go Review, 2009.

Holzman, Jac, and Gavan Daws. *Follow the Music: The Life and High Times of Elektra Records in the Great Years of American Pop Culture*. Santa Monica, CA: FM Group, 1998.

Kooper, Al. B*ackstage Passes and Backstabbing Bastards: Memoirs of a Rock 'n' Roll Survivor*. New York: Billboard Books, 1998.

Lerner, Murray, dir. *Festival!* Patchke Productions, 1967; Eagle Rock DVD 39101, 2005.

Loder, Kurt. "Bob Dylan, Recovering Christian." *Rolling Stone*, 21 Jun 1984; available online at http://www.rollingstone.com/music/news/bob-dylan-recovering- christian-19840621.

Mackay, Kathleen. *Bob Dylan: Intimate Insights from Friends and Fellow Musicians*. New York: Omnibus, 2007.

Marine, Gene. "Guerrilla Minstrel." *Rolling Stone*, 13 April 1972; reprinted in Co- hen and Capaldi, *Pete Seeger Reader*.

Mirken, Caryl. "Newport: The Short Hot Summer." *Broadside*, 15 Aug 1965. Montgomery, Susan. "The Folk Furor." *Mademoiselle*, Dec 1960.

Nelson, Paul. "Newport: Down There on a Visit." *Little Sandy Review* 30, 1965.

———. "What's Happening." *Sing Out!*, Nov 1965.

Nippert, Jane. "Finale of Festival Fills Every Chair." *Newport Daily News*, 26 Jul 1965.

Ochs, Mississippi Phil. "The Newport Fuzz Festival." *Realist*, Aug 1965, 11–12; reprinted in Ochs, *The War Is Over* (New York: Barricade Music, 1968).

Pankake, Jon, and Paul Nelson. "Flat Tire: The Freewheelin' Bob Dylan." *Little Sandy Review* 27, ca. Dec 1963.

Reisman, Arnold. "Folkniks Boo the New Dylan." *Quincy Patriot Ledger*, 27 Jul 1965.

Reuss, Richard A. "Folk Scene Diary: Summer 1965." Unpublished manuscript, cour- tesy of Ronald D. Cohen.

Rooney, Jim. "Reflections on Newport '65." Unpublished manuscript attached to let- ter from Rooney to Irwin Silber, 6 Aug 1965, from a copy in the private collection of Ronald Cohen. Extended excerpts with slightly different wording appear in Nel- son, "What's Happening," and in Jim Rooney, *In It for the Long Run: A Musical Journey* (Urbana: University of Illinois Press, 2014), 48–49.

Rosenbaum, Ron. "The Playboy Interview: Bob Dylan." *Playboy*, Mar 1978. Rotolo, Suze. *A Freewheelin' Time: A Memoir of Greenwich Village in the Sixties*. New York: Broadway, 2008.

Santelli, Robert. *The Bob Dylan Scrapbook: 1956–1966*. New York: Simon & Schus- ter, 2005.

Scaduto, Anthony. *Bob Dylan: An Intimate Biography*. New York: Grosset & Dun- lap, 1971.

Seeger, Pete. *The Incompleat Folksinger*. New York: Simon & Schuster, 1972.

———. *Pete Seeger: His Life in His Own Words*. Edited by Rob Rosenthal and Sam Rosenthal. Boulder, CO: Paradigm, 2012.

———. *Where Have All the Flowers Gone: A Singer's Stories, Songs, Seeds, Robberies*. Bethlehem, PA: Sing Out, 1993.

Seeger, Pete, and Bob Reiser. *Everybody Says Freedom: A History of the Civil Rights Movement in Songs and Pictures*. New York: W. W. Norton,

1989.

Shelton, Robert. "Bob Dylan: The Charisma Kid," *The Folk Scene*, handout at the New York Folk Festival, reprinted from *Cavalier*, Jul 1965.

———. "Bob Dylan: A Distinctive Folk-Song Stylist." *New York Times*, 29 Sep 1961.

———. *No Direction Home: The Life and Music of Bob Dylan*. Milwaukee, WI: Backbeat, 2011.

Sounes, Howard. *Down the Highway: The Life of Bob Dylan*. New York: Grove, 2001.

Spitz, Bob. *Dylan: A Biography*. New York: McGraw-Hill, 1989.

Thompson, Toby. *Positively Main Street: Bob Dylan's Minnesota*. Rev. ed. Minneapo- lis: University of Minnesota, 2008.

Thomson, Elizabeth, and David Gutman. *The Dylan Companion*. Cambridge, MA: Da Capo, 2000.

Travers, Mary. Letter to Archie Green, 6 Aug 1965. Archie Green Papers, #20002, Southern Folklife Collection, Wilson Library, University of North Carolina at Chapel Hill.

Unterberger, Richie. *Turn! Turn! Turn!: The '60s Folk-Rock Revolution*. San Francis- co: Backbeat, 2002.

Van Ronk, Dave. *The Mayor of MacDougal Street*. With Elijah Wald. Cambridge, MA: Da Capo, 2005.

Von Schmidt, Eric, and Jim Rooney. *Baby, Let Me Follow You Down: The Illustrated Story of the Cambridge Folk Years*. Garden City, NY: Anchor, 1979.

Ward, Ed. *Michael Bloomfield: The Rise and Fall of an American Guitar Hero*. New York: Cherry Lane, 1983.

Wein, George. *Myself Among Others*. With Nate Chinen. Cambridge, MA: Da Capo, 2003.

Wolkin, Jan Mark, and Bill Keenom. *Michael Bloomfield: If You Love These Blues*. San Francisco: Miller Freeman, 2000.

Zhito, Lee. "Newport Folk Festival Hit as Artistic and Financial Success." *Billboard*, 7 Aug 1965.

訳者あとがき

今やノーベル文学賞受賞者として、大学での研究対象にもなっているボブ・ディランに関する書籍は世界中で数多く出版されているが、数ある類書の中で本書が際立つのは、ディランとニューポート・フォーク・フェスティヴァルに焦点を当てている点だろう。

作家でミュージシャン、音楽研究家でもある著者イライジャ・ウォルドは、「謝辞」にも記しているように、音源、映像、文献など利用可能な資料をすべて駆使して、このフェスティヴァルを徹底的に読み解こうとしている。彼の主たる目的は、もちろん、1965年の7月のあの日なにが起こったのか、また、本書の原題Dylan Goes Electric!（ディラン大音量のロックに転向する）が示すように、ボブ・ディランはなぜあのような行動をとったのか、あのときピート・シーガーはなにを考えていたのか、ということだろう。しかし、著者は拙速に核心にせまるのではなく、時間をたっぷりかけてディランとシーガーの存在をはるかに超えた世界に読者を導いていく。フォークを皮切りに、様々なルーツ・ミュージックに関する圧倒的な情報量を前に読者は、アメリカのフォーク・ミュージックとはなにか、アメリカ人にとってこの音楽とはなにか、音楽の伝統とはなにか、革新とはなにか、という根源的な問題と向き合うことになる。

日本では、米英の影響を受けながらも独自に発展をとげた「フォーク・ミュージック」だが、全盛期のアメリカで、この音楽が単なる流行歌にとどまらず、社会、政治、文化、伝統と密接に絡み合い、作り手と受け手を熱く巻き込んでいく情景は、特に若い読者には新鮮に映るかもしれない。また、ディランのファンは、65年のニューポートで彼が〈イッツ・オール・オーヴァー・ナウ、ベイビー・ブルー〉を2度演奏しているという、これまでのディラン史にはなかった事実が本書に記載されていることを「発見」して、笑みを浮かべるかもしれない。

本書は、若き日のディランが主人公の映画『名もなき者／A COMPLETE UNKNOWN』の原作としてクレジットされている。映画には本書と同じく、ディランがエレキバンドを従えて物議をかもす場面がハイライトとして用意されているが、映画では描かれなかった数多くのエキサイティングな人間模様と、スクリーンの背後に存在するあの時代の空気を本書のあらゆるところから感じとっていただけると思う。

翻訳にあたり、英語表現について、ラジオＤＪとして毎週のようにディランの作品をリスナーに届けているピーター・バラカン氏と、ディランと同じアメリカ中西部で50～60年代に青春を送った作家のマーク・ピーターセン氏から貴重なアドバイスをいただいた。深く感謝したい。

最後になるが、旧知の編集担当・荒木重光氏の緻密な編集作業にはいつもながら助けられた。書物の力をいまだに信じて本作りに励む彼にも感謝と敬意の念を伝えたい。

２０２５年１月

高波創太

イライジャ・ウォルド
Elijah Wald

ミュージシャン、音楽ジャーナリスト。マサチューセッツ州ケンブリッジ生まれ。父親は、ノーベル生理学・医学賞を受賞したジョージ・ウォルド。ブルース・ギタリストとして、デイヴ・ヴァン・ロンクなどのアルバムに参加。ブルース、フォーク、ジャズなどに関する多数の著書がある。2002年には、アーフーリー・レコード40周年記念ボックスセットのライナーノーツを執筆し、グラミー賞を受賞。邦訳に『グリニッチ・ヴィレッジにフォークが響いていた頃—デイヴ・ヴァン・ロンク回想録』（共著／早川書房）がある。

高波 創太
たかなみ そうた

ライター。英国ニューカッスル大学大学院修了。出版社編集長を経て、音楽誌などで執筆。明治大学兼任講師も務める。

ボブ・ディラン
裏切りの夏

2025年 3月 7日　初版第1刷発行

著　者　イライジャ・ウォルド
訳　者　高波創太

発行者　河村季里
発行所　K&Bパブリッシャーズ
〒101-0054　東京都千代田区神田錦町2-7 戸田ビル3F
電話 03-3294-2771　FAX 03-3294-2772
E-Mail　info@kb-p.co.jp
URL　http://www.kb-p.co.jp

印刷・製本　中央精版印刷

落丁・乱丁本は送料負担でお取り替えいたします。

ISBN978-4-902800-95-1 C0074

K&B
PUBLISHERS